Alfred Gruber

Fünfundvierzig Jahre Adria und Mittelmeer

Ein Seglertraum

novum pro

Bibliografische Information
der Deutschen Nationalbibliothek:

Die Deutsche Nationalbibliothek
verzeichnet diese Publikation in
der Deutschen Nationalbibliografie.
Detaillierte bibliografische Daten
sind im Internet über
http://www.d-nb.de abrufbar.

Alle Rechte der Verbreitung,
auch durch Film, Funk und Fernsehen,
fotomechanische Wiedergabe,
Tonträger, elektronische Datenträger
und auszugsweisen Nachdruck,
sind vorbehalten

Gedruckt in der Europäischen Union
auf umweltfreundlichem, chlor- und
säurefrei gebleichtem Papier.

© 2022 novum Verlag

ISBN 978-3-99131-267-3
Lektorat: Carmen Reitinger
Umschlagfotos: Etraveler, Pixelalex,
Anna Om | Dreamstime.com
Umschlaggestaltung, Layout & Satz:
novum Verlag
Innenabbildungen: Alfred Gruber

Die vom Autor zur Verfügung ge-
stellten Abbildungen wurden in der
bestmöglichen Qualität gedruckt.

www.novumverlag.com

Inhalt

1. Kapitel

Wen eine Sehnsucht treibt, der erreicht sein Ziel!

Normalerweise wird einer Landratte nicht an der Wiege gesungen, den größten Teil ihrer Freizeit am Wasser zu verbringen. Ich wurde 1935 in Bozen, Südtirol geboren. Nun sind die Südtiroler ja bekanntlich mehr den Bergen zugewandt. Schließlich haben sie laut dem Architekten Le Corbusier Gottes hervorragendste Architektur in Form der Dolomiten vor der Haustüre. Zudem sollen die meisten Südtiroler sich angeblich weigern, mehr als einmal pro Woche unter die Dusche zu gehen oder in eine Wanne zu steigen. Aber das hat nicht unbedingt etwas mit dem Hang zur Seefahrt zu tun. Diese spielt sich ja am und nicht im Wasser ab.

Mit fünf Jahren wurde ich ins schöne Land Kärnten transferiert. Dank Adolf, dem „Größten", und seinem Freund Benito. In Kärnten ist – dank den vielen Seen mit Badetemperatur im Sommer und einigen im Land verteilten Thermalbädern – ja seit jeher das „Pritscheln" angesagt. Trotzdem erlernte ich das Schwimmen, gemessen an den geborenen Kärntnern, erst spät, nämlich in meinem 14. Lebensjahr und nachdem ich dreimal fast abgesoffen und ertrunken wäre.

Etwas ganz anderes war mein Basteltrieb. Unzählige Rindenschiffchen, die mitilfe meines Taschenmessers entstanden waren und die mit der Zeit immer besser gediehen, übergab ich dem nassen Element. Fast immer mussten sie auch Mast und Segel tragen. Anscheinend war dies ein ursprünglicher Trieb in mir.

Durch Zufall fiel mir einmal die kleine gedruckte Skizze eines Segelschiffes in die Hände. „Segelriss der Viermastbark Pamir" war darunter geschrieben. Und tatsächlich standen auch die Bezeichnungen aller Segel sowie des stehenden und laufenden Gutes auf diesem Zettel.

Das war der Beginn meiner Beschäftigung mit einem Metier, das mir eigentlich nicht in die Wiege gelegt worden war – oder doch? Wie auch immer: Die Sucht, mehr über die Seefahrt unter Segeln zu erkunden, steckte mir scheinbar im Blut. Richtig besitzergreifend wurde mein Schicksal in dieser Hinsicht aber durch den Zufall zweier Begegnungen, die fast zehn Jahre auseinanderlagen.

In meinem 14. Lebensjahr bekam ich ein altes, gebrauchtes Steyr-Waffenrad geschenkt. Mein Vater hatte es von einem Arbeitskollegen erworben. Bei einem Radausflug an das Südufer des Wörthersees sah ich in Dellach bei einer Werft eine Segelyacht liegen – eine respektable Yawl! Mit einer kleinen Kajüte und dem Steuerrad an einer Kompasssäule in einer großen Plicht lag sie majestätisch an der Bootsbrücke der Werft. Meinen Begleiter, einen Schulfreund, versetzte ich mit meinem Wissen über Takelage und Besegelung ins Staunen. Er fragte mich, ob ich mir später eine solche Yacht zulegen würde. Traurig gestand ich, dass ich dazu vielleicht nie in der Lage sein würde. Das Zutrauen in die eigene Kraft war bei meiner Erziehung wohl eher nicht sehr geprägt worden.

In den Jahren nach dieser Begegnung konnte ich meine Freizeit mehr der Bestimmung eines Südtirolers gemäß nutzen. Ein Mitbewohner unseres Hauses suchte einen Bergkameraden. Er führte mich in die Welt der Bergwanderwege in den Hohen Tauern ein. So lernte ich die Gegend um Mallnitz kennen. Trotz verschiedener Arbeitsstellen, die ich in den Ferien bis zu meiner Matura hinter mich brachte, konnte ich jedes Jahr einige Touren in diesem Gebiet absolvieren und auch Freunde und Verwandte in die wunderbare Welt der Berge einführen – keine großartigen Klettertouren, aber doch jedes Jahr zwei, drei Dreitausendergipfel auf den vom Alpenverein gepflegten Klettersteigen.

Mit dem Studium begann neben dem Ernst des Lernens auch die fröhliche Zeit des freien Studentenlebens. Zu den Ballsaisonen besuchten wir eifrig die Bälle. In der Bergmannstracht, welche die Uniform unserer Alma Mater war, waren wir Leobener Studenten immer gern gesehen. Auf diese Weise, das heißt auf einem Ball, lernte ich ein Mädchen kennen, das schließlich meine Frau wurde, mit der ich nun schon seit über sechzig Jahren verheiratet bin.

Als das Frühjahr näherkam und wir uns durch einige Rendezvous besser kannten, wollte mein Herzblatt mir etwas mitteilen, wusste aber nicht recht, wie sie es mir beibringen sollte. Auf meine Frage, ob die betreffende Angelegenheit ihr peinlich oder für mich sehr verwunderlich sei, war ihre Antwort: „Nein, das nicht! Aber wir haben ein Segelboot am Wörthersee. Ich fürchte, du könntest kein Interesse an der Segelei haben. Schließlich hast du immer so begeistert von deinen Bergtouren erzählt!" Freudig berichtete ich ihr daraufhin von meiner Leidenschaft für dieses Hobby. An diesem Abend konnte ich anhand von Fotografien nun feststellen, dass ihr Segelboot, beziehungsweise das ihres Vaters, genau die Yacht war, die ich vor beinahe zehn Jahren in Dellach am Wörthersee bewundert hatte. Ob Zufall oder herbeigesehntes Schicksal im Spiel waren, dieses zu beurteilen überlasse ich dem Leser. Jedenfalls dürfte ein Hauptgewinn in einer Lotterie eher eintreten, als so ein Zusammentreffen.

2. Kapitel

Beweis der Kenntnisse oder:
Von der Theorie zur Praxis

Meine ersten Einblicke ergaben, dass es mit einigen Dingen an Bord der Yacht nicht zum Besten stand. Vor allem die Segel waren so ziemlich am Ende ihrer Bestimmung. Das Material, zwar beste Mako-Baumwolle, stammte noch aus der Zeit vor dem Zweiten Weltkrieg. Die neuen Textilien aus Kunststoff gab es noch nicht sehr lange. Dacron war sehr teuer und für unsere Familie unerschwinglich. Dieses Material leisteten sich gerade einmal die zwei betuchtesten Mitglieder des Yachtklubs. Wir mussten uns mit geflickter Wäsche zufriedengeben, falls wir in die Saison des Jahres 1957 segeln wollten. An die Teilnahme an Wettfahrten war jedenfalls nicht zu denken.

Nun hatte mein zukünftiger Schwiegervater ein sehr gutes Lehrbuch für Matrosen zu Hause. Der Titel des Buches lautete „Decksarbeit. Ein Handbuch für Seeleute" von Kapitän Ernst Wagner. Er gab mir das Buch mit dem Zusatz: „Damit lege ich hoffentlich die ‚Drecksarbeit' in bewährte Hände!" Ich versprach ihm, seinen mir gegebenen Vertrauensvorschuss jedenfalls zu rechtfertigen.

Die Reparatur des Großsegels, das besonders mitgenommen war, beschäftigte mich in der ganzen Karwoche. Dafür ließ sich das Ergebnis sehen. Der Anblick des im Wind gespannten Segels würde einigermaßen erträglich sein. Bei den Vorsegeln und am Besansegel waren die Ausbesserungsarbeiten – Gott sei Dank – nicht so arbeitsintensiv.

Für dieselbe Saison war auch der Einbau eines neueren Hilfsmotors vorgesehen. Der alte Perl-Auhof 12 PS Motor war unbrauchbar geworden. Damals kamen am Wörthersee natürlich nur überholte PKW-Motoren infrage. Selbst die in der Werft hergestellten brandneuen Motorboote bekamen gebrauchte Motoren der damaligen sehr stark motorisierten „Ami-Schlitten" verpasst. Für unsere Yawl hatte der Bootsbauer die Maschine eines Ford Eifel mit 34 PS besorgt. Dazu baute mein Kapitän noch einen Dynastarter – eine Kombination aus Dynamo und Startermotor – ein, der durch die Welle angetrieben wurde, aber auch umgekehrt über Batteriestrom die Welle antrieb. So konnte die Yacht mithilfe einer LKW-Starterbatterie etwa eineinhalb Stunden geräuschlos das Wasser durchpflügen.

Ein in Kraweelbauweise beplanktes Holzschiff, welches in einem Bootsschuppen überwintert, muss zunächst wie ein Fass etwa eine Woche unter Wasser getaucht werden, damit die Planken wieder dicht werden und der Rumpf nicht mehr leckt. Auch musste der Lack am Rumpf jedes Jahr „totgeschliffen" und danach neuer Bootslack aufgebracht werden. Erst dann wurde das Schiff endgültig zu Wasser gelassen. Danach wurden die Masten gesetzt. Es war wahrlich viel Arbeitseinsatz zu leisten, um dem Vergnügen des Segelns nachgehen zu können. Sobald die Yawl im Wasser lag und für die Saison vorbereitet werden konnte, war ich an den Wochenenden in der Werft und schlief an Bord.

Es war Samstag, die Masten waren provisorisch befestigt. Erst am Sonntag sollte weitergearbeitet werden. Ich wurde allein in der Werft zurückgelassen und machte es mir für die Nacht in der Kajüte bequem. Die Familie – Vater, Mutter und Tochter - sollte am Sonntag erst am späten Vormittag wieder in der Werft eintreffen, denn mit einem Milchgeschäft hatte man in diesen Jahren die Pflicht, auch sonntags von sieben bis elf Uhr geöffnet zu haben.

Als Frühaufsteher, aber auch begierig, die Takelage in Ordnung zu bringen, war ich schon nach dem Morgengrauen damit beschäftigt, zunächst Stage und Wanten zu befestigen und zu spannen. Dann klarte ich die Fallen auf. Bei drei Vorsegeln plus Großsegel und der Masthöhe von 15,8 Metern immerhin einiges an Herausforderung, waren es doch alles gleichaussehende Hanfseile, welche frei laufen mussten. Um sicherzugehen, dass die ganze Takelage korrekt gesetzt war, kletterte ich in den Masttopp. Dort saß ich, als die Familie ankam. „Mastgut gesetzt und aufgeklart!", meldete ich. Der Kapitän kontrollierte mein Werk und war erstaunt darüber, alles in Ordnung vorzufinden. Er hatte nämlich in dem Augenblick, in dem er mich beim Herannahen auf der Mastspitze erspähte, noch im Auto zu Frau und Tochter verlautet: „So, jetzt sitzt der Affe da oben, hat sicher alles durcheinandergebracht und ich darf die ganze Wuling aufklaren!" Er wusste eben noch nichts von meinen Qualitäten in Seemannschaft. Weniger Begeisterung zeigte der Bootsbauer, als er herausfand, dass auch alle Spleiß- und Takelarbeiten hinkünftig von mir ausgeführt wurden.

Die Yacht war bald darauf seeklar, und endlich konnte die Saison angesegelt werden. Wie würde ich wohl mit dem Kahn zurechtkommen? Schließlich war eine Yawl von zwölf Metern Länge über alles mit dreifachem Vorgeschirr, Groß- und Besansegel zu beherrschen. Normalerweise beginnt man auf kleinen Jollen mit der Segelei.

Das Wetter am Wörthersee war in diesen Jahren für die Segler selten günstig. Sehr oft war man von Flauten geplagt. Um trotzdem etwas Spaß zu haben, fuhren wir unter Maschine. Mir kam das gerade recht, konnte ich doch auf diese Weise das Verhalten des Schiffes bei ruhigem Wasser in mich aufnehmen. In kurzer Zeit gelangen mir so die Ab- und Anlegemanöver tadellos. Als ich herausfand, dass am frühen Morgen fast immer ein leichter und konstanter Westwind blies, beschloss ich, diesen auch zu nutzen. Diese Morgenbrise kam zwischen fünf und halb sechs Uhr auf und wehte bis etwa acht. Da ich allein an Bord übernachtete, war es kein Problem, um diese Zeit zunächst in Schleichfahrt den Liegeplatz zu verlassen. Mit immer mehr gesetzten Segeln tastete ich mich vor und erlangte so bald auch eine Praxis beim Segeln.

Ein besonders begeisterter Segler war der Schwager meines Schwiegervaters. Er war mit der Schwester der Mutter meiner Braut verheiratet. Er hatte sich das ehemalige Rettungsboot eines Passagierdampfers zu einer Yawl um- und ausgebaut. Die Offiziere der Besatzungsmacht hatten die Bootshülle von Triest an den Wörthersee gebracht, dann aber ihr Interesse daran verloren. Onkel Fredl, wie er von uns genannt wurde, setzte seinen ganzen Ehrgeiz daran, daraus eine kleine Kostbarkeit zu schaffen. Der aus Stahlblech bestehende Rumpf war so in Form gepresst worden, dass er einem geklinkerten Holzboot ähnlich sah. Durch die weiße Lackierung und das aufgesetzte Holzdeck war die Illusion einer klassischen Holzkonstruktion gegeben. Der neun Meter lange und circa zwei Meter breite Spitzgatter bekam zur Stabilisierung einen Betonboden verpasst. Das aufholbare Schwert wirkte der Abdrift entgegen. Die Kajüte hatte Platz für zwei Bänke, die auch als Kojen verwendet wurden. Der Tisch zwischen beiden war auf dem Schwertkasten aufgesetzt. Am feststehenden Mittelteil konnten die Seitenteile hinuntergeklappt werden. Sogar eine kleine Kombüse war eingerichtet. In der Plicht war – von oben offen zugänglich – ein Einzylinder-Glühkopf-Dieselmotor eingelassen. Diese Art Motor wurde mit einer Starterleine angelassen, welche um das Schwungrad gewickelt wurde. Vorher musste man aber Petroleum in eine Vertiefung des Zylinderkopfes gießen und anzünden, um eine Vorwärmung des Zylinders zu erreichen. Mit einem sonoren Tock-Tock-Tock lief der Motor dann an und wurde weit über den See hinweg vernommen.

Die Takelage war traditionell den Küstenseglern der Nordsee angeglichen. Der Hauptmast trug das Gaffelgroßsegel, das von Mastringen gehalten wurde, und ein Gaffeltoppsegel, Fock und Klüver waren an einem kurzen Bugspriet angeschlagen. Am Besanmast wurde das Treibersegel über einen Papageienstock geführt. Später kam für die Vorwindfahrt statt eines Ballons noch eine Breitfock an einer Rah dazu, welche bis in Höhe der Saling hochgeholt wurde. Onkel Fredl gelangte mit diesem Boot sogar in das Programm des ORF. Unter dem Titel „Der alte Mann und sein Boot" sendeten sie einmal einen sehr romantischen Beitrag im Vorabendprogramm.

Wir hatten jedenfalls mit den beiden Yachten in den Sommern der späten Fünfzigerjahre unsere Abenteuer. Gut erinnere ich mich an eine Reise, die fünf Tage dauerte. An Bord waren neben Onkel Fredl als Kapitän seine beiden Söhne, mein Bruder und ich. In diesen fünf Tagen befuhren wir den ganzen See längs und auch quer. An interessanten Stellen hielten wir, machten auch Landgänge, wie zum Beispiel in Maria Wörth, gingen auch einmal in ein Gasthaus oder versorgten uns mit Proviant. Kurzum, die Illusion einer großen Seereise war perfekt; besonders für die drei Teenager an Bord.

Das Leben war streng seemännisch geregelt, mit Onkel Fredl als Kapitän, mir selbst als erstem Offizier und meinem Bruder als Maat. Matrose und Moses waren der ältere Sohn des „Käptn" und sein kleiner Bruder. Diese Rollenverteilung wurde auch einigermaßen eingehalten. Morgens und abends gab es zum Setzen und Einholen der Nationale einen Flaggenappell. Dazu musste der Maat mit der Bootsmannspfeife „Seite pfeifen". Die Mannschaft war angetreten und wurde auf korrektes Aussehen vom „Ersten" unter den strengen Augen des „Käptn" kontrolliert. Nach dem Weckruf „Reise, reise, überall zurrt Hängematten" wurde besonders darauf geachtet, dass die Morgentoilette nicht zu kurz gekommen war und die Kojen in Ordnung gebracht waren. Ebenso musste nach dem Befehl „Licht aus, Lunten aus! Ruhe im Schiff!" die Mannschaft in der Koje liegen, während der Käptn dem Ersten noch manches Seemannnsgarn verklickerte oder über Bootskonstruktionen fachsimpelte. Dabei lagen wir in einer netten Bucht vor Anker, bewunderten den Sternenhimmel und ließen den Tag bei einem Glas Rotwein oder auch etwas Stärkerem ausklingen.

Heute verbringt Onkel Fredls „Elisabeth" ihr Ausgedinge im Technikmuseum „Historama" in der Büchsenmacherstadt Ferlach.

Die Jahre am Wörthersee mit unserer Yacht endeten vorerst mit dem Ende des Sommers 1960. Im Herbst des Jahres 1958 heirateten wir. Mitten im Sommer 1959 kam unser erster Sohn Michael zur Welt und im Sommer darauf machte er in der Plicht unserer Yacht während einer Ausfahrt seine ersten selbständigen Schritte. So schnell waren ihm Seebeine gewachsen.

Ich verbesserte in diesen drei Jahren meine praktischen Segelkenntnisse ebenfalls. Bei den österreichischen Meisterschaften, welche 1958 am Wörthersee ausgetragen wurden, durfte ich in der Starbootklasse als Vorschoter mitfahren. Leider konnten wir nicht die ganzen Wettfahrten bestreiten, da mein Steuermann aus beruflichen Gründen seinen Urlaub abbrechen musste. Die erste der drei Wettfahrten beschlossen wir nach einem katastrophalen Fehlstart und einer sagenhaften Aufholjagd auf dem dritten Platz. Kurz nach der Startlinie war in unserem Boot die Fock an Deck gekommen. Der Schäkel am Kopf des Segels war gebrochen. Was tun? Ich enterte den Mast hinauf und holte schnell das Fockfall an Deck. Mit einem anderen Schäkel setzte ich mein Segel erneut. Bis es soweit war, war das Feld der anderen Teilnehmer an der Regatta weit voraus. Trotzdem verloren wir nicht den Mut und konnten uns bis zum Ziel an die dritte Stelle vorkämpfen. Und das bei einem Feld von ungefähr vierzig Teilnehmern, darunter etliche Boote neuester Konstruktion, sogenannte „Eichenlaub-Stars“, die aus den USA importiert und von Salzburgern und Wienern gesegelt wurden. Schade, dass mein Skipper von der Pflicht seiner Stellung – er war CEO der Tyrolit Schleifmittelwerke – eingeholt wurde.

Im Oktober 1960 verstarb mein Schwiegervater in nach heutigen Begriffen sehr jungen Jahren. Meine Schwiegermutter war sofort sehr darum bemüht, die Yacht loszuwerden. Eine Segelschule kaufte unser Boot. Leider war damit auch das Winterlager verloren. Da wir als Klubmitglieder des UYC die Yacht im Bootshangar des Vereins überwinterten, dies dem Besitzer der Segelschule jedoch verwehrt wurde, blieb das Boot im Wasser. Eines Abends verabsäumte man das Freihacken des Bootes vom Eis. Und gerade diese Nacht war sehr kalt. Das Eis wuchs stark und drückte auf den Rumpf. Der Schaden war nicht mehr gutzumachen. Im nächsten Sommer hatte man laufend Probleme mit den lecken Planken. Das ständige Auspumpen - des Schiffes war für die Segelschule nicht tragbar. Im Sommer darauf bekam mein späterer Arbeitskollege Gustav unser ehemals stolzes Schiff als ein „Beinahewrack“ um den sogenannten „Kaufschilling“ geschenkt. Lange rackerte er sich nicht mit dem ständig leckenden Boot ab. Schließlich zerteilte er den Rumpf mit der Motorsäge und entsorgte Holz und Schrott.

Das also war das unrühmliche Ende eines neun Meter R–Jollenkreuzers Baujahr 1911, gebaut am Wörthersee aus Zedernholz in Kraweelbeplankung mit Mahagonideck. Er wurde 1936 vom Bootsbaumeister Andreas Feinig zu einer yawlgetakelten Kielyacht umgebaut. Das Schwert wurde gegen einen Ballastkiel (800 kg Blei) getauscht, durch Bugspriet und Papageienstock stieg die Länge auf zwölf Meter zwischen den Loten. Dies alles geschah in der Feinigwerft, jetzt Schmalzl, in Velden am Wörthersee.

3. Kapitel

Ein Hobby auf der Durststrecke

Mit meinem noch nicht abgeschlossenen Studium, einer jungen Frau und meinem kleinen Sohn hatte ich in dieser Zeit eher Sorgen als Freude. Das Geschäft gab die Schwiegermutter nach dem Tod des Schwiegervaters auf. Gleichzeitig drängte der Magistrat der Stadt Villach auf den Verkauf einer der Schwiegermutter gehörenden Liegenschaft an die Stadt. Der Kaufpreis war entspechend niedrig angesetzt. Da ich mich immer auch für das Bauwesen interessiert hatte, überließ meine Schwiegermutter mir die Aufgabe, die Verhandlungen zu führen, um eine bessere Ablöse zu erzielen.

In einigen Sitzungen mit dem Senatsrat der Stadt kam es endlich zur entscheidenden Aussprache mit dem Bürgermeister. Ich hatte immer ins Treffen geführt, dass wir nicht an einer festen Kaufsumme interessiert wären. Wir wollten für das etwa 400 m² Wohnfläche messende – zugegeben sehr alte – Haus, welches aber mitten in der Stadt stand, als Gegenleistung ein Einfamilienhaus auf eigenem Grund außerhalb der Stadt. Noch dazu wurde der von mir verfasste Plan bei den Verhandlungen vorgelegt. Somit wurde das Architektenhonorar auch noch dazu eingespart. Auf diese Weise konnte ich den vom Magistrat vorgeschlagenen Kaufpreis wenigstens um ein gutes Drittel steigern. Für den Bau des Hauses reichte das Geld trotz vieler eigener Arbeitsleistungen dann trotzdem nicht ganz. Die zerbombte Ruine des Hauses, in der meine Schwiegereltern und meine Frau in Villach bisher gelebt hatten, sollte auch endlich im Wiederaufbauprogramm zum Zug kommen. So kam uns das neue Haus als Ausweichquartier gerade recht. Einige Jahre wohnte meine junge Familie zusammen mit meiner Schwiegermutter in Drobollach am Faaker See. Ich lebte in Leoben und führte eine Wochenendehe.

An der Universität hatte ich inzwischen eine Stelle als wissenschaftliche Hilfskraft angenommen. So wurde endlich der Druck von mir genommen, kein regelmäßiges Einkommen zu haben. Später, nach bestandener Diplomprüfung, habe ich mich noch drei Jahre als Assistent auf dieser Lehrkanzel mit den Studenten aller der damals vier Fakultäten unserer Uni im Gegenstand Maschinenkunde auseinandergesetzt.

Nebenbei konstruierte ich damals eine Jolle. Sie sollte aus GFK im Handauflegeverfahren hergestellt werden. Diese heutzutage übliche Art der Produktion war in den frühen Sechzigern des 20. Jahrhunderts noch sehr neu. Mit dem Laboranten einer Nachbarlehrkanzel machte ich mich ans Werk, um aus Blechstreifen die Negativform für den Bau dieser Jolle zu schaffen. Die Fertigstellung konnte ich nicht mehr miterleben. Mein Mitarbeiter, der Laborant, konnte wegen familiärer Probleme nicht weiter an dem Projekt arbeiten, und ich musste mich ernsthaft um meinen Studienabschluss kümmern. Das Boot wurde von Grazer Studenten, die unsere Form übernommen hatten, nach einem von ihnen hergestellten Prototypen in einer Kleinserie aufgelegt, wie mir später zu Ohren kam. Die Segeleigenschaften dürften also nicht schlecht gewesen sein.

Durch meinen beruflichen Kontakt mit Studenten bemerkte ich, dass mir der Lehrberuf zusagte. Daher strebte ich an, mich an einer HTL zu versuchen, anstelle als Ingenieur in die Schwerindustrie zu gehen. Ich erhielt eine Anstellung an der Höheren Technischen Lehranstalt für Handfeuerwaffen und Werkzeugbau in Ferlach. So ergab sich mit Beginn des Schuljahres 1968/69 der Anfang meines endgültigen Berufslebens.

Wiederum war für mich Lernen angesagt. Schließlich hatte ich von Jagdwaffen keine Ahnung und doch unterrichtete ich von Beginn an Fächer wie Waffenkunde, Ballistik, Werkzeugmaschinenbau, Mechanik und ähnliche Gegenstände.

Da ich endlich auch meinen Lebensmittelpunkt im Ort Ferlach gefunden hatte, begann ich, die Fühler nach einer adäquaten Wohnung auszustrecken. Es bot sich die günstige Gelegenheit, eine schöne Eigentumswohnung zu erwerben, in der unsere Familie mit den inzwischen drei Kindern leben konnte. Schon zu Beginn des nächsten Schuljahres konnten wir diese Wohnung auch beziehen.

Für die Sommerferien war nun ein segelbarer Untersatz für den Faaker See gefragt. Schließlich hatten wir das Haus in dessen Nähe. Wir kauften uns eine kleine 10 m² Jolle von einer Werft am Mattsee. Mit dieser Jolle hatten wir viel Spaß, aber bald war der See zu klein. Als ich eines Tages den Nachwuchs fragte, was mit Segeln wäre, es wehe ja ein guter Wind, da bekam ich zur Antwort: „Sollen wir rechts oder links um die Insel? Es ist doch in beiden Richtungen gleich langweilig!"

Ich nutzte in dieser Zeit die Morgenbrisen nach Sonnenaufgang. Es war wunderschön so am Schilfgürtel entlangzugleiten und die noch schlafenden Stockenten und die Rohrdommeln zu beobachten.

Einmal an so einem Tag hatten wir ein dramatisches Erlebnis. An diesem Morgen war meine Frau mit mir im Boot. Ich erblickte so etwa 100 Meter vom Ufer und 200 Meter vor mir ein Schlauchboot im Wasser. Irgendetwas stimmte nicht und erregte meinen Verdacht. Und tatsächlich: Beim Näherkommen bemerkte ich, dass das halbe Boot ohne Luft war. Es war auch kein richtiges sicheres Schlauchboot, sondern eine dieser dünnhäutigen Badespaßutensilien. Darin saß, vom Schreck erstarrt, eine junge Frau. Sie war nicht ansprechbar. Im Wasser schwamm ein älterer Herr und versuchte, ihr ein kleines Kind von vielleicht eineinhalb Jahren in dieses gerade eben noch schwimmende Wrack zu reichen. Dieses Unterfangen stellte sich als unmöglich heraus, da die Frau das Kind nicht nehmen wollte.

Als wir nun die Unfallstelle erreichten, war der sicher über 65 Jahre alte Mann auch am Ende seiner Kräfte. Er war heilfroh, uns das Kind in unser Boot reichen zu können. Wir konnten auch die Frau dazu bewegen, in unser Boot umzusteigen. Wir brachten Frau und Kind ans Ufer. Das Gummiboot hatte ich im Schlepp. Der Mann folgte uns schwimmend. Die Frau sprach bis zum Aussteigen kein Wort und verließ beim Anlanden unser Boot fluchtartig. Wir hatten das Kind und was nun? Als der Mann aus dem Wasser und zu uns ans Ufer kam, erfuhren wir von ihm, dass er zufällig in der Nähe

gewesen sei und beobachten konnte, wie das Kind sich über den
Wulst des Gummibootes gebeugt hatte und der Mutter entglitten
sei. Dabei hatte das Baby auch den Stöpsel aus dem Ventil gerissen. Er hätte das Kind beim Abtauchen gerade noch an der Ferse
erhaschen können und es so vor dem Ertrinken gerettet. Auch er
kenne weder Frau noch Kind. Mühsam eruierten wir, wo die Frau
logierte. Als wir hörten, dass Leute aus unserem Dorf den Fall besprachen, eine junge Frau – ein Sommergast – hätte ihr Kind im
See verloren, wussten wir, dass wir sie gefunden hatten. In Tränen
aufgelöst saß sie in ihrem Zimmer und war der festen Überzeugung, dass ihr Kind ertrunken sei. Erst nach und nach konnten wir
sie überzeugen, dass ihr Kind gerettet war und sie nahm es endlich
in ihre Arme. Damit konnten wir, meine Frau und ich, dazu beitragen, ein beinahe tödliches Drama in ein Happy End zu verwandeln.

Zwei Jahre später trat ein weiterer Kollege seinen Dienst an unserer HTL an. Es war zufällig der, welcher unsere Yacht als letzter
Eigner gesteuert hatte. Gustav wurde bald ein vertrauter Freund,
vor allem deswegen, weil wir die gleiche Leidenschaft für den Se-
gelsport teilten.

Im Herbst fragte er mich, ob ich eine 470er Jolle kaufen wolle.
Er könne mir eine Gebrauchte, in der französischen Werft Morin
Gebaute günstig vermitteln. Die Jugend des KYC habe das Boot
von der Vereinsleitung zu Trainingszwecken bekommen, aber keinen Ernst bei der Sache gezeigt. Bevor sie es aber zuschanden ge-
ritten hätten, wollte der Verein es verkaufen. So kam ich günstig
zu einer Jolle im Bereich der olympischen Klassen und noch dazu
zu einer von einer Werft mit gutem Ruf. Die Schale war in gutem
Zustand, die durch den unsachgemäßen Gebrauch entstandenen
Kratzer waren bald repariert und mit einer neuen Lackierung sah
sie dann auch aus wie neu.

Da die 470er vom Vorschoter am Trapez gefahren wird, war
das Boot besonders bei Starkwind eine Freude. Unsere Robby-
Jolle vom Mattsee hatte einen neuen Eigner gefunden und besonders mein „Lieblingssohn Nummer Zwei“ hatte großen Spaß daran. Umso mehr hatte er doch einen kongenialen gleichaltrigen
Freund, wie er gerade zehn.

Bei jeder sich bietenden Gelegenheit segelten sie miteinander, wobei man versucht war zu sagen: „Andreas & Andreas segelten dem Teufel ein Ohr ab!" Sie hießen tatsächlich gleich, nur der andere Andi war beträchtlich länger und brachte mehr Gewicht ins Trapez. Beide waren richtige Wasserratten und schwammen wie die Fische. Nun ist es zwar nicht erlaubt, dass Zehnjährige ohne Erwachsenen durch die Gegend segeln, und den A-Schein durften sie ja auch erst nach dem 16. Geburtstag ablegen - so will es das Gesetz – aber immer war Vati nicht zu Hause und das Wetter und vor allem der Wind mussten genutzt werden.

Eines Tages kündete der „Windische" ein veritables Gewitter an. Unter dem Windischen versteht man am Faaker See einen Südwind, der abwechselnd sehr böig über die Sättel an beiden Schultern des Mittagskogels über den See streicht.

Die beiden Andis waren natürlich am See. Mit ihnen etwa 26 bis 28 andere Wassersportler in verschiedenen Fahrzeugen: E-Boote, kleine Segler und Windsurfer. Dreizehn rettete die Gendarmerie aus Seenot. Der Rest erreichte ohne Hilfe das nächstliegende Ufer. Nur Andreas & Andreas flohen nicht nur vor dem Gewitter, sondern auch vor den Gendarmen. Sie wollten die heimische Boje erreichen. Und diese lag genau am anderen Ende des Sees. Zweimal kenterten sie durch, richteten das Boot aber durch Aufsteigen auf das Schwert wieder auf und erreichten glücklich ihr Ziel. Sie deckten es sogar noch mit der Persenning ab und kamen gerade noch vor dem Gewitterregen nach Hause. Erst auf die Frage, warum sie so nass geworden wären, erzählten sie von ihrem Abenteuer. In den Zeitungsberichten des nächsten Tages wurden sie nicht erwähnt. Nur die, die von der Gendarmerie abgeborgen worden waren – Gott sei Dank!

Ab dem Jahr darauf verlegten wir die 470er an den Wörthersee nach Dellach. Wir traten wiederum dem UYC Wörthersee bei. Als ehemalige Mitglieder war ein Wiedereintritt für uns ohne Bürgen und Ballotage möglich. Das Boot lag, wenn wir nicht segelten, auf seinem Slipwagen auf der Wiese am Ufer.

In diesen Jahren nahmen wir auch an Regatten teil und schnitten gar nicht schlecht ab. Aufgrund des Yardsticks waren wir jedoch stark benachteiligt. Doch die zweite an den Regatten teilnehmende 470er hängten wir immer gnadenlos ab.

In den 1970er Jahren gingen unsere Kontakte zum Wörthersee langsam dem Ende entgegen. Wir segelten in diesen Jahren wohl zu Saisonbeginn und holten unser Boot im Herbst wieder nach Hause. Besonders zu dieser Jahreszeit, wenn die Winde stärker waren, fuhren wir mit unserer Jolle ein paar Mal über den See – mein Sohn Andreas an der Pinne, ich im Trapez.

Die Teilnahme an der 24-Stunden-Regatta im Jahr 1982 war sozusagen ein kurzer Besuch im heimatlichen Revier, denn zu dieser Zeit waren wir schon einige Jahre an der Adria. Bei der erwähnten Regatta, welche vom Kärntner Yachtklub ausgerichtet wird, war unsere 470er mit Andreas am Steuer unterwegs. Ich selbst habe auf der Soling meines Kollegen Gustav die Mannschaft komplettiert.

4. Kapitel

Aller Anfang liegt in der Theorie

Im September 1975, am Beginn des Schuljahres, erzählte mir Gustav, dass er einen Kurs zum österreichischen Segelschein B für Küstenfahrt organisiere. Er fragte mich, ob er mich auch dazu anmelden dürfe. „Selbstverständlich! Was sind die Voraussetzungen dafür?", entgegnete ich. „Bring mir deinen A-Schein!", antwortete Gustav. „Den kann ich dir nicht bringen, denn ich habe nie eine A-Schein–Prüfung abgelegt. Was machen wir nun?" „Ach was, in Seglerkreisen am Wörthersee weiß doch jeder, dass du segeln kannst und die Seemannschaft beherrschst! Gib mir zwei Passfotos von dir und schreib dein Geburtsdatum auf die Rückseite!"

Binnen einer Woche kam Gustav mit dem brandneuen A-Schein und händigte ihn mir aus. „Oh, danke, und was mach ich jetzt?" „Du bist beim Kurs für den B-Schein angemeldet. Er beginnt am kommenden Dienstag!" Ich fragte Gustav, ob mein älterer Sohn Michael vielleicht auch teilnehmen könne. Im Gegensatz zu mir hätte er einen Segel-Grundschein, den er in England bei einem Ferienaufenthalt abgelegt hatte. Ja, auch Michael durfte teilnehmen.

Der Kurs zur Theorie für küstennahe Schifffahrt wurde von Theo Klinzer, dem Eigentümer der „Ersten Österreichischen Segelschule Adria" mit Sitz in Grado gehalten. Für unsere Gruppe von ca. 30 Teilnehmern kam er eigens nach Pörtschach, wo in den Räumen der örtlichen Feuerwehr ein Saal dafür angemietet war.

Wir waren alle gespannt und neugierig, was wir wohl zu lernen hätten. Das Wissen für den Umgang mit einem Segelboot war ja vorausgesetzt worden. Bald sahen wir ein, dass neben Navigation und Wetterkunde auch eine Reihe gesetzlicher Vorschriften wie Fahrregeln, Tagzeichen- und Lichterführung wichtige Bestandteile der Kenntnisse zur Ablegung der Prüfung waren. Wichtig konnte auch das richtige Festmachen einer Yacht im Hafen sein. Motorenkunde, aber auch medizinische Grundkenntnisse und Erste Hilfe wurden vermittelt. Und immer wieder verwies der Vortragende auf die Verantwortung, die man als Skipper für Schiff, Crew und mitfahrende Passagiere hätte.

Am Ende des Kurses sollte die Theorieprüfung abgenommen werden. Dann, nachdem wir tausend Meilen praktische Erfahrung in der Küstenfahrt als Mitglied einer Crew gesammelt hätten, erst dann dürften wir die praktische Prüfung ablegen. Ein weiter Weg lag also noch vor uns. Jeden Dienstag versammelten wir uns um 20 Uhr im Saal der Pörtschacher Feuerwehr. Da der Kurs in Doppelstunden abgehalten wurde, gab es zwischen den Stunden auch eine Pause. Natürlich wurde über das gerade Gehörte diskutiert. Und dabei wurde den Kurskollegen, die etwas schwerer von Begriff waren, manches noch einmal erklärt. Wir hatten auch einen Koch unter uns, der zwar schon viel mit einem Yachteigner, einem älteren Herrn, unterwegs gewesen war; trotzdem ging die Theorie sehr schwer in seinen Kopf. „Ach was, segeln muss man können!", war sein ständiger Rettungsanker. Denn darin hatte er uns Etliches voraus. Er war immerhin vor uns schon einige Male auf der Adria gesegelt. Als er durch die Prüfung gefallen war, tröstete ihn mein Sohn: „Mach dir nichts daraus! Segeln muss man können und das kannst du ja!"

Einmal fragte ein Kursteilnehmer nach der Lichterführung des Minenlegers. Denn schließlich gibt es ja den Minensucher mit seinen vielen grünen Rundumleuchten. Ich weiß nicht mehr, wer von uns diese Frage aufwarf, aber es dauerte eine ganze Weile, bis jemand die Antwort darauf fand.

Die erste Frage bei der Theorieprüfung war eine Navigationsaufgabe, die zeichnerisch durch Eintragen der Kurslinie mit Zeit- und Ortsangaben auf der Übungskarte zu lösen war. Dann kamen aus jedem Bereich Fragen, die in ein paar Sätzen zu beantworten waren. Ich hatte meine Aufgaben in einer drei viertel Stunde erledigt und ging im schneebedeckten Hof spazieren. Über eine Stunde war ich allein, bis sich Gustav endlich zu mir gesellte. Er war der zweite, der seine Arbeit den Prüfern vorgelegt hatte. Er machte mir Vorwürfe wegen meiner frühen Abgabe. Ich hätte dadurch die anderen Kandidaten, die noch lange nicht so weit waren, sehr verunsichert.

Danach war noch eine viertel Stunde Zeit, denn zwei Stunden war die Zeitvorgabe für die Lösung der Prüfungsaufgaben. Nach einer weiteren Stunde hatte die Prüfungskommission unsere Arbeiten bewertet und wir bekamen die Ergebnisse. Der Prüfungserfolg sowie die Unterschrift des Bewerters waren auf der korrigierten Arbeit vermerkt. Siebenundneunzig von hundert erreichbaren Punkten. Warum der Abzug? Bei der Navigationsaufgabe war das grüne Hafenfeuer anzusteuern. Mir war das zuwider. Ich steuerte zwischen rot und grün in den Hafen ein und bin so um drei Grad beim letzten Schlag neben dem Kurs der Aufgabe gelegen. Daher der Abzug. Ja, ja – man soll die Logik von Prüfungsfragen nie anzweifeln.

5. Kapitel

Endlich auf einer Yacht am Meer

Die bestandene Theorieprüfung gab jedem Kandidaten das Recht, innerhalb von zwei Jahren die praktische Prüfung abzulegen. Voraussetzung war die Vorlage eines Logbuches, in welchem dem Prüfungswerber 1000 Seemeilen als Mitglied der Crew einer Yacht bestätigt wurden und in dem mindestens zwei Nachtfahrten inkludiert sein mussten.

Ich löcherte Gustav sofort wegen unserer Trainingsmeilen. Gustav hatte nämlich im Jahr zuvor das jugoslawische Steuermannspatent, das sogenannte „Jugo-Patent" in Rijeka abgelegt und war damit berechtigt, als Skipper eine Yacht zu führen. Auf dieses Jugo-Patent werde ich später noch zurückkommen. Gustav hatte schon im Sommer vor unserem Theoriekurs einige Erfahrungen gesammelt. Er sagte mir, ich solle mir keine Sorgen machen. Er hätte schon ein Schiff zur Hand, mit dem wir unsere Meilen absegeln würden.

Und so war es bei Ferienbeginn des Jahres 1976 endlich soweit, dass wir zu einem zehntägigen Übungstörn aufbrachen. Wir liefen mit der Carter 33 eines Freundes von Gustav aus der Marina Hannibal in Monfalcone aus.

Die Crew bestand – einschließlich Gustav als Skipper – aus fünf Mitgliedern: mein Sohn Michael, ich, ein weiterer Kollege, der mit uns die Theorieprüfung abgelegt hatte und ein älterer Kollege, welcher mit Gustav seit Kindheit an bekannt war, und der als Passagier mitfahren wollte.

Zuvor war einiges an Vorbereitung zu treffen. Gustav gab jedem eine Liste, damit man mitnahm, was nötig war, sich aber nicht mit überflüssigen Dingen belastete, zumal das Platzangebot auf einer 33-Fuß-Yacht auch für fünf Personen nicht gerade üppig ist, obwohl sie für sechs Personen zugelassen ist. Jeder sollte auch nur ein Gepäckstück an Bord bringen und dieses sollte „weich" sein – ohne harte Ecken und Kanten. Eben ein Seesack oder etwas Ähnliches. Betont war der Sonnenschutz, aber auch Kleidung gegen eventuelle Kälte war angeführt. Man weiß im Allgemeinen, was man braucht, die Auswahl aber muss bei einem Segeltörn doch sorgfältiger getroffen werden. Zu klären war auch der Transfer. Das heißt, die An- und Abreise mit privaten PKWs musste durchdacht werden. Gustav hatte noch einen darauffolgenden Törn für eine zweite Crew geplant, der mit unserem koordiniert wurde.

Unsere Reise sollte in Monfalcone beginnen, bis in den Hafen Split und zurück nach Zadar führen. Dort wollte Gustav die nächste Crew übernehmen und wieder über Split zurück nach Monfalcone segeln. Die Fahrt wurde mit zwei Autos durchgeführt. Wir fuhren nach Monfalcone und parkten in der Marina. Am Ende des Törns übernahmen wir von der nachfolgenden Crew die Autos in Zadar. Mit diesen fuhren wir nach Monfalcone zurück und stiegen in unsere dort geparkten Fahrzeuge um. Damit hatten die Nachfolger wiederum ihre eigenen Autos für die Heimfahrt in Monfalcone bereitstehen.

Am Sonntag, dem 11. Juli 1976, gingen wir fünf um 18 Uhr an Bord der SY „Bird Island". Skipper Gustav kümmerte sich sofort darum, dass alles in Ordnung war. Wir verstauten unsere Seesäcke und halfen beim Betanken des Treibstofftanks und der Reservekanister, füllten den Trinkwassertank und überprüften die Funktion der Positionslichter. Den Abend nutzten wir noch für einen Landgang in Monfalcone. Danach ging es ab in die Koje.

Diese erste Nacht, wie fast alle Nächte an Bord eines Schiffes, schlief ich tief und fest und war am Morgen jeweils total erfrischt. Nirgends doch ist die Luft so rein und sauerstoffreich.

Früh am Morgen benutzten wir zum letzten Mal die sanitären Anlagen der Marina und besorgten uns frische Brötchen zum Frühstück. Um 8:15 Uhr machten wir die Leinen los und steuerten unter Maschinenkraft aus dem Hafen. Das Wetter war wolkenlos, der Wind schwach und die See ruhig. Mit Kurs 150 liefen wir in Richtung Piran.

In der Höhe von Piran – es war gegen Mittag – kam Wind aus Nordwest auf. Der Maestrale, auf Kroatisch Mestral genannt, setzte ein. Da Gustav zu mir das meiste Vertrauen hatte, bat er mich, die Genua zu setzen. Ich ging mit dem Sack der Genua in den Bug, holte den Kopf des Segels aus dem Segelsack und schäkelte ihn an das Fall. Das Vorliek musste ich in die Führung des Profilstages einführen, denn die Vorsegel dieser Yacht hatten keine Stagrutscher mehr. Überhaupt war die Yacht sehr auf Wettfahrten ausgerichtet und mit den verschiedensten Segeln vollgestopft. Diese waren alle in dem Raum gelagert, der eigentlich die Toilette war. Somit war diese dadurch logischerweise unbenutzbar.

Das Holen des Falles mit der Fallwinsch am Mast besorgte Gustav. Endlich kamen Hals und Schothorn aus dem Sack. Die Fockschot mit dem Patentschäkel am Schothorn eingepiekt sicherte schon einmal den unteren Teil des Segels. Nun folgte das Belegen des Halses. Damit ist das untere, an der Vorderkante liegende Ende eines Segels bezeichnet. Der Beschlag dafür ist ganz vorne ans Deck geschraubt. Die Halskausch muss zwischen den Backen dieses Beschlages mit einem Querbolzen festgelegt werden. Nur ist die Ringkausch, umgeben von der Liekleine, meistens etwas dicker als die Backenhöhe, und das Zusammenpressen der Liekleine erfordert einiges an Kraft. Der Bolzen musste aber hinein – was er schließlich auch tat.

Kaum war das Fall durchgesetzt, hatte auch der Wind zugenommen. Die Genua war zu groß. Also Segelwechsel zur Fock. Das gleiche Manöver. Wieder der Kampf mit der Halskausch. Diesmal schon bei mehr Seegang. Ich brauchte gar nicht meine Position am Bug zu verlassen. Zum dritten Mal folgte dasselbe Theater, denn erst die Fock III war passend zu der nun auf fünf Beaufort ausgereiften Windstärke. Entsprechend war der Seegang aufgesprungen. Beim letzten Manöver musste ich auch darauf achten, dass ich an Bord blieb. Eine Hand für dich und eine fürs Schiff! So wurde es uns eingebläut. Ich hangelte mich zurück in die Plicht und setzte mich. Kalter Schweiß trat auf meine Stirne und ein sehr flaues Gefühl schlich sich in meinen Magen. Das war sie wohl, die Seekrankheit. Mir schoss der Gedanke ein, dass damit mein Traum von der Seefahrt wohl ausgeträumt wäre. Ich erinnerte mich, dass ein berühmter Mann der Seefahrtsgeschichte, nämlich der portugiesische Prinz Heinrich der Seefahrer, schon bald nach dem An-Bord-Gehen wieder zum Turm von Belem zurückgebracht werden musste, da ihm schon in der Mündung des Tejo speiübel wurde. Er bestieg künftig kein Schiff mehr.

Ich versuchte alle Tricks, die ich im Zusammenhang mit der Seekrankheit gehört oder gelesen hatte. Ich setzte mich in der Stampfachse auf das Kajütdach, blickte auf den Horizont und atmete tief durch. Mit der Zeit ging es mir besser, aber ein mulmiges Gefühl blieb.

Ab Piran hatten wir auf Kurs Süd gewechselt. Nun fuhren wir unserem jugoslawischen Einklarierungshafen entgegen. Ein Grenzübertritt hat ganz offiziell so stattzufinden, dass man den nächsten als solchen deklarierten Hafen anzusteuern hat. Dort soll man im Hafenbecken warten, bis man an den Zollsteg gerufen wird. Man setzt dabei die Flagge „Q" unterhalb der Gastlandflagge in der rechten Saling.

Wir erreichten Novigrad um etwa drei viertel fünf. Logbucheintrag: 16:40 Uhr; am Zollkai ein schimpfender Hafenpolizist, der wütend einen deutschen „Yachti" gestenreich aus dem Hafen wies. Wir waren dadurch sehr verstört. Was war da nur los? Würden wir auch so behandelt werden? Aber nein! Uns winkte er eher freundlich zu sich an den Kai. Zunächst konnten wir uns nicht erklären, was der Sportsfreund aus der Bundesrepublik falsch gemacht hatte. Langsam dämmerte es uns: Er hatte die Gastlandflagge – die jugoslawische Nationalflagge – verkehrt herum, mit der Spitze des Sterns nach unten gesetzt. Vertauschte Farben und ein fallender Stern in der Fahne – wahrhaft ein Verbrechen!

Nach Pass- und Zollkontrolle durften wir den Zollkai verlassen. Wir hatten auch schon einen guten Liegeplatz im Auge und verholten unseren Kahn dorthin. Danach strebten wir einem der Gasthäuser zu. Es war zwar etwas zu früh, um schon das Abendessen einzunehmen, aber schließlich hatten wir unsere Toilette mit Segeln vollgestopft. An Land war meine Seekrankheit gleich wieder verschwunden. Trotzdem sagte mein Sohn, dem es ähnlich ergangen war, zu mir: „Papa, was glaubst du, ist das wirklich der richtige Sport für uns?"

Dienstag, 13. Juli, 9:15 Uhr. Nach dem Einkaufen und Frühstücken an Bord legten wir unter Motor ab und richteten den Kurs auf die Südspitze Istriens. „Einkaufen" – das sagt sich so leicht. Auch in den späten Siebzigern, wo es bei uns in den Supermärkten schon alles zu kaufen gab, war in Jugoslawien nicht nur das Angebot an Nahrungsmitteln eher karg. Man musste sich zum Beispiel um Brot noch regelrecht anstellen und an Obst und Gemüse gab es kümmerliche Kläräpfel und armselige grüne Paprika sowie Tomaten am Markt. Wir entdeckten die Kisten zufällig vor einem Geschäft. Von dort aus wurde die Ware direkt an die sich drängenden Kunden verkauft.

Der Himmel war leicht bewölkt bei einem Barometerstand von 1016 hPa. Die noch stehende Morgenbrise, der Burino, trieb uns vor Groß und Fock II mit fünf Knoten voran. Erst um 14 Uhr setzte der Mestral, wie der Maestrale in Dalmatien genannt wird, ein. Wir ließen die Segel stehen, und da es die Windrichtung erlaubte, schoben wir mit dem Motor mit, um bessere Fahrt zu machen. „Romansegeln" nennt man diesen Schwindel.

Um Brioni zwang uns die Sperrzone zu einem großzügigen Hakenschlag außen herum. Eine Durchfahrt durch den Fašanski-Kanal war nicht erlaubt. Brioni war damals im Besitz von Marschall Tito. Plötzlich schoss etwas seitlich von uns eine große Luftblase geräuschvoll aus dem Wasser. Danach kam auch schon der Turm eines U-Bootes in Sicht. Ja, die Inseln von Brioni wurden streng bewacht.

Um 18 Uhr kreuzten wir die Einfahrt in den Hafen von Pula und eine viertel Stunde später ankerten wir in der Bucht von Veruda. Wieder war ein Tag zu Ende gegangen.

Tag 4 begann bereits um 6 Uhr. Mit dem Leuchtturm Hrid erreichten wir um 8 Uhr sozusagen das offene Meer. Gleichzeitig erblickten wir ein interessantes Phänomen. Da über Nacht und noch immer Windstille herrschte, war die Oberfläche der See spiegelglatt. Aber da der Strom hier an der Spitze Istriens in den Golf von Venedig eintritt, war eine eng begrenzte, etwa fünfzig Meter breite Wellenbewegung im Bereich des Wassers sichtbar. Es sah tatsächlich so aus, als ob ein Fluss durch das Meer fließen würde.

Als nächstes Ziel steuerten wir die Doppelinsel Unije an. Von diesen Inseln war die größere damals noch von einigen Fischerfamilien bewohnt. Am Platz nach dem Anleger standen einige Einheimische um einen Fischer und bewunderten seinen Fang. Ein mindestens zwei Meter langer Blauhai lag da auf einem Tisch – ein wunderschöner Anblick! Besonders der Farbverlauf vom tiefen Blau am Rücken zum strahlenden Weiß am Bauch faszinierte mich.

Nachdem wir erfahren hatten, dass sich die nächste Möglichkeit zum Tanken in Mali Lošinj bieten würde, legten wir ab. Es war gerade Mittag und ein Maestrale kam gemächlich auf. Der Wind blieb aber eher faul, sodass wir mit Groß und Genua gerade so dahinschlichen. Dafür aber war von einem Unwohlsein nichts zu spüren. Nur die Hitze begann uns zu nerven. Daher nahm einer von uns die „Pütz" an ihrer Leine und holte Wasser über Bord. Ob nun in Badehose oder Shorts und T-Shirt, wir übergossen uns zur Kühlung mit Meerwasser.

Um 18 Uhr ankerten wir in einer Bucht an der Ostseite der Insel Orjul. Eine Zeit beim Schwimmen brachte weitere willkommene Abkühlung nach dem heißen Tag.

Von daheim hatten wir uns mit einem Vorrat an Vollkornbrot versorgt. Leider, denn in den wenigen Tagen, die wir unterwegs waren, hatten sich die noch vorhandenen Brotwecken mit dunkelgrünem Schimmel vollends bedeckt. Das Meer nahm sie als Fischfutter gnädig auf. Jede biologisch abbaubare Materie wird in der Natur wiederverwertet. Nicht so die Kunstprodukte des Menschen. Damals war die dalmatinische Küste noch naturbelassen und sauber. Es waren auch noch sehr wenige Yachten unterwegs, da sich bisher nur vereinzelte Chartergesellschaften etabliert hatten. Der Badetourismus spielte sich an bestimmten Orten mit Campingplätzen ab.

Waren wir in Veruda schon um sechs Uhr Anker auf gegangen, d.h. weggefahren, so verließen wir Orjul erst um 10:30 Uhr. Der Skipper hatte Motorwartung und „Klar Schiff" befohlen.

Das war auch notwendig geworden. Auf engem Raum muss Ordnung herrschen, sonst droht unter Umständen Gefahr.

An Silba rechts und Premuda links vorbei erreichten wir den Prolaz Makrane und entschieden uns für eine seeseitige Passage der Insel Dugi Otok. Wegen der Wetterlage hatten wir ja keine bewegte See zu erwarten. Der Himmel war wolkenlos, der Maestrale ließ auf sich warten. Zunächst motorten wir. Der Wind kam mit gleicher Geschwindigkeit wie unsere Fahrt von hinten. Dies bedeutete, dass wir in der Plicht in unseren Auspuffgasen saßen. Nur wenn wir uns am Vorschiff aufhielten, entkamen wir dem Rauch. Leider blieb dem Rudergänger nichts anderes übrig, als auszuharren. Jeder war froh, wenn die halbe Stunde seiner Ruderwache vorbei war.

Bei den zwei ersten Fahrten mit der „Bird Island" – es waren im Ganzen drei – hatten wir die Einteilung getroffen, dass reihum jeder eine halbe Stunde steuern musste. Gustav, der Skipper, war davon ausgenommen. Er übernahm das Ruder anfangs immer, später nur mehr bei schwierigeren Situationen und zwar dann, wenn Manöver zu fahren waren.

An diesem Tag waren wir froh, als die Brise zwar später aber doch noch stärker wurde und wir mit Groß und Genua vor dem Wind an den bis 200 Meter hohen Klippen von Dugi Otok nach Südosten zogen und vor dem attraktiven Leuchtturm von Sestrice in die Telašćica einbogen. Es war schon halb neun und die Dämmerung setzte ein, als wir vor Bug- und Heckanker in der Uvala Mir zu liegen kamen.

Morgens um 7 Uhr setzten wir im Dinghi zum gegenüberliegenden Restaurant über, leisteten uns ein Frühstück und besuchten den bekannten Silbersee. Gustav glaubte, der See hätte Süßwasser. Doch welch ein Irrtum! Eingebettet in die Kalkfelsen und die dadurch starke Verdunstung war die Salzkonzentration noch höher als im umgebenden Meer, mit dem er kommunizierte. Statt im See zu schwimmen, erstiegen wir den Hügel bis zu seiner höchsten Stelle und blickten die Klippe hinunter.

Als wir zur Yacht zurückkamen, wartete das Boot der Küstenwache davor. Barsch verlangte der Offizier die Papiere. Er konnte jedoch keinen Fehler finden. Schließlich fragte er, warum wir keine Nationale führten?! Naja, bei Sonnenuntergang streicht man regelgemäß die Flaggen und setzt sie um 8 Uhr am Morgen. Wir hatten uns vielleicht eine halbe Stunde verspätet. Kein Grund zur Aufregung!

Um 11 Uhr endlich verließen wir die damals noch kostenfreie Bucht im Nationalpark der Kornaten. Zunächst um den Sestrice herum fädelten wir uns dann in die Durchfahrt zwischen Kornat und den Kornaten ein. Wenn man sie zum ersten Mal besucht, übt diese Gegend einen besonderen Reiz aus. Man wähnt sich im Hochgebirge und befindet sich doch auf Meeresniveau. Im Italienischen nennt man Kornat „la isola incoronata", was so viel bedeutet wie „die Bekränzte" – ein wunderschöner Name.

Da der Wind angenehm mit drei Beaufort von achtern anschob, wollte Gustav es mit uns und mit dem Spinnaker probieren. Das Vorheißen eines Ballonsegels ist besonders dann nicht einfach, wenn man keinen Bergeschlauch verwendet. Da bleibt der „Spi" schön brav geschlossen. Und wenn das Fall dann durchgesetzt ist, fährt man den Strumpf hoch.

Wir bereiteten das Segel am Vorschiff also vor, setzten das Fall mit dem Patentschäkel an den Kopf und plagten uns damit ab, den Spinnakerbaum an Toppnant, Niederholer und Mastgeschirr einzupieken, um endlich die Halskausch an der Baumnock festzumachen. Auch die Schot war entsprechend am Schothorn fest und über einen Block am Heck zur Schotwinsch umgelenkt. Also nun endlich der Befehl: „Vorheißen!" In etwas über der halben Höhe fuhr der Wind mit einer Schralle in das Segel und wickelte es in der Mitte einmal um den Vorstag. Sah wirklich wunderbar aus, dieser riesige BH, der uns in Zielrichtung zog! Wir durften jetzt das Segel nicht einfach losreißen, es wäre bestimmt zerrissen. Doch glücklicherweise wickelte die nächste Schralle uns das Segel wieder vom Stag. Weitere Abenteuer mit dem Spinnaker ersparten wir uns künftig.

Bei Rt Opat nahmen wir den Kurs links von der Insel Žirje. So segelten wir mit Groß und ausgebaumter Genua platt vor dem Wind bei vier bis fünf Beaufort durch die auf der Karte verzeichnete Schifffahrtsstraße. Gegen 19 Uhr erreichten wir den reizenden Fischerort Primošten und legten uns längsseits an die Mole.

Das alte Primošten, ein Fischerdorf, liegt auf einem kegeligen Inselchen. Der Vergleich mit Sveti Stefan in Montenegro liegt nahe. Allerdings befindet sich eine Kirche auf der Spitze dieses Kegels.

Nachdem wir ausgestiegen waren, schlenderten wir über den Platz, der die Insel mit dem Festland verbindet, denn auch hier wurde die Insel irgendwann zur Halbinsel gemacht. Einige Marktstände boten Souvenirs an. Hauptsächlich Schnitzarbeiten aus Nussbaum-, aber auch aus Olivenholz. Von dort brachte ich eine Gusla mit, die sogar bespielbar ist. Dann wanderte ich mit einem zweiten unserer Crew durch das Dorf den Berg hinauf zur Kirche. Erst in der Nähe sahen wir, dass das, was aus der Ferne einen sehr romantischen Eindruck machte, in der Realität primitivste Lebensweise und bitterste Armut war. Die Fischer des Ortes hausten im wahrsten Sinne des Wortes noch mit ihren Ziegen und Hühnern in einem Raum. Nur die im späten 15. Jahrhundert im venezianisch-gotischen Stil erbaute Kirche hatte Mauern aus behauenen Steinen. Und auch die Einrichtung aus dem späten 18. Jahrhundert war sehenswert.

Für die wenigen uns begegnenden, durchwegs alten Frauen war unser Besuch des Ortes anscheinend ein Tabubruch. Auf unser freundliches „Dober dan!" bekamen wir, wenn überhaupt, nur unfreundlich klingende Antworten. Anders im Ort unten an der Küste. Primošten war seit 1960 touristisch erschlossen und hatte sogar eine große, überdachte Schwimmhalle, deren Abdeckung geöffnet werden konnte. Auch das Angebot an Hotels war schon bemerkenswert.

Am Morgen nahmen wir die Stadt in Augenschein. An der etwas höher gelegenen Küstenstraße war eine Tankstelle, von der wir im Kanister Diesel zum Schiff hinunterschleppten. Seetankstellen gab es damals nur sehr vereinzelt. In Promosten existiert auch heute noch keine. Das Trinkwasser konnten wir an der Mole zapfen. Um 12 Uhr verließen wir das malerische Dorf und hatten bereits eine Stunde später den Hrid Mulo vor uns, diesen schönsten der Leuchttürme Dalmatiens.

Wir liefen zwischen den Inseln Mulica und Arcandel und dem nordöstlich liegenden Festland bei gutem West in den Golf von Trogir ein und machten am Stadtkai längsseits um 16 Uhr fest. Der Kai lag ruhig da und auch die Stadt wirkte zunächst wie ausgestorben.

Wir erkundeten vorerst die nähere Umgebung. So gingen wir den Kai entlang zur alten Festung. Der Kamerlengo, der neuneckige Turm, trotzt dort seit gut zwölf Jahrhunderten Wind und Wetter. Daher sintern schon Stalaktiten aus dem Gemäuer. Die weiteren Gebäude der Festung wurden erst im 15. Jahrhundert angebaut. Die Altstadt wurde in der Zwischenzeit von der UNESCO zum Weltkulturerbe erklärt. Nachdem wir auch in das Gewirr der Gässchen eingetaucht waren und die Kathedrale bewundert hatten, kehrten wir auf das Boot zurück. Wir bereiteten uns ein Abendessen – Pasta asciutta und Salat – und setzten uns zum Essen in die Plicht, da unter Deck die Hitze des Tages doch noch sehr spürbar war.

Und als wir so dasaßen und uns die Spaghetti schmecken ließen, da füllte sich der breite Kai mit immer mehr Menschen. Die ganze Bevölkerung war zur „Promenada" gekommen. Vor allem der Anteil junger Leute war sehr hoch. So marschierten sie von der Brücke zur Festung und wieder zurück. Da und dort blieb einer kurz bei Freunden oder Bekannten stehen und genoss es, zu sehen und gesehen zu werden.

Wir widmeten uns gerade wieder unserer Pasta und dem Rotwein, als wir unvermittelt vom Kai angesprochen wurden: „Entschuldigen Sie, sind die Herren aus Eeesterreich?" Vor uns stand ein schlanker, älterer Herr, gekleidet wie vor hundert Jahren mit cremefarbenem Anzug, einer roten, weiß-geblümten Fliege, Girardihut und Gamaschen über den weiß-braunen Budapestern sowie einem Spazierstock aus spanischem Rohr. „Ich vermute es, weil Sie die Nationale dieses Landes führen!" Wir bejahten dies und da er nachhakte, ob wir aus Wien kämen, gaben wir auch noch das Bundesland preis. „Ja, am Wörthersee, da war es schön! Ich war dort einmal auf Urlaub, als ich noch bei der K.-u.-k.-Marine war. Es war eine schöne Zeit. Übrigens bekomme ich von Ihrem Herrn Kreisky noch immer pünktlich meine Pension!" Wir plauderten noch eine ganze Weile mit dieser „Begegnung" aus der großen maritimen Vergangenheit unseres Landes.

Da die Klappbrücke, die Trogir mit der Insel Čiovo verbindet, außer Betrieb war, konnten Segelschiffe nur an der Außenseite entlang nach Split gelangen. Weil an dem Tag der Wind nicht über ein Beaufort wehte, blieb uns wieder einmal nur der Motor. Genau um 12 Uhr Mittag machten wir in Split für einen Kurzbesuch am Stadtkai fest. Zwei Stunden schauten wir uns ein wenig in Split um und besuchten die in den ehemaligen Palast des Kaisers Diokletian hineingebaute Altstadt.

Da ich in all den folgenden Jahren in den Städten Trogir und Split mein eigenes Schiff in den dortigen Marinas überwinterte, werde ich noch genug Gelegenheit finden, um mich mit diesen Orten genauer zu beschäftigen.

Schon zwei Stunden später legten wir wieder ab. Nachdem wir die Splitska vrata, das Tor von Split, passiert hatten, bogen wir rechts ab und fuhren im sogenannten „zweiten Kanal" an Šolta entlang. Durch die Durchfahrt oberhalb der Insel Šolta und unterhalb der Insel Drvenik, der Drvenikska vrata, erreichten wir wieder die Hauptschifffahrtslinie von Split nach Norden und nach Ancona. Um 19 Uhr passierten wir den Hrid Mulo und schon eine Stunde später legten wir wieder am Kai von Primošten an.

Lag der Luftdruck am Tag zuvor noch bei 1022 hPa, so bescherten uns am neunten Tag unserer Reise 1030 hPa wiederum einen wolkenlosen Himmel und wenigstens einen Südost von Windstärke zwei. Der Wind hatte sich also gnädigerweise so gedreht, dass er uns, so wie er uns bis Trogir nach Süden geschoben hatte, nun auch zurück hinaufschob. Unter Großsegel und Fock glitten wir mit unseren fünf Knoten durch die leicht bewegte See. In einer Bucht der Insel Levernaka in den Kornaten legten wir unser Schiffchen vermurrt vor zwei Buganker.

Der nächste Tag verging mit einer Zwischenpause auf der Insel Mana. Dort war einst der Film „Die goldene Glocke" mit Kirk Douglas und Maria Schell als Hauptdarsteller gedreht worden. Die für die Szenerie errichteten Bauten sind noch immer

Anziehungspunkt für Besucher. Aber auch das Schwimmen und Tauchen kamen an diesem Tag nicht zu kurz. Der Grund in der Bucht der Insel barg damals noch einige der großen Steckmuscheln. Leider haben auch wir einige dieser Muscheln aus 14 bis 16 Metern heraufgeholt. In einer dieser Muscheln befand sich ein kleiner Hummer von etwa Handtellergröße. Sein Panzer war schon vom Verdauungssaft angegriffen. Daher war er im Sinne des Wortes „krebsrot". Zurück ins Wasser befördert, suchte er mit schnellen Schwanzstößen das Weite. Man hat ihm die Freude über seine Befreiung richtig angesehen.

Mit Dienstag, dem 27. Juli, war unser letzter Tag dieses Törns angebrochen. Auch an diesem Tag segelten wir mit einem Westwind von zwei Beaufort unter Groß und Fock unserem Zielort entgegen. Durch die Vela Proversa und einem Abstecher in den Ort Sali auf Dugi Otok wendeten wir unseren Kurs über den Kanal und fuhren durch den Ždrelac, die Enge wischen Uglian und Pašman. Diese relativ seichte Durchfahrt wird von einer Brücke überspannt. Mit einer Durchfahrtshöhe von 16,8 Metern wird sie für Yachten mit höheren Masten unpassierbar. Das wollen einige nicht wahrhaben und so kam es schon zu mancher Havarie.

Gegen 16 Uhr durchfuhren wir die Hafeneinfahrt von Zadar und fanden einen Liegeplatz in der Marina der Stadt in der Nähe der bekannten Destillerie Maraska, die ob ihres Maraschino – ein Kirschlikör – weltbekannt ist

Mit einer langen Leine legten wir unseren Bug an eine dort schwimmende, riesige Festmachertonne und verholten das Boot mit dem Motor heckwärts an den Kai. Das war bei weitem nicht so einfach, wie es klingt. Die Tonne hatte einen Durchmesser von vielleicht fünf Metern und schwamm ungefähr 30 Meter oder mehr vom Kai entfernt im Hafen. Daran war schon ein Dutzend andere Yachten festgemacht. Einer musste also auf die rostige Tonne hinübersteigen, um die Leine an dem XXXL-Schäkel festzumachen. Zwei andere Mitglieder der Crew bewahrten in der Zwischenzeit den Bug vorm Anschlagen an die Tonne. Die Retourfahrt mit festgemachtem Bug und Seitenwind ist bei Kurzkielyachten auch nicht gerade einfach; besonders nicht im kabbeligen Hafenwasser. Als wir dann endlich das Heck mit gekreuzten Achterleinen an den in der Kaimauer eingelassenen Ringen fest hatten, ernteten wir spöttischen Applaus einiger Zuseher.

Am nächsten Tag verstauten wir unsere Habseligkeiten in Seesack oder Reisetasche und legten sie auf den Kai. Dann machten wir für unsere Nachfolger das Schiff sauber und stauten Wasser und Treibstoff.

Die Nachfolgecrew war auch bald eingetroffen und löcherte uns ob unserer Erlebnisse. Da wir mit dem Wetter so begünstigt gewesen waren, konnten wir mit keinen besonderen Sensationen aufwarten und wünschten ihnen auch so einen ruhigen Törn. Wir übernahmen ihre Autos und da wir nur zu viert waren, saßen je nur der Fahrer und ein Beifahrer in einem Wagen. Die Küstenstraße entlang der dalmatinischen Riviera war damals bei weitem nicht in so gutem Zustand wie heute und ich glaubte schon, die Kurven würden nicht mehr aufhören. Doch schließlich erreichten wir Rijeka und bald auch die Grenze zu Italien. Am Abend stiegen wir in Monfalcone in unsere eigenen PKWs um. Kurz vor Mitternacht waren wir schließlich wieder wohlbehalten zu Hause.

6. Kapitel

Wir wollen doch nicht aus der Übung kommen

Gerade vier Wochen, nachdem wir von unserer ersten Fahrt zurückgekehrt waren, legten wir am 18. August erneut mit derselben Yacht von der Marina Hannibal ab. Wiederum war Gustav unser Skipper. Neben meinem Sohn Michael und mir waren noch zwei andere Freunde Gustavs in der Crew. Das Wetter ließ an diesem Tag zu wünschen übrig. Gab es beim Auslaufen noch einen blauen Fleck am Himmel, so stand über Triest bereits eine Regenfront und es blieb bis zum Abend bedeckt. Um 20 Uhr klarierten wir in Novigrad ein.

Nach dem Einkaufen konnten wir Novigrad bereits um 8 Uhr hinter uns lassen. Böiger Wind aus Nordost trieb uns an Istrien entlang. Dazu hatten wir Groß und Fock gesetzt. Um 14 Uhr hatten wir das Leuchtfeuer Sv. Pučini nach Rovinj quer ab, d.h. es war im rechten Winkel zu uns. Bis auf einige Wolken hatte es aufgeklart und der Wind auf Nordwest gedreht. Wir hatten nach der Bora wieder den Schönwetterwind, den Maestrale.

Bald darauf sahen wir vor uns zwei Schiffe unter Segeln. Einen kleinen Trabakel und eine etwa gleich große Yacht. Wir hielten auf die beiden Segelschiffe zu, da wir vermuteten, dass sie die „Seekuh" und die „Therose" sein müssten. Und tatsächlich handelte es sich um die Schiffe der „Ersten Österreichischen Segelschule Adria". Auch Theo Klinzer war an Bord seiner „Seekuh", von der er uns so viel im Theoriekurs erzählt hatte. Der Trabacolo war Jahrhunderte hindurch das wichtigste Frachtschiff der Venezianer, mit dem sie in die Levante fuhren, gewesen. Man konnte ihn häufig noch bis in die Fünfzigerjahre des vergangenen Jahrhunderts im Golf von Venedig antreffen. Eines der letzten zwei waren die „Seekuh" und dann noch das viel

Größere, das ein Wiener – ein gewisser Hugo Hermann – vor dem Abwracken bewahrt hatte und mit ihm unter dem Namen „Il Nuovo Trionfo" noch bis in die Neunziger die Adria befuhr. Das Schiff dürfte heute wiederum in italienischem Besitz museal als der letzte aller Trabakel aufbewahrt werden.

Am Abend fanden wir uns wie beim ersten Törn in der Bucht von Veruda vor Buganker für die Nacht gut aufgehoben. Schon um Viertel nach sieben lichteten wir den Anker. Noch war der Nordost schwach, doch bei Wind aus dieser Richtung muss man vorsichtig sein. Wir begnügten uns mit Großsegel und kleiner Fock. Dafür ließen wir den Motor mit wenig Gas mitlaufen. Wir segelten über das Kvarnermeer, passierten Unije und Lošinj sowie Ilovik. Von dort fuhren wir an der dem Kvarnerić zugewandten Seite in den kleinen Hafen von Rovenska auf Lošinj. Wir legten uns vor zwei Buganker und einer Sicherheitsleine an der Mole mit einer Landfeste am Heck für die Nacht fest. „Sicherheit ist die Mutter der Porzellankiste!", sagten wir uns. Leider mussten wir uns an die Außenseite legen, da in dem kleinen Hafen für uns kein Platz mehr war.

Am nächsten Tag blies die Bora noch immer. Am frühen Nachmittag setzte sie in den Böen bis auf sieben Beaufort zu. Gleichzeitig kam auch noch leichter Regen hinzu. An Otok Dolfin vorbei fuhren wir schon um 15:30 Uhr in den Hafen von Rab, wo wir wegen der geringen Wassertiefe mit zwei Bugankern und dem Heck in Richtung Kai vier Meter vom Kai entfernt lagen. Damals hatte Rab noch keine Marina. Nachdem wir den Ort ein wenig erkundet hatten, ließen wir uns im Restaurant „Santa Maria" Rasniči mit Pommes schmecken. Die Speisekarten damals waren noch sehr dürftig. Es gab vorzugsweise Rasniči oder Čevabčiči mit Pommes frittes. Beides zusammen wurde unter „Mixed grill" serviert. Gegrillten Fisch gab es natürlich auch und zwar häufiger aus frischem Fang. Dazu wurde grüner oder Tomatensalat, aber auch Krautsalat aus frischem Weißkraut angeboten, wobei auch beim Salat die gemischte Variante bestellt werden konnte.

Am Morgen des fünften Tages dieser Reise war der Himmel wieder klar und der Nordost stand schon um 6:30 Uhr mit guten drei Beaufort kräftig zur Verfügung. Zunächst wollten wir in Richtung Rijeka, was wir aber nach etwa einer Stunde aufgaben. Wir änderten unseren Kurs und fuhren dahin zurück, von wo wir am Vortag gekommen waren. Wir passierten Orjul und richteten Kurs auf die Durchfahrt zwischen Lošinj und Ilovik. Durch das Wellenbild im Luv schätzten wir, dass die Bora in Kürze ganz schön zulegen dürfte. Deshalb setzten wir zum Sturmgroß auch die Sturmfock. Bald jedoch tauschten wir die Sturmfock wieder gegen eine etwas größere aus. Am Nachmittag setzte uns der Wind mit sieben Beaufort zu. Dementsprechend machten wir auch Fahrt und erreichten zum ersten Mal mit unserem Kahn Rumpfgeschwindigkeit. Die Rumpfgeschwindigkeit bei Schiffen ist von der Länge der Wasserlinie abhängig. Ab einer bestimmten Geschwindigkeit saugt sich nämlich die Heckwelle fest und hält das Schiff sozusagen zurück. Erst ein zusätzlicher, nicht unerheblicher Kraftaufwand hebt den Rumpf hoch und bringt das Schiff zum Gleiten. Bei Motorbooten wird dieser Effekt durch die Linien des Unterwasserschiffes bewusst eingesetzt. Daher unterscheidet man Verdränger und Gleiter. Bei Kielyachten setzt man in neuerer Zeit unten eine waagrechte, steuerbare Flosse an den Kiel. Durch Anstellen dieser Flosse, ähnlich dem Höhenruder eines Flugzeuges, zwingt man den Rumpf aus dem Wasser und erreicht so unerwartet hohe Geschwindigkeiten.

Wie schon gesagt: Die Bora jagte uns über den Kvarner und um 18:30 Uhr waren wir wieder in der Bucht von Veruda. An diesem Tag hatten wir einiges verinnerlichen können, was wir in der Theorie ans Herz gelegt bekommen hatten, nämlich ständig Wind und Wetter zu beobachten und auch einmal vom vorgefassten Ziel abzulassen, statt dagegen anzubolzen.

Pula war das erste Ziel am nächsten Tag. Um 8:15 Uhr waren wir aus Veruda aufgebrochen und zwei Stunden später gingen wir am grünen Einfahrtsfeuer vorbei in das geräumige Hafenbecken des ehemaligen, wichtigsten Hafens der K.-u.-k.-Marine. In der Werft wurden im Wasser gerade die Einzelteile eines riesigen Frachters zusammengeschweißt. In Pula konnten schon damals Schiffe von bis zu 300 Metern Länge gebaut werden. Als Nächstes fuhren wir an der durch Kardinalzeichen an allen vier Seiten bezeichneten Untiefe. Hier sollen die nicht geborgenen Reste der „Viribus Unitis" liegen. Danach sahen wir die Privatyacht des Kaufhauskönigs Helmut Horten, die „Carinthia IV", unter österreichischer Nationale liegen. Herr Horten war am Oberdeck und begrüßte uns begeistert, als er unsere Kärntenflagge in der Saling erspähte. Wir legten uns hinter die „Carinthia" längsseits an den Kai und machten uns auf einen Bummel durch die Stadt. Erst bei späteren Besuchen in Pula wurde mir dieser Ort richtig vertraut. Aber davon zu gegebener Stelle.

Schon um 11:50 Uhr verließen wir Pula wieder und hielten gebührenden Abstand von Brioni. Aufgrund der Anwesenheit von drei Wachbooten vermuteten wir, dass sich Tito möglicherweise auf Brioni aufhielt. Später, so gegen vier, begegneten wir vor Rovinj der „Carinthia IV" nochmals. Zweieinhalb Seemeilen nördlich von Rovinj fuhren wir in den Limski Fjord. Das durfte man damals noch. Ganz am Ende des Fjordes ankerten wir mit einem Buganker. An diesem wiederum wolkenlosen Tag wehte der Nordostwind nur mehr mäßig.

Noch zwei Tage trennten uns vom Ende dieser Reise. Um 5 Uhr verließen wir den Liegeplatz und erreichten um 6 Uhr die Küste. Von da an fuhren wir nordwärts und waren um 9 Uhr in Novigrad am Zollkai zum Ausklarieren. An Kap Savudrija fuhren wir um ein Uhr mittags vorbei. Seit einer guten Stunde hatten wir Segel gesetzt, denn der Maestrale hatte zwar zaghaft, aber doch wieder eingesetzt. Hart am Wind konnten wir bei zwei bis drei Beaufort Grado ansteuern. Auch dieser Tag war wolkenlos. Um 17:30 Uhr legten wir uns in der Marina San Marco an einen Frachtkahn. Am Abend erkundeten wir den schönen Ort Grado.

Der letzte Tag war angebrochen. Um 7:30 Uhr verließen wir Grado und nutzten eine Tramontana unter Groß und Fock, um nach Monfalcone zu gelangen. Zu Mittag liefen wir in die Marina ein und erreichten um 12:15 Uhr den Liegeplatz. Die nächste Stunde reinigten wir die „Bird Island" innen und außen. Damit war die zweite Praxisfahrt zu Ende gegangen.

Auch auf dieser Reise zeigte sich die Adria uns gnädig. Doch an einem Tag offenbarte die Bora für kurze Zeit, wozu sie im Stande ist und lehrte uns, Vorsicht walten zu lassen. Beim ersten Törn waren es 345 nautische Meilen (sm) und beim zweiten 321, die wir zurückgelegt hatten. Damit war etwas mehr als die Hälfte der für die praktische Prüfung verlangten Strecke vollbracht. Noch ein guter Törn und die Nachtfahrten und wir könnten den praktischen Teil der Prüfung hinter uns bringen. Die Voraussetzungen wären dann erbracht.

7. Kapitel

Dritter Praxistörn.
Eine Überstellung – Die Anreise

Der Eigner der Yacht , mit der wir unsere ersten beiden Fahrten hinter uns gebracht hatten, hegte im Jahre 1977 den Wunsch, mit seiner Carter 33 eine längere Fahrt zu unternehmen. Daher plante er für den Sommer, zwischen den Inseln der Kykladen zu segeln. Die Frage für ihn war nur, wie er die Yacht nach Athen bekäme und wer sie zurückbrächte.

Unser Skipper Gustav kam da gerade recht. Er hatte zwei Crews an der Hand, die noch Meilen für die Prüfung nötig hatten. Das Fahrtgebiet von Brindisi über die Straße von Otranto und Korfu weiter durch den Kanal von Korinth nach Athen war auch nicht gerade uninteressant. Und so beschloss er, diese Gelegenheit zu ergreifen.

Gustav übernahm also die Yacht in Brindisi mit der einen Crew, segelte sie nach Piräus in die Marina Zea und holte sie mit unserer Crew wieder zurück nach Bari.

Für uns war die Abreise von der Marina Zea mit dem 25. August 1977 geplant. Natürlich wollten wir schon ein, zwei Tage früher dort sein, hatte doch noch keiner von uns zuvor Athen gesehen. Die Crew bestand wie beim ersten Mal aus dem schon erwähnten Skipper Gustav, seinem Freund und unserem Kollegen Friedl, Hubert, einem Bekannten Gustavs sowie mir und meinem Sohn. Den Transfer von Klagenfurt nach Bari und zurück wollten wir mit der Eisenbahn bewältigen. Von Bari nach Athen gab es eine Fähre und von Patras nach Athen einen Bus derselben Gesellschaft. Schon am 22. August, kurz nach Mitternacht, saßen wir im Zug nach Bari. Es war schon früher Nachmittag, als wir den Zug verließen. Vor dem Hafen gibt es dort einen leicht abfallenden Platz, die Piazza Vittorio Emanuele. Umrundet vom Straßenverkehr ist die Grünfläche in der Mitte von großen Berberpalmen eingesäumt. An der rechten oberen Ecke boten Fischer ihre Ware feil. Die Fische und anderes Meeresgetier waren auf Holzplatten, die auf klappbaren Böcken lagen, ausgebreitet. Wir machten einen kurzen Halt, um dem Markttreiben zuzusehen. Ich bemerkte einen Oktopus, der an einer Ecke auf der Platte lag und noch lebendig war. Diese Tiere haben einen intensiven Blick, wenn sie einen ansehen. Dieser nun blinzelte richtiggehend, als ich auf ihn herabsah, als ob er mich bäte, ihn nicht zu verraten. Dabei bemerkte ich auch, dass er einen seiner Arme über die Kante der Platte ausgestreckt hatte. Er erreichte damit fast den Boden und saugte sich mit der Spitze seines Armes am Bein des Bockes fest. Durch Kontraktion dieses Armes katapultierte er sich nun auf die Straße und schon floh er mit verhältnismäßig hoher Geschwindigkeit in Richtung Kai. Bis ihn der Fischer wieder eingefangen hatte, war er schon gut fünfzig Meter weit gekommen.

Das nächste Abenteuer war für mich weniger delikat. Ich wollte mich kurz erleichtern und suchte zu dem Zweck eine Cafébar auf. Ich bestellte zuerst einen Espresso corto. Dann suchte ich die Toilette auf. Aber leider war diese mit Obst- und Gemüsesteigen vollgerammelt. Daher war sie auch unbrauchbar. In der nächsten Bar war gleich gar keine Toilette vorhanden. In der Zwischenzeit war ich schon etwas in Nöten. Was also tun? Die Palmen an der Piazza sahen sehr wasserbedürftig aus und dem konnte ich ein wenig abhelfen, wobei mich der Straßenverkehr nur wenig störte.

Am Abend lief die Fähre mit uns in Richtung Patras aus. Die Überfahrt dauerte die ganze Nacht und noch in den nächsten Tag hinein. In Patras wurden die Passagiere nach Athen in Busse verfrachtet. Vor der Brücke über den Kanal von Korinth gab es einen kurzen Aufenthalt. Als wir die 70 Meter auf das Wasser des Kanals hinunterschauten, fuhr eine Yacht in Richtung Korinth. So konnten wir ermessen, wie schmal dieser Kanal ist und dass kein Gegenverkehr möglich ist. Daher gibt es Blockabfertigung.

In Athen kamen wir um circa zehn Uhr abends an. Das Fähr-
unternehmen entließ uns vor seinem Büro in der Stadt. Damit
hatte der Busfahrer seine Schuldigkeit getan. Nachdem der letzte Passagier ausgestiegen war, fuhr der Chauffeur den Bus ver-
mutlich in die Remise. Wir standen vor dem versperrten Büro
irgendwo in Athen. Ein Taxi musste her! Der Taxifahrer würde
wissen, wo der Hafen Piräus zu finden sei. Es kam aber nur ein
Kleinbus infrage, denn für einen PKW waren wir einer zu viel.
Außerdem musste noch die Menge an Gepäck transportiert werden.

Wir brauchten gar nicht zu suchen. Ein junger Mann bot
uns seinen leeren Gemüsetransporter an. Aber dieses Geschäft
müsste diskret bleiben. Wenn konzessionierte Taxiunternehmer
unseren Handel mitbekämen, dann bekäme er Schwierigkeiten.
Wir hatten uns gleichzeitig umgesehen. Eine ganze Reihe ähn-
licher Einigungen spielten sich rund um uns ab. Ein regulärer
Taxibetreiber war gar nicht zur Stelle. Wir drückten daher den
Preis noch etwas herunter, indem wir vorgaben, uns einem der
Konkurrenten zuzuwenden. So gelangten wir zwar etwas unbequem, aber schnell zur Marina Zea, unserem Bestimmungsort im
Hafen Piräus. Vor dem verschlossenen und von einem mit Ma-
schinenpistole bewaffneten Sicherheitsposten bewachten Gitter-
tor befand sich so etwas wie ein Rasen. Auf diesem Stück Wiese
lagerten eine Reihe von Rucksacktouristen. Wir erklärten dem
Wächter, dass wir in der Marina auf unser Boot, eine österreichische Yacht, zu warten hätten und ob er uns in das Gelände
der Marina einlassen würde. Da er dazu nicht befugt war, mussten wir uns wohl oder übel noch freie Plätze unter den Globe-
trottern suchen. So verbrachten wir die Nacht am warmen Boden mit unserem Seesack als Kopfpolster.

Sobald wir uns am Morgen in der Rezeption gemeldet und
dort auch unser Gepäck in Verwahrung gegeben hatten, gingen
wir in den Ort und kamen an einer Kreuzung zu einem Lokal
ähnlich eines Bistros. Dort setzten wir uns an einen der auf dem
Gehsteig stehenden Tische und bestellten uns Kaffee und Brötchen. Während wir so frühstückten, beobachteten wir die durch
Ampeln geregelte Kreuzung. Viel war nicht los. Ein Deutscher

näherte sich mit seinem Wohnmobil der für ihn freigeschalteten Kreuzung. Gleichzeitig wollte ein Einheimischer mit seinem PKW die Kreuzung bei Rot überfahren. Noch dazu war seine Geschwindigkeit relativ hoch. Natürlich krachte es. Ein klarer Fall der Schuld. Nicht so in Athen. Der Grieche verteidigte sich gestenreich und bei dem Palaver sammelten sich immer mehr Passanten und auch andere Fahrer an. Die Ampel wechselte mehrmals und beide Unfallgegner behaupteten, sie seien bei Grün in die Kreuzung eingefahren. Wem die Polizei wohl geglaubt hat?

Mit dem nächsten Taxi fuhren wir zum Eingang der Akropolis. Diese wohl berühmtesten Ruinen der Antike muss man schließlich gesehen haben. Was es aber noch als Zugabe gab, war der Blick über die Stadt. Der Anblick des modernen Athens war frustrierend. Nichts als ein gewaltiger, öder Steinhaufen. Keine Alleen, keine Parks, kein bisschen Grün. Nur der Abhang der Akropolis an der dem Meer abgewandten Seite, die Plaka, war etwas bewaldet und einen Besuch wert. Den wollten wir uns für den Abend aufsparen.

Vorerst, nach einem Besuch des Akropolismuseums, fuhren wir zurück nach Piräus und gingen in eines der vielen Restaurants im Hafen. Der Wirt nahm uns gleich mit in die Küche, wo wir alles kosten mussten, was er anzubieten hatte. Auf diese Art wählte jeder aus, was ihm geschmeckt hatte. Unser Mittagessen war gut und billig. Der dazu servierte Retsina mundete uns auch. Der Spaziergang zurück zur Marina kam danach gerade recht.

In der Marina beschlossen Gustav und ich, die lange, gemauerte Mole hinauszugehen. Wir wollten nach unserer Yacht Ausschau halten. Vielleicht war sie schon auszumachen. Sie war jedoch noch nicht zu sehen. Dafür sah ich in Richtung zur Stadt hin allerlei Gegenstände in der Luft kreisen. Die Hitze des Tages hatte ihren Höhepunkt erreicht. In der Marina brütete sie durch die Windstille drückend auf uns. Ich machte Gustav auf die kreisenden Stücke aufmerksam, die ich zunächst für Vögel gehalten hatte. Da sich der Wirbel in unsere Richtung bewegte, konnten wir nun deutlich große Kartons, wie sie zur Verpackung von Kühlschränken und Waschmaschinen verwendet werden, erkennen. „Der Meltemi!“, rief Gustav und lief schon in Richtung Land. Ich natürlich nach. Dazu muss man wissen, dass diese Mole etwa zehn Meter hoch aus dem Wasser ragt und seewärts am Fuß einen Steinwurf von großen Bruchsteinen aufweist. Hinunterfallen hätte den sicheren Tod bedeutet. Wir kamen bis zum Knick, welchen diese Mauer ungefähr in der Mitte bildet, als der Wind die Bäume am Ufer vor uns peitschte. Also nichts wie platt auf die zwei Meter breite Mauerkrone gelegt. Stehend wären wir sicher weggeweht worden. Mit dem Rist der Füße und den Fingern verkrallten wir uns. Ich lag hinter Gustav, der mich, dank seiner Leibesfülle, gut abdeckte. Dennoch rüttelte die Sturmböe tüchtig an mir. Es war nicht der Meltemi, sondern schlicht eine Windhose, die als Hitzeausgleich über uns brauste. Nach ein paar Minuten war die erste Böe vorüber und wir erreichten das Ufer und eine Hausmauer als Deckung, bevor der Sturm wieder losbrach. „Hoffentlich kommt unser Schiffchen heute noch in den Hafen!“, war unsere bange Meinung. Aber doch, mit einiger Verspätung zwar, aber unbeschadet, traf der Eigner mit seiner Begleitung bei Dämmerung in der Marina ein. Wir trugen unser Gepäck an Bord und brachen gemeinsam zu einem Bummel durch die Plaka auf.

Der Abend wurde noch sehr fröhlich, zumal der Retsina reichlich floss. In dem Lokal, wo wir saßen, produzierte sich ein einheimischer Gast als Sirtakitänzer. Er kreierte Figuren, die ich sonst nie mehr sah. Übrigens, der Sirtaki begleitete uns auf diesem Törn ständig. Zum Schluss konnten wir ihn fast nicht mehr hören. Alexis Zorbas, der Grieche, war zwölf Jahre nach dem Siegeszug des Kultfilmes für die Griechen noch immer als Grund für nationalen Stolz allgegenwärtig.

8. Kapitel

Von der Ägäis zum Ionischen Meer und weiter in die Adria

Am Vormittag des 25. August blies der Wind noch immer mit Sturmstärke. Jetzt war es der echte Meltemi. Er hatte schon in der Frühe eingesetzt. Der Morgen begann nach dem Frühstück mit der Übernahme des Schiffes. Danach teilte uns Skipper Gustav in Wachen ein. Ich und Hubert waren die Steuerbordwache, Michael und Friedl die Backbordwache. Auf dieser Reise waren die Ruderwachen auf eine Stunde verlängert worden.

Über Mittag war der Wind deutlich schwächer geworden. Mit drei Beaufort verließen wir unter Groß und kleiner Fock die Marina Zea. Etwas entfernt lag vor dem Hafen eine riesige Flotte alter Tanker auf Reede. Wir kreuzten auf den Saronischen Golf zu. Unterwegs begegneten uns neben Delfinen eine Schildkröte und fliegende Fische. Um 19 Uhr erreichten wir den Hafen von Ägina auf der Insel gleichen Namens. Dort legten wir uns vor Buganker mit dem Heck zur Mole: römisch-katholisch, wie es in der deutschen Seglersprache genannt wird.

Über Nacht war der Luftdruck um acht hPa gestiegen. Mit 1017 hPa war das Hoch wiedergekehrt. Damit war aber auch der Wind moderat geworden. Relativ spät verließen wir den Hafen und segelten mit Unterstützung des Motors dem Kanal von Korinth zu. Vor der Einfahrt beim Mauthaus legten wir uns längsseits an einen betonierten Kai oder besser an das, was von ihm übrig war. Da Fender dafür nicht ausreichend waren, drückten wir – am Kai sitzend – mit ausgestreckten Beinen unser Schiff von den gegen die Bordwand starrenden Betoneisen weg. Gustav ging ins Haus, um die Taxe für die Passage zu entrichten. 1200 Drachmen war für die damalige Kaufkraft der Drachme ein stolzer Preis. Gustav kam lange nicht wieder und uns fielen vom Abhalten der Yacht schon bald die Beine ab. Aber durchhalten mussten wir auf jeden Fall. Als Gustav nach der Amtshandlung wieder zu uns kam, erfuhren wir von ihm, dass wir noch warten müssten, bis der Gegenverkehr aus dem Kanal gekommen wäre. Wir waren insgesamt so eineinhalb Stunden in Warteposition. Endlich kam eine Fähre aus dem Kanal. Sie war kaum schmäler als die Fahrrinne des Kanals.

Der Kanal wurde gegen Ende des 19. Jahrhunderts gegraben. Er hat eine Länge von 6346 Metern und die Wände erreichen an der höchsten Stelle 79 Meter. Schon Kaiser Nero wollte diesen Durchstich des Isthmus von Korinth realisieren. Das Vorhaben wurde aber von Vespasian aufgegeben, als die mit der Arbeit betrauten 6000 jüdischen Sklaven an der Pest erkrankten und dahingerafft wurden. Nero selbst war ja in der Zwischenzeit ermordet worden.

Wir durchfuhren den Kanal gleichzeitig mit einer Wiener und einer italienischen Yacht. Am Ausgang zwischen den zangenartig angelegten Molen, die den Seegang vom Kanal fernhalten, schwammen Quallen, die in der Adria damals noch nicht anzutreffen waren. In der Zwischenzeit sind die sogenannten „Spiegeleierquallen" auch in der mittleren Adria angekommen.

Um 18 Uhr lagen wir im Hafen von Korinth längsseits am Kai fest. Der starke Schwell, der später im Hafen auftrat, zwang uns, unsere Yacht um zwei Uhr nachts hinter einen kleinen Kreuzfahrer zu verholen. Dort konnten wir endlich in Ruhe schlafen.

Am nächsten Morgen liefen wir um 8:45 Uhr aus. Wir setzten zwar Großsegel und Fock, wegen des schwachen Windes fuhren wir aber mit Motorunterstützung.

Aufgrund der ständigen Landsicht ist die Navigation im Golf von Korinth kein Problem. Leider gibt es wegen der seichten Ufer nur wenige Häfen.

Da der Wind immer achterlicher gekommen war und auch nicht zu stark wehte (drei Beaufort), setzten wir den Spinnaker. Die Positionslampe an Backbord funktionierte nicht und da wir bis Patras sicher in die Nacht kommen würden, bot ich mich an, den Fehler zu suchen und zu beheben. Ganz vorne im Bug entdeckte ich eine Verteilerdose, wie man sie bei Hausinstallationen unter den Mauerputz legt. In diese Dose endete ein Kupferkabel mit zwei Litzen. Zwei ebensolche Kabel führten zum jeweiligen Positionslicht. Die jeweiligen Litzen waren durch einfaches Zusammendrehen untereinander verbunden worden. Keine Lötstelle, kein Schrumpfschlauch. Lediglich der Rest eines schlampig herumgewickelten Isolierbandes; sonst nur die mit Grünspan bedeckten Litzendrähte. Die Yacht war denn auch der Lizenzbau einer griechischen Werft. Ich versuchte, die sehr kurz bemessenen Enden blank zu schaben und neu zu verbinden. Da an Bord keine Klemmen und schon gar nicht Presskupplungen vorhanden waren, konnte ich nur den gleichen Pfusch hinlegen wie die griechischen „Fachleute". Und dies nur unter erschwerten Umständen. Denn ich lag zur Reparatur am Rücken, hatte im Kreuz das Süll des Vorschiffschotts und noch dazu über den Kopf gestreckte Arme. So lugte ich schräg auf meine Arbeitsstelle. Leider hatte ich die Zuführung vorher nicht stromlos gemacht. Es kam zu einem Kurzschluss. Nun hatten wir einen totalen Stromausfall. In der Zwischenzeit war die Sonne untergegangen und die Dämmerung hatte eingesetzt. Was nun? Glücklicherweise befanden sich ein roter und ein grüner Kunststoffeimer sowie eine Petroleumlampe an Bord. Damit setzte sich einer von uns im Bug ans Deck. Mit den beiden umgedrehten Kübeln und der Petroleumlampe dazwischen konnte man von außen unsere Fahrposition erkennen. Auf den Pendelverkehr der Fähren in der Enge vor Patras passten wir selbstverständlich selbst höllisch auf. Erst um 23 Uhr lagen wir mit zwei Bugankern und Heckleinen am Kai im Hafen von Patras fest. Zu diesen Torturen mit der misslungenen Reparatur kam für mich noch das sehr unruhige Hafenwasser in dieser Nacht hinzu.

Acht Stunden schlief ich trotzdem durch. Da der Wind am Morgen von Nordost kam, schlugen wir das Sturmgroßsegel an. Wie richtig diese Entscheidung unseres Skippers war, zeigte sich daran, dass um 11:30 Uhr, eine Stunde nach unserem Auslaufen, der Nordost mit Sturmstärke (zehn Beaufort) blies. Da wir kein Vorsegel gesetzt hatten, lag das Schiff schlecht am Ruder. Die Wellen, die schräg von Steuerbord anliefen, versuchten das Schiff aus dem Kurs zu schlagen. Ich hielt die erste Wache und da ich mich bald darauf eingestellt hatte, wie ich das Ruder zu positionieren hatte, blieb ich über meine Zeit an der Pinne. Durch Vorlegen des Ruders um fast 30 Grad konnte ich den Schub der Welle gut ausgleichen. Zu unserem Glück verlor der Wind in den nächsten Stunden jeweils die Hälfte seiner Kraft und war um 14:30 Uhr mit zwei Beaufort schon wieder mehr als nur moderat.

In der Freiwache überdachte ich die Fehlersuche meiner Reparatur. Es musste doch wenigstens eine Hauptsicherung geben! Die galt es zu finden. Ich fand sie auch. Für mich ganz unkonventionell war diese Sicherung, eine Glasröhrensicherung, in einer Halterung, die aus dem britischen Raum kommt. Die positive Litze war durch diese Halterung unterbrochen und der Kontakt durch eine Glasrohrsicherung hergestellt, während die negative daneben vorbeilief. Die Stelle war einfach mit Isolierband umwickelt. Gott sei Dank! Reservesicherungen waren an Bord. In einem Plastiksackerl waren die allernötigsten Dinge für eine Reparatur doch vorhanden.

Da der Tag in der Zwischenzeit schon wieder zur Neige ging, verschob ich die Reparatur auf den nächsten. Wir erreichten um 20:30 Uhr die reizende Kaminia-Bucht auf der Südostseite der Insel Ithaki. Wir legten uns vor zwei Buganker. Dann bereitete ich unser Abendessen zu. Das gehörte auch noch zu meinen Pflichten an diesem Tag.

Nach einer erholsamen Nacht und einem guten Frühstück erfrischten wir uns im herrlich klaren Wasser. Mit einer selbstgebastelten Probierlampe konnte ich die Fehler rasch finden und diesmal die elektrischen Einrichtungen wieder in Funktion setzen. Anschließend begab ich mich an den Strand und wanderte allein den Hang zwischen uralten Olivenbäumen hinauf. Angeblich waren diese von Odysseus gepflanzt worden und tatsächlich dürften die Bäume dem Alter entsprechen. Viele hatten hohle Stämme. In einem hatten Hirten ihre karge Nahrung an einem Holzfeuer gewärmt, wie die Asche und Holzkohlenreste zeigten. Auf halber Höhe befand sich eine Zisterne. Die Neigung einer mit flachen Steinen ausgelegten Bodenfläche lief auf ein Loch zu, über dem ein kleiner Turm errichtet war. Dieser stand sozusagen auf vier Beinen. Dazwischen konnte das Regenwasser in die Zisterne abfließen. Der Turm hatte einen abnehmbaren Deckel, sodass man einen Eimer zum Wasser hinunterlassen konnte. Während ich mir die Zisterne genauer ansah, hörte ich auf einem der Olivenbäume hinter mir ein Geräusch. Ich blickte auf und sah im Geäst des dichtbelaubten Baumes eine große Ziege. Sie beäugte mich ebenso interessiert wie ich sie. Ihre Hörner waren nicht so geformt, wie wir sie von unseren Ziegen gewohnt sind. Sie glichen eher einer zarteren Ausgabe des spanischen Miura. Ebenso war ihr Fell eine Besonderheit. Die Haare waren mindestens zwanzig Zentimeter lang, silbergrau und seidig glänzend. Sie war wunderschön. Ich glaubte mich in einen Mythos der griechischen Antike versetzt. Aber was mir vorerst verborgen gewesen war, zwang mich zu Besonnenheit; plötzlich zeigte sich, dass alle Bäume mit diesen Ziegen regelrecht besiedelt waren. Ein wunderbarer Anblick, aber was hätte ich gemacht, wenn die Tiere plötzlich auf mich losgegangen wären? Ruhig und scheinbar gelassen trat ich daher meinen Rückzug an.

Erst um 15 Uhr verließen wir die Bucht Kaminia und liefen auf Sichtkurs Vathi, den Haupthafen von Ithaki, an. Auch hier legten wir uns mit Buganker und Heck zum Kai. In diesem Hafen wurde jede Yacht einer genauen Kontrolle unterzogen. Griechenland hatte schon immer die strengsten Chartergesetze. Unsere Papiere aber waren in Ordnung. Wir gingen an Land und kauften viel Obst und Gemüse ein. Das Sommertheater von Athen führte in Vathi während der Urlaubssaison griechische Klassiker wie „Sophokles" und „Euripides" auf. Überall stießen wir auf Plakate, welche die Spiele ankündigten.

Dank der Lage des Hafens in einer tiefen Bucht war wieder eine Nacht ruhig vergangen. Am Morgen kauften wir frisches Brot und Butter. Aber auch ein kleiner Elektroladen bot einiges, was ich bei meiner Reparatur gebrauchen konnte. Besonders die

Verzweigungen sicherte ich mit den erworbenen Elastikklemmen. Nun befand ich mich schon zum dritten Mal am Rücken liegend im Vorschiff. Der Tag war wiederum sehr heiß. In Korinth und bei der Kanaldurchfahrt hatten wir sogar fast fünfzig Grad Celsius Lufttemperatur. Heißere Tage habe ich in meinem Leben nie erlebt. Zum ersten Mal legten wir eine Plane als Sonnensegel über den Großsegelbaum. Ich hatte mir an den vorangegangenen Tagen mit der Benetzung meiner Kappe beholfen, um mir mit der Verdunstung des Wassers Kühlung für den Kopf zu schaffen. Da uns auch der Wind verlassen hatte, legten wir in Vathi um 11:30 Uhr unter Motor ab und fuhren die 17,5 sm nach Vassiliki, das auf der Nachbarinsel Lefkada liegt. Um 14:30 Uhr waren wir bereits in diesem Hafen.

Da die Hafenbeschreibungen, zumindest damals noch, für Griechenland sehr mangelhaft waren, lavierten wir vorsichtig in den Hafen, in dem sich Riffe in Form von Resten einer Mole befanden. Das britische Standardwerk „Pilot" bot uns für Vassiliki „in the neighbourhood snow-covered peaks" für Berge von nicht ganz 1200 Metern an. Der unbewaldete Gipfel dieses Berges in der Nähe von Vassiliki reflektiert jedoch das Sonnenlicht. Diesen Effekt dürfte der Autor der Stelle im „Pilot" wohl mit Schnee verwechselt haben.

Im Hafen von Vassiliki hatten wir ein paar nette Erlebnisse. Das erste war ein ständig fließender Quellbrunnen. Ein eineinhalbzölliges Rohr ragte aus der Wand an der Uferböschung und entließ das herrlich kühle Quellwasser in einen Marmortrog, aus dessen Überlauf es sich frei über die Uferstraße und darauf ins Meer ergoss. Wenn man weiß, dass auf Ithaki jeder Tropfen Wasser mit dem Tankschiff geholt werden musste, ein verschwenderischer Luxus. Gleich daneben waren in einem Strandcafé drei Tische aufgestellt. Wir hatten uns dort hingesetzt, am Nachbartisch saßen ein paar Einheimische und schlürften „Türkischen". Auch ich wollte einen solchen. Ich bestellte daher: „Turk coffee!" „We don't have!" – Und was trinken die Nachbarn? – „That's Greek coffee!!!" Na, jetzt wusste ich, wer den „Türkischen" erfunden hatte.

Etwas später sahen wir ein wenig weiter links den Strand entlang, wie in einer kleinen Strandbude auch Leben einkehrte. Ein junger Mann begann, ein Grillfeuer zu entfachen. Ich sagte zu Gustav: „Da könnte unser Abendessen vorbereitet werden!" – „Klingt gut! Schauen wir uns einmal um!" Eine Weile warteten wir noch, bis wir sicher sein konnten, dass wir dort unsere Bestellungen aufgeben könnten.

In der Bude war ein junges Mädchen und offerierte uns Lammspießchen. Wir vier bestellten je vier davon; Friedl wollte unbedingt Fisch. Auch vor dieser Grillbude standen zwei Tische mit Stühlen. Wir setzten uns und bald brachte uns das Mädchen vier Spieße auf einem Teller. Bevor sie uns verließ, bestellte ich die nächsten vier und gab jedem von uns einen. Jedes Mal, wenn wir den einen Spieß verzehrt hatten, bekamen wir den nächsten heiß serviert. Sie waren köstlich! Beim sechsten Mal war dann jeder satt. Nur Friedl wartete noch immer auf seinen Fisch. Endlich brachte man ihm eine gegrillte Makrele. Ja, Fisch ist eben nicht gleich Fisch. Wir blieben noch eine ganze Weile dort sitzen und tranken einige Liter kühlen Retsina. Bei meinem anschließenden Spaziergang sah ich den Popen des Dorfes auf seiner Hausbank sitzen. Als ich vorbeiging, sprach er mich auf Englisch an. Auf seine Frage nach unserem Woher, die ich mit „Austria!" beantwortete, wollte er genauer Bescheid wissen. Mit Carinthia und Klagenfurt wusste er nun genau, woher wir kamen und zeigte mit ausgestrecktem Arm auf ein schönes neues Haus mit einer Rasenfläche davor. „Dieses Haus gehört einem Kaufmann aus Klagenfurt. Er kommt immer auf Urlaub zu uns!" ‚Muss ein Feinspitz sein!', dachte ich mir. Denn das friedliche Vassiliki schien mir wie ein Vorort zum Paradies. Zurück am Strand sah ich einem Fischer beim Ausbessern seines Netzes zu. Ich war sehr verwundert, als mich dieser in passablem Deutsch ansprach. Er war eine Zeit als Gastarbeiter im Ruhrgebiet gewesen und hatte dort für seine Begriffe viel verdient. Warum er dann wieder nach Hause zurückgekehrt sei, um da weiterhin arm zu bleiben? Das war meine Frage. Er hätte sich zum Ziel gesetzt, mit den Ersparnissen seiner Kaíki einen Motor zu verpassen und das sei ihm

gelungen. Die Nachteile wie Wetter, Berufsstress und so weiter
wären nichts für ihn gewesen. Die Lebensqualität hier in Vassiliki wollte er keinesfalls gegen mehr Geld und gegen das Wetter
im Ruhrgebiet eintauschen.

Mittwoch, der 31. August. Wieder ein wolkenloser Himmel.
Auslaufen um 8 Uhr. Ein wenig Nordwestwind. Geplant war
die Ostroute, an der Onassisinsel Skorpios vorbei. Aber plötzlich
auftretender starker Ostwind zwang uns zur Umkehr. Wir nahmen die Westroute. Zunächst hatten wir guten Segelwind, der
aber viel zu schnell einschlief. Später kamen wir an einer ganz
kleinen Insel vorbei. Sie steigt im Westen gegen Osten gleichmäßig an und endet an einem etwa fünfzig Meter hohen Kliff
auf der Ostseite. Es handelte sich um den sogenannten „Sappho-
Felsen". Die griechische Dichterin Sappho soll sich von diesem
Kliff in den Tod gestürzt haben. Später hat man in der Antike
zum Tode verurteilte Delinquenten dort hinunterspringen lassen. Überlebenden, sollte es solche gegeben haben, wurde eine
weitere Strafe erlassen. In späteren Zeiten band man den Sträf-
lingen Federn an die Oberarme, die den Sturz mildern sollten.

Nachdem wir um 19:15 Uhr Paxos erreicht hatten, gingen
wir vor Buganker mit dem Heck an den Kai. In der Nähe der
Liegeplätze am Kai befand sich eine ganze Reihe von Müllto-
nen. Man kann und soll den Müll trennen! Wir bemühten uns,
dem Aufruf gerecht zu werden. Eine Stunde später tauchte eine
Schaluppe bei den Mülltonnen auf. Die Tonnen wurden in diese
entleert. Sie verließ darauf den Hafen, umfuhr die in der Einfahrt
liegende kleine Insel Nikolaos und kam sichtlich erleichtert von
der anderen Seite in den Hafen zurück. Wir fragten uns, warum
wir vorher unseren Müll sortierten! Sonst war Paxos eine lie-
benswerte Insel, auf der man sich vorstellen konnte, einen schönen Urlaub zu verbringen.

Nach dem Auslaufen aus Paxos bei zunächst starker Nord-
westdünung fuhren wir die ersten zwei Stunden mit Motor. Erst
dann setzten wir die Fock zum Sturmgroß, welches seit Patras
nicht mehr durch das eigentliche Großsegel getauscht worden
war. Bei den oft unerwarteten Starkwinden hatten wir einfach

ein besseres Gefühl der Sicherheit. Zunächst dachten wir, in der Marina des Yachtklubs Korfu liegen zu dürfen. Wir waren aber nicht willkommen und verholten daher nach Corfu New Port. Dort war es zwar laut, dafür aber war das Wasser ruhig. In der Nähe gab es auch ein gutes Fischrestaurant und da es etwas erhöht lag, war auch die Aussicht auf die Umgebung gut. Nachdem wir uns einen frisch gefangenen Rochen schmecken haben lassen, genossen wir noch das rege Treiben der Stadt. Wir spazierten die Straße am Strand entlang, an dem sich die Souvenirläden aneinanderreihten. Dabei stellten wir fest, dass Korfu eine Stadt war, in der es nicht nur schön war, sondern in der auch die Einkäufe billig waren. Wir gelangten in die Nähe der Halbinsel, auf der die Festung lag. Auch ein antiker Tempel und der ehemalige britische Gouverneurspalast befinden sich dort. Gleich in der Nähe etwas weiter draußen am flachen Strand war ein riesiges Andreaskreuz als Stütze für ein Rohr aufgebaut. Aus der Rohrleitung von dreißig Zentimetern Durchmesser floss pausenlos Dünnsäure als Abwasser aus einem Industriebetrieb. Der Strand selbst war für Urlauber gesperrt. Logisch!

Der Gang zum Ausklarieren gestaltete sich für Gustav schwierig. Damals hatte ich noch keine eigene Erfahrung mit der griechischen Bürokratie. Jahre später, als ich in diesem Hafen selbst einklarieren wollte, wusste ich, warum wir Stunden auf Gustav warteten.

Endlich, um 13 Uhr, war der behördliche Kram erledigt. Wegen der zu erwartenden langen Dauer der Überfahrt wurde die Wacheinteilung überprüft. Eine Wache bedeutete eine Stunde an der Pinne. Da auch Gustav seinen Teil beim Steuern beitragen wollte, hieß dies für uns eine Stunde steuern und vier Stunden Freiwache. Schon beim Auslaufen war der Himmel zur Hälfte bedeckt. Nach einer Stunde setzte Regen ein, der drei Stunden dauerte. Bis jetzt hatten wir immer schönes Wetter gehabt. Fast zu schönes, wenn man die Hitze bedachte. Aufgereiht in der offenen Plicht vermissten wir nun ein Sprayhood wohl sehr. Hubert träumte von einer Windschutzscheibe mit Scheibenwischern.

Um 14:50 Uhr hatten wir Delfine am Boot. Ein sehr großes Männchen mit zwei halb so großen Weibchen. Sie waren uns entgegengekommen und das Männchen schnatterte aufgeregt auf uns ein. Als wir nicht reagierten, nahm er mit seinem Harem seinen Südkurs wieder auf.

Schon um 14 Uhr hatten wir die Enge zwischen Korfu und Albanien durchquert und fuhren am Nordkap Korfus nun gegen Westen. Der in der Durchfahrt sehr rege Verkehr von Frachtschiffen wurde schwächer und hörte schließlich auf.

Bei zwei Beaufort schalteten wir endlich den Motor ein. Das Sturmgroßsegel und ab und zu das Focksegel unterstützten den Motor. Ich ging in die Kombüse und bereitete Pasta und Salat zu. Alle genossen das Abendessen, aber auch die ruhige See. Ich fotografierte noch den vorzeitigen Sonnenuntergang in einer geschlossenen Wolkenbank, aus der deutliches Wetterleuchten zu sehen war. Gustav fragte mich, wie ich mich entscheiden würde. Ich sagte zu ihm: „Gustav, du bist der Kapitän. Du musst die Entscheidung treffen, die du für richtig hältst! Ich würde nach Othoni gehen und dort abwarten! Vielleicht hätten wir morgen einen Anlieger nach Bari!" „Othoni – Bari, bist du verrückt?", mischte sich Friedl ein: „Da sehen wir ja zwei Tage nur Wasser um uns herum!" „Von Othoni nach Brindisi ist es sogar etwas kürzer als wir jetzt noch dorthin vor uns haben!", wandte ich ein. „Othoni ist aber griechisch und wir haben schon ausklariert!", konterte Gustav. Ich ging in die Kajüte und holte mein Ölzeug ins Cockpit. „Das werden wir bitter notwendig haben!", war mein letztes Wort zu dieser Entscheidungsdebatte. Und so fuhren wir ins Wetter hinein, denn in der Mitte der Straße von Otranto hatte sich ein Zyklon entwickelt.

Schon ab 22 Uhr hatten wir jede Menge von Blitzen zunächst noch vor uns. Um 1 Uhr übernahm ich das Ruder. Der Wind hatte aufgefrischt. Da wir nicht abschätzen konnten, was an Wind kommen konnte, bargen wir das Sturmgroßsegel und fuhren mit dem Motor allein weiter. Kaum war ich am Ruder, setzte etwa zehn Minuten später der Regen an der Vorderseite des Zyklons ein. Ich fühlte mich, als ob ich mit überreifen Kirschen beworfen würde. Gleichzeitig ging in den Blitzentladungen wahrhaft die Hölle los. So gut wie möglich versuchte ich den Kurs zu halten. Denn den Kompass vor mir konnte ich nur ab und zu ablesen. Einerseits war ich von den Blitzen geblendet, gleichzeitig aber hatte ich Mühe, in den Regenschauern die Augen zu öffnen. Jeder von uns fünf erwartete, dass einer der vielen Blitze in unsere Mastspitze einschlagen würde. Der Seegang war nicht nur stärker, sondern auch kabbeliger geworden, hatte der Wind doch von Süd auf Nordwest gedreht. Die spitzen Wellenberge der Adria boten den tobenden Elementen mit dem hohen Salzgehalt weitaus bessere Bedingungen zum Aufbau von Ionisationsstrecken. Das war unser Glück! Noch nie zuvor hatte ich den Beginn einer Blitzentladung gehört und gesehen. Zuerst gab es einen Knall wie von einem Pistolenschuss und danach das kurze Aufflackern eines rotorangen Ionisationskanals. Fast zeitgleich kam der Blitz von oben, gleichzeitig und ohne Verzögerung dann der gewaltige Donner. Ich habe Gewitter in den Alpen erlebt. Aber zum Vergleich: Wenn uns in den Bergen die verästelten Blitze von Gipfel zu Gipfel beunruhigten, so wurden wir hier mit den massiven Stämmen der Blitze beworfen. Auch der Geruch der Luft änderte sich kräftig in eine Art schwefeligen Brandgeruch. Natürlich hatten wir Schwimmwesten angelegt und auch das Beiboot ausgebracht. Gustav hatte auch die wasserdichte Tasche mit den Schiffsdokumenten und unseren Pässen bereit. Aber an ein Von-Bord-Gehen brauchten wir noch lange nicht zu denken. Schon während ich am Ruder war, fuhren wir in das Auge des Zyklons. Die Blitze wurden wieder schwächer und hörten bald ganz auf.

Nach mir übernahm Gustav das Ruder. Da ich nun volle vier Stunden frei war, nutzte ich die Zeit, ging in die Kajüte, entledigte mich der Schwimmweste und des Ölzeugs und legte mich auf die Koje. Im nächsten Augenblick schlief ich auch schon. Schon um halb fünf weckte mich Friedl. Er meinte, Hubert säße an der Pinne und sei schon sehr übermüdet. Mein Sohn Michael hatte es mir gleichgetan. Auch er war gleich zu Beginn seiner Freiwache zu Bett gegangen und schlief nun tief und fest.

Als ich von Hubert das Ruder übernahm, blieb dieser neben mir im Cockpit. Ich riet ihm, doch ins Bett zu gehen. Pflichtbewusst lehnte er ab, hatte doch Gustav befohlen, unbedingt zu zweit auf Wache zu bleiben. Er selbst war im ganzen Trubel nur mit einer Shorts und der Ölzeugjacke bekleidet dagesessen und war schließlich unterkühlt in seine Koje abgetaucht. Dies hatte er seinem Freund Friedl zu verdanken, der bei der Abreise seine Ölzeughose zu Hause gelassen hatte. Gustav gab ihm daher seine eigene. Ich konnte Hubert überzeugen, dass keine Gefahr mehr zu erwarten war. Vielmehr war das Leuchtfeuer von Tricase am italienischen Festland schon sichtbar und ich brauchte nur darauf zuzuhalten. So saß ich am Ruder und überlegte mir so dieses und jenes bezüglich des ausgestandenen Schreckens. Die Luft an der Rückseite des Tiefs war empfindlich kälter geworden. Mit meinem dicken Marinepullover ließ es sich aber aushalten. Eine geraume Zeit später gesellte sich Friedl zu mir. Im Westen und später auch im Osten fielen Regenschauer. Über uns blieben die Wolken glücklicherweise trocken. Friedl meinte, sich über meine Kaltschnäuzigkeit mokieren zu müssen. Er konnte es nicht verstehen, wie man unter diesen Umständen ruhigen Schlaf finden konnte. „Was meinst du? Wäre ich imstande gewesen, auch die Wache Gustavs zu übernehmen, wenn ich nicht ausgeruht gewesen wäre?" Er musste dann doch zugeben, dass meine Vorausplanung der bessere Teil der Vorsicht gewesen war, waren wir alle von der vergangenen Nacht doch nicht nur sehr gestresst, sondern auch irgendwie apathisch. Trotzdem war mir diese Erfahrung viel wert.

Schon um 6 Uhr hatten wir das Sturmgroß und die kleinere Fock gesetzt und segelten damit raumschots bei einem Nordost von drei Beaufort zunächst auf die apulische Küste zu. Dann, so ab 14 Uhr, schoben wir uns eng an der Küste in der Gegenströmung Brindisi entgegen. Der Strom setzte in diesem Bereich der Adria mit zweieinhalb Knoten nach Süden. Das war immerhin die Hälfte unserer üblichen Durchschnittsgeschwindigkeit.

Um 17:45 Uhr liefen wir in den Hafen von Brindisi ein und legten uns längsseits an den Kai. Vor uns lag eine kleine Yacht aus Deutschland. Als der Skipper den Außenbordmotor unseres Beibootes in seiner Halterung am Heckkorb sah, machte er uns sofort aufmerksam: „Macht euren Außenborder ab und verstaut ihn! Meiner wurde mir gleich nach der Ankunft gestohlen!" Am Kai hinter uns lag eine weitere Yacht, eine etwas größere Ketsch. „Some Fun Too" war an ihrem Heck zu lesen. Die Buchstaben waren ein wenig chinesischen Schriftzeichen nachempfunden. In der Backbordsaling wehte die Flagge Kärntens. Ein Landsmann also.

Zunächst fragten wir beim deutschen Nachbarn an, ob er ein Auge auf unseren Kahn haben könnte. Er bejahte und wir suchten uns ein Lokal. Dort genehmigten wir uns ein herzhaftes Mahl, denn wir waren relativ ausgehungert. Da wir aufgrund des Seeganges an Bord keinen Kaffee oder Tee zuwege gebracht hatten, hatten wir unsere alten Brötchen ohne warme Flüssigkeit genießen müssen.

Nachdem wir gut und relativ preiswert gegessen hatten, kehrten wir zur Mole zurück. Vor unserer Yacht wartete der Eigner der „Some fun too" schon aufgeregt. Als er erfuhr, dass auch wir aus Klagenfurt kämen, erzählte er uns, dass er auch in Richtung Bari und weiter nach Venedig unterwegs wäre. So viel fürs Erste!

Eine Tramontana machte uns am nächsten Tag das Leben schwer. Mit Kreuzschlägen versuchten wir gegenan zu stampfen. Als wir nach drei Stunden einsehen mussten, dass wir kaum Raum gewonnen hatten, kehrten wir nach Brindisi zurück. Michael war seekrank und Hubert machte sich Sorgen, da er wieder zur Arbeit zurückkehren musste. Wir beschlossen daher, die beiden nach Hause zu entlassen. Wir brachten sie zum Zug, der um 18:30 Uhr aus Brindisi abfuhr „Die ersten Ratten verlassen das Schiff!", behauptete Friedl sarkastisch.

Wegen der starken Tramontana lagen wir nun in Brindisi fest. Der Tag verging ohne Wetteränderung. Der Eigner der „Some Fun Too" machte uns ein Angebot. Er würde in der Nacht auf jeden Fall auslaufen. Sein 47 PS starker Perkins würde auch die Carter 33' im Schlepp vertragen. Wir einigten uns und ich lud ihn und seinen Begleiter ein, mit uns zunächst essen zu gehen.

„Gut essen hebt die Laune und vertreibt die Trübsal!" Das war meine Devise.

Nachdem wir vom Essen zurückgekommen waren, saßen wir in der Kajüte. Unser neuer Bekannter, Gerhard mit Vornamen, hatte uns beim Essen einiges aus seinem abenteuerlichen Leben erzählt. Er hätte in Klagenfurt die HTL besucht, sie aber vorzeitig abgebrochen. Im Ausland hätte er einen Pilotenschein gemacht und in der Levante als Prospektionsflieger viel Geld damit verdient. Die Yacht hätte er günstig in England einer Witwe abgekauft, deren Mann kürzlich verstorben sei. Sie hätte mit der Seefahrt nichts am Hut gehabt und wollte das Schiff nur schnell loswerden. Er sei sozusagen jetzt daran, sein Schiff in die obere Adria in die Nähe der Heimat zu überführen. Seinen Kumpel, einen Moosburger, hätte er im Hafen in England kennengelernt. Dieser erzählte uns wiederum, er hätte bei einer Reederei in Hamburg als Matrose auf Frachtschiffen gearbeitet. Er war ein eher gedrungener Typ, dem man so manche Hafenschlägerei zugetraut hätte. Er hatte sich eine Schlange tätowieren lassen, die sich von der Schulter zu seinem Hals hinauf schlang und ihn in die Karotis biss. Das sah sehr furchterregend aus, zumal damals Tätowierungen eher selten waren.

Da Gerhard, wie er uns sagte, noch mit Geschäftspartnern verhandeln wollte, konnte er sich noch nicht mit uns auf einen Termin für die Abfahrt festlegen. Es könnte aber später werden. Nun saßen wir in der Kajüte und waren auf seine Geschäftspartner neugierig. Bald kamen zwei distinguiert aussehende Herren vom Typ „ehrenwerter Geschäftsmann" mit ihren Sekretärinnen zu ihm an Bord. Diese waren beide vielleicht Mitte zwanzig und sahen eher Models als Sekretärinnen ähnlich.

Die Verhandlungen dauerten sehr lange. Erst als es schon dunkelte, verließen die Herrschaften das Schiff unseres Nachbarn. Bald darauf kam Gerhard und fragte, ob wir gegen 23 Uhr zum Ablegen bereit sein könnten. Er hätte nur eine Bitte: Einer von uns sollte bei ihm mitfahren, um das Radar zu beobachten, damit er und sein Kumpel sich dann aufs Ohr legen könnten, da sie sehr müde seien. Ich erklärte mich dazu bereit und damit stand dem Verlassen des Hafens von Brindisi nichts mehr im Wege.

Wir schlangen unsere dickste Belegleine um den Mast der Carter33' und führten sie über die Bugklampen. Die freien Tampen, das heißt die Enden dieser Leine, nahmen wir dann später an die Klampen am Heck der „Some Fun Too". Gustav und Friedl waren nun im Cockpit unserer Yacht dem Schicksal übergeben, während ich auf der kräftigen Ketsch mit deren Crew weitere Bekanntschaft schloss, denn zunächst dachten die beiden doch noch nicht, in ihre Koje zu gehen. Sie boten mir ihre Zigaretten und ihren Whisky an und ich erfuhr vom Moosburger viel über das harte Matrosenleben. Vom Heck aus konnte ich mit Gustav und Friedl durch Zeichen kommunizieren. Wie sich herausstellte, sollte dies noch wichtig werden.

Schon gleich beim Verlassen des Hafenwassers schlug uns eine kurze Welle bei Seegang vier entgegen. Der Autopilot der Ketsch, ein DECCA Navigator 250, funktionierte auch bei diesem Seegang einwandfrei. Der eingegebene Kurs wurde von ihm bestmöglich gehalten. Ein Problem hatten wir aber: Das Stampfen brachte den Anker der Carter 33', der im Bug an Deck lag, aus seiner Befestigung. Gustav holte den Anker, unter der Gefahr von Bord geschüttelt zu werden, zurück ins Cockpit. Vorher bat er durch Handzeichen, dass wir die Geschwindigkeit reduzieren sollten. Waren wir die erste Stunde noch mit sieben Knoten gegenan gestampft, so fuhren wir – vor allem unser geschlepptes Schiff – mit fünf Knoten dann wesentlich ruhiger, obwohl die See noch rauer wurde und ab 3 Uhr auf Seegang fünf anstieg.

Von 2 Uhr an übernahm ich die Wache und beobachtete unser Radar. Plötzlich sah ich mich in gleißendes Licht getaucht. Ich ging hinaus und gewahrte ein Schiff der italienischen Küstenwache auf Parallelkurs. Ich gab ihnen meinen Salut. Sie nahmen ein wenig Fahrt zurück und überzeugten sich dann auch von der Lage auf der Carter 33'. Anscheinend fanden sie auch hier alles rechtens und verließen uns wieder. Unser Schiff lag nun wieder im Licht des Heckscheinwerfers der Ketsch. Obwohl ich den Radarschirm nicht aus den Augen gelassen hatte, war das Schiff der Küstenwache nicht zu sehen gewesen und auch weiterhin nicht zu sehen. Es gab also damals schon einen Tarnkappenanstrich.

Um 10 Uhr liefen wir im Porto Vecchio von Bari ein. Wir legten uns kurz längsseits. Ich löste die Schleppleine von den Klampen der „Some Fun Too", glücklich darüber, dass trotz der widrigen Umstände auch der letzte Schlag ohne Schaden zu Ende gegangen war.

Am Kai verabschiedeten wir uns kurz von Gerhard und seinem Mitfahrer und winkten ihnen nach, als sie in Richtung Venedig im nun schon wesentlich ruhigeren Wasser weiterfuhren.

Der Knalleffekt trat eineinhalb Jahre später ein. In der letzten Zeit wurden immer wieder teure PKWs der Extraklasse von Mercedes oder BMW im Raum Oberitaliens oder Süddeutschlands geklaut. Diese Autos, so fand die Kriminalpolizei heraus, wurden über den Loibl-, seltener auch über den Wurzenpass, verschoben. Eines Tages erzählte mir Friedl, ein Kriminalpolizist würde mich gerne sprechen. Es gehe um die Mafiakontakte unseres freundlichen Schleppers. Tatsächlich hatte Friedl in der Sauna einem Bekannten von unserem Schleppabenteuer erzählt. Der Kripomann war Zuhörer dieser Erzählung und interessierte sich für den Fall. So war er auch auf mich gekommen. Ich konnte ihm leider keine inkriminierenden Erlebnisse mitteilen. Ganz im Gegenteil, ich konnte durch meinen Kontakt mit der Crew der „Some Fun Too" nur über deren Zuvorkommenheit und Freundlichkeit berichten. Nur, dass uns die Geschäftskontakte Gerhards in Brindisi verwunderten und gerade das an Filme wie „Der Pate" erinnernde Ambiente weniger Verdacht in uns erregte. Ich stellte mir diese Leute eher unauffälliger agierend vor. Aber mit ihren „Mafiabräuten" entsprachen sie ja voll und ganz dem Klischee. Der Beamte erzählte mir nun seinerseits, was zu dem Fall zu sagen war. Die Erzählungen Gerhards über seine Arbeit als Pilot stimmten. Nur, dass der Pilotenschein von ihm gefälscht worden war. Fliegen hatte er in der Jugend als Mitflieger privat erlernt. Die „Some Fun Too" hatte er in Plymouth von ihrem Liegeplatz entführt. Dem Moosburger begegnete er vorher und mit ihm gemeinsam hatte er den Coup ausgeheckt, die Yacht zu entführen. Bei der Überführung in die Adria waren sie dann auf uns gestoßen. Ihre Kontaktaufnahme zu uns war eher einer Art „Heimwehgefühl" zuzuschreiben.

Mit einigen Reinigungsarbeiten an der „Bird Island" und einer sorgsamen Vertäuung mit zwei Bugankern und Heckleinen war unser Törn mit 526 sm zu Ende gegangen.

Mit der Theorieprüfung mit insgesamt 1192 sm und zwei Nachtfahrten hatten wir die für die praktische Prüfung zum österreichischen Küstenpatent erforderlichen Kriterien erfüllt. Die Prüfung konnte stattfinden.

Wieder einmal war es Gustav, der alles für mich einfädelte. Natürlich auch für ein paar von unseren Freunden. Der Pörtschacher Ingenieur Ferry Pacher war der vom „Österreichischen Segel-Verband" autorisierte Prüfer für das Küstenpatent. Er konnte von Gustav geworben werden, uns auf eben derselben „Bird Island", mit der wir unsere Praxismeilen erworben hatten, die praktische Prüfung abzunehmen. Wir fuhren somit wieder in die Marina Hannibal. Es war der 26. Oktober 1977 zeitig am Morgen. Schon um etwa 10 Uhr steuerten wir in Richtung Triest. Dunst beeinträchtigte die Sicht und je weiter wir vom Ufer entfernt waren, desto unsichtiger wurde die Luft. In diesem Nebel sahen wir schließlich nur ein paar hundert Meter weit. Wir konnten und mussten uns daher auf den Kompass und unsere Geschwindigkeit verlassen.

In dieser Nebelsuppe tauchte plötzlich ein kleiner Schwarm von Goldhähnchen auf. Die Vögelchen waren gar nicht scheu. Sie pickten jede Menge kleiner Mücken nicht nur vom Deck, sondern auch von unseren Pullovern. Natürlich verhielten wir uns ganz ruhig, um die Tierchen nicht zu vertreiben. Beim Wegfliegen tauchte plötzlich auch eine Möwe aus diesem Nichts auf und fing sich ein Goldhähnchen aus der Luft. Es war das Vögelchen, das als letztes Gustav verlassen hatte, auf dessen Brust es die Mücken geerntet hatte. Seit dieser Zeit habe ich zu Möwen, diesen Raubvögeln, ein gestörtes Verhältnis.

In der Nähe des Triester Hafens war die Sicht wieder gut. Wir fuhren in die Marina der Stadt. Dort fanden wir einen Platz, an dem wir mit dem Heck zum Kai der Mole „einparken" konnten.

Jeder Prüfling durfte seine Fähigkeit dazu unter Beweis stellen. Da nicht nur das Hafenwasser, sondern auch das Meer aufgrund der Wetterlage total ruhig waren, war das auch kein Kunststück. Da es Mittag geworden war, genehmigten wir uns eine Mahlzeit im Restaurant der Marina. Nach dieser Pause machten wir uns auf die Fahrt zurück nach Monfalcone. Die Lage hatte sich in keiner Weise verändert.

In der Nähe von Duino riss der Nebel für einen Moment auf. Ich war zum selben Zeitpunkt in der Kajüte und sah das Schloss von Duino zufällig durch das Seitenfenster der Kajüte. Sofort machte ich mit dem Handpeilkompass eine Seitenpeilung auf das Schloss zu und eine zweite auf einen weiteren markanten Punkt, der auch sichtbar geworden und auf der Seekarte eingetragen war . Damit hatte ich zwei Werte, auf die ich mich bei der weiteren Navigation verlassen konnte. Ich stieg den Niedergang hinauf. Da ich bis jetzt vom Prüfer noch nicht befragt worden war, sagte er zu mir, ich sollte nun für uns den Kurs bestimmen. Ich ging daher wieder in die Kajüte und konstruierte den Kartenkurs nach der zuvor genommenen Peilung. Ziel war die Einfahrtstonne von Monfalcone. Da das Ufer dort über gut eine Seemeile sehr flach ist, war es wichtig, die Einfahrt zu treffen, um nicht im Schlamm aufzulaufen. Da ich über meine Kreuzpeilung einen wahren Ort ermittelt hatte, war ich mir über den Kurs sicher. Mein Ergebnis wich um fünf Grad vom bisherigen Koppelkurs ab. Der Prüfer machte mich auf die Divergenz aufmerksam. Ich hielt aber an meinem Kurs fest. Als wir in die Nähe der Küste kamen und auch die Einfahrtstonne in Sicht kam, erwies sich, dass wir mit meinem Kurs direkt auf diese zuhielten. Damit hatte ich meinen B-Schein in der Tasche.

9. Kapitel

Der Weg zum eigenen Schiff:
1978 bis 1982

Nun, da ich den Schein erworben hatte, wollte ich auch etwas damit anfangen. Charterschiffe waren in der damaligen Zeit Vertrauenssache. Da Segelyachten im Vergleich zu heute in der Anschaffung wesentlich teurer waren und auch die Charterfirmen sich erst einrichteten, gab es genügend schwarze Schafe, die mit oft problematischen Kähnen das schnelle Geld machen wollten. Und auch die Übernahme einer Yacht vom vorher an Bord gewesenen Entleiher konnte Überraschungen bergen.

Der Urlaub des Jahres 1978 ging zunächst gar nicht ans Meer. Irgendwie erfuhr ich von den „Inland Waterways" in England, dass die seit dem 18. Jahrhundert entstandenen Wasserstraßen heute touristisch vermarktet werden. Ich setzte mich also schon im Winter mit den entsprechenden englischen Anbietern in Verbindung. Über einen detaillierten Katalog konnte ich viel Wissenswertes erfahren. Dazu kam noch, dass die Lebenshaltungskosten durch die Wirtschaftslage für uns in England damals sehr günstig waren.

Von 15. bis 28. Juli fuhren wir daher mit einem dieser Narrowboats den sogenannten „Leicester Loop", eine Rundreise, die uns von einem Ort namens Stretton Stop über Coventry, Lichfield, Nottingham und Northampton sowie Stock Bruerne wieder zurück nach Stretton Stop brachte.

Wenn man von diesen Kanälen nichts weiß, wird man sie bei einem Besuch Englands kaum finden und doch bieten sie einen Urlaub der besonderen Art. Auch kommt man den Engländern kaum anderweitig so nahe wie beim beschaulichen Dahintuckern auf diesen Kanälen und dem Einkehren in den „Boat Inns" am Ufer.

Der Duke of Bridgewater, der in Manchester eine Wollmanufaktur betrieb und die Kohle aus seinen Bergwerken in Lancashire auf Maultierrücken über die Berge nach Manchester bringen lassen musste, machte einen Besuch in Venedig. Dort kam ihm die Idee, die Kohle auf Kanälen zu transportieren. Er spendierte daher seinem genialen Markscheider einen Urlaub in Venedig. Der sollte dort den Kanalbau studieren. Obwohl dieser kaum lesen und schreiben konnte, löste er diese Aufgabe brillant. Kein Wunder aber, dass die Boote für den Warentransport zunächst den venezianischen Gondeln nachempfunden waren. Im Jahre 1761 wurde der Bridgewater-Kanal eröffnet und setzte einen regelrechten Hype in Gang. Am Höhepunkt dieser Entwicklung bedeckten fast 10.000 Kilometer schiffbare Flüsse und Kanäle die britische Insel und einen Teil Irlands. Dieses Transportsystem revolutionierte die Wirtschaft Englands und mündete in das Jahrhundert der Technik. Mit der Erfindung der Dampflokomotive und der Eisenbahn war aber die blühende Ära des Kanaltransports auch schon wieder vorbei. Die Kanäle beschleunigten sogar den Eisenbahnbau durch die Möglichkeit des Transportes der schweren Güter, die dazu notwendig waren. Jetzt wird ein Teil des Kanalsystems für den Urlaubstourismus erhalten und bietet Freunden des Wasserwanderns eine schöne Perspektive.

So ging es uns jedenfalls. Wir verbrachten die 14 Tage mit nur drei Regentagen und sonst bei schönstem Wetter im Herzen Englands. Beim Besuch des „British Waterways Museum" in Stoke Bruerne konnten wir feststellen, dass dieser Abschnitt in der Geschichte Englands einen Teil der britischen Volkskultur darstellt. So wurden als Treidelpferde die wuchtigen Shire Horses gezüchtet, die als die größte Pferderasse der Welt gilt. Die Privatspediteure, die einen eigenen Frachtkahn besaßen, lebten mit Frau und Kindern am Boot und wurden als „water gypsies" (Wasserzigeuner) wegen ihrer nomadischen Lebensweise bekannt.

Bei der Wiederholung einer solchen Kanalfahrt im Jahre 2019 konnte ich feststellen, dass sich der Kanaltourismus heutzutage größter Beliebtheit erfreut. Die Anzahl der Kanalboote ist auf weit über eine halbe Million angestiegen.

Nach diesem Urlaub in England begann im folgenden Jahr der Leidensweg eines Charterskippers. Zu Beginn der Sommerferien des Jahres 1979 überlegte ich, wie ich günstig an die Adria kommen könnte. Ich fand keine mir passenden Angebote. Meine Frau las in der Zeitung ein Inserat, aus dem nicht hervorging, ob ein Skipper gesucht oder ob eine Charterfahrt auch mit Skipper vermittelt würde. Ich rief bei der Telefonnummer, die im Inserat angegeben war, an und siehe da, man suchte wirklich jemanden, der zwar nicht den Skipper ersetzen musste, dafür aber darauf achten sollte, dass nicht falsch navigiert wurde, da sich der vorgesehene Skipper im Vorjahr einmal gefährlich verfranzt hatte. Wir wurden uns einig, dass ich kostenlos mitfahren durfte und darauf achten sollte, dass die vorgesehene Route eingehalten wurde.

Das Boot war eine LM 27 und stand in der Aprilia in Lignano. Die Chartercrew und ich trafen uns dort. Der Skipper und die weiteren vier Mitfahrer waren Mitglieder eines Linzer Segelklubs. Der Obmann dieses Klubs hatte mich nun diesen Leuten aufgehalst. Die Stimmung des Skippers war der Situation entsprechend. Da es sich nur um eine Woche handelte, war mir das egal und schließlich würde man sich ja vielleicht zusammenraufen.

Zunächst kauften wir im Supermarkt ein. Darunter auch Spirituosen. Ein Karton mit einigen Weinflaschen und zwei Flaschen Whisky wurde von jemandem – ich glaube es war der Skipper, da er diesen Karton an Bord trug – auf dem Sitz des L-Sofas neben dem Schott zum Vorschiff abgestellt. Niemand dachte daran, den Inhalt des Kartons seefest zu verstauen. Als wir gegen Abend nach Umag ausliefen, stand ein ordentlicher Seegang vor unserem Bug. Wie es nun so ist, war beim Auslaufen die ganze Crew im Cockpit, beziehungsweise an Deck versammelt, als es in der Kajüte ein Gepolter gab. Erschrocken eilte der Skipper den Niedergang hinunter. „Etwas passiert?", fragte ich von meinem Stand als Rudergänger. „Nichts Besonderes! Es hat nur Scherben gegeben. Zwei Liter Rotwein und zwei Flaschen Whisky sind in der Bilge gelandet. Die Scherben räume ich gerade weg!" ‚Naja, das kommt von der Schlamperei!', dachte ich mir.

Inzwischen war es dunkel geworden. Ich gedachte, bis in den Hafen am Ruder zu bleiben. Das 27 Fuß lange Schiffchen wurde durch den Seegang entsprechend gebeutelt, während es unter Segel und Motor Umag entgegenfuhr. Mir kam vor, als würde das Stampfen und Rollen immer träger. Der Skipper lag zu der Zeit in der Kajüte im Lee auf der Polsterbank. Plötzlich sprang er wie von einer Tarantel gestochen auf. „Wir machen Wasser!", rief er verzweifelt. „Keine Panik!", antwortete ich. „Schau einmal ins Vorschiff!" Da war nun ein Fehler, der uns zum Verhängnis hätte werden können, aufgetreten. Das Seeventil des Waschbeckenabflusses war vor der Abfahrt nicht geschlossen worden. Bei jedem Eintauchen des Buges schoss durch den Abfluss vielleicht ein halber Liter Meerwasser ins Boot. Damit füllte sich das Boot schön langsam und tauchte natürlich immer tiefer ein. Durch die Krängung reichte es schon über die Unterkante des Backbordsofas. Wir pumpten mit der Lenzpumpe fast eine halbe Stunde, bis das Wasser wieder dem Meer zurückgegeben worden war. Diese Spülung der Bilge und eines Teiles des Bodens der Kajüte hatte den Vorteil, dass der Geruch des verschütteten Alkohols verschwunden war. Erst um zwei Uhr früh legten wir am Zollkai in Umag an. Während ich den Skipper am Kai aussteigen ließ und er die Vorleine an einem Poller festmachte und daraufhin am Schiff entlang nach hinten ging, um die Heckleine ebenfalls anzubringen, da hatten zwei betrunkene Jugendliche die Vorleine wieder vom Poller genommen und versucht, unser Anlegemanöver zu vereiteln. Sofort rief ich dem Skipper zu, was geschehen war. Unsere Leinen hatten nun einen Vorlauf aus einer Kette, die als Auge an die Leine geschäkelt war. Dieses etwa ein Meter lange Stück einer acht Millimeter dicken Stahlkette an der Heckleine schwang der Skipper und traf damit beide Übeltäter in den Rücken. Natürlich war die Aktion alles andere als lautlos. Daher tauchte auch ein Polizist auf, welchem wir in englischer Sprache aufgeregt den Vorfall mitteilten. Der Polizist nahm die Burschen – einen deutschen Urlauber und seinen einheimischen Saufkumpan – gleich mit und wir konnten in Ruhe das Schiff festmachen. Der Rest

der Crew lag schon längst in den Kojen und bekam den ganzen
Wirbel gar nicht mit.

Bei diesem Törn segelten wir um die Spitze Istriens und den
„Kvarner“ hinauf bis Rabac. Dort kehrten wir um und segelten
nach Lignano zurück. Vom Rest der Reise ist nicht viel zu berichten. Wetter und Wind waren uns gewogen.

Im Jahre 1980 hatte ich vom selben Klub eine Bianca Chec-
chi 4, ein neun Meter langes Schiffchen von hervorragenden Segeleigenschaften, gechartert. Gebaut wurde sie in einer Werft in
Bologna. Wir sollten die Yacht in der Marina Morner in Split
übernehmen. Um dorthin zu gelangen, fuhren wir mit der Fähre der „Jadrolinija“. Das ist die staatliche jugoslawische Reederei,
die die Häfen sowohl an der Küste als auch auf den Inseln untereinander verbindet. Das Fährschiff verließ Rijeka am Abend und
kam um 6 Uhr in Split an. Da wir die Sehenswürdigkeiten von
Split kennenlernen wollten, waren wir einen Tag vorher angereist und nahmen ein Zimmer im Hotel „Marian“, einem fürchterlich verlotterten, riesigen Glaskasten. Die Klimaanlage funktionierte zum Beispiel überhaupt nur verkehrt herum. Sie ließ
sich nicht ausschalten und heizte uns zusätzlich zur sommerlichen
Hitze ein. Auf unsere Beschwerde bei der Rezeption wurde uns
mitgeteilt, dass sie jemanden zu uns schicken würden, nur – es
kam niemand. Da wir den Lärm des Lüfters und die Hitze nicht
aushalten konnten, klemmte ich einfach die Stromzufuhr ab.

Diesmal waren meine Frau und unsere beiden Kinder, Andreas und Barbara, 15 und 13 Jahre alt, sowie Freund Paul mit
von der Partie. Am Vormittag des 2. August 1980 erledigten wir
die Übernahme, meldeten uns mit Crewliste und unseren Pässen im Hafenamt und waren um 12 Uhr unterwegs nach Hvar.
Die „Rebecca“, so hieß unser Schiffchen, lief unter Segel ausgezeichnet. Es war eine Freude sie zu segeln. Aber schon in der
Palmežana hatten wir einige Reparaturen, denn wir hatten fest-
gestellt, dass durch Kriechströme alle Metallteile elektrisierten.

Wir verließen die Palmežana in Richtung der Insel Korčula.
Wir hielten auf den nordwestlichen Teil zu und beendeten den
Tag in Vela Luka. Damals gab es noch keine Marinas. In den

Häfen konnten die Yachten gegen eine geringe Gebühr oder sogar kostenlos längsseits am Hafenkai liegen. Vor der Palmežana drohte das nicht gekennzeichnete Riff Hrid Baba. Einmal in die Bucht gelangt, lag man vor Buganker mit einer Landfeste am Heck zu einem Uferbaum.

In Vela Luka gab es eine Tankstelle, bei der es auch Trinkwasser gab. Daher bot sich bei der Wasserübernahme auch die Gelegenheit einer Süßwasserdusche aus dem Schlauch. Der Vorrat an Wasser auf der Rebecca belief sich auf 120 Liter.

Schon am Vortag hatten wir einen schadhaften Kollektor am Gleichstromgenerator entdeckt. In Vela Luka versuchten wir, einen Mechaniker aufzutreiben, der in der Lage war, auf seiner Drehbank den Kollektor zu rektifizieren. Die zugehörigen Kontaktkohlen waren glücklicherweise noch lang genug. Doch so schnell war ein Mechaniker nicht zu finden. Als wir endlich einen ausgemacht hatten, war der nicht zu Hause. Er wartete auf eine Zementlieferung, welche den Einwohnern der Insel zugeteilt worden war. Er benötigte den Zement zwar nicht, aber wenn es schon mal welchen gab, musste man zugreifen. Außerdem konnte man vielleicht auf dem Tauschweg etwas erhalten, was man dringend benötigte. Ja, so war die wirtschaftliche Lage in Jugoslawien damals.

Der Mechaniker jedenfalls versprach uns, gleich am nächsten Tag den Generator zu reparieren und an Bord zu bringen. Wir bauten also noch schnell den Generator aus und brachten ihm diesen in die Werkstatt. Trotzdem verbrachten wir den ganzen Tag als Reparaturtag im Hafen von Vela Luka.

Da wir somit Zeit verloren hatten, verließen wir am nächsten Tag schon um 5 Uhr den Hafen. Das Ziel war ja immerhin Trogir und das war 46 sm entfernt. Das Glück war uns hold. Mit Spinnaker und Großsegel machten wir gute Fahrt, und als uns in der Drvenikska vrata, so der Name der Durchfahrt zwischen Šolta und Drvenik, der Wind verließ, legten wir die restlichen sechs Meilen mit dem Motor zurück. Die Lichtmaschine funktionierte wieder einwandfrei.

In Trogir spielte ich anhand eines Büchleins einer Touristikreihe und meiner Kenntnisse aus meinem ersten Besuch in dieser Stadt im Jahre 1977 stolz den Fremdenführer. Beim Durchwandern der Gässchen in der Altstadt hörte ich Stimmen hinter einer einfachen, rotgestrichenen Blechtüre. Aus der Art der Unterhaltung nahm ich an, es könnte eine Konoba sein. Also eine Art Beisl, wie ein Wiener sagen würde. Ich probierte an der Tür und sie ließ sich öffnen. Drinnen im Hof, so einer war es nämlich, saß an einem langen Tisch eine gemischte Gesellschaft. Männer wie Frauen, alles Einheimische. Ich entschuldigte mich für die Störung und wollte die Türe wieder schließen. „Aber nein, kommen Sie doch! Sie sind uns willkommen!", lud uns der Hausherr ein. „Am Tisch ist noch Platz für euch alle!" Wir nahmen die Einladung an und setzten uns. Die Hausfrau brachte uns Teller, der Hausherr forderte uns auf, uns zwanglos zu bedienen und schnitt von einem luftgetrockneten Beinschinken großzügige Portionen auf unsere Teller. Die restlichen Zutaten zu dieser Marenda – Pager Käse, Oliven, Brot und Pfefferoni – waren in Schüsselchen für alle erreichbar am Tisch verteilt. Der Rotwein, den der Hausherr selber kelterte, wie er mir versicherte, war trocken, sehr stark und hatte einen erdigen Abgang. Genau passend zu den übrigen Köstlichkeiten. Nach der Vorstellung und dem gegenseitigen Kennenlernen waren die interessantesten Diskussionen im Gange, wobei der Hausherr für ein paar seiner Freunde den Übersetzer machte. Mit fortschreitender Stunde wurde die Stimmung durch den guten Wein auch immer gelöster. Gute zwei Stunden später verabschiedeten wir uns von diesen netten Leuten. Als ich den Hausherrn fragte, wie wir uns für diese spontane Einladung erkenntlich zeigen könnten, fragte er mich, ob ich ihn beleidigen wolle. Es war für ihn doch eine Ehre, uns die dalmatinische Lebensart zeigen zu können.

Das Wetter war bisher wolkenlos, die Winde moderat und in Richtung günstig, so dass wir viel mit Groß und ausgebaumter Genua dem Norden zustrebten.

Mit einer Übernachtung vor Buganker in Primošten ging es zunächst nach Šibenik. Dort machten wir zwei Stunden Pause, um dann weiter durch den Krka-Fjord nach Skradin zu schippern. Dort legten wir uns vor zwei Buganker rechts vor der Stadt neben den Schilfgürtel. Ein älterer Herr fuhr mit einem kleinen Boot, auf dem auf einem Rohrbogen ein beleuchtbares Taxischild angebracht war, auf uns zu. Sein Erscheinungsbild glich frappierend dem Marschall Titos. Als ich ihn darauf ansprach, sagte er mir, er hätte hier im Ort den Spitznamen „Tito“. Er bot uns an, uns zu den Wasserfällen von Skradin zu bringen. Sein Preis dafür war moderat. Ich wurde mit ihm einig, dass er uns in einer halben Stunde holen sollte. Wir genehmigten uns noch schnell ein Süßwasserbad im See von Skradin und machten uns für den Landgang zurecht.

Er kam pünktlich mit seinem Boot zu uns herausgefahren und hatte seine Tochter mitgebracht. Am halben Weg zu den Wasserfällen steuerte er das Boot links ans Ufer. Seine Tochter stieg aus und verschwand im Ufergebüsch. An der Bewegung der Zweige konnte ich verfolgen, dass sie den Uferhang hinaufstieg. Nach ein paar Minuten kam sie mit dem Krug, den sie mitgenommen hatte, mit herrlich kühlem Quellwasser zurück. Sie bot darauf jedem von uns etwas von diesem Trunk an. Wir fuhren weiter, hinein zu den Wasserfällen und auch hier war man zu dieser Zeit noch nicht auf die Idee gekommen, Eintritt zu verlangen. Der Tourismus in dieser Region hatte noch nicht wirklich eingesetzt. Die jugoslawischen Urlauber wollte man nicht eines kostenlosen Vergnügens berauben. Ausländer wie wir Segler waren noch selten.

Skradin lag füher an der Grenze zwischen Liburnien und Illyrien. Die Einwohner lebten vom Fischfang und der Piraterie. Immer wieder lauerten sie den venezianischen Kauffahrern, die aus der Levante kamen, auf, um sie ihrer Waren zu erleichtern und Lösegeld für prominente Passagiere zu verlangen. Die „Serenissima“ entschloss sich daher, mit den Bürgern von Šibenik einen Pakt zu schließen. Diese ließen die Piraten nicht mehr durch den Kanal von Sveti Ante und wurden dafür von Venedig bezahlt. Das soll gut funktioniert haben.

Zurück in Šibenik holten wir nach, was wir beim Hineinfahren verabsäumt hatten. Wir besuchten die Basilika. Dieses von den Bürgern, dem Adel und dem Klerus von Šibenik finanzierte architektonische Wunderwerk aus dem 15. Jahrhundert wurde auf einem Abhang so errichtet, dass die rechte Seite des ganzen Baues auf wesentlich längeren Säulen ruht. Der Bildhauer und Architekt des frühen 20. Jahrhunderts, Iwan Mestrowić, hat dem Erbauer Juraj Dalmatinac am Platz vor der Basilika in Form einer kolossalen Bronzestatue ein Denkmal gesetzt. Dieser geniale Steinmetz und Baumeister des 15. Jahrhunderts betrieb drei Schulen für Steinmetze: eine in Šibenik und Trogir, die zweite in Split und die dritte in Ancona. Getragen noch vom Geist der venezianischen Gotik schuf er eine eigenständige, markante Ausdrucksform, welche besonders in seinen Akanthus-Ornamenten sichtbar wird. Zwei Teile der Basilika, die von ihm stammen, zähle ich an dieser Stelle auf. Da ist einmal das bildhauerische Wunderwerk der Taufkapelle unter der rechten Seitenapsis. Sie stellt das älteste Beispiel der Renaissance in Dalmatien dar. Weiters läuft an der Fassade im Norden und Osten in Höhe von etwas über zwei Metern ein Fries mit 72 lebensgroßen Köpfen. In diesen Köpfen hat Juraj Dalmatinac die Menschen aller Rassen verewigt, die damals in dieser Gegend angetroffen werden konnten, selbst Asiaten wie Mongolen und Chinesen ragen aus der Wand. Interessant sind auch die Haartrachten und Kopfbedeckungen dieser Köpfe. Den oberen Teil, ab einem Abschlusssims, der mit klassischem Eierstab geschmückt ist, hat Niccolo Fiorentinović, ein Schüler Donatellos, weitergebaut. Er schuf die an Brunelleschi erinnernde Kuppel und deckte sie und die Tonne des Langhauses mit monumentalen Monolithen von bis zu ein mal sieben Metern ein. Schon lange gehört die Basilika zum UNESCO-Welterbe.

An dieser Stelle möchte ich betonen, dass man in den Küstenstädten Dalmatiens ständig auf historischem Boden wandelt und der kulturell interessierte Zeitgenosse immer wieder kostbarste Begegnungen mit der Kunstgeschichte hat. Meine Schilderungen sollen jedoch nicht in der Aufzählung von Kunstschätzen enden. Nur so viel dazu: Die Zivilisation der Küste geht schon auf die Kolonisation durch die antiken Griechen zurück. Vor allem der Besitz und Einfluss Venedigs, aber auch Habsburg-Österreichs haben Spuren hinterlassen. Es soll mir erlaubt sein, da und dort bei passender Gelegenheit ein Wort darüber zu verlieren.

An diesem Tag erreichten wir von Šibenik aus den unteren Rand der Kornaten, wobei uns ein Maestrale von vier und manchmal sogar fünf Beaufort gute Fahrt machen ließ. Am Abend warfen wir in der Uvala Opat unseren Anker. Wir erstiegen das markante Kap und genossen den traumhaften Rundblick.

Bei der Weiterfahrt durch die Kornaten legten wir vor Mana natürlich einen Badestopp ein. Auch die Filmruinen musste ich den Kindern zeigen. Mit Groß und Genua bei sanftem Maestrale, wie schon zu Beginn des Tages, segelten wir weiter und erreichten schon kurz nach drei Uhr am Nachmittag die Telašćica.

Wir hatten als Beiboot auf der „Rebecca" ein Klappdinghy, wegen seiner Form im zusammengeklappten Zustand auch „Banana-Boot" genannt. Es ist schon einiges an Kraft erforderlich, um es zu entfalten und es dann durch Einsetzen des Duchtbrettes offenzuhalten. Nach zwei misslungenen Versuchen zu zweit wollte es Paul alleine bewerkstelligen. „Einen Moment, lass mich mal!" Gesagt, getan! Er klappte den oberen Rand auseinander, sprang mit Schwung auf die Mitte der hochstehenden, gelenkig zusammengefassten Bodenteile, rutschte aus und fiel der Länge nach zwischen Bodenteil und Bordwand ins Boot. Verschluckt! Vom Klappdinghy verschluckt! Wir befreiten Paul aus seiner misslichen Lage. Dabei half er liegend, die beiden Bodenteile über den Knackpunkt zu bringen. Wir setzten die Ducht in ihre Haltepunkte und Paul schlängelte sich mit unserer Hilfe darunter aus dem Boot. Gott sei Dank! Es war ihm kein Leid geschehen. Oder? Blaue Flecken zeichneten sich am nächsten Tag doch an seiner Hüfte und der Schulter ab. Von nun an hieß das Dinghy nur mehr die „Mördermuschel".

Von der Telašćica in Richtung Zadar hatten wir mangels Windes etliche Meilen unter Motor zu laufen. Wir fuhren zwischen Pašman und Ugljan in den Ždrelac. Nach einer Pause, in der wir badeten und danach etwas aßen, kreuzten wir an Zadar vorbei in die Uvala Pavlešina auf Ugljan. Wegen ihres kroatischen Namens nannten wir sie die „Paulibucht". Schon in der

Nacht bemerkte ich, dass unser Boot Wasser zog. Wir pumpten es aus, aber am Morgen stand das Wasser wiederum knapp über den Bodenbrettern. Wir überlegten, von wo es wohl eindringen konnte. Es wird wohl so gewesen sein, dass die Stopfbüchse durchlässig geworden war. Wir starteten die Maschine und stellten fest, dass diese leer durchlief. Eine weitere Kontrolle ergab, dass ein Bruch der Welle eingetreten war. Die Welle mit der Schraube war aber in ihrer Position verblieben. Nun hieß es für mich, unter Segel einen Hafen mit Werft anzulaufen. Der nächste Hafen mit einer Werft war Mali Lošinj. Also auf dorthin und auf Wind hoffen!

Immerhin stimmte die Richtung, wenn auch die Windstärke zu wünschen übrig ließ. Plötzlich setzten Schraubengeräusche ein. Was war geschehen? Durch die Fahrt im Schiff wurde die Welle so weit herausgedreht, bis die Schraube mit dem Spinner am Skeg anstand. Eine sehr weise Konstruktion, denn so konnten Schraube und Welle nicht verlorengehen. Wer weiß, wie lange wir einem darauffolgenden Wassereinbruch standgehalten hätten? Mehr konnte also nicht mehr eintreten und ich konnte meine Frau, die berechtigterweise leicht hysterisch reagierte, beruhigen. Der Wind brachte uns an diesem Tag bis Ilovik, wo wir im Kanal von Sveti Petar ankerten. Bei der Ankunft in Ilovik entfesselte sich ein schon länger nahendes Gewitter.

Auch der neue Morgen brachte zwar wieder wenig Wind, diesen doch wenigstens aus Südost. Somit erreichten wir die Einfahrt in den inneren Teil von Lošinj. Aber dann war es aus. Das Schiff mit den Paddeln des Beibootes voranzutreiben, war zu mühsam. Die zweite Möglichkeit – die Yacht schwimmend immer wieder anzustoßen – gaben Paul und ich auch bald auf. Schließlich setzte ich meine beiden Sprösslinge ins Heck. Mit den Flossen an den Beinen gelang es ihnen, einen ganz guten Vortrieb zu entwickeln. Damit erreichten wir die Werft.

Schon eine halbe Stunde später hing die „Rebecca" in den Gurten eines Portalkranes. Bei ausgebauter Welle wurde auch gewahr, dass diese direkt am Wendegetriebe ohne eine flexible Kupplung befestigt war. Die Dauerbruchstelle zeigte mir, dass ich das Schiff mit kaum 10 % intaktem Material des Querschnittes einer Welle von 25 Millimetern Durchmesser übernommen hatte.

Die Herstellung einer neuen Welle und ihr Einbau dauerten einen ganzen und noch einen halben Tag. So lernten wir den Hafen Mali Lošinj und seine Umgebung wenigstens gut kennen.

Mit einer weiteren Übernachtung im Hafen von Martinšćica auf der Insel Cres erreichten wir am Samstag, den 18. August, den Hafen von Opatija.

Die folgende Crew wartete schon auf uns. Freunde von mir hatten mich gebeten, für sie den Skipper zu machen und ich hatte mich breitschlagen lassen. Dank eines eingeplanten Reservetages konnte ich trotz der Verzögerung den Termin fast einhalten, denn schon um 10 Uhr war ich in Opatija eingelaufen. Meine Freunde waren auch schon angekommen und hatten sich im Hafenrestaurant gerade einen Kaffee bestellt, aber noch nicht einmal getrunken. Wir machten daher aus dem Zusammentreffen noch eine nette Ankunfts- und gleichzeitige Abschiedsparty, denn meine Frau, die Kinder und Freund Paul konnten mit den Frauen meiner Freunde nach Hause zurückfahren. Diese hatten die Crew nach Opatija gebracht und in ihren PKWs war nun genügend Platz.

Am selben Tag noch lief ich am frühen Nachmittag schon wieder aus. Natürlich hatten sich fünf gestandene Männer auf dem kleinen Schiffchen so gut wie möglich einrichten müssen. Ich hatte mich in der Hundekoje hinter dem Kartentisch verkrochen.

Nach 26 sm lagen wir vor Bugleinen und Heckanker im Hafen Krk. Das Wetter am folgenden Tag war bedeckt und es regnete ab und zu. Eine Bora blies uns vor Groß und Fock in Richtung Rab, und weil wir gute Fahrt machten, liefen wir an Rab vorbei bis in die Uvala Podgrabe auf der Insel Molat. Mit 55,5 sm konnten wir zufrieden sein

Am Montag drehte der Wind endlich und der Maestrale wehte. Der Himmel war wieder wolkenlos. Wir liefen Zadar an, da wir im Zollfreihandel Bier kaufen wollten. Leider war das Geschäft geschlossen. Wir fuhren wieder durch die Enge von Ždrelac und legten uns in der Uvala Žinčena um 21 Uhr vor Buganker und Landfeste.

Skradin und Trogir waren die nächsten zwei Ziele, danach in die Uvala Mir in der Telašćica, darauf in den Ždrelac. Und das bei wolkenlosem Wetter und einem Maestrale bis vier Beaufort. Im Ždrelac machten wir noch Klarschiff. Am 23. fuhren wir in die Stadtmarina von Zadar und übergaben die „Rebecca" der nachgebuchten Crew.

Es folgen Eintragungen im Logbuch der „Rebecca" von den Skippern, die vor mir die Schiffsführung innehatten:

Samstag, 06.07.80 Radio und Kassettenrekorder funktionieren nicht! Temperaturanzeige des Motors ausgefallen, Toilette pumpt auf der Ansaugseite kaum, daher kein Wasser zum Spülen. Lenzpumpen funktionieren nur teilweise. Dritte Batterie zum Starten benötigt.

Dienstag, 08.07.80, 10:30 Uhr: Alle Metallteile elektrisieren.

Donnerstag, 10.07.80, 12 Uhr: Automatikschalter der Lenzpumpe defekt; abgeklemmt. 21:00 Uhr: alle Deckenleuchten fallen aus (Sicherung springt nach einigen Minuten heraus). Stopfbüchse nachgezogen!

Montag, 21.07.80: Log schon bei Übernahme kaputt. Log reagiert nur bei Motorfahrt, Positionslampen funktionieren nicht! Ein Scharnier beim Ankerkasten ist kaputt, Ankerlicht funktioniert trotz versuchter Reparatur nicht (25.07.)

Einige dieser Fehler konnten wir in den ersten Tagen reparieren. Der Hammer aber war der Bruch der Welle. So viel zu meinen Erfahrungen zur Instandhaltung einer Charteryacht im Jahre 1980.

10. Kapitel

Das „Jugopatent"

Schon im Jahr 1978 trat mein damaliger Nachbar an mich heran, ob ich nicht für seinen Freund aus Wien Bewerber für das Küstenpatent in Ferlach zuführen und auch unterrichten könnte. Ich sagte unter der Bedingung zu, dass ich selbst zuerst diese Prüfung ablegen möchte, um die Fragestellungen und die Art der Prüfung zu erkunden. Man war damit einverstanden und ich legte diese Prüfung zum Selbstkostenpreis ab. Ich war damit im Bilde, dass von den Betreibern solcher Nautikschulen gute Geschäfte gemacht wurden. Ich erkundigte mich, wie die Autorisierung eines Kursangebotes dieser Art verläuft.

Ein Treffen mit dem Hafenkapitän von Rijeka, Vladimir Šolič, klärte mich auf. Herr Šolič erzählte mir, dass mit steigendem Tourismus und der Unkenntnis der nautischen Gepflogenheiten im Bootsport und hier vor allem bei den Motorbooten die Unfallhäufigkeit rapide gestiegen sei. Er sah sich daher gezwungen, auch für die Touristen die Möglichkeit zu schaffen, einen Nachweis über zumindest einige Grundkenntnisse für die Küstenseefahrt zu erbringen. Die Basis sollte der gekürzte Stoff des staatlichen jugoslawischen Steuermannspatentes sein. Der ausgestellte Schein war diesem gleichgestellt. Er gab dem Inhaber die Berechtigung zur Führung von Yachten von 25 BRT und einer Einzelmotorleistung von 75 kW. Offiziell hieß das Patent „Mornar Motorist" – umgangssprachlich aber kurz „Jugopatent" genannt. Die Bedingung, Prüfungswerber vorzubereiten, war ein Skriptum herauszugeben, das von der Prüfungskommission begutachtet wurde. Das war für mich kein Problem. In kurzer Zeit kreierte ich das Skriptum und mir wurde erlaubt, Bewerber für den „Mornar Motorist" zu unterrichten und zur Prüfung zu führen.

Ein Wochenendkurs, der in einem Hotel in Opatija oder Ičići abgehalten wurde, begann mit der Ankunft am Freitag. Am Abend war Bestandsaufnahme, das heißt die Teilnehmer und ihre Dokumente wurden überprüft, damit sie an die Hafenbehörde zur Vorlage für die Ausstellung der Scheine weitergereicht werden konnten. Damit verbunden war das Kennenlernen der Teilnehmer. Am Samstag um 8 Uhr begann in einem der Konferenzräume der Kurs. Nach dem Mittagessen war ein Spaziergang an der Promenada Maršala Tita, die jetzt wieder Franz-Josef-Promenade heißt, angesetzt. Der kleine Hafen von Volosko war für etwas Anschauungsunterricht geeignet. Um 15 Uhr ging der Kurs bis zum Abendessen weiter. Danach stand ich für Fragen zur Verfügung.

Ich begann meinen Vortrag immer damit, dass ich die Betonung auf die Gefahren legte. Eine Prüfung sei noch kein Freibrief für Leichtsinnigkeit, und die ständige Beobachtung von Wind und Wetter sei das Um und Auf in der Seefahrt. Besonders bei Südostwind war an der Promenade an einigen Stellen die Möglichkeit gegeben, den Leichtsinnigen eine Lektion zu erteilen. Und der wehte in der Kurssaison fast ständig. In der Periodizität der Brandungswellen ergossen sich besonders große Wellen an bestimmten Stellen über den Weg der Promenade. Wie so üblich schlossen sich die eifrigeren Schüler mir an, während der eher bequemere Rest der Teilnehmer tratschend hinterdrein trottete. Ich sorgte durch Vorausschau meinerseits nun dafür, dass ich mit meiner Gruppe trocken durch diese Stellen ging. Wer weiter hinten nicht vorsichtig war, bekam zumindest ein anständiges Fußbad verpasst. Damit war auch dieser Teil meiner Teilnehmer am Kursinhalt dann mehr interessiert.

Nach einigen Terminen war wieder Kapitän Šolič auf Besuch. Er gratulierte mir. Seine Prüfer wären mit den Leistungen meiner Prüflinge sehr zufrieden.

Bei einem Termin im Herbst 1980 nahmen auch einige Studenten der Wiener Universität teil. Nach der Prüfung kamen sie zu mir und fragten mich, ob ich ihnen nicht auch noch zu einem Praxiskurs verhelfen könnte. Ich versprach ihnen, dass ich versuchen würde, eine Yacht zu chartern, mit der sie mit mir eine Woche lang auch praktische Erfahrungen sammeln könnten. Dadurch kam es in der Karwoche 1981 zu einer Segelfahrt mit einer elf Meter langen Amel Kirk namens „Orion". Diese Fahrt dauerte von Samstag, den 11. bis Samstag, den 18 April. Den Beginn der Fahrt begleitete schönes Wetter mit moderaten Winden. Die fünf Studenten – vier Mediziner und ein Techniker – hatten damit genug Zeit, den Umgang mit dem Boot und den Segeln zu erlernen. Mein Sohn Andreas, der auch mitfuhr, übernahm anfänglich das Ruder. So konnte ich mich mehr den Kandidaten widmen.

Die Reise ging von Lignano aus über Istrien nach Rab, von dort weiter nach Zadar, durch den Ždrelac hinüber in den Prolaz Vela Proversa, an Dugi Otok entlang nach Norden und weiter entlang Premuda nach Lošinj. Von dort ging es weiter über den Hrid Prorer an Brioni vorbei in den Hafen von Rovinj. Ab Brioni setzte die Bora ein. Damit konnten meinen Schützlingen auch noch ordentlich die Seebeine wachsen. Am Morgen des 17. April war der Wind wieder schwächer geworden. Damit konnten wir zu Mittag Umag erreichen. Dort blieben wir bis zum nächsten Morgen, die Bora jedoch verließ uns auch am Samstag noch nicht. Nach dem Ausklarieren um 7:30 Uhr setzten wir ein Reff ins Groß und die Fock 1. Bei Nordost mit sieben bis acht Beaufort, aber wolkenlosem Himmel, setzten wir nach Lignano über.

In der Aprilia Marittima legten wir die „Orion" um 13 Uhr an ihren Liegeplatz, reinigten und versorgten sie mit Treibstoff und Gas und gaben sie zurück. Auf diesem Törn legten wir 355 sm, dabei 60 % unter Segel und 40 % mit Maschine, zurück.

Auch am Wochenende vom 2. bis zum 4. Mai 1980 hielt ich in Opatija einen Kurs ab. Mein Sohn Andreas, der mich begleitete, legte an diesem Tag auch die Prüfung ab. Damit waren wir in der Familie zu dritt, die die Berechtigung zum Führen einer Yacht im Küstenbereich erworben hatten.

Als wir am Sonntag, den 4. Mai, von Opatija nach Hause zurückfuhren, machten wir in der Nähe von Laibach eine eigenartige Erfahrung. An der rechten Straßenseite standen im Abstand von 50 Metern Polizisten, die uns mit ihrer Kelle zur Eile antrieben. So wurden wir durch ganz Laibach auf Trab gehalten. Was war geschehen? Marschall Tito, der schon einige Zeit im Krankenhaus von Laibach gelegen hatte, war an diesem Sonntag gestorben. Da man einem eventuellen Aufstand zuvorkommen wollte, hatte man die Meldung vom Tod des Präsidenten hinausgezögert. Man wollte zunächst die Sonntagsausflügler rasch zu Hause wissen, bevor man die Nachricht offiziell bekanntgab. Denn zu der Zeit, es war gegen 19 Uhr, war noch nirgends etwas vom Hinscheiden Marschall Titos bekannt geworden. Nur die auffällige Art, in der wir durch Laibach gejagt wurden, machte uns stutzig und wir reimten uns auch den Grund zusammen. „Wird wohl Tito gestorben sein", sagte ich zu meinem Sohn.

11. Kapitel

Weiterer Ärger mit einer Charteryacht

Für den Sommer 1981 hatte ich eine Gulf Star 44 gechartert. Das Schiff stand mir vom 18. Juli ab Zadar zur Verfügung. Der erste Törn dauerte 14 Tage bis zum 31. Juli, und nach Crewwechsel vom 1. August eine Woche bis zum 7. August. Die erste Partie bestand aus zehn Männern, mich eingeschlossen. Danach nahm ich zwei Männer, vier Frauen und ein Kind an Bord.

Bei Übernahme des Motorseglers in Zadar sagte mir der Skipper des vorangegangenen Törns, dass ihm der Hafenkapitän von Zadar mitgeteilt hätte, dass das Schiff Jugoslawien verlassen müsse. Um Charterschiffe ausländischer Charterfirmen gegenüber solchen, die in Jugoslawien registriert waren und damit Steuern zahlten, am ungesetzlichen Schwarzcharter zu hindern, bestimmte eine Regel, dass nach dem zweiten Crewwechsel eine Yacht ausklarieren und neu einreisen musste.

Was nun tun? Den Urlaub der ganzen Gruppe streichen? Niemals! Ich heckte mir einen sehr gewagten Plan aus. Ich wusste nur, dass ich aus Zadar verschwinden musste. Aus der deutschen Zeitschrift „Die Yacht" wusste ich auch, dass Hvar in den Sommermonaten zum interimsmäßigen Einklarierungshafen bestimmt worden war. Wer diese Information in das Journal gesetzt hatte, war mir unbekannt. Jedenfalls war sie falsch.

Über den Ždrelac und durch den zweiten Kanal segelten wir nach Hvar. Dazwischen ankerten wir in der Bucht Soline an der Außenseite von Pašman. Neben den üblichen Badepausen begann ich an gewissen Reparaturen zu arbeiten, denn auch dieser Kahn hatte es dringend nötig. So war die hintere Stütze des Bugkorbes an Steuerbord aus seiner Befestigung am Deck herausgerissen. Das scharfkantige Metall hatte jemand gnädig mit einem Lappen umwickelt, damit das Deck nicht noch mehr zerkratzt wurde, als es schon war. Dann war da noch der Maschinenraum. Dieser lag unter dem Mittelcockpit, welches dadurch etwa einen halben Meter mit seinem Boden über dem Deck lag. Darunter war der mit mindestens drei mal vier Metern großzügig bemessene Raum. In diesem Raum war ein Perkins Dieselmotor von 47 PS mit dem Wendegetriebe und einer flexiblen Kupplung untergebracht, von wo die Welle zur Stopfbüchse führte. Diese war wieder unter einem herumgewickelten Lappen verborgen, aus dem Wasser tropfte. Natürlich wollte ich wissen, was sich unter diesem Lappen verbarg. Normalerweise ist eine Stopfbüchse mit Brillenflanschen konstruiert. Hier war eine Überwurfmutter mit Durchgang für die Welle auf das Rohr aufgeschraubt, welches durch den Kiel geführt worden war. Diese Spezialmutter aus Bronze war der Länge nach angerissen. Ich fand ein Kraftband an Bord. Dieses wickelte ich mehrmals fest um die Überwurfmutter. Ein Nachziehen unterließ ich besser. Zur Sicherheit legte ich noch eine Kunststoffleine mit Würgeknoten um die Mutter. Nun konnte ich einigermaßen beruhigt sein, dass für die Zeit, in der ich an Bord die Verantwortung hatte, kein Bruch dieses enorm wichtigen Teiles stattfinden würde. Das ständig durch die Stopfbüchse eindringende Wasser allerdings musste ich alle vier Stunden mit der elektrischen Bilgepumpe abpumpen. Denn in dieser Zeit war der Boden des Maschinenraumes einen viertel Meter unter Wasser. Auf das automatische Anlaufen der Pumpe über einen Schwimmerschalter wollte ich mich lieber nicht verlassen. Die übrigen Aggregate waren im Maschinenraum eher wahllos verteilt. Platz war ja genug vorhanden. Aber das war die Vorstellung der Konstrukteure der amerikanischen Werft.

Als Motorsegler hatte die Yacht einen sehr flachen Boden und ein Plattheck mit Badebrücke. Dadurch rollte der Kahn auch sehr stark. Natürlich auch bei unruhigem Wasser, wenn wir vor Anker lagen. Der Hauptanker war ein relativ schwerer Stockanker mit stark gerundeten kleinen Flunken. Daher griff der Anker sehr schlecht. Wenn also bei unruhiger See die „Marco Polo", so der Name dieser Yacht, wie ein mit seiner Kette raufender Stier hin- und herschwoiend den Bug schüttelte, war ein Halten des Ankers selten gegeben.

Die hydraulische Steuerung war ebenfalls defekt. Da eines der beiden Nadelventile undicht war, musste der Rudergänger das Steuerrad ständig ein wenig steuerbord drehen, um geradeaus zu steuern. Das in der Bewerbung der Yacht angepriesene Hartschalenbeiboot hatte am Bug ein Loch in der Außenschale, sodass es Wasser schöpfte, das zwischen beiden Schalen vom Boden herauf immer mehr wurde. Der Beibootmotor hatte Getriebeschaden und war daher unbrauchbar. Als Antriebsmittel waren ein Paddel und ein Riemen (Ruder) geliefert worden. Die Badeleiter war verbogen und nur einseitig verschraubt. Der mit 110 Volt betriebene Elektroherd war ebenso defekt wie der Onan-Generator.

Am Besansegel waren zwei Lattentaschen durchgescheuert und am Großsegel fehlten zwei Drittel des Achterlieks. Die Dirk konnte nicht reguliert werden und auch beim Groß fehlte die unterste Segellatte. Der Tupfen auf dem I aller dieser Mängel war aber wohl die Befestigung des Achterstages am Besanmastfuß. Am Ende des Stages, einem Stahlseil von 3/8 Zoll (fast 10 mm), war durch das angepresste Auge ein Bronzeschäkelchen gewürgt worden. Der Schäkelbolzen, der in den dafür vorgesehenen Beschlag am Besanmast angeschlagen war, hatte sich bereits zur Hälfte durchgescheuert. Schon ein starker Vorwind hätte den Schäkel ausreißen und den Großmast zu Fall bringen können. Schlussendlich noch konnte die in den Sicherheitsnormen vorgeschriebene Notpinne nicht auf den Vierkant des Ruderschaftes aufgesetzt werden, da die Ausnehmung dafür eine andere Form aufwies.

Das also war die Liste der Mängel, die ich in den ersten beiden Tagen aufzuarbeiten hatte. Daraufhin konnte ich die Sicherheit auf diesem „Versaufkahn“ einigermaßen gewähren.

Am dritten Tag näherten wir uns dem Hafen von Hvar. Ich ging zum Hafenkapitän und wollte einklarieren. Er verwies darauf, dass dieses nur in Split möglich sei. Er sei dafür nicht autorisiert. Ich zeigte ihm die Mitteilung in der Zeitschrift. Darauf wurde er sehr unfreundlich. Er fragte mich, ob eine deutsche Segelzeitschrift für Jugoslawien die Gesetze mache. Schließlich nahm er mir die Pässe ab und sagte mir, ich könnte sie mir im Hafenamt von Split holen. Nun fuhr ich schleunigst in den Hafen von Split.

Die Hafenbehörde machte aus meinem Versuch, in Hvar einzuklarieren, so etwas wie den Tatbestand von illegaler Einreise in Jugoslawien. Der amtsführende Hafenkapitän verhielt sich mir gegenüber aber sehr rücksichtsvoll und wohlwollend. Mit einer mehr symbolischen Geldstrafe entließ er mich. Da nun auch das „Permit of Navigation", die Fahrterlaubnis für die jugoslawischen Hoheitsgewässer, erteilt worden war, stand unserer Weiterreise nichts mehr im Wege.

Über Hvar liefen wir nach Korčula und fanden dort auch einen Mechaniker, der uns den Kollektor des Onan-Generators rektifizierte. Die gleiche Reparatur hatten wir ja schon auf der „Rebecca" im Jahr zuvor. Vor dem Ende der Halbinsel Pelješac, in der Bucht Uvala Pržina, ankerten wir und grillten mit Strandholz Schweinekoteletts. Damals war das Grillen auf offenem Feuer noch durchaus erlaubt. Heute würde man in Dalmatien dafür streng bestraft werden, denn dadurch sind immerhin sehr viele Waldbrände entstanden. Dabei war oft gar nicht Absicht oder Sorglosigkeit im Spiel. Die harzreichen Wurzeln der Sträucher in der Macchia, aber auch die Haarwurzeln der Aleppokiefern, die den Bewuchs der Uferregionen ausmachen, erstrecken sich weit durch die Klüfte im Kalkgestein der dalmatinischen Küste. Bei aller Vorsicht kann daher über diese „Zündschnüre" der Wald fünfzig Meter weit vom Grillfeuer entfernt plötzlich in Flammen stehen.

Mit einem Halt im Handelshafen von Dubrovnik und einer kurzen Besichtigung der Stadt fuhren wir in den Hafen von Molunat und erreichten damit das Ende des Teilstaates Kroatien. Kotor liefen wir am Tag darauf an und machten am Kai der noch vom Erdbeben vom April 1979 beschädigten Hafenmole fest.

Die Einfahrt bei Kap Oštro über Herceg Novi und weiter durch die Bucht von Tivat sowie durch die Enge der Catene, wo man die Einfahrt in den Golf von Kotor durch gespannte Ketten verwehrte, ist wohl der Höhepunkt an der dalmatinischen Küste. Erst nach dem Ersten Weltkrieg und mit der neuen Grenzziehung gelangte dieses Gebiet an die Črna Gora oder Montenegro, das Land der schwarzen Berge. Vorher war es neben Pola eines der strategisch wichtigsten Gebiete der Marine der K.-u.-k.-Monarchie. Jedes Jahr am 15. August nahm Kaiser Franz Josef die Flottenparade der österreichisch-ungarischen Kriegsmarine ab.

In Cetinje, der ehemaligen Hauptstadt Montenegros, regierte König Nikola I. in seiner eher einem größeren Schweizer Chalet gleichenden Königsresidenz. Dort lebte er mit seiner wunderschönen Frau Milena, die ihm sieben ebenso wunderschöne Töchter schenkte. Dass diese bei den Thronfolgern der europäischen Königshäuser sehr begehrt waren und auch geheiratet wurden, brachte Nikola den Spitznamen „Schwiegervater Europas" ein.

Im Ersten Weltkrieg nun musste Nikola auf Drängen von Serbien und Russland – sehr ungern zwar aber endlich doch – 1916 Österreich–Ungarn den Krieg erklären. Er wollte seine Tarockrunde im Hafen von Kotor aber nicht verlieren. Jeden Donnerstag brachte ein Chauffeur den König in seinem Gräf-&-Stift-Automobil von seinen Bergen die abenteuerliche Lovčenstraße zur K-u.-k.-Admiralität in Kotor, wo er mit dem Flottenadmiral, seinem Adjutanten und dem Marinearzt dem Tarockspiel huldigte.

Er bat also seine Freunde, sein Land zu besetzen. Es würde dabei kein Schuss der Abwehr erfolgen. Nicht einmal eine ganze Kompanie der in Kotor stationierten Marineinfanteristen wurde in friedlichem Einvernehmen nach Cetinje verlegt. Da sie nichts zu tun hatten, entstand als Produkt ihrer Langeweile ein Relief des Landes in seinen damaligen Grenzen im Generalmaßstab 1:30.000. Heute steht das renovierte Relief an die „Biljarda", den alten Königspalast, gelehnt unter einer modernen Alu-Glas-Konstruktion und stellt eine der Sehenswürdigkeiten dar.

Die vor gut zwei Jahren durch das Erdbeben zerstörte Stadt Kotor befand sich noch immer im Zustand des Wiederaufbaues. Bewundernswert für mich war die Vitalität der Kapernstaude. Diese Pflanze mit ihren wunderschönen Blüten, die an Köpfchen von Kronenkranichen erinnern, hatte sich schon wieder in den zementierten Fugen der neu renovierten Gebäude voll entwickelt.

Damals war auch ein Marinemuseum in Kotor etabliert. Dieses Museum, vor dem zwei alte Schiffsgeschütze aufgestellt waren, zeigte im Wesentlichen die nautische Geschichte der dreifachen Buchtenlandschaft.

Von Kotor fuhren wir wieder Molunat an und übernachteten dort zum zweiten Mal. An Cavtat und Dubrovnik entlang und dem Leuchtturm Sveti Andrea steuerten wir die Pomena auf der Insel Mljet an.

Der Leuchtturm Sveti Andrea vor Lopud stellt den Hintergrund für eine berührende Liebesgeschichte des Kärntner Schriftstellers Josef Friedrich Perkonig dar. Dieser berühmte Sohn der Büchsenmacherstadt Ferlach hat in seinen schriftstellerischen Schätzen auch einiges über diese Gegend zu bieten, wie zum Beispiel die Titel „Lopud – Insel der Helden“ oder „Der Guslarspieler“, eine Geschichte, die Dubrovnik und seinen alten Hafen zum geografischen Hintergrund hat.

Die Pomena bot uns einen guten Zugang zu den reizenden Seen auf der Insel Mljet, die eigentlich Teile eines mit dem Meer verbundenen Fjordes sind. Je nach Ebbe oder Flut rinnt das Wasser vom kleinen zum großen See oder umgekehrt. Der auftretende Effekt ist ein jeweils stark fließender Bach. Der größere See beherbergt auch eine Insel, auf der sich ein ehemaliges Benediktinerinnenkloster aus dem 13. Jahrhundert befindet. Beim Strandcafé „Tri Palme“ ist der Anblick des Klosters bei Sonnenuntergang ein besonderes Erlebnis. Durch die Struktur der Insel leuchtet es noch einmal auf, wenn man die Sonne eigentlich schon untergegangen wähnt.

Ein Schlag unter Fock, Groß und Besansegel brachte uns am anderen Tag nach Vela Luka auf Korčula. Über die Splitska vrata war am 30. Juli Trogir erreicht. Der Törn neigte sich seinem Ende zu. In Trogir animierte ich noch einige der Crew dazu, mit mir den Glockenturm der Kathedrale zu besteigen. Ein paar beendeten den Aufstieg eher vor der Hälfte der Turmspitze, da sie auf den steilen und offenen Treppen ein Anfall von Landkrankheit befallen hatte. Jeder, der mit kleinen Yachten Seefahrten unternommen hat, kennt diese Umkehrwirkung der immerwährenden Schaukelei.

Diesmal wurden wir angewiesen, einen Buganker zu legen, mit Heckleinen zum Kai. Auch mussten wir einen kleinen Obulus als Hafengebühr entrichten. Mit Gratisliegen war es in Trogir vorbei. Dafür hatten schon einige nette Restaurants ihre Pforten geöffnet. Damals entdeckte ich die „Terasa Alka", in der ich über Jahrzehnte Stammgast werden sollte. Am Dach des zweiten Obergeschosses des Hauses befand sich – umgeben von den Steinmauern der Nebengebäude – eine hofartige Terrasse. Auf dem Grill wurden die Hauptgerichte zubereitet und auch die Vinothek befand sich dort. Da die Anzahl der Plätze gering war, ergab sich eine sehr intime Atmosphäre, die ich sehr schätzte. Übrigens, wenn mir das Ambiente eines Lokals und auch dessen Angebot an Speisen geschmacklich zusagte, kehrte ich dort jedes Mal ein, wenn ich im jeweiligen Ort vor Anker ging.

Mit einem Abstecher nach Stobreč unterhalb von Split war unsere Fahrt zu Ende gegangen. Die Crew machte klar Schiff. Am nächsten Morgen fuhren wir zurück nach Split, um dort die mit der Fähre ankommenden Teilnehmer der zweiten Reise mit der „Marco Polo" aufzunehmen. Ich verabschiedete mich von der abreisenden Crew noch mit einem Abschiedsbier in einer Bar an der Uferpromenade vor dem Diokletianpalast.

Da die Fähre in der Nähe angelegt hatte, konnte ich meine Crew für die kommende Woche bereits auf der Gangway ausmachen. Die Gepäckträger im Hafen von Split waren sehr darauf aus, vor ihrer Konkurrenz die Koffer und Reisetaschen der ankommenden Passagiere zu ergattern, um sie gegen ein geringes Entgelt von Bord und zu einer Taxe oder einem anderen Fahrzeug zu tragen. Ich erinnere mich noch gut an einen wirklich großen, ja ich kann sagen riesengroßen, Kerl in schon höherem Alter. Dieser hatte das Talent, seine Konkurrenten beiseitezuschieben und sich gleichzeitig fünf, sechs oder gar sieben Gepäckstücke aller Art zu greifen und damit die Gangway hinunterzulaufen. Beim ersten Mal hatte ich Angst, beraubt worden zu sein. Da ich mir das diesmal vom Kai aus anschauen konnte, amüsierte ich mich ob der zur Schau getragenen Miene meiner Leute, die eben diesem außergewöhnlichen Menschenberg in die Hände gefallen waren. Der einzige aber, der ihnen etwas abnahm, war ich. Ich brauchte nämlich ihre Pässe, um die Anmeldung der Crew bei der Hafenbehörde durchzuführen. Denn auch andere Skipper mit dem gleichen Ansinnen warteten auf ihre Leute.

Mit vier Damen, zwei Herren und einem Kind begann ich nun den zweiten Teil der Reise mit der „Marco Polo". Schon am Abend desselben Tages genossen wir die Gastronomie im Hafen der Stadt Hvar, während das Schiff vor Buganker im Hafenbecken lag. Erst spät in der Nacht kehrten wir an Bord zurück, um die Kojen zu belegen. Wenn man bedenkt, dass diese Crew die vorangegangene Nacht an Deck der Fähre verbracht hatte und zum ersten Mal im Leben auf einem 13,5 Meter langen Motorsegler die Adria hinuntergeschaukelt wurde, ein beachtliches Durchhaltevermögen! Aber das Adrenalin des erlebten Abenteuers machte dies möglich.

Tag zwei der Reise führte nach Vela Luka auf Korčula mit Zwischenstopp in einer Bucht. Dort wurde ausgiebig gebadet. Segelwind war an diesem Tag sehr gering. Dafür schob er uns am dritten Tag bis in die Uvala Pržina. Auch hier sorgte ein Feuer am Ufer für frisch gegrilltes Schweinefleisch. Dafür hatte ich mir einen kreisrunden Grillrost aus Stäben aus nichtrostendem Material herstellen lassen, den ich an drei Kettchen, die zusammengeführt zu einer vereinigt waren, aufhängte.

Im Hafen Gruž von Dubrovnik brachen wir mit dem Bus zu einer Besichtigung der Stadt auf. Dabei fiel uns auf, dass die Luft mit unnatürlich heißen Stößen über Dubrovnik strich. Zunächst rätselten wir über das Woher dieser heißen Luft. Als wir dann beim Weiterfahren um Rt Oštro die Waldbrände sahen, wussten wir, warum in Dubrovnik der Wind derartig heiß geblasen hatte. Bei vier größeren Bränden fuhren wir in dunkler Nacht dem Hafen von Kotor entgegen, in dem wir um 23:15 Uhr an der Mole längsseits festmachten.

Beim Wegfahren zurück in Richtung Split legte ich an der Marieninsel Sveti Gospa od Škrpjela an. Eine einsame Nonne des Benediktinerordens bewachte die Kirche und deren kleines Museum. Auch diese Insel und die Nonne wurden uns zu guten Bekannten. Davon aber bei besserer Gelegenheit mehr.

Wieder fuhr ich bis zur Insel Mljet. Diesmal aber in die Bucht mit dem Hafen Okuklje. In dieser Bucht war die sagenhafte Anzahl von elf Unterwasserriffen in der Seekarte eingetragen. Mit äußerster Vorsicht und sehr gemischten Gefühlen wählte ich den Ankerplatz. Um 23:45 Uhr lagen wir endlich vor Buganker und genossen eine ruhige Nacht. Die Riffe waren auch bei Tag nicht zu finden, man hatte sie fürsorglich herausgesprengt.

Von Okuklje zunächst entlang der Insel Mljet steuerten wir den Hafen Polače an. Dort sind die Ruinen eines römischen Palastes zu sehen. Er soll das Exil eines Feindes des Kaisers Septimus Severus gewesen sein. Der Name Polače ist die Verballhornung des italienischen Wortes „palazzo".

Weiter ging es am selben Tag nach Brna auf der Außenseite der Insel Korčula. Jahrhunderte war der Hafen so wie der von Milna auf der Insel Brač ein Ausfuhrhafen für Wein. Besonders die Engländer kauften schon im 16. Jahrhundert die Keltern dieser Gegend auf, füllten sie in Fässer und segelten sie nach Hause. Dort machten sie daraus guten Wein. In den Dramen Shakespeares kann man da und dort auf die Erwähnung autochthoner Weine dieser Gegend stoßen.

Von Brna über Rt Velo Dance lag erneut Vela Luka auf der Route. Ein Halt zum Einkaufen brachte frische Lebensmittel an Bord. Die Palmežana auf Sveti Klement bot willkommenen Badeaufenthalt und noch am Nachmittag wurde in Trogir festgemacht.

Am 8. August 1981 verlegte ich noch von Trogir in die Marina Mornar in Split. Dort um 11 Uhr angekommen, gab ich die Bootsschlüssel beim Hafenmeister der Marina ab. Ich bat ihn, alle vier Stunden nach dem Rechten zu sehen, bis jemand auftauchte, der das Schiff übernehmen sollte. Denn schließlich machte die Yacht erklecklich Wasser. Er versprach es mir.

Damit war mein Abenteuer mit diesem Beinahewrack beendet. Trotzdem war der Gewinn an Erfahrung für Notsituationen nicht von der Hand zu weisen. Da der Aktionsradius durch die höhere Geschwindigkeit aufgrund der Schiffslänge mit Motorfahrt gegenüber der bisher gefahrenen Yachten bedeutend angestiegen war, konnten diese Kreuzfahrten bewältigt werden, ohne dass die Zeit für das Baden oder für Besichtigungen beschnitten wurde.

Mit der nächsten Fähre fuhren wir von Split zurück nach Rijeka und wurden dort von Freunden abgeholt. Damit war auch das Abenteuer mit dem Chartern von Yachten für mich vorbei. Anfügen will ich noch, dass die „Marco Polo" ein Jahr später an ihrem Liegeplatz in der Aprilia Marittima in Lignano einem Brand zum Opfer fiel, bei dem noch zwei andere kleinere Yachten mitverbrannten. Da aber die „Hulk" noch brauchbar war, kaufte sie ein Liebhaber, der sie in originaler Pracht wiederauferstehen ließ.

12. Kapitel

Eine Eignergemeinschaft

Im Herbst des Jahres 1981 stand unter den Inseraten meiner Tageszeitung ein Angebot zum Erwerb eines Anteils an einer Alpa 11,5. Da im Inserat eine Telefonnummer angegeben war, trat ich mit dem Eigner in Kontakt. Er war zwar Alleineigner, wollte aber aus privaten Gründen die Yacht mit einem Partner betreiben. Ich kannte den Bootstyp schon. Es waren mir bereits mehrere dieser Yachten begegnet. Gefallen hatten mir ihre Linien auf Anhieb.

Wir machten ein Treffen aus, bei dem wir alle Modalitäten besprachen und nachher auch einen Termin in der Marina, um mit einer Probefahrt auch unsere gegenseitige Affinität zu testen. Die Yacht lag in der Marina von Punat. An einem Wochenende machten wir uns daher auf und fuhren mit meinem Auto zu dieser Marina. Sie liegt auf der Insel Krk in der Nähe des gleichnamigen Haupthafens.

Die Anreise zur Marina führt über den Loiblpass und Laibach weiter in Richtung Postojna und Iliriska Bistrica, von dort zum Grenzübergang Rupa nach Kroatien und weiter über Rijeka und abschließend auf der Küstenstraße um die Bucht von Bakar bis zur Abzweigung zum Titov most. Diese Brücke, welche jetzt Krki most heißt, war und ist die Verbindung der Insel Krk mit dem Festland. Von dort waren noch circa 22 Kilometer zurückzulegen.

Die Gesamtstrecke mit allen ihren damaligen Tücken war in etwa drei Stunden zu bewältigen. Mit Routine in zweieinhalb. So viel zur Anreise zum eigenen Schiff. Wir sind eigentlich sehr begünstigt, was die Entfernung zur Küste und zu den Marinas Sloweniens, Kroatiens und Italiens betrifft. Eigner aus Deutschland oder sogar Schweden nehmen ganz andere Entfernungen in Kauf, um zu ihrem schwimmenden Zuhause zu kommen.

In der Marina Punat lag sie da an ihrem Liegeplatz in aller Schönheit, mit Steuerrad im Cockpit und dahinter der Platz für den Rudergänger, davor die Plicht mit den Bänken für die Crew. Auch ein Klapptischchen an der Steuersäule war vorhanden. Aber auf der Bank konnten nur kleinere Personen ausgestreckt liegen. Jeder weiß, dass viele Segelfreunde gerne in der Plicht übernachten. Wenn auch viele der Ansicht sind, dass erst ein zünftiges Steuerrad eine Yacht zu einem Schiff macht, meine Meinung ist, dass gerade kleine Segelyachten den kostbaren Platz im Cockpit nicht mit einer Radsteuerung verschwenden sollten. Der Vorteil des direkteren Kontaktes zum Ruder bleibt dabei unberücksichtigt. Es ist mit dem Steuerrad ein bisschen so wie mit dem Christbaum im Wohnzimmer. Er schmückt sehr, steht aber im Weg. Der Christbaum nur in der Weihnachtszeit, das Steuerrad mit der Steuersäule jederzeit. Nun, ich wollte eigentlich nicht über diese Belange schwadronieren, aber die Assoziation war einfach gegeben.

Bei ihrer Länge von 11,5 Metern war die Alpa mit 2,2 Metern sehr schmal. Im Hauptspant hatte sie den klassischen Querschnitt des Weinglases. Meine Vorstellungen von der Form des Unterwasserschiffes einer Segelyacht waren immer die von einem Wasservogel. Enten, Gänse und Schwäne haben sicher im eingetauchten Teil ihres Körpers sehr ähnliche Proportionen zueinander. Die Evolution nahm sich die Zeit, sie ihrem Lebenselement gemäß zu optimieren.

Wir vier – der Eigner, seine Frau, meine bessere Hälfte und ich – gingen also an Bord. Mit besonderer Freude zeigte der Eigner mir den Motor, einen Farymann Diesel. „Man kann auf dieser Maschine essen, so sauber wird sie gewartet!", erklärte er. Er hatte einen Mechaniker zur Hand. Dieser sorgte dafür, dass der Motor immer im Topzustand war. Dafür durfte er die Yacht für einen Wochentörn nutzen. ‚Ein faires Geschäft', dachte ich mir. Wir kamen auf eventuell notwendige Investitionen zu sprechen. Da der Cousin meiner Frau in Velden ein Geschäft mit Seglerbedarf führte, war die Frage, woher notwendige Ersatzmaterialien besorgt werden sollten, geklärt. Letztlich hatte ich nach diesem Ausflug eine beträchtliche Liste in Auftrag. Da waren der Ersatz der Matratzen aus einem speziellen Kunststoffschaum für die Sitz- und Schlafgarnitur in der Kajüte, vier Belegleinen zu je 25 Metern und diverse Kleinteile, wie zum Beispiel Patent- und Wirbelschäkel aus nichtrostendem Stahl.

Am Sonntag nach dem Frühstück segelten wir bei moderatem Wind und schönem, spätsommerlichem Wetter unter der Insel Plavnik durch nach Cres. Dort wusste der Eigner eine sehr schöne kleine Bucht. Wir legten uns dort vor Anker und da auch das Wasser noch einigermaßen Badetemperatur hatte, schwammen wir einige Runden ums Schiff.

Zurück in der Marina packten wir unsere Taschen und fuhren nach Hause zurück. Bei mir daheim unterzeichneten wir den Vertrag und beschworen die Hoffnung auf eine gute Partnerschaft. Zum Einstand hatte ich für meinen neuen Partner einen Zinnteller besorgt, in welchen ich das Gedicht vom Lumpenhund eingravieren ließ:

„Ehre sei Gott auf dem Meere!
Er hat das weite Meer bestellt
als allerschönsten Ort der Welt!
Tut damit seine Weisheit kund,
damit nicht jeder Lumpenhund,
von denen die Erde so reichlich gesegnet,
dem fröhlichen Seemann da draußen begegnet!"

Schon in den Osterferien, es war in der ersten Aprilwoche, machte ich mit einer Familiencrew den ersten Törn – von Punat bis Skradin und retour. Zu dieser Jahreszeit ist die Wassertemperatur doch noch niedrig. Bei 14° C schwimmen zu gehen, ist eher wenig vergnüglich. Das Leben an Bord erfordert ebenfalls Enthusiasmus dazu. Hat eine Yacht auf der Adria eine Bootsheizung? Eher selten. Der mit an Bord genommene Heizlüfter machte die Abende im Hafen gemütlich. In Buchten, oder wo es keinen

Stromanschluss gab, war es eher kühl. Daher sorgten wir auf dieser Reise für Liegeplätze mit Landstrom.

Das Zurechtkommen mit Wind und Wetter war die zweite Seite dieses Törns. Sagen wir dazu vielleicht, er, der Törn, war sehr sportlich! Obwohl bei der Abfahrt Borawetter herrschte, konnte bei im Allgemeinen nicht besonders starken Böen ein gutes Etmal ersegelt werden. Bald aber drehte der Wind auf Südwest und am Tag darauf auf Südost. Dadurch mussten wir auf Kreuzkurs gehen. Dass die Alpa 11,5 auf der Kreuz sehr stark krängte, nahm ich mit meiner bisher geringen Erfahrung als gegeben hin. Ab zehn Grad Krängung aber wird das Leben an Bord doch schwieriger, und wenn sich der Kahn schon bei relativ wenig Wind mit 20 bis 30 Grad aufs Ohr legt, sieht das vom Ufer wohl schön aus, ist aber an Bord recht unbequem. Besonders ab Freitagmittag kämpften wir mit zwei Reffen im Groß und der Sturmfock nach Rab und der Schlag Rab–Punat am Samstag hatte es besonders in sich. Zur Sicherheit schoben wir mit der Maschine mit. Dabei ereignete sich unser erstes Missgeschick. Nach dem Starten zog sich das Starterritzel nicht mehr aus dem Zahnrad zurück. Somit wurde die Startmaschine längere Zeit unzulässig angetrieben, was wir im Lärm des Sturmes nicht wahrnahmen. Erst der Rauch und der Brandgeruch signalisierten uns, dass ein neuer Starter fällig geworden war. Dieser Vorfall brachte die erste Unstimmigkeit zwischen mich und meinen Partner. Obwohl ich für den Austausch der Startmaschine ohne Diskussion aufgekommen war, hörten seine Vorhaltungen lange nicht auf.

Die zweite Fahrt machten wir in der Mitte der Ferien. Am 31. Juli 1982 verließen wir Punat in Richtung Split. Neben meiner Frau und den beiden Kindern Andreas und Barbara waren noch Freund Paul und seine Frau an Bord. Wetter und Winde waren, wie zu dieser Jahreszeit zu erwarten, schön und moderat. Auch die Route ging durch bereits wohlbekannte Gewässer. Zuerst durch den Kvarnerić, Rab, Silba, Telašćica, Ždrelac nach Zadar, dann wiederum durch den Ždrelac und im zweiten Kanal nach Šibenik und Skradin. Von dort ging es zurück, nach

Vodice und Trogir und zuletzt nach Vrboska auf der Insel Hvar. Beendet wurde der Törn in Split am 13. August. Es war der perfekte Urlaub mit vielen Badegelegenheiten und mit traumhaften Sonnenuntergängen in Ankerbuchten oder Landgängen an die uns schon bekannten Orte.

In Split verabschiedete ich mich von den Freunden, meiner Frau und den Kindern und nahm am nächsten Tag, am 14. August, die neue Crew an Bord. Es war im Wesentlichen wiederum die Herrencrew, die mit mir schon auf der „Rebecca" und der „Marco Polo" unterwegs gewesen war. Mit diesen somit schon etwas erfahreneren Seglern wollte ich den Weg in unsere Heimatmarina Punat in einer Woche zurücklegen. Dazu musste der Kurs direkter geführt werden. Der Wind hatte glücklicherweise auf „Jugo", das heißt auf Südost, gedreht. Damit entfiel die Verzögerung durch Kreuzkurse. In Rab legten wir uns in die Bucht westlich der Stadt vor Anker und übernachteten dort auch.

Am nächsten Morgen ging ich Anker auf und wollte unseren Weg fortsetzen. Der Himmel war von schwarzen Wolken bedeckt, die drohende Konturen annahmen. Als sich über uns sehr rasch ein trichterförmiges Loch bildete, das sich noch dazu gräulich-orange verfärbte, wusste ich, was ich zu tun hatte. Ich lief die sich an der westlichen Kante von Rab befindliche Bucht Uvala Gožinka an. Dort legte ich unsere Yacht auf die vollen 60 Meter unserer Kette und wartete ab, was auf uns zukommen würde.

Aufgrund der Lage der Bucht war sie gegen die Bora ideal geschützt. Als nun der Sturm mit aller Gewalt losbrach, konnte ich nur hoffen, dass der Anker in dem etwas schlammigen Sandgrund hielt. Gott sei Dank! Er tat es, wenn wir auch wild vor dem Anker hin und her pendelten. Die Crew entließ ich in die Kajüte. Ich saß in der Plicht, ins Ölzeug gehüllt, und machte ständig Ankerpeilungen. Ja! Ja! Jaaa!!! Tatsächlich! wir blieben an derselben Stelle. Der Anker hielt.

Ein von der Seefahrt unbedarfter Zeitgenosse wird sich nicht gut vorstellen können, was an einem Ankermanöver so schwer sein kann. Der des Fahrens Kundige jedoch wird mir beipflichten, dass bei widrigen Verhältnissen von Wind und Seegang jedes Ankermanöver sowie das folgende Vor-dem-Anker-Liegen zu Problemen werden können. Nicht umsonst konnte ich in jedem dritten – oft sogar in jedem zweiten – Heft der verschiedensten Motorboot- und Segelsportjournale Artikel mit guten Ratschlägen zu dem Thema finden. Auch die ständigen Verbesserungen und Änderungen in den Formen der verschiedenen Anker zeugen davon.

So lagen, oder besser gesagt, pendelten wir einige Stunden an unserer Kette. Die Bora wollte nicht aufgeben. Da ich vorgehabt hatte, in Punat eine gründlichere Außen- und Innenreinigung des Schiffes durchzuführen, hatte ich auch einen Reservetag eingeplant. Durch den bisherigen Verlauf der Woche war es mir gelungen, Zeit gutzumachen. Jetzt aber war der Zeitpunkt der Ankunft im Heimathafen eher unsicher geworden. An besagtem Tag jedenfalls war an ein Weiterfahren nicht zu denken. Wenigstens der Regen hatte nach ein paar Stunden aufgehört.

Wir verbrachten daher die Nacht in der Uvala Gožinka und verließen sie im Morgengrauen. Die Bora hatte etwas abgeflaut. Wir liefen unter Maschinenkraft die 16 Meilen Punat entgegen. Unter normalen Bedingungen wären dafür kaum drei Stunden nötig gewesen. Anfänglich kamen wir auch ganz gut vorwärts. Aber sobald wir die Abdeckung, die uns die Insel Rab bot, verlassen mussten, waren wir dem Seegang voll ausgesetzt.

Genau dieser Teil der Adria ist das bei Bora berüchtigtste und gefürchtetste Stück: die Senjska vrata, das „Tor von Senj". Die Ausformung des Küstenverlaufes vor dem Kap Baška und dem der Insel Prvić bildet für die durchstreichende Luft eine Düse. Da die Bora den Charakter eines Nordföhns besitzt und als Fallwind aus einem Tal vom Festland über Senj und weiter über das davorliegende Meer herfällt, beschleunigt sie in dieser Düse noch einmal um zwei Windstärken. Ein Sturm von zehn Beaufort bedeutet demnach in der Senjska vrata Orkan von zwölf Beaufort.

Die Bora hatte ihre Richtung zu unseren Gunsten sehr östlich gelegt. Dadurch konnten wir mit stark gerefftem Großsegel und Sturmfock zunächst einen Kurs auf die der Insel Cres vorgelagerte kleine Insel Plavnik halten. Von dort hoffte ich, nach der

Durchfahrt zwischen Cres und Plavnik die Einfahrt nach Punat zu erreichen. Als der Wind und damit der Seegang erneut zulegten, ließ ich die Segel streichen. Den Motor hatte ich zur Sicherheit immer mitlaufen lassen.

In der Zwischenzeit wurde der Seegang immer stärker. Besonders die Kaventsmänner setzten uns immer mehr zu. Irgendetwas musste ich unternehmen. Zunächst schaute ich mich auf der Seekarte nach einem Unterschlupf um. Glück muss der Mensch haben! Ganz in der Nähe lag eine kleine, aber fast geschlossene Bucht. Also nichts wie vor dem Wind dorthin ablaufen. Zuvor aber noch der ganz große Knüller! Aus Sicherheitsgründen hatte ich vier der Crew in die Kajüte beordert. Die zwei anderen mussten mir in der Plicht zur Verfügung stehen, ausgestattet mit Schwimmweste und Sicherheitsgurt. Sie saßen links und rechts vom Niedergang mit dem Karabiner der Sicherungsleine im Unterzug der Reling eingepiekt.

Ich stand, ebenfalls gesichert, hinter dem Steuerrad. Plötzlich hörte ich hinter mir in dem sonstigen Getöse ein verdächtiges Rauschen. Meine beiden Kumpels vor mir bekamen sehr große Augen und eine eher starre Miene. „Was habt ihr denn?!“, fragte ich. „Dreh dich nicht um, aber sie baut sich höher auf als du groß bist!“, sagte einer der beiden. Im nächsten Augenblick hob sich unser Heck. Die Alpa machte eine Verbeugung nach vor und rollte zugleich mindestens 45 Grad backbords. Dabei durchstieß der Bug die Welle vor uns und das Schiff sackte mit dem Heck wiederum ab, wobei der Kaventsmann unter uns durchrollte. Mit dem Bug dieses Mal wieder in den Himmel weisend, legte sich das Schiff wie kurz vorher nach Backbord jetzt nach Steuerbord. Damit waren wir aber schon fast an die Einfahrt unseres Nothafens gelangt. Und so einer war diese Bucht tatsächlich. Nach der Einfahrt stand rechts, von der K.-u.-k.-Marine errichtet, einer dieser noch immer vorhandenen Poller aus Stein. Mit einem unserer starken Belegtaue um diesen Poller und einem Anker am Heck lagen wir nun im sanften Wellengang der Bucht, während der Lärm der tosenden Wogen zu uns drang. An der linken Seite der Einfahrt, die etwa 20 Meter in der Breite betrug, ragten zerklüftete Klippen wie die geschwärzten Zähne eines Megalodons aus dem Wasser, an denen sich die Brandung brach.

Bis zum Abend war noch genügend Zeit, um ruhig zu werden. Denn schließlich waren nicht nur ich, sondern auch meine Mitfahrer gerechterweise aufgewühlt. Erst hier, nun in Sicherheit, erzählten die vier, die in die Kajüte verbannt worden waren, wie sie den Moment des Durchganges der großen Welle erlebt hatten. Einer sorgte sich um das Bordgeschirr in der Kombüse, indem er alle verfügbaren Pölster und Tücher auf die Teller und Mugs in den Schapp stopfte. Damit hatte er vollauf zu tun. Zwei saßen auf der Bank steuerbords in der Nähe vom Trennschott zum Vorschiff und der vierte lag ausgestreckt auf der Bank an der Backbordseite. Er hatte die Gewohnheit, seine Brieftasche, seinen Pass und ein Jagdmesser in einer Nierentasche am Gürtel zu tragen. In diesem Fall aber hatte er sie am Bauch, da er am Rücken lag. Nun fragte sein ihm gegenübersitzender Freund, warum er denn die Tasche umgeschnallt hätte. In makabrer Weise antwortete er: „Ja, weißt du, wenn wir ersaufen und ich gefunden werde, dann soll man erfahren, wer ich bin. Und das Geld braucht derjenige, der mich findet, um die Verwandtschaft zu verständigen!" In diesem Augenblick erfolgte die Rolle backbords. An den Seitenfenstern des Kajütaufbaues strömte das Meer vorbei. „Gehen wir jetzt unter?", fragte der Erstere aufgeregt. „Ja, sicher!", ätzte der Liegende. In dem Augenblick erfolgte die Rolle steuerbords, hob den Angeber aus seiner Liege und katapultierte seine 95 Kilogramm bei 195 Zentimeter Körperlänge über den Kajüttisch auf die Steuerbordbank. Mit dem Kopf landete er im Schoß des ebendort Sitzenden. Dadurch hatte er seinen Dämpfer abbekommen und war im weiteren Verlauf still.

Für mich hatte das Erlebnis noch ein Nachspiel mitten in der Nacht. Trotz aufgewühlter Nerven war ich wegen der vorausgegangenen Strapazen bald in den Schlaf gefallen. Plötzlich war ich vermeintlich hellwach und spürte, dass das Schiff auf die Klippen in der Einfahrt zutrieb. Damals lag ich in einer Koje im Vorschiff. Ich sprang aus dem Bett und stürmte durch das Schiff. Erst neun Meter weiter, im Niedergang, wendete sich die Szene.

Das Schiff lag nach wie vor ruhig mit seiner Vorleine am Poller. Nichts hatte sich verändert. Ich hatte sehr wohl so stark und lebhaft geträumt, dass ich in der Tat schlafwandelnd das Schiff der Länge nach durchlief, bis der Niedergang als Barriere mich der Realität zurückgab.

Auch am nächsten Tag wollte sich die Bora nicht zufriedengeben. Eine Verständigung nach Hause war nicht möglich. Zwei unserer Crew, die ich aussandte um Kontakt mit der Zivilisation aufzunehmen, kamen unverrichteter Dinge zum Schiff zurück. Spätestens am Nachmittag traf unsere Abholtruppe in der Marina ein. Wir warteten darauf, dass der Wind sich legen würde. Aber nein. Die Bora weht eben im Dreitakt. Drei Stunden, drei Tage oder drei Wochen; im Sommer meistens drei Tage. Gegen Abend wagten wir den Versuch und bolzten mit der Maschine im Zickzack gegen die Wellen an. Der Himmel war vom Morgen an klar. Die uns an Bord treffende Gischt der Bugwelle panierte uns mit dem Salz der Adria. Bald konnten wir es mit den Fingern vom Gesicht schaben. Wenn es auch doppelt so lang dauerte, nämlich über zwei Stunden, so waren wir doch in die Bucht von Punat gelangt.

Der Tag war bereits zu Ende und der Rest der Dämmerung war auch vergangen. Am Steg wartete unser Anhang sehr besorgt. Die Ehefrauen – und in einem Fall die Tochter –, welche schon am Nachmittag eingetroffen waren, hatten mit dem Schlimmsten gerechnet, einem Untergang. Nicht so der Wirt gleich neben der Marina, der sie immer wieder beruhigt hatte. Bei ihm hatten sie vor dem kalten Wind Unterschlupf gefunden. Da man aber das Einlaufen eines Schiffes sehr wohl schon aus der Entfernung wahrnimmt, waren alle am Steg, als wir anlegten. Sie waren sehr schweigsam. Erst später erfuhr ich, warum. Im Schein der Lichter reflektierte das Salz vor allem in unseren Gesichtern. Leichenblass wie Gespenster wirkten wir auf unsere Betrachter sehr unheimlich.

„Sissy, es war die Hölle!" Rufend stürmte einer aus der Crew an seiner Frau vorbei und fiel meiner Frau um den Hals. „Aber Alfred war spitze! Er hat die Lage überblickt und mit Bravour gemeistert! Sowohl in Rab als auch bei der Überfahrt nach Cres!“ Nun wurde mir auch bewusst, dass ein Kapitän immer Ruhe und Vertrauen ausstrahlen muss, auch wenn ihm selbst mulmig dabei ist.

War nun dieses Abenteuer auch mit Verlängerung abgelaufen, so war ich nun gerade nach Hause gekommen, um wieder einmal eine Nacht in meinem Bett zu schlafen. Und dies gar nicht mal lange. Denn schon am nächsten Morgen, pünktlich wie ausgemacht, holte mich Cousin Peter bei mir zu Hause in Ferlach ab. Ich hatte total vergessen, dass ich ihm und seiner Familie vom 23. August bis zum 1. September einen Törn versprochen hatte.

Was half es mir. Hinein in die Kleider, hinein in Peters Auto und ab über den Loibl. Bereits um 10:30 Uhr war ich wieder in Punat. Mit mir meine Frau, ihr Cousin Peter, seine Frau, seine beiden Kinder und die Tochter der Schwester seiner Frau. Die Kinder waren sechs und vier Jahre alt. Da Peter in allen Belangen Fachmann war – schließlich handelte er mit Segelbedarf – hatte er diesen Sport mit dem Babybrei aufgenommen; mit der Muttermilch will ich nicht behaupten, aber vielleicht erinnern Sie sich an den Anfang des Buches und an die Geschichten vom Wörthersee. Eben dieser Peter, Moses beim Fünftagetörn am Wörthersee, fuhr nun mit seiner Familie und mit mir.

Schon um 12 Uhr konnten wir ablegen. Das Wetter war wieder traumhaft, wie man es sich an der Badewanne Europas eben vorstellt. Gott sei Dank! Die Bora war wieder schlafengegangen.

Wieder drehten wir die Runde über Rab, Silba, Tunski Kanal, Prolaz Proversa und in die Telašćica. Dann einmal rund um Mana und wieder zurück durch den Kanal von Zadar über Ilovik und Lošinj weiter nach Punat. Schönes Wetter und passender Wind ergaben eine glückliche Woche. Peter wollte noch ein paar Tage dranhängen. Gut – einverstanden! Sissy und Helgart mussten leider nach Hause.

Wir wollten an diesem Tag noch in den Hafen Malinska an der Westseite der Insel Krk. Zunächst waren die Kinder Karin und Tiemo begeistert von den Delfinen, die sich links und rechts vorne von unserer Bugwelle kitzeln ließen. Ich blickte eher besorgt in unsere Fahrtrichtung, sah es doch nach Regen und Gewitter aus. Auch Peter fragte mich nach einer Alternative. Die Uvala Kruščica auf Cres hinter uns bot sich an. Wir bargen die Segel, starteten den Motor und gingen auf Gegenkurs.

Da es bereits dunkel wurde und sich die Finsternis durch zunehmende Bewölkung verstärkt hatte, fiel mir das Meerleuchten in unserem Kielwasser besonders auf. Wie der Schweif eines Kometen zogen wir eine prächtige, grün phosphoreszierende Schleppe hinter uns her. Nie zuvor hatte ich ein so starkes Meerleuchten erlebt – und auch danach nie mehr. Wir erreichten bei Windstille die Bucht und ließen unseren Pflugscharanker fallen. Die Ankertiefe betrug sieben Meter. Bei der Berührung mit dem Wasser begann der Anker zu leuchten und auch jedes ihm folgende Kettenglied tat das Gleiche. Beim Anspannen der Kette zogen die Kettenglieder einen Bart – wenn man so sagen kann – von einem viertel Meter. Dieses Leuchten blieb lange, nachdem Anker und Kette zur Ruhe gekommen waren, erhalten. Auch konnten wir dadurch sehen, dass die eine Flunke des Ankers sich gut in den Grund gegraben hatte.

Und dann kam der Regen. Zuerst vereinzelt große, warme Tropfen. Um jeden Tropfen entstand ein phosphorgrüner Ring, der sich ausbreitete. Immer mehr Tropfen fielen. Als dann der Regen richtig eingesetzt hatte, war die ganze Bucht vom ebenfalls leuchtenden Spritzwasser gut 20 Zentimeter hoch in grünes Licht getaucht. Trotz finsterer Nacht konnte man bei dieser Biolumineszenz lesen. Das Wasser hatte sich in diesem Sommer so stark mit Plankton angereichert. Wenn wir auch das Ziel nach Peters Vorstellung nicht erreicht hatten, so wog dieses Naturschauspiel alles auf. Denn da das schlechte Wetter länger auszuharren versprach, fuhren wir am folgenden Morgen doch in die Marina zurück. Vorher aber legten wir im Hafen an der Tankstelle an. Am Liegeplatz reinigten wir Außenbord und Deck, putzten das Schiff auch innen gründlich und stauten alle beweglichen Ausrüstungsgegenstände an ihre vorgesehenen Plätze. Kurz gesagt, das Schiff war winterfest und konnte dem Personal der Marina übergeben werden.

Damit war die Saison 1982 zu Ende gegangen. Zu Ende gegangen war aber auch die Partnerschaft. Der Haupteigner wollte seine Yacht wieder alleine betreiben und gab mir meinen Einstiegsbetrag zurück. Die Investitionen, die ich getätigt hatte, ignorierte er gnädig. So kam mir die Finanzierung des Sommers auch nicht billiger als ein Charter, allerdings nicht wie sonst gehandhabt, sondern dieses Mal ohne finanzielle Beteiligung der Mitreisenden. Den Zinnteller habe ich dann zurückverlangt. Dieser Partner war des gravierten Spruches vom „Lumpenhund" nicht würdig.

13. Kapitel

Hurra! Ich fahre auf eigenem Kiel!

Nachdem die Eignergemeinschaft an der Alpa nach einem Sommer schon wieder vorbei war, wollte ich nicht wieder windigen Vercharterern in die Hände fallen. Wir besprachen um die Weihnachtszeit die Möglichkeiten, wie wir zu einem geeigneten und gut erhaltenen Untersatz kommen könnten. Da Cousin Peter Fachmann für dieses Metier war, wurde er in unsere Überlegungen einbezogen. Er sollte der objektive Verhandler werden, falls unser Auge auf ein Angebot fallen sollte. Es kam aber noch besser. Peter hatte selbst die Idee, mit ins Geschäft einzusteigen. Damit beschlossen wir wieder eine Eignergemeinschaft, diesmal jedoch innerhalb der Familie. Die Yacht sollte auf uns beide und unsere Ehepartner eingetragen werden. Wir hatten die Preisvorstellung von einer halben Million guter österreichischer Schillinge, die wir investieren wollten. Jeder sollte also 250.000 Schilling einbringen – Liegeplatz und Versicherung ebenfalls zu gleichen Teilen. Material zur Erhaltung wollte Peter zum Selbstkostenpreis besorgen. Auch dabei sollte jeder der Eigner gleich viel bezahlen.

Nun wollte nur noch der Markt für gebrauchte Segelyachten durchleuchtet werden. Der Unterschied zur Gegenwart war kolossal. Das Angebot war unvergleichlich spärlicher. In Frage kam für uns der Raum Friaul und Venetien. Damit waren die damals dort existenten Marinas gemeint. Da konnte nun wieder mein Kollege und Freund Gustav behilflich sein. Er war autorisiert, die Sicherheitszeugnisse zur Erteilung von Seebriefen zu erstellen. Dazu musste er immer wieder in die verschiedenen Marinas fahren, um dort Yachten zu begutachten. Dadurch wusste er auch über den Markt Bescheid.

Ich bat Gustav daher, für mich die Augen offenzuhalten. In Frage kam für mich die Alpa 11,5 m, da ich mit ihr ja bereits Bekanntschaft geschlossen hatte. Es dauerte gar nicht lange, bis Gustav mir sagte, es gäbe eine Alpa in der Marina Aprilia Marittima in Lignano. Wir fuhren daraufhin am Wochenende dorthin. Die Dame der Agentur war im Büro und wir hatten eine kompetente Ansprechpartnerin. Sie nannte uns den Liegeplatz und wir besichtigten das Schiff. Schon vom Steg aus wurde uns klar, dass dieses Schiff für uns nicht in Frage kam, denn es war ein einziger „Spinnwebenhaufen". Was das bedeutet? GFK – mit Glasfasern verstärkter Kunststoff – hält grundsätzlich sehr viel aus. Wird die punktuelle Belastung aber zu groß, brechen die im Polyester eingebetteten Glasfasern. Die Außenhaut, das Gelcoat, bricht dann auch und die Bruchstellen werden durch den eindringenden Staub schwarz. Diese Linien, als „Spinnweben" bezeichnet, treten selbst dann wieder auf, wenn das Gelcoat ausgebessert und ein neuer Anstrich aufgebracht wird. Die Schale dieser Alpa war total hinüber und die Preisangabe dazu auch noch zu hoch.

Die Agentur hatte aber eine weitere Yacht im Angebot: eine Grand Soleil 34. Wieviel wollte ihr Eigner für sie haben? Dieses Schiff kam unseren Preisvorstellungen schon näher. Der äußere Eindruck wäre sicher besser gewesen, wenn der Trimm gestimmt hätte. Auch der Mast war nicht senkrecht auf das Deck gestellt. Dadurch bekam man den Eindruck, als sei das Schiff beim Sinken. Zwei Grad Neigung nach Backbord durch falsche Gewichtsverteilung und zusätzlich weitere zwei, drei Grad Schrägstellung des Mastes in dieselbe Richtung ergaben ein jämmerliches Bild. Außerdem war das Steckschott zum Niedergang – die Haustüre sozusagen – mit einem grässlichen braunen Lack verunstaltet. Peter durchschaute sofort, dass diese Yacht nach Beseitigung der Schönheitsfehler ihre Solidität unter Beweis stellen würde. Als Draufgabe erfuhren wir noch, warum der Eigner verkaufte. Er wollte sich eine Hallberg-Rassy 42 zulegen. Da seine „Neue" angeblich bereits am Weg von Amsterdam nach Lignano sein sollte, war der Preis sicher zu unseren Gunsten verhandelbar. Er lag in

Reichweite unserer Vorstellungen. Die Dame der Agentur stellte telefonisch den Kontakt zum Eigner her. Dieser war ein Immobilienmakler aus München. Wir konnten mit ihm einen Termin vereinbaren und stellten vorerst noch die Bedingung, dass wir das Unterwasserschiff sehen wollten. Dazu musste die Yacht aus dem Wasser gehoben werden. Das dazu nötige „Kranen" sollte auf seine Rechnung gehen. Beim nächsten Termin wollten wir auch zur Probe ein paar Schläge unter Segel machen.

Schon eine geringe Änderung in der Gewichtsverteilung zeigte, dass nur der Trimm an der Schräglage schuld war. Beim Probesegeln war die falsche Maststellung bei den Kreuzschlägen spürbar. Durch Umspannen der Wanten an ihren Spannschlössern war auch dieses Problem schnell behoben. Wie allerdings jemand auf Teakholz einen pigmentierten Lack aufbringen konnte, war uns schlicht unverständlich! Die Ansicht des Unterwasserschiffes beruhigte uns sehr. Die Kielfuge war geschlossen und zog kein Wasser. Das bedeutete, dass der Kiel fest am Rumpf saß und kein Wasser durch die Bohrungen für die Kielbolzen eindringen konnte.

Der Eigner nahm schließlich unser Angebot an. Die runde Summe von 500.000 Schilling war im Vertrag dergestalt aufgeteilt, dass 400.000 davon den Preis für die Yacht darstellten und die restlichen 100.000 für die Extras bezahlt werden sollten. Damit waren im Wesentlichen der Außenbordmotor, das Beiboot und ein Weltempfänger von Panasonic gemeint. Die ursprüngliche Preisvorstellung des Eigners lag um 100.000 Schilling höher, aber weil für ihn die Zeit drängte, war er einverstanden. Nur eine neue 100 Meter lange Leine wollte er behalten.

Da war aber noch etwas Wichtiges: Gustav hatte mir erzählt, er hätte einen Eigner, dessen Yacht er überprüft hatte, sehr verärgert vorgefunden. Er war mit einem üblen Trick in seinem Kaufvertrag aufs Kreuz gelegt worden. Gustav konnte mir nur so viel sagen, dass einiges an beweglicher Ausrüstung nicht mehr an Bord war, obwohl er diese seiner Meinung nach mitgekauft hatte. Rechtlich war aber nichts zu machen, da die Dinge im Kaufvertrag nicht ausdrücklich erwähnt waren.

Einen Vertrag sollte man prinzipiell genau lesen. Bei Unverständlichem muss man eben nachfragen. In unserem Vertrag waren in einem zweiten Teil die Extras aufgelistet. Da stand: Außenbordmotor Evinrude 4 – Halterung – Baujahr 1982, Panasonic Weltempfänger Auflage Typ Nr. … und so weiter. Bei der Halterung für den Außenborder handelte es sich um ein am Heckkorb aufgeschraubtes Brett und bei der Auflage für das Radio um eine selbstgebastelte Etagere, die an das Kollisionsschott geschraubt war. Es war also geboten nachzufragen, wie der Text gemeint wäre. OK, nach Aussage des Eigners war doch der Motor gemeint, also heraus mit der Halterung aus dem Vertrag, ebenso die Etagere und all das andere Zeug, was Verwirrung hätte stiften können. Es wurde herausgestrichen.

Bei der Übernahme war alles da. Nur das Essbesteck war verschwunden. Da der Eigner in der Marina in seinem Apartment zugegen war, stellten wir ihn zur Rede. Er wollte eine Erinnerung an sein Schiff behalten, war sein Beweggrund. Gut, aber wir wollten bei der Überfahrt doch nicht mit den Fingern essen! Er rückte also das Besteck auch noch heraus. Nur in der Hektik unserer Abfahrt vergaß er, nach der neuen 100-Meter-Leine zu fragen. Die hatte ich nämlich aus Gründen der Trimmung verlagert. Auch wir hatten darauf vergessen. Zwei Wochen später kam ein Paket an Peters Adresse. Darin war die Schiffsglocke mit dem eingravierten Schiffsnamen.

Der Schiffsname „Santorin“ nach dem griechischen Archipel in der Ägäis war eigentlich nicht das, was ich mir vorgestellt hatte. Des Ersteigners Traum war ein Besuch des Archipels Santorin, wie er mir erzählte. Daher der Name. Aber getauft ist getauft! Genug Yachten und Schiffe laufen unter oft mehreren Ex-Namen. In neuerer Zeit war es auch Mode geworden, die Namen aus Anfangsbuchstaben von Vornamen aus der Eignerfamilie zu bilden. Herbert von Karajan hat mit seiner „Helisara“ den Anfang gemacht: *Herbert, Eliette, Isabel* und *Arabel* – schön ineinander verwoben. Wie das wohl bei uns ausgesehen hätte? Alsipi oder Peiralsi, vielleicht auch Sialirpe? Na, dann doch besser „Santorin“. Einmal war ich mit meinem Miteigner vom Vorjahr, der

Arzt war, an Bord. Er lachte plötzlich herzlich und zeigte mit dem Finger auf die Yacht, die eben auslief. „Maxilla", so war ihr Name. Aber das ist doch die Bezeichnung für den Oberkieferknochen! Zufall? So etwas kann eben auch passieren.

Am 12. Mai 1983 segelten wir aus der Aprilia in Richtung Punat. Als Einklarierungshafen steuerten wir Rovinj an. Wir legten unser Schiff am Zollkai längsseits. Bald darauf kam ein Italiener mit venezianischem Kennzeichen und bat, ob er mit uns ins Paket gehen könnte. Auch er wollte einklarieren. Wir hatten keinen Einwand. Beim Gespräch, das sich später entwickelte, erwähnte unser temporärer Nachbar: „Sie wissen sicher, dass Sie den Rolls Royce ihrer Bootsklasse gekauft haben!"

Nein, das wussten wir nicht! Wir wussten nur, dass der Vorbesitzer die Yacht bei „Yachten Meltl" in Bernau am Chiemsee gekauft hatte. Auch erinnerte ich mich, in der Zeitschrift „Yacht" einen Report über die Grand Soleil 34 gelesen zu haben. Sie war damals als das „Raumschiff" angepriesen worden. Und genau diese Yacht gehörte nun uns. Laut Typenplakette war unsere „Santorin" das 30. Schiff, welches im Jahr 1975 in Handarbeit bei „del Pardo" in Crespelano bei Bologna erzeugt wurde.

Die Werft „del Pardo" war aus dem Zusammenschluss eines Herstellers von Großbehältern aus GFK und einer Manufaktur für schöne Möbel entstanden. Da in der Mitte der beiden Betriebe genug Platz war, errichteten sie gemeinsam eine dritte Halle. In dieser sollten die Segelyachten hergestellt werden: GFK im Handauflegeverfahren und „arredamenti", exquisite Möbel – eine ideale Verbindung, um Yachten zu bauen. Die französische „Group Finot", eine Gründung des genialen Yachtdesigners Jean Marie Finot, wurde beauftragt, exklusiv für die neue Werft eine Yacht von 34 Fuß mit dem geschützten Produktnamen „Grand Soleil" zu schaffen. Der Entwurf gründete auf die von diesem Architekten entworfene „Ecume de Mere". Und, man staune: Finot war vom Yachttyp mit der schlanken Form weggegangen. Er hatte sich bei seinen Booten im Hauptspant der Form des Sektkelches angenähert. Er nahm sich als erster „Ente und Co" zum Vorbild.

Das Ergebnis war eine Yacht mit einer Länge von 10,2 Metern (34‘), einer Breite von 3,64 Metern und einem Kurzkiel. Der Tiefgang betrug 1,64 Meter. Dadurch, dass die üblichen Schrankeinbauten durch Wannen unter den Liegen ersetzt wurden, kam der Raum in der Kajüte mehr zur Geltung. Durch die kluge Raumaufteilung gelang es, dabei die Zulassung für acht Personen zu erreichen. Daher nannte man sie auch das „Raumschiff“. Das Rigg wurde nur mit dem Besten vom Besten ausgestattet. Als Neueinsteiger wollte sich die Werft neben der Konkurrenz aus Bologna behaupten. Sie setzte auf Solidität.

Unsere „Santorin“ fand nach fast zwei Jahren am Chiemsee wieder zurück in ihre Heimat an die Adria. Ihr Ersteigner war hauptsächlich im Raum Venedig, Grado und Lignano unterwegs gewesen. Er machte einige Abstecher nach Istrien, aber weiter nach Süden war er in den sechs Jahren mit seiner „Santorin“ wohl nicht vorgedrungen, obwohl dies sein Traumziel war.

Wir hatten einen Liegeplatz für unsere Yacht in Punat reserviert. Die Überstellung gestaltete sich problemlos, doch hauptsächlich unter Maschine. Der Wind war ausgeblieben. Nach dem Einklarieren in Rovinj schafften wir es noch bis Rabac auf der dem Kvarner zugewendeten Seite Istriens. Am nächsten Tag umrundeten wir Kap Jablanac und segelten zwischen Cres und Krk nach Punat.

Jetzt galt es trotz aller bisherigen erteilten Lorbeeren auch die Schwächen der Grand Soleil 34 kennenzulernen. Der Sommer 1983 würde sie uns sicher lehren. Wir waren übereingekommen, dass ich den ersten Teil der Saison und Peter gegen Ende der Sommerferien die Törns absolvieren sollte. Der 15. August war der Termin für den Wechsel.

Schon gleich bei der Überstellung fiel uns ein Problem auf: die Wassertanks. Die flexiblen Tanks unter den Bänken in der Kajüte, einer für 100 Liter steuerbords und der zweite für 200 Liter backbords, waren undicht geworden. Der Kleinere wurde ausgetauscht. Der große Tank sollte durch Stahltanks ersetzt werden. Ich vermaß den dafür vorgegebenen Raum. Um den Platz möglichst gut auszunützen, und um vor allem vorhandene Konstruktionsteile wegen des Einbaus nicht ausschneiden zu müssen, konstruierte ich drei nebeneinanderliegende Tanks, welche dann untereinander verbunden wurden. Ich ließ die Tanks aus Edelstahl nach meinen Plänen herstellen. Der Einbau gelang. Dennoch war er schwierig.

Drei Dinge wollte ich außerdem noch vor dem Start zum ersten Ferientörn erledigen: Da war erstens das Steckschott. Nachdem die Farbe weggeschliffen und das Holz mit Teaköl eingelassen war, konnte sich das Ergebnis sehen lassen. Zweitens gefiel mir der Bugkorb nicht. Ich überlegte lange, wie ich eine Werkstatt in Klagenfurt finden könnte, welche Biege- und Schweißarbeiten an Edelstahl ausführen könnte. Die Leute, die den Tank bauten, waren mir zu teuer gewesen. Zu dieser Zeit war die Zahl der Fachleute in dieser Branche noch rar.

Wieder leitete mich ein Inserat in die richtige Richtung. Ein Jungunternehmer aus Ferlach bot Form- und Schweißarbeiten aus Edelstahl – auch für Yachten – an. Direkt im Ort konnte ich nun in Zukunft meine Wünsche in Nirosta erfüllt bekommen. Aus dieser Bekanntschaft zum Chef der Firma verbindet mich heute sicher mehr als nur ein Kundenverhältnis. Es ist schon beinahe eine Art Freundschaft.

Nun zum Bugkorb: Ich wollte eine Absenkung daran eingearbeitet haben, damit die am Wind dicht geholte Genua mit dem Unterliek darin Platz fände. Weiters war die vom Eigner angeschaffte Gangway-Badeleiter-Kombination zu ändern und zu reparieren.

Alle drei Vorhaben erledigte ich noch vor der ersten Urlaubsfahrt, die mit Ferienbeginn geplant war. Fahrtgebiet waren schon bekannte Buchten und Häfen. Törnende war in Punat, wo Peter übernehmen sollte.

Rechtzeitig lag ich am Abend vor der Ankunft meiner Miteigner an unserem Liegeplatz. Bis zu Mittag hatten wir am nächsten Vormittag den notwendigen Großputz beendet. Dann traf Peter mit Frau und Kindern auch schon in der Marina ein. Selbstverständlich halfen wir ihnen beim An-Bord-Bringen ihrer Habseligkeiten. Es war nicht gerade wenig. Neben den wichtigen Sachen, die man im damaligen Jugoslawien noch nicht oder nur schwer kaufen konnte, waren jede Menge Dinge, die dazu dienen sollten, nur ja keine Langeweile während des Urlaubes aufkommen zu lassen. Kein Wunder, denn Peter führte alle diese Utensilien in seinem Geschäft. Da den Überblick zu bewahren, war bestimmt nicht einfach. Auf meine Frage, ob ihn die Fülle der Möglichkeiten zur Ablenkung nicht belaste, bekam ich zur Antwort: „Unser Urlaub ist ja im Verhältnis relativ kurz. Da möchte ich es so bequem wie möglich haben!" Nun gut! Im darauffolgenden Jahr war der Anteil von Freizeitartikeln wesentlich beschränkter.

Zwei Tage vor Törnende unseres Cousins rief dieser mich aus Split an. Er sei in der Marina Mornar in Split, und ob ich die „Santorin" nach Punat zurückbringen könnte. Er hätte Probleme mit der Elektrik. Der Regler der Lichtmaschine funktioniere nicht. Geht in Ordnung! Aber wie kommen wir nach Split und wie kommen er und die Familie nach Hause? Damals entdeckten wir „Adria Airways". Mit dieser Fluglinie haben wir jahrelang eine ganze Menge Flüge für uns und für alle unsere Mitsegler gebucht. Störend dabei war die Grenze am Loiblpass. Diese konnte empfindliche Verzögerungen der Anreise zum Flughafen auslösen. Der Flug Laibach-Split war übrigens damals billiger als die Bahn von Klagenfurt nach Wien.

Ich brachte unser Schiff mit dem kaputten Regler nach Punat zurück. Immer, wenn ich mit Maschine fahren musste, da Flaute war, musste jemand an die Kurbel. Eine höllische Anstrengung! Unser Motor, ein Volvo Penta MD2B, war ein vom Meerwasser gekühlter Zweizylinder, der nominell 18,8 PS lieferte. Mit dem extrem schweren Schwungrad hatte er beim Anlassen so seine Tücken. Aber irgendwie lief er zum Schluss doch immer. Trotzdem musste unbedingt etwas gemacht werden. Wozu studierte der Herr Sohn sonst Elektrotechnik und wozu hatte er Freunde? Eine Aussprache im Herbst ergab nun Folgendes: Die ganze Elektrik wird erneuert!

Durch die unerwartete Aufgabe, unser Schiff von Split in den Heimathafen zu holen, kam ich in Zeitnot. Schließlich hatte ich noch einen Beruf! Da in der ersten Schulwoche meine Anwesenheit jedoch nicht unbedingt erforderlich war, erbat ich mir von meinem Chef drei freie Tage. Von sich aus erlaubte er mir, erst in der zweiten Schulwoche zum Dienst zu erscheinen.

Dieses unerwartete Entgegenkommen durfte natürlich nicht ungenützt verstreichen. Da die Universitäten das Studienjahr erst im Oktober beginnen, war es für die Elektriker selbstverständlich, dass sie mitfuhren. Auch Tochter Barbara, ihr Freund Harald und der Bruder des Miteigners waren Teil dieser Crew. Es wurde ein recht erinnerungswürdiger Törn.

Zunächst hielt ich meine Absicht geheim, dass die Fahrt ausgedehnter werden würde, als beabsichtigt. Ich wusste, dass jeder sich freuen würde. Wir liefen aus Split in Richtung Splitska vrata. Als wir diese Enge zwischen Šolta und Brač passiert hatten und ich Kurs auf Hvar beibehielt, war die Crew zunächst verwundert, dann aber herrschte eitel Freude an Bord. Mit einem besonderen Manöverschluck ließ die Mannschaft den Kapitän hochleben. Obwohl wir erst am Mittwoch, den 7. September um 15 Uhr aus Split weggekommen waren, liefen wir schon am Samstag, den 10. September, in Gruž, dem Handelshafen von Dubrovnik, ein.

Dazwischen wurden Korčula Ost und Milna angelaufen: Milna auf Brač, der berühmte Weinhafen, aus dem schon im 16. Jahrhundert die Engländer ganze Ernten nach der Kelter auf ihren Schiffen nach Hause segelten und dann zu Hause schönten, und Korčula, wo angeblich Marco Polo geboren wurde und wo man bis heute dem Moriskentanz huldigt. Darüber aber doch etwas später.

Ein Abstecher nach Veli Ston zu den noch immer produzierenden Salzgärten aus dem Mittelalter lag sozusagen am Weg. Wir vertäuten unser Schiff am Kai, als zwei junge Frauen uns ansprachen. Es waren Urlauberinnen aus Deutschland. Sie waren mit ihrem Bulli unterwegs, aus dem sie sich mit einer alten Couch und ein paar festgeschraubten Kästchen eine Art Wohnmobil gebastelt hatten. Da wir soeben unser Abendessen vorbereiteten, luden wir sie ein, mit uns zu essen. Mit der Gastronomie war es in diesem Ort damals außerhalb der Saison noch nicht weit her. Wir saßen zu acht um unseren Tisch und ließen uns unser Mahl aus den von Korčula mitgebrachten Köstlichkeiten schmecken. Auch tauschten wir Fragen und Erzählungen nach dem Woher und dem Wohin aus, als wir von der Mole aus angerufen wurden. Die Milicja, wie die Polizei damals in Jugoslawien genannt wurde, stand in Form eines Majors und einer zweiten geringeren Charge vor uns und verlangte die Papiere. Permit, bestätigte Crewliste und die Pässe wurden genau durchgesehen. Dann fragten sie, ob die beiden deutschen Mädchen mit uns bekannt seien. Ja, wir haben sie gerade kennengelernt und eingeladen! Ihr VW-Bus dürfe nicht auf der Hafenmole stehen, sie müssten auf einen Campingplatz fahren. Meine Bitte, dass wir mit ihnen noch gerne den Abend verbringen und sie dann der Aufforderung der Behörde nachkommen würden, wurde abgeschlagen. Im Gegenteil, die Beamten stellten einen empfindlich hohen Strafzettel aus. Die Höhe des Betrages war für die beiden, welche – wie augenfällig war – nicht auf Rosen gebettet waren, brutal. Zusätzlich mussten sie uns ohne Verzögerung verlassen. Nicht einmal ihre Mahlzeit, zu der wir sie eingeladen hatten, durften sie beenden! Das war eine der für diese Zeit typischen Erfahrungen, wenn man aus Serbien stammenden Polizeiorganen in die Hände fiel. Im Lauf der Jahre hatte ich selbst einige dieser Erlebnisse der befremdlichen Art mit uniformierten Serben.

Südlichster Punkt dieser Reise war Dubrovnik, das alte Ragusa – früher eine eigenständige Republik –, zu dem sowohl beide Stons, Veli und Mali, als auch die gesamte Halbinsel Pelješac gehörten. Weiters die Inseln Korčula, Mljet und der Lastovo Archipel sowie der Küstenstreifen bis Rt Oštro, also im Wesentlichen der heute bestehende Bezirk Dubrovnik-Neretva.

Die Altstadt von Dubrovnik ist von einem dreifachen Mauerring umgeben mit einer Art Burg an ihrer höchsten Stelle, der Minčeta. Sie wurde von Juraj Dalmatinac geplant. Diese Mauer stellt die am besten erhaltene Fortifikation Europas da. Ein Rundgang auf der Mauerkrone ist durchaus lohnend. Man kann nicht sagen, dass man in Dubrovnik war, wenn man die Mauer nicht umrundet hat. Meine Crew hatte damals auch noch ein kulinarisches Vergnügen, und zwar bei Stipe und Maria. Diese beiden betrieben an der höchsten Stelle des Prijeko ein Lokal. Der Prijeko ist eine Parallelstraße zum Stradun, der Hauptachse in der Altstadt, und liegt dem Festland zu, sozusagen einen Stock höher. Er steigt von beiden Seiten sanft gegen die Mitte hin und ist sicher nicht breiter als fünf Meter. Man erreicht ihn durch eine der Quergassen, die ihn mit dem Stradun verbinden. Da sich am Prijeko Gaststätte an Gaststätte reiht und alle Lokale ihre gedeckten Tische auf der Straße stehen haben, ergibt sich ein fortlaufender Speisesaal von beträchtlicher Länge. Jeder Wirt kämpft um den vorbeischlendernden Gast, indem er den Charme seiner hübschesten Kellnerin einsetzt. Maria war nun sicher nicht besonders schön, doch ihr Einsatz und ihre Überzeugung von der Qualität der Speisen, welche ihr Stipe kreierte, waren umwerfend. Wir nahmen bei ihr Platz. Damit hatten wir aber auch den besten Überblick über das Geschehen. Da Peters Bruder glaubte, durch möglichst detaillierte Angaben bei der Bestellung seine Stellung als Gourmet unter Beweis stellen zu müssen, fasste Maria ihn von hinten um die Schultern und sagte zu ihm: „Du gefällst mir. Dich möchte ich heiraten!" Freddy, wie er bei uns hieß, erwiderte darauf verblüfft: „Warum??" „Du bist so herrlich kompliziert!!" Schallendes Gelächter an unserem Tisch; Maria und ihr Lokal waren uns plötzlich zu einem Heim geworden. Auch die große Salatschüssel als Vorspeise, von der jeder von uns nahm, so viel er wollte, war etwas, was ich nur bei Maria bestellen konnte. Das Lokal hatte den Namen „Župski Propret", was so viel wie Gemeindepriester oder Pfarrer bedeutet. In den sechs Jahren, in denen ich die „Santorin" in der Marina von Trogir liegen hatte, war ich jedes Jahr sechs- bis siebenmal in Dubrovnik, und Maria und Stipe waren mir gute Freunde geworden.

Nach und nach lernte ich diese Stadt und ihre Besonderheiten sehr gut kennen. Wie oft ich mir die bei großer Hitze zur Tortur werdende Aufgabe des Mauerrundlaufes angetan habe, kann ich heute nicht mehr sagen. Meine verschiedenen Crews jedenfalls waren von meinen Ausführungen begeistert, genauso wie es mich immer zur Begeisterung hinreißt, wenn ich historischen Boden unter meinen Füßen spüre.

Da waren doch an der Mauer, aus einem Garten heraufwachsend, zwei ineinander verschlungene Bäume. Sicher gibt es diese noch heute. Bei diesen Bäumen, oder soll ich vielleicht nur „bei diesem Baum" sagen, erzählte ich den Damen immer die Geschichte von Philemon und Baucis aus den Metamorphosen Ovids.

Mag die Festungsstadt Dubrovnik auch lange alle Angriffe abgewehrt haben und mag der Wahlspruch der stolzen Bürger auch das Wort „libertas" gewesen sein, das man aus dem Spruch „Non bene pro toto libertas venditur auro!" (Nicht für das ganze Gold sollte man die Freiheit verkaufen!) kennt: Als Ragusa 1806 von den Truppen Napoleons besetzt wurde, wollten sie von ihm eine Garantie ihrer Autonomie. In Dubrovnik wurden Proklamationen aus einer Rednergalerie an der Rolandstatue verkündet. Als nun Marschall Marmont 1808 von dort den Ragusanern verkündete, dass ihnen die Autonomie verwehrt wurde, suchten die Adeligen die Kirche des Schutzheiligen der Stadt, die Sankt Blasius-Kathedrale, auf und schworen vor dem Hochaltar, sich in Zukunft nicht mehr fortzupflanzen. So beleidigt waren sie! Nachkommen des Adels von Ragusa existieren aus diesem Grund heute nicht mehr.

Von Dubrovnik führte uns Südostwind über Korčula nach Šćedro. Im Kanal von Korčula belegten wir die Genua am Spinnakerbaum. Beim Einpieken des Baumes unterlief uns jedoch ein Fehler: Der Baum verdrehte sich ein wenig und verspannte sich dadurch im Beschlag am Mast. Ich wollte den Fehler korrigieren. Damit hätte man den Baum noch einmal auspieken müssen. „Papa, sei doch nicht so pingelig!", war der Kommentar meines Nachwuchses. Mit „Schmetterlingskurs" zogen wir bei fünf Beaufort dahin. Freddy saß mit mir am Kajütdach. „Heute segeln wir dem Teufel ein Ohr ab!", verkündete er fröhlich. In dem Moment kämpfte die Bora mit dem Jugo um die Vorherrschaft. Aus dem bedeckten Himmel stach eine Böe im rechten Winkel zum Jugo auf unsere Segel. Wieder ein Fehler: Das Großsegel war nicht gesichert. Der Baum kam auf uns zu. Zum Glück saßen wir am Dach der Kajüte, dem Baum zugewendet. So konnten wir uns nach hinten legen und den Baum durch Einholen der Großschot bremsen. Freddy war etwas blass um die Nase. Keine Spur mehr von großen Sprüchen. Anders verhielt sich aber das nun notwendige Streichen der Genua. Nachdem wir trotz aller Kraftanstrengung den Spinnakerbaum nicht aus dem Mastbeschlag bekamen, rief Poldi von der Plicht aus: „Wartet, ich helfe euch!", und war schon am Klampen der Genuafall und legte sie los. Die Fallleine rutschte ihm dabei durch die Hand und bevor er es gewahr wurde, hatte ihm die Leine die Handfläche verbrannt. Ich war nach hinten geeilt und legte die Fall schnell um den Klampen. So konnte ich die Genua vor einem Sturz ins Wasser bewahren. Aber die Verspannung am Baumbeschlag hatte nachgelassen. Insoweit hatte Leopolds Hilfe ihren Zweck erreicht. Aber um welchen Preis!

Die Bora unterlag diesmal dem Jugo. Bis zur Ankunft in Punat blieb uns der Wind günstig. Dies aber nur, weil wir auch die Nacht unter Segel weiterliefen. Kaum hatten wir in Punat den Liegeplatz erreicht, als auch schon eine halbe Stunde später die Bora ihr Lied in den Wanten pfiff.

Ein weiterer Besuch der „Santorin" im Herbst diente den E-Profis der Bestandsaufnahme. Es wurde gemessen, aufgeschrieben und gezeichnet. Heutzutage würde man vieles am Smartphone dokumentieren. Dieses war aber noch in weiter Ferne.

Den Winter über wurde geplant. In der Karwoche sollte installiert werden. Auch eine elektronische Anlage mit Instrumenten für Logge, Lot sowie Windgeschwindigkeits- und Windrichtungsanzeige waren vorgesehen. Und ein anständiges Sprayhood, ein Verdeck über dem Niedergang, sollte auch angebracht werden. Ich spürte schon deutlich, dass dies noch lange nicht das Ende aller Um- und Einbauten an der „Santorin Austria" sein würden.

14. Kapitel

Erste Verbesserungen 1984

Da Planungen immer im Winter nach der Saison stattfanden und die dazugehörenden Konstruktionen zur gleichen Zeit entstehen sollten, fuhren wir – mein Sohn und ich – im Herbst noch einmal in die Marina. Dort wurden alle Naturmaße in verschiedene Rissen eingetragen. Dabei wurden uns erst die Schwierigkeiten klar, welche Krümmungen beim Messen bereiten. Dennoch konnte ich in all den Jahren danach auf diese Maße zurückgreifen. Ich stellte auch ein Modell im Maßstab 1:10 her, welches sich sehr bewährte. Und da ich die relevanten Maße für die Besegelung ebenfalls dazunahm, kam ich nicht in Verlegenheit, als ich bei Meister Robert Jessenig verschiedene Segel machen ließ.

Die Karwoche 1984 kam heran. Schon am Freitag vor dem Palmsonntag rückten wir an. Am Abend saßen wir bei unserem Stammwirt neben der Marina bei Branzino und Malvasija und stimmten uns auf die Arbeit ein. Schon am Samstag zogen meine zwei Elektriker alle Kabel aus ihren Kanälen, wirklich alle. Dann begann der Einbau. Jedes Kabelende wurde verlötet, alle Pressösen oder -kupplungen wurden zusätzlich verlötet und zur Isolierung mit Schrumpfschläuchen überzogen. Überall dort, wo die Korrosion eine eventuelle Angriffsfläche finden könnte, wurde sorgfältigst behandelt. Eine besondere Herausforderung war das Anlöten der Kontakte für den Stecker des Windrades im Masttopp. Es war nämlich Bora und die kalten Windstöße machten die Lötarbeit zur Qual. Aber schließlich wurde auch diese Arbeit beendet.

Als Belohnung wollten wir uns, je nachdem wie viel Zeit uns blieb, einen kurzen Törn gönnen. Schon am Dienstagabend konnten wir das Ergebnis nach eingehenden Prüfungen als gelungen verbuchen. Tatsächlich hatte ich volle 34 Jahre nie mehr Probleme mit der Bordelektrik. Am Abend saßen wir wieder beim Wirt; bei Steak und einem guten roten Domaći. Wir berieten, was wir tun sollten, da die Bora die Gegend schon den zweiten Tag empfindlich abkühlte. „Falls sie weiter bläst, hat es keinen Sinn, länger zu bleiben. Am Karsamstag in der Früh müssen wir abreisen, damit ich rechtzeitig zu Ostern zu Hause bin!", warf Poldi, der Freund Andis, ein. „Gut!", sagte ich. „Aber eine Bitte habe ich noch: Der Einbau des mitgebrachten Bullauges für die Kombüse geht sich noch aus!" „OK! Das machen wir noch und dann aber Abflug!" Der Einbau dieses Fensters in das acht Millimeter dicke Plexiglas des Kajütaufbaues war Mittwochfrüh fast abgeschlossen, als Leopold zur Toilette aufbrach – immerhin gut 400 Meter vom Liegeplatz entfernt. Aber das ist eben in Marinas oft so. Mir wurde zur gleichen Zeit der Pullover zu heiß – und dann noch das Hemd. „Andi, die Bora ist vorbei! Hast du den Temperaturanstieg bemerkt? Wir segeln! Bist du einverstanden?" „Ja, natürlich! Machen wir seeklar!" „OK!"

Wir hatten gerade die Arbeit sowohl am Luk als auch für das Auslaufen beendet, als Leopold strahlend zurückkam. „Die Leute von der Marina sagen, die Bora ist vorbei! Wir könnten also ausfahren!" „Steig schon ein und halt uns nicht auf! Oder siehst du nicht, dass du die Leinen loswerfen sollst?", antwortete ihm Andreas.

Da der Wind vollkommen eingeschlafen war, bewegten wir uns unter Maschine in Richtung der Senjska vrata. Als wir in der Mitte zwischen dem Kap Baška und Prvić waren, traf uns ein Windstoß. Als Böe will ich dieses Lüfterl nicht bezeichnen. „Jetzt hinauf mit der Genua!", meinte Andi. Das Großsegel hatten wir schon gleich nach Verlassen der Marina gesetzt. Ich nahm also den Sack, der die Genua enthalten sollte. Als der Hals aus dem Sack kam, sah ich am Vorlauf des Vorlieks – einem Stück Stahlseil von etwa 60 cm –, dass nur die Fock I am Vorstag aufgezogen war. Ich wollte die Vorsegel aber nicht wieder austauschen. Es muss wohl die Vorsehung gewaltet haben, denn kaum, dass die Fock stand, kam diesmal eine richtige Böe mit 38 Knoten querab zu unserem Kurs. „Sofort reffen!", schrie ich und war mit Andi schon an der Arbeit. Poldi war am Ruder. Da die nächste Böe noch während des Reffens gleich mit 58 Knoten einfiel, nahmen wir das Großsegel ganz weg und zeisten es auf den Baum. Der Orkan blieb nun und trieb uns immer achterlicher kommend voran. Plötzlich stieg unsere „Santorin" auf die Welle auf und surfte mit ihr mit. Das Leuchtfeuer Hrid Galiola wurde förmlich an uns vorbeigezogen. Zwei Meilen vor der Einfahrt zum Hafen hatte sich die Bora endgültig erschöpft. Ihrem Dreitakt jedenfalls hatte sie durch diesen Nachschlag am dritten Tag die Ehre erwiesen.

Im Hafen angekommen, gingen wir längsseits an den Kai. Gleich daneben lag das uns schon gut bekannte „Santa Maria". Mit einem Riesenappetit gustierten wir uns durch die Speisekarte. Zum Fisch ließen wir uns den köstlichen Malvasija aus einer autochthonen Rebe vom Berg Učka im Inneren Istriens munden. Für die zurückgelegten 26 sm benötigte unsere brave „Santorin" zweieinhalb Stunden. Wenn man die drei viertel Stunde unter Maschine abzieht, so flogen wir die verbliebenen 22,25 sm mit 12,6 Knoten dahin.

Als wir uns am Morgen zur Weiterfahrt rüsteten, kam ein junger Mann der Hafenaufsicht und fragte mich: „Wann dieses Schiff gekommen?" „Gestern!", war meine wahrheitsgemäße Antwort. „Gestern? Gestern unmöglich!", bezweifelte er meine Antwort. „Wir sind aber doch gekommen. Es war um ungefähr halb zwei!" Ein bewundernder Pfiff durch seine Zähne kommentierte meine Angaben.

Am nächsten Tag wehte wie so oft nach der Bora ein wunderbarer Maestrale, der uns nach Sveti Petar auf Ilovik trug. Am Kai vor der Kirche gingen wir vor Buganker und mit dem Heck zum Kai. Denn zwischen den Booten der Fischer hatten wir gerade noch unser Heck hineinquetschen können Es war der Nachmittag des Gründonnerstages. Nachdem wir ausgestiegen waren, hörten wir aus der Kirche Gesang. Neugierig schauten wir in die Kirche. Alle Fischer von Lošinj und Ilovik waren dort versammelt. Sie knieten und sangen mit ihren sonoren Stimmen gerade das sehr bekannte Marienlied „Meerstern, ich dich grüße!". Ob der kroatische Text dem deutschen entspricht oder ob nur die Melodie dieselbe war, kann ich nicht beurteilen. Damals beherrschte ich die kroatische Sprache überhaupt nicht. Beeindruckt waren wir drei von der tiefen Gläubigkeit dieser Fischer, die mit ihrem männlichen Nachwuchs in der Kirche versammelt waren. Schließlich war das kommunistische Jugoslawien noch existent.

Am Karfreitag entdeckten wir den Bäcker von Sveti Petar. Er buk ein köstliches Weißbrot. Später freuten wir uns, wenn Ilovik angelaufen wurde, auf das Brot vom Bäckermeister der Insel. Nach dem Frühstück motorten wir los. Bald aber setzte ein Jugo ein: der Südostwind, wie bestellt! Bei einem Kurs, der beinahe direkt nach Nord wies, hatten wir den Wind raum über steuerbord. Es war also kein Problem, die 40 sm an diesem Tag hinter uns zu bringen. Das Wetter im Frühjahr kann also durchaus auch vorteilhaft sein. Um 17 Uhr legten wir das Schiff in Punat an die Mooring. Ostern wurde planmäßig zu Hause gefeiert.

Der Beginn der Saison 1984 wurde von der Jugend mit einer Fahrt nach Dubrovnik gestartet, die dabei widrigen Verhältnissen trotzen musste. Das Wetter war ihr wahrlich nicht gewogen. Der von mir eingebaute Kettenkasten hatte sich durch das andauernde Stampfen auch herausgerissen. Er war auch gar nicht notwendig gewesen. Seither liegt die Kette auch ohne Kasten gut im Vorschiff unter Deck.

Ich flog mit einer Kollegin und einem jungen Ehepaar nach Dubrovnik nach und übernahm für eine Woche mein Schiff, um den Segellehrer zu spielen. Gegen Ende des Törns hatte ich vor Lopud das erste Mal mit wirklich dichtem Nebel zu tun gehabt. Vom Berg der Insel wälzte sich eine Wolke herab, die uns bedeckte. Von einem Augenblick zum nächsten sah ich meinen Bugkorb nicht mehr. Bei sechs Knoten Fahrt durchaus erschreckend. Ich nahm sofort die Fahrt weg und gab die vorgeschriebenen Schallsignale. Langsam tastete ich mich vorwärts. Da die Ausbreitung des Nebels sehr begrenzt war, kamen wir bald wieder in den sonst wolkenlosen Tag. Es waren keine anderen Schiffe in unserer Nähe und auch das Fahrwasser war gottlob ohne Hindernisse gewesen.

Wieder in Gruž angekommen, fuhren wir zu Maria und Stipe: ein nettes Essen zum Abschied, das Taxi zum Flughafen, warten auf die nächste Crew.

Diesmal hatten wir uns eine besondere Reise vorgenommen. Vom 15. Juli an sollte es über Brindisi nach Korfu und etwas weiter ins Ionische Meer gehen. Ich klarierte im Hafenamt in Gruž ordnungsgemäß aus. Da sagte man mir, ich hätte an Bord zu warten, denn ein Beamter des Zolls würde vorbeikommen. Also gut, wir warteten! Mehr als eine Stunde. Endlich kam dieser Beamte, stieg unbekümmert mit seinen Straßenschuhen und unaufgefordert an Deck und auch in die Kajüte, sah sich um und ging wieder. Wir waren sehr verwundert und ich rief ihm nach, was das sollte. Er sagte mir, ich könnte nun auslaufen. Wieder so eine serbische Fadesse, um zu zeigen, wer das Sagen hat? Wahrscheinlich! In Brindisi angekommen, war das Einklarieren überhaupt kein Thema für die Beamten. Ich war mit unseren Pässen ins Büro gekommen. Auch das Dokument der Ausklarierung und meine Schiffspapiere breitete ich auf den Tresen aus, der mich vom Beamten trennte. Der schaute zwar mich freundlich an, nicht aber mein Angebot an offiziell gestempeltem und signiertem Geschreibe und fragte mich, wo wir hinwollten. Nach Korfu, antwortete ich. Ich fragte ihn, ob die griechischen Behörden vielleicht eine Ausklarierung verlangen würden. Er meinte nein, und falls doch, dann hätte ich doch die jugoslawischen Papiere. Dann gab er mir die Hand und entließ mich.

Nun, da dem Landgang nichts mehr im Wege stand, entließ ich meine Leute mit dem Auftrag, sich nach einem passenden Restaurant umzuschauen. Auch sollten sie eine Tankstelle ausfindig machen. Da war doch 1977 eine Tankstelle am Kai gewesen. Wo war die denn hin verschwunden? Wie ich an gewissen Resten ersehen konnte, war sie abgebaut worden. Dafür waren aber immer wieder Taxis vorbeigekommen. Die Fahrer boten Diesel oder Benzin aus ihrem Kofferraum an. Natürlich zu stark überhöhtem Preis. Nun, Kanister hatten wir selber und da eine Tankstelle nicht allzu weit entfernt war, sagte ich meinen Leuten, sie sollten mir den Treibstoff von der Tankstelle gleich mitbringen. Mit den zwei Zwanzigliterkanistern würde der Tank wieder voll sein.

Ich selbst blieb an Bord. Hinter dem Sprayhood versteckt, konnte ich von der Mole aus nicht gesehen werden. Belustigt stellte ich fest, wie vier Jungen zur „Santorin" kamen, um sich am Kai niederzusetzen. Die Beine ließen sie von der Mauer baumeln. Einer war vielleicht um die zwölf Jahre alt, seine Kumpane zwischen acht und zehn. Eine kurze Zeit passierte nichts. Die Knaben unterhielten sich in ihrem Dialekt. Ich konnte nichts verstehen. Dann begann der Größere an einer der Fenderleinen zu zupfen und den Fender dabei anzuheben. Um weitere Versuche zu unterbinden, sagte ich laut, aber ohne mich zu zeigen: „Non si tocca!" („Greif das nicht an!") Die Knaben fuhren sichtlich zusammen, als sie mich als Wache an Bord wahrgenommen hatten. Wieder einmal hatte ich den Braten rechtzeitig gerochen. Wer weiß, was wohl gefehlt hätte, wenn ich nicht vorsorglich Wache gehalten hätte?

Der Wind hatte sich zu einem kräftigen Tramontana ausgewachsen. Ich wollte vorerst abwarten. Um drei viertel sechs abends verließ ich dann den Hafen und stürzte mich bei fünf bis sechs Beaufort in die aufgewühlte See. Vorsorglich hatte ich nur die Fock I aufgezogen. Um ca. 23 Uhr zog ein Frachtschiff an uns vorbei. Vorher musste ich mit dem Scheinwerfer sicherheitshalber auf mich aufmerksam machen. Obwohl ich anhand seiner Topplaternen seinen Kurs auf uns peilen konnte, war ich nicht sicher, ob es uns auch wahrgenommen hatte. Tatsächlich änderte es daraufhin seinen Kurs etwas. Wir stolperten weiter durch die vielen „Schlaglöcher" der Straße von Otranto. Um 11:30 Uhr übergab ich die Wache an meinen Stellvertreter und verzog mich in die Hundekoje. Genau in diesem Bereich krachten die Nachläufer an die Bordwand. Dennoch schlief ich ein.

Von einem Augenblick zum anderen war Ruhe eingekehrt. Ich wurde sofort munter! Was war geschehen? Sind wir schon in einem Hafen? Wie lange habe ich eigentlich geschlafen? Ich stieg aus der Koje und blickte aus dem Niedergang nach oben. Albert, die Co-Wache und am Ruder, strahlte über das ganze Gesicht: „Alfred, wir surfen!" Tatsächlich blieb die „Santorin" wieder einmal wie eine Bruthenne am Wellenkamm sitzen und fuhr mit der Welle mit. Diesmal volle viereinhalb Stunden! Dabei hätte man am Tisch ein volles Glas stehen lassen können, kein Tropfen wäre übergeschwappt. Ich setzte mich als dritter in die Plicht. Bald kam auch Helmut zu uns herauf. Als ein fliegender Fisch von hinten an ihm vorbeiflog, fragte er: „Was war das?" „Ein fliegender Fisch!", antwortete ich. „Wie, was, gibt es nicht!" In dem Augenblick streifte der nächste sein Ohr, stürzte ab und fiel vor ihm auf die Plichtbank. „Siehst du, gibt es doch!", erwiderte ich trocken. Um 5:30 Uhr kam die um frühestens 8 Uhr erwartete Insel Othoni in Sicht. Leider schlief der Tramontana am Vormittag ein. Wir mussten die Nordküste Korfus wieder einmal mit dem Motor bewältigen.

Am Nachmittag legten wir im Zollhafen an. Ich kümmerte mich um die Einklarierung. Der Zollbeamte winkte gleich ab. „Heute geht nichts mehr. Sie sind zu spät dran!" Dabei war es gerade drei Uhr am Nachmittag. Gut, dann eben morgen. „Dürfen wir an Land?" Ja, das durften wir! Wunderbar! Die Schranke beim Zollhafen dürfen nur Menschen passieren, die einen Grund dazu haben und sie ist ständig bewacht. Sicherer vor Diebstahl kann man nicht liegen!

Am folgenden Morgen gab es wieder eine Ausrede vom selben Zöllner, warum die Amtshandlung verschoben werden sollte. Ich sagte, er sollte mir wenigstens die Formulare aushändigen, damit ich sie ausfüllen könnte. Dann kam er damit an: sechs A4-Blätter, beidseitig bedruckt! Auf jeder Seite mindestens ein Dutzend Fragen der verschiedensten Art, die natürlich zunächst auf Griechisch gestellt waren. Logisch, es ist ja die Landessprache, einschließlich dem Alphabet. Die englische Übersetzung hatte wohl ein griechischer Englischspezialist verfasst. Wie ich damit zurechtkommen sollte, wusste ich nicht. Eine Aussprache mit der Crew führte dazu, dass wir beschlossen, einige Tage das schöne Korfu zu erkunden.

Dass wir einfach im Zollhafen liegenblieben, schien die Beamten nicht zu bekümmern. Bis zum schönen Badestrand des noblen Hilton Hotels war es nicht weit und wir waren dort gern gesehene Gäste. Ade also Paxos und Antipaxos und ade auch Ithaki! Am 22. Juli kauften wir noch im Geschäft des Zollfreihafens ein. Es gab Metaxa in allen Variationen: Dreistern, Fünfstern, VSOP sowie über 40 Jahre gereift und für damalige Verhältnisse äußerst billig. Meine Leute kauften ein, als ob sie einen Schnapsladen eröffnen wollten. Dann fuhren wir aus Korfu ab. Der Hafenbeamte gab uns noch den guten Rat mit auf die Reise, von Albanien mindestens 20 Seemeilen Abstand zu halten, denn in diesen Jahren benahmen sich Enver Hodschas Büttel oft wie die Piraten. Wildeste Gerüchte kursierten in Seglerkreisen über aufgebrachte und nach Albanien verschleppte Yachten, die – von oder nach Korfu fahrend – den Albanern in die Hände fielen.

Gegen 22:30 Uhr versuchten wir, im Hafen der Insel Othoni zu ankern. Mein Pflug zog immer wieder eine Furche durch den rieselfreudigen Sand. Der Wind pfiff aus dem gerammelt vollen Hafen direkt gegen uns. Nach dem vierten Versuch fasste der Anker mit einem harten Ruck. Die „Santorin" stand felsenfest. Am nächsten Morgen blickte ich durch das glasklare Wasser. Am Grund unter mir ragte aus dem Sand ein runder Felsen. Er erinnerte an das Hinterteil eines Einwohners aus Brobdingnag. Der Anker hatte sich genau im Schlitz dieses Felsens verfangen, sonst lag rundherum nur Sand. Und das zusätzliche Glück: Der Anker löste sich bei auf- und niederstehender Kette ohne Widerstand.

Um 6:30 Uhr begann ich mit der Überquerung der Straße von Otranto. Um 13 Uhr war ich an der Schifffahrtsstraße. Einige Frachter passierten uns in beiden Richtungen. Eine halbe Stunde später lief die „Santorin" in den Gegenströmungen an der Küste dem Hafen von Brindisi entgegen. Durch den Gegenwind gebremst und zum Kreuzen gezwungen erreichten wir Brindisi erst um 22:30 Uhr. Hundemüde verzog ich mich in die Koje.

Durch meine Erfahrung ersparte ich mir Behördenwege. Am 24. Juli um 13:45 Uhr verließen wir Brindisi in Richtung Jugoslawien. Um Mitternacht hatten wir Wetterleuchten im Norden vor uns. Dieses Mal aber zog das Gewitter auch nach Norden. Eine Nacht der Flaute zwang unseren Motor zum Dauerlauf. Schon länger erwies sich aber, dass es mit der Maschine nicht zum Besten stand. Wenn wir heil in Dubrovnik angekommen sein würden, wie ich hoffte, würde ich eine Werft aufsuchen müssen. In der Nacht kreuzte uns noch eine Flotte von Fischereifahrzeugen. Sie zeigten keine Lichter. Durchaus möglich, dass es Albaner gewesen sein könnten, die im internationalen Raum zwischen Italien und Jugoslawien ihrem Gewerbe nachgingen. Bis nach Herceg Novi benötigten wir noch fast den ganzen Tag.

Vom Zoll kam eine ältere Beamtin zu uns an Bord. Wir zeigten ihr freimütig unsere mitgebrachten Vorräte an Metaxa, sagten aber gleich dazu, dass diese nur im Transit nach Österreich mitgeführt würden. Sie fragte uns, ob wir zu Hause ein Schnapsgeschäft betreiben würden. Ich bot ihr an, all die Flaschen zum Verplomben in meinen versperrbaren Seesack zu packen. Sie lachte nur und sagte, ich sollte es gut sein lassen. Nach den Formalitäten sprangen wir von unserem Schiff ins klare Wasser des Hafens. Einer unserer Crew, der damals das erste Mal überhaupt das Meer kennengelernt hatte, hatte von seiner Schwester ein sehr schönes Badetuch geschenkt bekommen. Dieses Badetuch hängte er nun nach dem Bad über die dem Kai abgewandte Seite der Reling. Ich warnte ihn, denn es könnte gestohlen werden. Er meinte: „Da kommt doch keiner dran! Da müsste er doch über das Schiff steigen!" Auch gut! Wir gingen alle zu einem Wirt. Als wir wieder an Bord kamen, war das Badetuch weg. „Siehst du, jetzt hast du kein Handtuch mehr! Diese Burschen dort im Boot auf der anderen Seite des Hafens aber freuen sich, dass sie jetzt ein schönes Badetuch haben! Mit einem Boot kommt jedermann auch von der Wasserseite an die Reling einer Yacht!"

Am nächsten Tag fuhren wir weiter nach Dubrovnik. Wir segelten gerade an der seeseitigen Küste der Insel Lokrum entlang, als hinter uns ein Frachtschiff der jugoslawischen Handels-marine im morgendlichen Dunst aufkam. Es machte mit einer wohlklingenden Sirene auf sich aufmerksam. Harry, mein Vize, sagte scherzhaft: „Der hat aber keine Ahnung von Tuten und Blasen!" „Aber was will er in der engen Durchfahrt zwischen der Festung und Lokrum? Gerade um diese Zeit ist der Verkehr zwischen dem alten Hafen und dem Badestrand von Lokrum am hektischsten!" Der Frachter entschwand unserer Sicht. Seine Si-gnale drangen aber auch über die Insel zu uns. Bald tauchte er am oberen Ende der Insel wieder vor uns auf und fuhr, ständig weiter tutend, vorbei am Greben mit seinem Leuchtfeuer in die Haupteinfahrt nach Gruž.

Vierzehn Tage später traf ich den Frachter wieder. Demütig kniete er als Wrack an der Küste von Pelješac gegenüber Korčula. Ich fragte Herrn Šolič, ob er wisse, wie sich diese Havarie ereig-nen hätte können. Er erzählte mir: „Der Kapitän und seine Mann-schaft haben die Übernahme des Schiffes gefeiert. Sie haben das Schiff gerade in Tivat von der Werft abgeholt. Dabei sind sie auf die Idee gekommen, senkrecht auf die Küste zuzufahren. Wer sich am nächsten zum Ufer traut, sollte Gewinner sein!" „Und wer hat gewonnen?", fragte ich. „Das war der Schiffsjunge!", be-kam ich zur Antwort. Ein tapferes Bürschchen also!

Am Freitag, den 27. Juli, fuhr ich gleich über Gruž in die Werft nach Komolac. Es stellte sich heraus, dass der Motor ei-ner Generalreparatur unterzogen werden musste. Daher war es meiner nächsten Crew vergönnt, mit einem Urlaub in Dubrov-nik Vorlieb nehmen zu müssen. Die „Santorin" konnte ihr we-nigstens Quartier bieten. So pendelten wir vom 30. Juli bis zum 4. August mit dem Linienbus zwischen der Werft und der Stadt hin und her. Da in Dubrovnik zu der Zeit die Sommerspiele und das Kulturfestival veranstaltet wurden, konnten wir an einigen Ereignissen teilhaben, aber auch andere Stätten als üblich aufsu-chen. Am Abend ließen wir uns von Stipe und Maria verwöhnen.

Danach verbrachte ich mit meiner Frau alleine zwei geruh-same Wochen zwischen Dubrovnik und Mljet, bis am 18. Au-gust Peter mit Familie nach Gruž kam. Er bat mich mitzufahren, da er als einziger Mann mit drei Frauen und zwei Kindern für jede schwere Arbeit alleine war. Nun waren wir zu acht an Bord. Oder, da die zwei Kinder mit sechs und vier nicht voll gerechnet werden konnten, doch nur zu siebt.

Nach schönen acht Tagen gingen ich, meine Frau, Peters Schwägerin und deren Tochter sowie seine kleine Tochter in Cavtat von Bord. Wir flogen nach Hause. Ich war mit Peter übereingekommen, die „Santorin" wiederum – diesmal in Trogir – abzuholen und sie nach Punat zu segeln. Und so geschah es dann auch. Am 10. September beschloss ich mit Sohn Andreas die Saison 1984.

15. Kapitel

Wunsch nach Ortsveränderung

Im Herbst des Jahres 1984 und im Frühjahr 1985 erledigten wir wieder einiges an notwendigen Instandhaltungen. Um mit dem PKW in die Marina zu gelangen, war es notwendig, den Tito Most zu überqueren. Dies gelang nicht immer. Einmal, als die Brücke wieder einmal wegen der Bora gesperrt war, verbrachten wir den ganzen Tag in einem Gasthaus in Šmrika am Festland in der Nähe. Da unsere Hoffnung einer baldigen Öffnung der Brücke nicht in Erfüllung ging, mussten wir am Abend schließlich unverrichteter Dinge zurückfahren. Trotzdem war der Tag in Gesellschaft einiger anderer Yachteigner, die aus demselben Grund wie wir gestrandet waren, recht lustig. Trotzdem: „Außer Spesen nichts gewesen!"

Zu Pfingsten unternahmen wir einen kurzen Ausflug im Familienkreis. Da das Unterwasserschiff noch nicht gereinigt worden war, war es kein Wunder, dass unsere „Santorin" ein Drittel ihrer Geschwindigkeit eingebüßt hatte. Die aus Griechenland mitgeschleppten Seeohren, eine Art der Perlmuttschnecken, hatten sich in der Zwischenzeit auf Handtellergröße ausgewachsen. So viel zum umweltfreundlichen Antifouling, das ich jedes Jahr auf dem Unterwasserschiff auftrage.

Neun Saisonen waren vergangen, seit ich mir dieses drittsalzigste Meer unsere Erde als Fahrtgebiet ausgesucht hatte. Einfach deswegen, weil es vor unserer Haustür liegt? Nicht allein deswegen! Denn der therapeutische Wert ist jedenfalls nachgewiesen. Die Hydroxidionen, die man bei Scirocco oder eben Jugo einatmet, sind für die Bronchien bekanntermaßen sehr hilfreich. Nicht umsonst empfahl der berühmte Arzt Theodor Billroth seinen Tuberkulosepatienten, sich in das Reizklima dalmatinischer

Küstenorte zu begeben, die zu seiner Zeit zur Habsburgermonarchie gehörten. Josef Friedrich Perkonig, der in den Dreißigern des 20. Jahrhunderts wegen seiner schwachen Lungen ebenfalls die Vorzüge dieses Klimas genoss, beschrieb unter anderem in seinem Roman „Glück im Hause Beauregard" das berührende Schicksal der Tochter eines schwedischen Magnaten in Bezug auf die Lungentuberkulose, dieser Geißel der Menschen im 19. Jahrhundert.

Vier Jahre kannte ich die Marina Punat bereits. Der Leiter einer natürlich staatlichen (im damaligen Jugoslawien war die Wirtschaft verstaatlicht) Schraubenfabrik war auf die Idee gekommen, eine Marina in die schöne Bucht zu legen. Nun nahm diese viel Geld ein und deckte damit das Defizit bei der Erzeugung der Schrauben ab. Sonst wäre es den Verantwortlichen vielleicht in den Sinn gekommen, mit einem zweiten Sanitärbereich den Weg zur Toilette von einem halben Kilometer zu halbieren. Auf Urgenzen der Yachteigner fasste man dann doch den Bau einer solchen Anlage ins Auge. Die andere Schwierigkeit, mit der man zu kämpfen hatte, war durch die Topografie gegeben. Es war dies die Düse vor dem Tor von Senj. Der ständige Nervenkitzel, ob man die Marina verlassen kann, und noch prekärer, ob man ohne Schaden heimkommt, zehrte buchstäblich an den Nerven.

Im Jahr 1985 fuhr Andreas mit Freunden die „Santorin" nach Dubrovnik, von wo aus ich übernahm. Alle Crews wurden von mir dorthin beordert. Oder eigentlich nach Cavtat, das dem Flughafen Čilipi näher liegt. Cavtat, am südlichen Ende des Mühlengolfes gelegen, war in diesen Jahren eine reizende Stadt. Sie hatte das gewisse Flair und war noch nicht überlaufen, wie überhaupt Mitte der Achtziger der Tourismus in Dalmatien von Jahr zu Jahr mehrstellige Zuwächse zu verzeichnen hatte. Natürlich war der Norden wesentlich stärker überlaufen. Ich flüchtete sozusagen in den Süden.

In Cavtat war an der Rückseite der Stadt die Tihabucht, in der man gut ankern konnte, falls im Hafen kein Platz war. Ein paar Schritte und man war in der Stadt mit hervorragenden Gaststätten und Eisdielen und ihren Tischchen unter den Sonnenschirmen auf der Riva. Das Angebot an frisch gefangenen Fischen, Muscheln und Meeresfrüchten zu kulanten Preisen war ausgezeichnet. Das neue Hotel „Croatia" auf der südlichen Halbinsel war für das Militär reserviert. Hier verbrachten Stabsoffiziere mit ihren Familien ihren Urlaub. Auch am nördlichen Ende der inneren Bucht von Lošinj befand sich ein solches Feriendomizil der Militärs.

Von zwei Seiten lohnte sich der Spaziergang auf den Hügel. Dort ist einer der am schönsten gelegenen Friedhöfe. An der höchsten Stelle thront das Mausoleum für die Familie Račić. Diese Kapelle wurde im späten Jugendstil von Ivan Meštrović errichtet. Als ihr Mann, ein Kapitän, von großer Fahrt nach Hause kam, brachte er den Keim des Todes mit. Seine Gattin beauftragte den großen Künstler Meštrović mit dem Bau des Mausoleums und bezahlte ihn für seine Arbeit im Voraus. Schon ein halbes Jahr später wurden der Sohn und im gleichen Abstand die Tochter mit 17 Jahren zu Grabe getragen. Auch die Mutter folgte bald darauf, noch bevor Meštrović seine Arbeit beendet hatte. Seinem Versprechen getreu stellte er dieses Monument großer Liebe fertig. Außer den Bronzetoren und der Glocke wurde nur edelster Marmor für dieses Kunstwerk verwendet. Es steht unter dem Motto: „Entdecke das Geheimnis der Liebe und du wirst das Geheimnis des Todes lösen und wissen, dass das Leben ewig ist!" Von diesem „Friedhof auf dem Felsen" kann man den Golf der Mühlen bis nach Dubrovnik überblicken. Und nirgends geht die Sonne schöner am Horizont zwischen dem Himmel und der blauen Adria unter.

Andreas brachte von einem seiner Törns in dieser Saison auch den Werbeprospekt der ACJ Marinas mit. Dieser „Adriatic Club Yugoslavia" nennt sich seit dem Zerfall des Staatenbundes ACI, „Adriatic Croatia International", und betreibt eine Kette von 19 Marinas von Umag auf Istrien bis Dubrovnik, Komolac. Das Angebot damals unterschied sich vom heutigen dadurch, dass mit einem Liegeplatz in einer ACI Marina in der Hauptsaison je ein kostenloser Liegetag in jeder anderen ACI Marina – in der Vor- und Nachsaison sogar zwei Tage – in der Jahresmiete eingeschlossen waren. Wir kontaktierten also die ACJ in ihrem Büro in Ičići und schlossen den Vertrag für einen Liegeplatz für das Jahr 1986 in der Marina Trogir ab. Schon zur Jahreswende wollten wir die „Santorin" dorthin überstellen. Am 28. Dezember trafen wir in Punat ein und fuhren am Nachmittag nach Krk um die Tanks zu füllen. Das Wetter war nicht gerade einladend: leichter Nieselregen und fast Windstille. Auf meine Anfrage nach dem Wetterbericht sagte man mir, es würde Westwetter folgen. Nach dem Tanken verholten wir uns längsseits an einem am Kai liegenden Trawler. Da der Tag der Jahreszeit entsprechend schon zur Neige ging, blieben wir im Hafen. Wir fanden unsere Lage mit unserer Bootsheizung und einer Menge Glühwein recht angenehm. Vom Schlafengehen hielten wir nicht viel und so erlebte ich, dass gegen halb zwölf die Windfahne einen rechten Winkel von Südost nach Nordost beschrieb und Aiolos seine Harfe in den Wanten schlug. Eine frische Bora sang ihr Lied dazu. Wir hatten die Durchfahrt durch die Senjska vrata versäumt. Fünf Stunden zuvor wäre die Fahrt kein Problem gewesen. Jetzt konnte diese Wetterlage durchaus für drei Wochen bestehen bleiben. Es heißt, dass die Bora sich in ihrem Tagesablauf so um neun Uhr zum Frühstück begibt. Tatsächlich ließ sie um diese Uhrzeit kurz nach. Wir lösten uns also vom Trawler und strebten zunächst unter Motor und dann mit zwei Reffs im Groß und Fock III unserer Marina Punat zu. Am halben Weg kam vom Berg über dem Kap eine Wolke mit einem Graupelschauer auf uns zu. Wassertemperatur 10 Grad, Lufttemperatur -10, Windgeschwindigkeit 55 Knoten. Trotz sibirischer Bekleidung kein Spaß! Eineinhalb Stunden und vielleicht zwei Dutzend Wenden später lagen wir endlich wieder an unserem alten Liegeplatz. Mit der geringen Leistung unseres Motors hätten wir die schmale Einfahrt wegen der starken Abdrift nie geschafft. Die Überstellung nach Trogir wurde verschoben.

Kapitel 16

Trogir, die neue Heimat

Im Jahr 1986 war der Frühlingsvollmond schon kurz nach dem 21. März. Daher war auch Ostern sehr bald, nämlich am 30. März, und der Palmsonntag fiel entsprechend auf den 23. März. Schon am Samstag davor verließ ich mit einem Kollegen und Freund Albert die Marina in Punat. Diesmal wirklich, obwohl der Himmel wieder bewölkt war. Wir liefen halb am Wind vor dem Nordost und erreichten Silba Ost. Die Fahrt nach Zadar am folgenden Montag verlangte uns so ziemlich alles ab. Der Wind hatte nämlich auf Jugo gedreht und baute zunehmend über den Tag von fünf auf sieben Beaufort steigend den Seegang bis auf Stärke vier auf. Bis in die Nacht kreuzten wir nach Zadar auf. Um 23 Uhr lagen wir am Kai der Marina Zadar längsseits. Eine heiße Dusche wäre sehr willkommen gewesen! In der Herrendusche dampfte es vielversprechend. Sie war aber besetzt. Als eine aufreizende Italienerin die Kabine endlich verließ, war das Wasser nur mehr eiskalt. Wutentbrannt über so viel Rücksichtslosigkeit ließ ich das kalte Wasser über mich rieseln. Kaum zu glauben: Kaltes Wasser gemischt mit Adrenalin kann auch erwärmen! Von Dienstag auf Mittwoch gönnten wir uns einen Erholungstag. Am Mittwoch tuckerten wir bei Flaute über Vodice und den Pašmanski Kanal bis in die Marina Trogir. Wieder war es 22:30 Uhr geworden, jedoch bei ruhiger See und wesentlich weniger anstrengend. Am Donnerstag gab ich in der Rezeption meine Ankunft bekannt und den Auftrag für ein Motorservice, eine Kontrolle der Stopfbüchse und für die Behandlung des Unterwasserschiffes. Wir waren im neuen Sommerquartier angekommen.

Trogir ist nicht irgendeine Stadt. Trogir reiht sich als eine der großen Perlen in die Perlenkette der dalmatinischen Küste. Kaum hatten die Kolonisatoren des Tyrannen von Syrakus, Dionysius des Großen, ihre Kolonie von Issa begründet, als sie auch schon weiter dem Festland zustrebten. Vielleicht wollten sie auch nicht, dass ihnen die Leute von Pharos – griechische Kolonisten auf der heute Hvar genannten Insel – zuvorkamen. Denn auf dem nächstgelegenen Festland gab es Ziegen von besonders edler Zucht. Und genau dort begründeten sie im 4. Jahrhundert – so gegen 300 vor Christi Geburt – Tragurion, den Ziegenmarkt. Die Kolonisten auf Hvar blieben was sie waren: Fischer, die schon fünfzig Jahre vorher aus ihrer Heimat ausgewandert waren und in der schönen Bucht, wo heute Starigrad als älteste Siedlung stolz auf seine historische Vergangenheit ist, eine neue Heimat fanden. Gerieten sie bei ihrer Arbeit in schlechtes Wetter und in die Dunkelheit, dann hatten ihre Frauen den Auftrag, ihnen an exponierter Stelle mit hell leuchtender Flamme heimzuleuchten. Der Name Pharos, im italienischen Faro, bedeutet ja schlechthin Leuchtfeuer und geht auf die Insel Pharos zurück, neben der der Leuchtturm von Alexandria stand – mit seiner Höhe von 158 Metern das höchste Gebäude seiner Zeit und eines der sieben Weltwunder.

Trogir, der Ziegenmarkt, hatte also lange Zeit, das zu werden, was es heute ist. Die Menschen der Gegend waren immer eigenwillig und verstanden es, über Jahrhunderte und über verschiedene Fremdherrschaften hinweg, sich treu zu bleiben. Stark prägend war natürlich die lange Zeit der Oberhochheit der Venezianer über die ganze Küste Dalmatiens. Vorher regierte das Imperium Romanum. Etliche Soldatenkaiser entstammten der Gegend. Diokletian zog sich sogar von Rom in seinen Palast nach Aspalathos – Split –, das von Trogir nicht weit entfernt ist, zurück. Aus römischer Zeit ist der Stadt ein Marmorbruch überkommen, der sein herrliches Material nach wie vor liefert. Auch an den Gebäuden unserer Marina wurde einiger davon verbaut. Der Trogirer Marmor ist anders als der weltbekannte Bračer Marmor: Er ist nicht reinweiß; er hat schwarze Einschlüsse, die zerzupften schwarzen Fäden gleichen. Wahrscheinlich verkohlte Biomasse, die sich in diesem Sedimentgestein manifestiert hat.

Gerade diese Einschlüsse machen sich im Trogirer Marmor sehr hübsch. Viel älter, nämlich aus der Bronzezeit stammend, soll der Sage nach das Grab des Diomedes auf der nächsten Hügelkuppe westlich vom Steinbruch sein. Jetzt ist es natürlich eine christliche Kapelle. Diomedes, griechischer Heros, König von Argos, Teilnehmer am Trojanischen Krieg und Liebling der Göttin Athene soll auch einer der Argonauten Jasons gewesen sein. Auf ihrer Heimfahrt sollen sie bei Kastat, oberhalb von Rijeka, zum ersten Mal wieder das Meer gesehen haben. Glücklich darüber, ihre Argo nicht weiter über die Karstfelsen rollen zu müssen, gingen sie im Golf von Rijeka wieder an Bord.

Der östliche Vorort von Trogir trägt den Namen Reznik und darüber erhebt sich der Kosiak, der Geißberg. Auch bei uns in Ferlach wird ein Vorort im Norden Ressnig genannt und der Kosiak in den Karawanken gehört zu unserer Umgebung. Sollten da nicht heimatliche Gefühle für den Ort aufkommen?

Zehn Jahre sind vergangen, seit ich zum ersten Mal an der Riva dieser Stadt spazieren ging. Damals waren in der Nacht die Gassen ohne Beleuchtung und so finster, dass man die Hand nicht vor den Augen sehen konnte. In der Zwischenzeit war, wenn auch spärlich, so etwas wie eine Straßenbeleuchtung installiert worden. Mehrere Eisdielen verkauften köstliches Speiseeis und auch die Restaurants wurden immer mehr. Der alte Hauptplatz vor dem Rathaus war noch nicht mit Tischchen der umliegenden Lokale vollgestellt, überdeckt von Sonnenschirmen, um das Sitzen erträglich zu gestalten.

Erst nun, wo ich mich mit dem Ort näher auseinandersetzen konnte, wurde mir bewusst, welche Kostbarkeiten er zu bieten hatte. Nicht nur die einzige auf uns gekommene Reliefplastik von Kairos, des Gottes des günstigen Augenblickes, dieser Bruder des Hermes und der Tyche, der am Hinterkopf kahlgeschoren ist und sich deshalb nicht beim Schopf packen lässt. Er will, dass du ihn von vorne gleich erkennst. Bis heute ist er in der Obhut der Benediktinerinnen. Ihr Kloster liegt gleich ums Eck nach dem mit Eisenstacheln bewehrten Eingangstor, welches den noch vorhandenen Durchgang in die Altstadt durch die Stadtmauer aus dem 13. Jahrhundert bildet. Der Turm der Klosterkirche bildet einen zärtlichen Kontrast zum Turm der Kathedrale. Sofort erkennt man, dass seine Glocken Frauen zum Gebet rufen. Und auch sein Geläut ist etwas Besonderes, pflegt man doch noch immer das Anschlagen der Klöppel von Hand, das sogenannte „Gebeiere". Bei ganz besonderen Anlässen ist es auch bei uns noch zu hören, zum letzten Mal beim Besuch des Papstes Johannes Paul II. in Gurk. Die Benediktinerinnen von Trogir rufen jeden Sonntag mit dieser Art des Läutens zur Messe. Ein paar Schritte weiter öffnet sich ein kleiner Platz unter dessen sieben Palmen zwei Konditoreien sich schon damals die Fläche für Sessel und Tische teilten. Erst durch einen Durchlass in der Hausfront kommt man auf den schon erwähnten Hauptplatz. Davor aber noch, rechts in der Mitte des Durchlasses, liegt der Eingang zu St. Barbara, einer Kirche aus frühchristlicher Zeit. Der mit den Flechtornamenten der Langobarden versehene Sturz der Eingangstür wird im Allgemeinen von den Besuchern der Stadt übersehen. Am Hauptplatz gleich rechts ist die Loggia, wo über dem Richtertisch in der Wand eingelassen ein großes Relief an den ungarisch-kroatischen König Koloman erinnert, der der Stadt ihre autonomen Sonderrechte zugestand, wie es auch seine Nachfolger getan haben. Anschließend an die Loggia befindet sich die Uhr, wie in Venedig auch mit Mondphasen und Digitalanzeige. Die Venezianer eroberten die Stadt Trogir erst nach heftigem Widerstand im Jahr 1409. Das Bischofspalais schließt den Platz nach dem Osten. Jetzt residiert der Bürgermeister in dem ehrwürdigen Gebäude. Zwischen dem Palais und der Kathedrale des heiligen Laurentius kommt man heutzutage auf die östliche Umfahrungsstraße der Stadt. Aber dadurch gewinnt man erst so richtig die Distanz zu den herrlichen romanischen Apsiden der Kathedrale. Das Innere der Kathedrale besitzt noch das Ziborium, ein byzantinisches steinernes Zeltdach über dem Hochaltar, freilich bescheidener als das gotische Pendant in St. Giovanni in Laterano in Rom.

Zwei Kapellen wurden dem Bau im 16. Jahrhundert von Nicolo Fiorentinović angefügt: Die eine an der Nordseite ist die

Grabkapelle eines Bischofs, die zweite, die man von der Loggia vor dem Westtor betritt, die Taufkapelle mit dem Taufstein. Beide Kapellen sind kostbare Beispiele für imitierte römische Baukunst in der Hochrenaissance.

Das Westtor aber ist nun der eigentliche Höhepunkt dieses Domes. Meister Thomaš Radovan hat dieses außerordentliche Kunstwerk in den Jahren 1220 bis 1240 geschaffen. Die Tiefenwirkung des Trichters wird durch die Verwendung von Lisenen aus schwarzem Marmor betont. Rechts auf einer Konsole steht Adam auf einem Löwen und links Eva auf der Löwin. Beide Tiere würgen mit ihren Pranken einen Basilisken, ein Symbol für die Sünde. Die Pfeiler aber zeigen in ihren Reliefen die einfachen Menschen bei ihrer Arbeit – eine für die damalige Zeit schon fast unerhörte Überbewertung der unteren Klassen, wo sonst in Europa nur Klerus und Adel der Darstellung würdig waren. Vielleicht wollte Radovan aber nur darauf hinweisen, dass seit der Vertreibung aus dem Paradies der Mensch nur mit der Arbeit das Leben meistern kann.

Eine weitere Besonderheit sind die Graffitis. Sie wurden von der armen Bevölkerung in den Stein der Wand eingraviert, wie der Pfau, das Sinnbild des Glaubens, gleich links an der Wand der Loggia, oder das mit Rinderblut mit den Fingern aufgetragene Graffiti vom reichen Fischzug an der Südwand. Ein verständliches, sichtbares Gebet der Fischer.

Zwei Paläste mit herrlichen Fenstern der venezianischen Spätgotik und andere Gebäude schließen den Platz an seiner Westseite. Geht man die Ulica Gradiška weiter, dann kommt man bald an das nördliche Tor der Stadt. Die Statue über der Torarkade stellt den Schutzheiligen der Stadt dar. Es ist dies der Bischof Johannes von Trogir. Er rang dem ungarischen König Koloman 1107 die Sonderrechte für die Stadt ab.

Von dort führt die Brücke über den Kanal, der die Altstadt vom Festland trennt. Bei einigen Inselsiedlungen wie bei Rovinj, Primošten oder Sveti Stefan hat man später eine feste Verbindung mit dem Festland hergestellt. Bei Trogir war es umgekehrt. Um die Stadt noch besser schützen zu können, hat man die von einer starken Mauer umschlossene heutige Altstadt durch einen Kanal vom Festland abgeschnitten. Der in späterer Zeit entstandene, am Festland liegende Teil der Stadt ist nun dem Handel gewidmet. Schon in den Achtzigern des vergangenen Jahrhunderts wurde das Angebot an Obst und Gemüse von Jahr zu Jahr besser. Auch zwei Fleischer hatten und haben ein gutes Angebot. Sonst gab es noch einige Cafèbars, aber auch viele Stände mit textilen und sonstigen Angeboten für den Urlaub sowie Händler im Souvenirgeschäft.

Nun aber zurück auf die Uferpromenade: Die Berberpalmen, die mich vor zehn Jahren hie und da mit ihren Wedeln noch am Kopf gekitzelt hatten, waren um mindestens drei Meter gewachsen. Der Kamerlengo beeindruckte mich wie schon damals bei meinem ersten Besuch.

Natürlich war der Aufwand für die Zufahrt von zu Hause beträchtlich gestiegen. Das Fliegen war nicht immer möglich. Daher blieb nur der PKW mit der Küstenstraße, landschaftlich wunderschön, aber wahnsinnig kurvenreich – 38 fast gleiche Kurvenkombinationen von Karlobag bis Tribanj. Weiter ging es über die Maslenica-Brücke nach Zadar, dann wieder über die Küstenstraße bis Šibenik, von dort links nach Vrpolje und über Benkovac und Boraja hinunter nach Trogir – etwas weniger als 600 Kilometer. Besonders schön ist der Blick von der Anhöhe bei Boraja, wenn man auf den Golf von Trogir hinunterblickt. Ich war in der Baja Todos dos Santos, ich stand in Rio am Corcovado, aber der Blick in den Golf von Trogir steht ihnen an Schönheit in keiner Weise nach, im Gegenteil. Fast immer blieb ich in der Ausweiche an der Straße stehen, um mich mit dem Blick aufs Meer und auf die Inseln für die Anstrengung von der Fahrt zu belohnen.

Schon die ersten Ausfahrten führten mich und meine Mitsegler in die südlicheren Gefilde. Hvar, Korčula und Mljet wurden besucht – vor allem Mljet, die Insel der Honignymphe Melitta. Diese am stärksten bewaldete Insel Dalmatiens war im 19. Jahrhundert noch von vielen giftigen Vipern und Ottern besiedelt. Ein Engländer, ehemaliger Offizier in Pension, war in seiner aktiven Zeit in Indien stationiert. Er wollte sich auf der Insel ansiedeln. Er wusste, wie man der Schlangenplage begegnen konnte. Eines Tages brachte man ihm die von ihm bestellte Lieferung aus Indien. Einige Pärchen Mungos, die sich in ihrer neuen Heimat bald wohlfühlten. Heute gibt es auf Mljet keine Schlangen mehr. Ratten und Mäuse auch weniger.

Wenn man eine Insel öfter besucht, bevorzugt man den Ankerplatz, an dem man gute Erfahrungen gemacht hat. Ich legte die „Santorin" meist mit dem Anker am Bug und einer Landfeste an der kleinen Insel vor der Pomena fest. Dort schlief ich in meiner Hundekoje und träumte. Durch das kleine Klappfenster in die Plicht kam die frische Morgenluft. Aber nicht nur diese. Deutlich fühlte ich im Halbschlaf, dass ein kleines Tier, vielleicht eine Katze, mich an Gesicht und Wange beschnupperte. Liebevoll wollte ich es unter den Arm nehmen, doch es entglitt mir. Ich schlief weiter. Ich wurde munter und blieb liegen, um die anderen im Schiff nicht vorzeitig zu wecken. Leopold war der erste, der seine Koje verließ. Er wollte Wasser für den Kaffee aufsetzen. „Oha! Wir hatten wohl Besuch. Da hat irgendwer unser Obst gekostet!" Auf der Kombüse hatte jemand einen Pfirsich und eine Pflaume liegen gelassen. „Hat ihm nicht geschmeckt. Man ersieht's aus der Visitenkarte, die er hinterlassen hat!", verkündete Poldi. Ich war sofort aus meiner Koje. Die Form der „Visitenkarte" brachte mich auf den Mungo. Es war also doch kein Traum. Über die Landfeste balancierend war er auf das Schiff und dann zu mir gekommen. Das war meine erste Begegnung mit einem dieser possierlichen Tierchen aus der Familie der Schleichkatzen.

Bei einem anderen Törn war ich mit fünf jungen Leuten auf dem Weg von der Pomena zu den Seen. Unterwegs erzählte ich ihnen, wie die Mungos auf die Insel gebracht wurden. Etwas ungläubig nahmen sie meine Kunde auf. Einer war etwa 100 Meter zurückgeblieben. Da hörte ich ihn rufen: „Eine Katze, nein, eher eine Ratte! Da! Ich weiß nicht!" Wir drehten uns um und sahen den Mungo vor unserem Burschen, wie er uns gemächlich nachhoppelte. Dann, da wir stehengeblieben waren, setzte er sich mit einem eleganten Sprung seitlich ins Gebüsch ab. „Seht ihr, das war ein Mungo! Genau so einer wie aus Rudyard Kiplings Dschungelgeschichten!"

Eine denkwürdige Ausfahrt von Trogir brachte uns im Juli dieses Jahres unter Vorwind mit Spinnaker und Großsegel nach Kotor. Wir beschlossen, diesmal auch das Innere des Landes zu ergründen. Dazu benützten wir die öffentlichen Verkehrsmittel. Wir stiegen daher in einen Bus, der uns zunächst nach Budva brachte. Dort warteten wir auf einen weiteren Omnibus, der uns nach Cetinje bringen sollte. Diese alte Hauptstadt hat den Beinahmen „Stadt der Museen" bekommen. Sie bewahrt die Geschichte Montenegros und ihre Schätze auf. Außerdem war sie der Sitz des einzigen Königs dieses Landes.

Während wir auf den Bus warteten, betrachtete ich die anderen Wartenden. Die meisten waren sehr groß. Nur zwei fielen mir deshalb auf, weil sie im Gegensatz dazu sehr klein waren. Sie waren wohl Brüder, da sie sich sehr ähnlich sahen. Außerdem waren sie schwarz vor Ruß. Markant waren ihre Schnurrbärte. Einer trug einen Kaminaufsatz aus Blechrohren mit sich und war sehr nervös. Er befürchtete wohl, wegen seines sperrigen Gepäckstückes nicht mitfahren zu dürfen. Er hatte mit dem Fahrer des Busses auch ein längeres Gespräch, nach dem er sehr erleichtert war. Dann fuhren wir aus Budva los. Die Trasse wurde immer steiler und wir erreichten einen Wald, der uns bis Cetinje begleitete. In diesem Wald hauste neben der Straße eine Frau mit vielen Kindern jeglichen Alters. Die Kleinsten waren vollkommen unbekleidet. Auch sie selbst und die etwas älteren Kinder trugen mehr oder weniger nur Lumpen. Mit einer größeren gelben Plane hatte sie für sich und die Kinder eine Art Windschirm errichtet. Vor diesem brannte lustig zwischen Steinen ein kleines Feuer, über dem ein Topf hing. Im Herbst sah ich sie noch einmal. Dieses Mal daheim auf einem deutschen Kanal im Fernsehen. Sie war eine Zigeunerin. Ich wage das zu schreiben, denn sie selbst bezeichnete sich in dem Report als solche. Sie wetterte über den jugoslawischen Staat, der sie als „Alleinerzieherin" mit sechs Kindern im Stich gelassen hätte. Auf die Frage, wo ihr

Mann sei, antwortete sie, dass dieser sie genauso wie der Staat, aber schon vorher, im Stich gelassen hätte.

Cetinje liegt auf einer Höhe von 670 Metern über dem Meer und hat 14.000 Einwohner. Es machte auf uns den beschaulichen Eindruck eines dörflichen Provinzortes, keinesfalls wie eine ehemalige Hauptstadt, in der angeblich 26 Botschaften akkreditiert waren. Aber gerade die Gebäude dieser Botschaften, besonders die russische, die britische und die der K.-u.-k.-Monarchie, aber auch die französische sind sehenswert. Während die anderen Botschaften im Stil der Belle Époque erstrahlen, ist die französische im Art déco gehalten. Ganz anders der Palast des Königs: Dieser ist eher bescheiden – ein größeres Landhaus im Stil einer alpinen Herberge. Wichtig aber ist die Loggia, vorgezogen über dem Eingang in der Mitte des Hauses und gleichzeitig Balkon. Schließlich möchte der Monarch ja seinem Volk huldvoll zuwinken können.

Das älteste Gebäude ist die Vlaška crkva, die von Hirten im Jahre 1450 erbaute walachische Kirche. Sie ist von einem Zaun umgeben, der aus den Läufen von über 700 erbeuteten türkischen Flinten errichtet wurde. Das für mich schönste Ensemble aber ist das orthodoxe Kloster mit der der Heiligen Maria geweihten Kirche und dem alten Königspalast, der Biljarda.

Wir hatten großes Glück, dort in den Schauräumen des Schlosses einen netten alten Herrn anzutreffen, der als Fremdenführer seine Pension aufbesserte. Er sprach sehr gut Deutsch, und als er noch mitbekam, dass ich mir schon vor dem Besuch einige Kenntnisse über Land und Leute aneignen konnte, war seine Führung für uns ganz speziell angelegt. Mein Wissen hatte ich aus einer sehr subtilen Quelle bezogen. Es war dies die Beschreibung des Reiseschriftstellers Johann Georg Kohl, der in der Mitte des 19. Jahrhunderts Dalmatien und Montenegro bereist und dann beschrieben hatte.

Kurz zur Geschichte: Montenegro wurde durch die Jahrhunderte von häufig zerstrittenen Hirtenfamilien bewohnt. Nachdem die Türken den Sitz des Fürsten Ivan Crnojević, die Zeta am Skutarisee, erobert hatten, zog dieser sich 1478 in die Hochebene zurück. Er erbaute 1482 das Kloster und eine Residenz Cetinje, die „kleine Zeta“. Bis 1692 waren die Türken nicht bis dorthin vorgedrungen. In diesem Jahr aber wüteten sie in dieser Stadt und zerstörten auch das Kloster. In den Jahren 1696 bis 1702 baute der Vladika Danilo I. das neue Kloster. Er war der erste der Dynastie der Njegoši.

Svato Vladika, heiliger Herr, war die Anrede der Personen, denen die Pflicht auferlegt war, das Land und seine Menschen als geistliches und weltliches Oberhaupt zu leiten und zu lenken. Danilo I. gelang es, sein Volk zu einen. Er beschwor die Montenegriner, ihre Blutfehden wenigstens auszusetzen, bis der wahre Feind, der Türke, besiegt sei. Tatsächlich gelang dies. Nicht zu vergessen ist dabei der Heimvorteil. Petar I. folgte Danilo I. und nach dessen zu frühem Tod wurde sein Neffe Petar II. Petrović Njegoši schon mit 17 Jahren als Vladika inthronisiert. Dieser dritte Vladika aus der Dynastie der Njegoši war ein ganz besonderer Mensch. Er beherrschte sieben Sprachen in Wort und Schrift, betätige sich als Lyriker und Romancier und war mit Schriftstellern wie James Joyce in Kontakt. Er bildete sich auf einer Reise durch Europa, um sein Volk an die Zeit heranzuführen. Johann Georg Kohl, den er in Audienz empfangen hatte, sagte er: „Beurteilen Sie mein Volk nicht mit modernen Maßstäben! Beurteilen Sie es mit den Augen eines Homer!“ Leider konnte Petar Petrović nicht alle Vorhaben verwirklichen. Zu früh riss ihn der Tod von der Seite seines Volkes. Seine Reise durch Europa war schuld daran. In einer der Hauptstädte des Kontinents hatte sich der Naturbursche mit der damals grassierenden Geißel der Menschen, der Lungentuberkulose, angesteckt. Er regierte das Land von 1830 bis 1851 und verstarb in seinem 38. Lebensjahr. Da er als Metropolit der Orthodoxie damals vom russischen Zaren geweiht worden war, trat er zuerst die Reise nach Sankt Petersburg an. Dort hatten die Hofdamen, von seiner Armut wohl wissend, einen seiner ihm zukommenden Würde prächtigen Ornat gestickt. Dieser Ornat ist eines der Ausstellungsstücke in seinem Palast. Ein weiteres, eher kurioses Inventar im großen Audienzsaal, der dem Tanzsaal eines Dorfwirtes gleicht, ist zum einen der „Thronsessel“. Dieses Möbel ist ein einfacher Lehnsessel einer Wiener Manufaktur. Die geschweiften Löwenbeine wurden aber mit circa 15 Zentimetern langen Rundholzstücken verlängert. Petar Petrović hatte nämlich die beachtliche Länge von 2 Metern und 4 Zentimetern. Zum anderen steht in dem Raum der berühmte Billardtisch, ebenfalls aus Wien. Der Vladika hatte dieses Spiel in Wien kennen- und lieben gelernt.

Zu seiner Reise hatte er zwölf, in der ornamentreichen Landestracht gekleidete Leibgardisten mitgenommen, die seiner Größe gleichkamen. Daher sprach man in ganz Europa von Montenegro als dem „Land der Riesen“. Man darf nicht vergessen, dass die Durchschnittsgröße der Mitteleuropäer damals beträchtlich geringer war. Außerdem führte er eine schwere, eisenbeschlagene Truhe mit. Darin sollte sich Geld befunden haben. Genau weiß man es nicht, denn er und seine Männer wurden an den Höfen der Monarchen selbstverständlich eingeladen. Besonders die Hofdamen sollen von Petar und seinen zwölf „Aposteln“ beeindruckt gewesen sein.

Ein richtiges Kunststück führte er mit seinen Pistolen auf. Es waren die damals als präziseste Faustfeuerwaffe erzeugten Duellpistolen. Er ließ sich von einem seiner Adjutanten Zitronen in die Luft werfen, auf die er schoss. Er soll jedes Mal getroffen haben.

Wieder zu Hause führte er ein offenes Haus. Jedes seiner Landeskinder konnte unangemeldet mit seinen Sorgen bei ihm vorsprechen. Am Abend kamen sie in Scharen und lagerten sich ihm zu Füßen am Boden des Audienzsaales. Dann erzählte er von seiner Reise. Oft auch Skurriles. Einmal wurde er gefragt, was die Menschen in Paris so tun würden. Er antwortete darauf, dass sie mit ihren Frauen Arm in Arm spazieren gehen würden. Auch brachte er seinen Untertanen das ihm lieb gewordene Karambolspiel bei. Deswegen erhielt der von ihm gebaute Palast vom Volk den Namen „Biljarda“.

Petar Petrović Njegoši brachte eine Druckpresse und installierte eine Zeitung in Cetinje. Er gründete auch eine Mädchenschule und alle Kinder mussten Lesen, Schreiben und Rechnen lernen. 1838 begann er den Bau des neuen „Palastes“, eines schlichten zweigeschossigen Gebäudes mit 25 Räumen. Aber auch politisch bewirkte er einiges. Er brach die Herrschaft der Clanführer, er führte Staatsämter ein und erhob Steuern. Dies wurde von den Mächtigen des Landes nicht goutiert und er hatte gegen Rebellionen zu kämpfen. Ebenso machte ihm die türkische Okkupation zu schaffen. Mithilfe des russischen Zaren konnte er den Türken einige Niederlagen einbringen.

Der Künstler und Architekt Ivan Mečtrović plante am Gipfel des Lovćen ein würdiges Mausoleum für den vom Volk hochverehrten Sohn. Petar selbst hatte dort schon eine Gedenkkapelle errichten lassen. Das Mausoleum in fast 1800 Metern Seehöhe wurde von Marschall Tito in den Fünfzigern des 20. Jahrhunderts realisiert. Er hatte damit das Versprechen eingelöst, das er seinen Generälen im Zweiten Weltkrieg gab, denn die fünf besten Generäle seiner Partisanenarmee stammten aus Montenegro.

Nach dem frühen Tod von Petar II. folgte diesem wieder sein Neffe Danilo II. Dieser entsagte der geistlichen Würde. Er übernahm nur die weltliche Regentschaft. Ihm gelang endlich die tatsächliche Befreiung des Landes vom Joch der Türken. Die anderen europäischen Staaten mussten sich nun um die Regelung der Grenzen kümmern. Montenegro war damit in den Landkarten als eigenes Staatsgebilde festgehalten. Die österreichische Monarchie war der erste Staat, der Montenegro offiziell anerkannte.

Danilo wollte aus dem Land ein Königreich machen, kam aber nicht mehr dazu, da er in Kotor Opfer der Blutrache wurde. Die Führung übernahm darauf Danilos Neffe Nikola. Dieser wurde und war bis jetzt der einzige König. Er wiederum musste das Land verlassen und starb im Exil in Antibes an der Côte d'Azur in Frankreich.

Der Besuch der Klosterkirche durfte natürlich nicht fehlen. Gleich in der ersten Kapelle steht der Sarkophag mit den Gebeinen Petar I., der von der orthodoxen Kirche heiliggesprochen wurde. Links im selben Raum, einer Art Vestibül mit einem niedrigen Tonnengewölbe, sah ich mehrere Reliquien unterlegt mit einem Malteserkreuz. Damals wusste ich noch nicht, dass es sich dabei um drei von den vier der Hausreliquien des Malteser

Ritterordens handelte. Erst als ich Jahre später erfuhr, dass diese Reliquien für den Orden verschollen waren, wurde mir klar, welche Wiederentdeckung mir da gelungen war.

Nach dem Krieg, den Sultan Suleiman der Prächtige 1522 gegen die Johanniter gewann, erlaubte dieser ihnen einen ehrenvollen Auszug von ihrer Insel Rhodos. Sie nahmen ihre vier wichtigen Reliquien, die sogenannten Hausreliquien, mit auf die Suche nach einer neuen Bleibe. Es waren dies der vier Tonnen schwere Sarkophag der heiligen Euphemia, die wundertätige Ikone der Madonna von Philermos, die mumifizierte Hand des heiligen Johannes des Täufers und der in ein Kreuz eingearbeitete Splitter des Kreuzes Christi. Während die Ritter sich des Sarkophages in Rovinj entledigten, brachten sie die drei anderen Preziosen des Ordens mit auf die Insel Malta, die sie von Kaiser Karl V. gegen Leistung eines Tributes 1530 besiedeln durften. Sie mussten ihm jährlich einen zur Jagd abgerichteten Falken liefern.

Als sie durch Napoleon 1798 aus Malta vertrieben wurden und vorerst auch von der Kurie die Empfehlung bekamen, sich aufzulösen, wendeten sie sich an den Zaren Paul I. Dieser akzeptierte die ihm angebotene Würde des Großmeisters. In dem Zusammenhang überreichten ihm die Ritter ihre drei verbliebenen Hausreliquien. Was während der Revolution im Jahre 1917 mit diesen Reliquien geschehen war, war zunächst unklar. Durch den Kontakt zu einem der österreichischen Ritter erfuhr ich, dass man nicht wisse, wohin die Reliquien verschwunden seien. Es hätte sein können, dass sie der Revolution zum Opfer gefallen waren. In meiner Erinnerung tat sich plötzlich ein Fenster auf, dass ich in der Klosterkirche in Cetinje über diese Reliquien quasi gestolpert bin. Ich erzählte von meiner Kenntnis des Ortes und seiner Reliquien sowohl meinem Bekannten als auch später dem Großprior des Ordens, Herrn Wilhelm Prinz von Liechtenstein. Ein halbes Jahr später konnte ich in den Periodika des Ordens lesen, dass ein Ordensmitglied das Rätsel über den Verbleib der Reliquien lösen konnte.

Bei der Weiterfahrt mit dem alten russischen TAM-Bus war die Trassenführung der Bergstraße in so engen Kurven gelegt, dass der Fahrer in der Kurve jeweils zurücksetzen musste. Da es anscheinend keinen Pass gab, kletterte der Bus auf 1200 Meter Seehöhe, um anschließend in die Hochebene von Njeguši hinunterzufahren. „Deset minuta pausa!", verkündete der Busfahrer. Alle Fahrgäste und auch wir strömten auf die Terrasse der Wirtschaft, vor der wir hielten. Die zehn Minuten wurden zur Stunde, in der wir uns mit Brot, Schinken und Käse stärkten. Nach der ersten Flasche Bier kam noch einiges an Domači. Die Stimmung war schon sehr fröhlich, als der Chauffeur endlich zur Weiterfahrt drängte. Nach einigen Kilometern erneuter Steigung waren wir auf dem Kamm des Berges in mehr als 1400 Metern. Wie aus einem Hubschrauber konnte ich das Meer und den Hafen von Kotor unter mir liegen sehen. Darauf senkte sich die Straße, einem beginnenden Tal folgend, wieder. Auf einem einigermaßen geraden Stück wurde das Gefälle allmählich steiler und der Bus immer schneller. Einige hundert Meter vor uns mündete die Straße in einem Tunnel. Man kennt ja das Geräusch des Getriebes, wenn der niedrigere Gang partout nicht einrasten will. Drei Versuche misslangen, beim vierten Schaltversuch kurz vor dem Tunnel gelang es dem Fahrer endlich, das Fahrzeug wieder in den Griff zu bekommen. Nicht nur er, auch wir und alle anderen Fahrgäste waren ins Schwitzen gekommen. Kaum waren wir aus dem Tunnel, der nicht allzu lang war, da sahen wir vor uns einen Franzosen, der mit seinem Wohnmobil bergauf wollte. An dieser Stelle war das Vorbeikommen nicht möglich. Etwas weiter unten, war unser Fahrer überzeugt, würde es gehen. Der Franzose setzte zurück. Unser Chauffeur war ausgestiegen und dirigierte das Wohnmobil zur Seite. Das geneigte Bankett brachte auch das Wohnmobil in Schräglage. Unser Fahrer ließ einige kräftige Kerle seiner Fahrgäste aussteigen und die hoben das schräg stehende Fahrzeug gerade. Es waren tatsächlich nur Millimeter, die den Bus vom Wohnmobil trennten. Gott sei Dank! Die Straße war am rechten Rand durch eine halbmeterhohe Mauer begrenzt. Die restliche Fahrt nach Kotor verlief im Weiteren ohne besondere Vorkommnisse, obwohl noch viele Haarnadelkurven vor uns lagen.

Noch eine zweite längere Reise unternahm ich in diesem Jahr. Dieses Mal fuhr ich mit Sissy, Andi, Leopold und Albert bis an das südliche Ende der Adriaküste Jugoslawiens bis nach Ulcinj. Wiederum begann der Törn in Cavtat. Bevor der Rest aus der Heimat ankam, verbrachte ich eine ganze Woche dort. Der Hafenkapitän war sehr nett zu mir und wies mir ein exklusives Platzerl zu, an dem ich unsere „Santorin" vertäuen durfte. So geschützt vor dem Seegang war der Urlaub ein Genuss. An einem Tag kam ein junges Paar vorbei und bat mich, ob die Frau auf unserem Boot für ein Foto posieren dürfe. Natürlich durfte sie! Ihr Mann machte einige Aufnahmen. Sie waren auf der Hochzeitsreise. Nicht von weit, nur von einem Dorf in der Nähe, aber sie waren zum ersten Mal am Meer.

Einen bunten Vogel habe ich bei meinen vielen Aufenthalten in Cavtat auch kennengelernt. In den vielen Malen, die ich in der Zwischenzeit in Cavtat Halt gemacht hatte, waren wir ins Gespräch gekommen Er hatte mir erzählt, dass er zwar in Cavtat zu Hause sei, er in Wirklichkeit er aber im Moment auf eine große amerikanische Yacht warte, auf der er eine Heuer hätte. Schon nächste Woche sei er dann nicht mehr im Hafen. Als ich nach 14 Tagen wiederkam, begrüßte er mich. Ich fragte ihn, warum er nicht schon auf großer Fahrt mit der amerikanischen Yacht sei. Ja, die haben ihm geschrieben, dass sie sich verspäten werden, aber in einer Woche ginge es los! Wieder eine Woche war vergangen und er saß noch immer auf seinem Lieblingspoller im Hafen. Er erinnerte mich sehr an eine Figur aus dem Film „Gigi". In vielen Häfen träumen arme Kerle von einer Heuer auf einer noblen Yacht, die aber leider nie kommt, um sie abzuholen.

Bei meiner Crew hingegen klappte alles und nach einem gemütlichen Abendessen in unserem Stammlokal in Cavtat legten wir ab und ließen uns vor dem Wind nach Süden treiben, zunächst bis Budva. Das Erdbeben von 1979 hatte Budva noch viel stärker getroffen als Kotor und praktisch dem Erdboden gleichgemacht. Ein Glück, dass man in den österreichischen Archiven Pläne und Ansichten der venezianischen Altstadt von Budva fand. Als wir kamen, war die Wiederherstellung mit den alten Steinen nahezu vollendet. An der von der K.-u.-k.-Monarchie gebauten Festung Mogren waren die schräg nach oben zur Mitte laufenden Bretter des zweiflügeligen Tores zwar stark verwittert, jedoch noch immer abwechselnd gelb und schwarz in den Farben Habsburgs zu sehen. Schon damals wurde aber dieser ehemalige Stall der Dragonerpferde in ein sehenswertes Museum der dalmatinischen Seegeschichte umfunktioniert.

Budva war damals von Urlaubern aus Belgrad überlaufen, die mit ihren Sauforgien die ansässige Bevölkerung drangsalierten. Jedem ist hinlänglich bekannt, dass dabei jede Menge Scherben geleerter Flaschen entstehen. Besonders an den Wochenanfängen hatten die Reinigungstrupps viel mit dem Wegräumen der gefährlichen Relikte zu tun. Wir hatten unseren Liegeplatz aber in der Bucht auf die Südseite von Sveti Stefan gelegt. Dort waren wir vor Anker gegangen, um im kristallklaren Wasser ausgiebig zu schwimmen und dann die sternenklare Nacht zu genießen.

An Petrovac na moru fuhren wir vorbei, nachdem Hotelgäste des Strandhotels allein deshalb ein Geschrei von sich gaben, weil wir kurz in die Bucht einliefen, um einen Badestopp zu machen.

Im südlichsten Industriehafen Jugoslawiens, in Bar, machten wir für zwei Tage im Zollbereich fest. So war unser Schiff während unserer Abwesenheit unter „Bewachung" wie seinerzeit in Korfu. In der Neustadt von Bar fiel besonders ein Einkaufszentrum auf. Der Architekt hatte die Vision dreier riesiger Zelte in Beton umgesetzt. Das obere Ende war offen. Durch die Zugwirkung entstand ein Luftstrom, der das Innere der Zelte wohltuend kühlte. Am Abend speisten wir auf der Terrasse eines Hotelrestaurants. Viele junge Leute der Stadt waren auch auf dieser Terrasse. Man konnte aber nicht erkennen, ob sie eine geschlossene Gesellschaft bildeten. Zur Unterhaltung gab es eine Kapelle, die die Rhythmen einheimischer Volksmusik zum Besten gab. Ein sehr hübsches Mädchen stand auf und hob den rechten Arm, in dessen Hand sie ein Taschentuch emporhielt und mit tänzelnden Schritten zum Kolo aufrief. Bald folgte ihr ein Bursche, dann ein Mädchen, wieder ein Bursche und so weiter. Unser lieber Leopold, ein großer Volkstänzer vor dem Herrn, schloss sich dem

Zug der Tanzenden an, den die junge Frau im Zickzack zwischen den Tischen anführte. Nun steigerte sich die Kompliziertheit der Schritte wie beim Sirtaki zunehmend. Poldi machte einen „Fehltritt" und murmelte etwas wie: „Wie wår dås jetzt?" Seine rechte wie auch seine linke Partnerin entzogen ihm ihre Hände und schon stand er außerhalb und hinter den Kolotänzern, die vor ihm weiter vorbeizogen. Wir lachten herzlich darüber.

Das alte noch türkische Bar wurde 1877 unter anderem auch von der österreichischen Marine unter Beschuss genommen. Dabei schlug eine der ersten Granaten in das Pulverdepot der Festung ein. Damit war Bar erobert und wurde am Berliner Kongress 1878 Montenegro zugesprochen. Die Ruinen der Festung zierten 1986 die Landschaft. Ich streunte ein wenig darin herum. Um einen Mauerrest herum stöberte ich ein junges Eselchen auf. Verschreckt lief es vor mir davon unter einen Torbogen. Dorthin hatte sich Mutter Esel zur Siesta verzogen. Bei seiner Mutter fühlte sich das Eselchen sicher. Um die Idylle nicht allzu sehr zu stören, zog ich mich zurück. So konnte Mama Esel weiterhin ruhig liegenbleiben.

Am nächsten Morgen zog der Spinnaker unsere „Santorin" für die zehn Meilen bis Ulcinj so schnell dahin, dass ich beinahe die Einfahrt verpasst hätte.

Ulcinj hat Wurzeln, die bis in die Antike reichen. Schon im fünften vorchristlichen Jahrhundert erreichten griechische Kolonisten den Ort, dessen Umgebung von Illyrern besiedelt war. Bei der Teilung des Römischen Reiches kam es zu Ostrom. Über viele Perioden der Geschichte war die Gemeinde unabhängig. Einige Male waren die Ulcinjer auch von Venedig abhängig. Schließlich gelangten sie unter osmanische Herrschaft, bis diese 1878 von den Montenegrinern gebrochen wurde.

Im 18. und 19. Jahrhundert war Ulcinj der Sklavenmarktplatz Beg Alis von Algier. Von dort wurden Afrikaner nach Europa verkauft. Das Meinl-Logo stammt aus dieser Zeit. Die schicken Damen aus Paris und Wien schmückten sich damals gerne mit einem Groom, der schwarz war und – in eine hübsche Fantasieuniform gesteckt – den Tritt ihrer Kalesche herunterklappte und ihnen die Türe öffnete. Am Wiener Hof gelangte ein schwarzer Sklave sogar zu hohem Range. Nach seinem Tod ließ ihn Kaiser Franz, der mit den zwei Nummern (letzter Kaiser des Heiligen Römischen Reiches Deutscher Nation Franz II., gleichzeitig erster Kaiser von Österreich Franz I.), trotz flehentlicher Bitten der Tochter des Verstorbenen für das Naturhistorische Museum ausstopfen. Erst vor einigen Jahren korrigierte die Republik diese Schande.

Nicht alle Sklaven fanden Absatz auf dem Markt in Ulcinj und es kam vor, dass die Araber aus Algier hin und wieder eine unverkäufliche Sklavin einem Bauern aus Ulcinj schenkten. Auch männliche Sklaven wurden so in die Freiheit entlassen. Diese bildeten sogar eine eigene Gemeinde in der Gegend. Jedenfalls gibt es in diesem Bezirk von den damals etwa 10.000 Seelen Familien, in denen schwarze Kinder auf die Welt kommen, obwohl beide Elternteile weiß sind.

Als wir an Land stiegen, war am Strand eine Gruppe Jugendlicher. Unter diesen ein Schwarzer. Zuerst hielten wir ihn für ein Kind eines deutsch-amerikanischen Ehepaares auf Urlaub. Erst beim genauen Hinhören merkten wir, dass er in Ulcinj zu Hause war. Unsere weiteren Recherchen stellten dann diesen Bezug zur Geschichte her.

In diesem Ort hatten wir auch den ersten Kontakt mit dem Islam. Da war, umgeben von einem schönen Garten, eine kleine Moschee, wie bei uns eine liebe kleine Dorfkirche. Der gepflegte Rasen erregte Aufsehen im sonst ariden Umfeld. Im Gartenzaun war ein Gatter. Aus dem kam gerade eine Familie. Anscheinend Touristen wie wir. Wir wollten nach diesem Besuch als Nächstes in die Moschee. Der Betreuer des Gotteshauses bezeichnete uns, das Gatter zu schließen. Enttäuscht wollten wir schon gehen. Er hielt uns aber zurück. Was jetzt? Bis wir begriffen, dass wir den Garten Allahs nur einzeln betreten sollten und jeder hinter sich die Türe zumachen musste, damit der Nächste sie aufmachten konnte, dauerte es. Dass wir dann zum Betreten des eigentlichen Betraumes die Schuhe auszogen, war selbstverständlich. So viel wussten wir schon. Wie üblich war der Boden mit Orientteppichen ausgelegt und auch an der Wand hingen einige. Entweder solche mit Koransprüchen, aber auch einer mit der Darstellung der Kaaba und dem Hof der Großen Moschee. Solche Teppiche wurden in Algerien hergestellt. Ich erinnerte mich an den Teppich, den ein Studienkollege von dort mitgebracht hatte, als er im Erdölfeld praktizierte. Wir hatten ihn dafür ausgelacht.

Unser Hüter der Moschee berichtete uns stolz von seinem Hadsch, den er sich vor gerade zwei Jahren leisten konnte. Vorher wäre er mit seinem Verdienst für so eine weite Reise nicht zu Rande gekommen, aber seit ein Reisebüro für Wallfahrer nach Mekka äußerst günstige Charterflüge anbot, wäre es auch ihm möglich geworden. Beim Hinausgehen zeigte er uns auch die beiden Bäder. Da die Moschee eine Empore mit den typischen hölzernen Haremsgittern besaß, konnten auch Frauen am Freitagsgebet teilnehmen – daher auch ein Bad für Frauen, dem Männerbad genau gegenüber liegend. Vom Frauenbad war auch der Aufstieg zur Empore erreichbar. Wir verließen den freundlichen Hüter seiner Moschee. Natürlich hinterließen wir ein entsprechendes Trinkgeld. Er bedankte sich sehr dafür, gab dieses aber sofort in eine Art Handkasse. Das sei der Schrein für die Almosen, erklärte er. Am Ende des Ramadan werde die Kasse geleert und das Geld an die Armen der Gemeinde verteilt.

Als wir dann noch in diesem Teil des Ortes langsam zum Hafen zurückschlenderten, trafen wir Frauen mit den türkischen Frauenhosen. Den Anblick dieses Kleidungsstückes fand unsere ganze Gruppe sehr gewöhnungsbedürftig. Erstaunlich, dass moderne Couturiers unter anderen orientalischen Details auch die türkische Frauenhose, wenn auch abgewandelt, in ihren Kollektionen auf den Laufsteg bringen.

Von Ulcinj kehrten wir in mühsamen Kreuzschlägen nach Bar zurück. Wieder blieben wir im Sperrgebiet des Zollhafens liegen. Das Lokal mit der Terrasse garantierte uns ein gutes Abendessen. Spät kamen wir in den Hafen zurück. Der Beamte in der Wachbude am Eingang hatte gewechselt. Er kannte uns nicht und wollte uns nicht auf unser Schiff lassen. Ich zeigte ihm unsere Pässe, die ich natürlich bei mir trug. Das sei kein Beweis, dass die Yacht zu uns gehöre! Ein Vergleich mit den Schiffspapieren und der Crewliste räumte aber das Beweisdefizit aus. Wir mussten nicht auf der Straße schlafen.

Von Bar verläuft eine Bahn in das Landesinnere an den Skutarisee und ins Innere Montenegros. Schon um sechs Uhr verließ der Zug, den wir genommen hatten, den Bahnhof. Kurze Zeit fuhren wir an der Küste nach Nordwesten. Dann bog die Bahntrasse ins Landesinnere ab. Wir durchfuhren gleich darauf einen sechs Kilometer langen Tunnel und nach weiteren sechs Kilometern waren wir in Virpazar am See. Gleich in der Nähe der Haltestelle der Bahn war eine nette Gastwirtschaft. Wir erkundigten uns, ob es eine Möglichkeit gäbe, den See ein wenig zu erkunden. „Ja", sagte der Wirt, „gleich fünf Minuten den Weg entlang gibt es einen Steg. Von dort gibt es ein Boot. Mit dem Boot werden Seerundfahrten angeboten!" Wir gingen den Fußpfad, denn ein solcher war der sogenannte Weg, durch mannshohes Schilf und kamen wirklich an einen Steg, der in den See hinausging. Unsere Überraschung war groß. Derselbe Gastwirt, der uns die Auskunft gegeben hatte, saß am Handgriff des Außenbordmotors, der an einem Fischerkahn montiert war. Der Kahn konnte gut 15, vielleicht sogar mehr, Personen fassen. Mit dem Wirt saßen noch eine deutsche Frau mit ihrer Teenie-Tochter und einem etwa 10-jährigen Sohn im Boot. Sie waren Urlaubsgäste des Wirtes. Wie der Wirt oder alle vier zusammen uns überholen konnten, war uns schleierhaft. Er freute sich jedoch königlich über seinen gelungenen Spaß. Aber er machte seine Sache sehr gut. Er erzählte, dass der See, ein Steppensee, im Frühjahr zur Zeit der Schneeschmelze in den montenegrinischen Bergen die dreifache Fläche gegenüber der Zeit im Herbst einnehme und dabei den Bodensee bei Weitem übertreffe. Dann verwies er auf Flora und Fauna und zeigte uns auf, wo er Wasservögel ausfindig machen konnte. Sogar Pelikane konnte er uns zeigen.

Zuerst musste er mit uns durch einen Kanal durch den Schilfgürtel fahren, bis er auf den See kam. Dann nahm er Kurs auf eine Brücke, über die die Bahntrasse führte und kam in einen kleineren Teil des Sees, der sich in nordwestlicher Richtung ausbreitet. Da der See seinen Höchststand in diesem Jahr schon wieder verloren hatte und der Sommer sehr trocken war, konnten wir an den Ufern die Marken des Wasserstandes im Frühjahr erkennen, besonders dort, wo die Ufer steiler eingeschnitten waren. Nach guten drei Stunden kamen wir wieder bei seinem Gasthof an, diesmal dort, von wo er weggefahren war. Der Weg war für uns sozusagen eine Zugabe gewesen, die immerhin erlebnisreich war. Wir waren ihm deswegen nicht böse und kehrten natürlich bei ihm ein. Er bot uns gebratene Seefische an. Wir stimmten zu und setzten uns zu Tisch. Das Töchterchen des Hauses brachte Teller, Besteck und Servietten. Bald brachte die Frau des Hauses eine Terrine mit köstlicher Fischsuppe. Dann kamen sechs mit viel Knoblauch angerichtete gebratene Fische mit Kartoffeln und dazu noch Tomatensalat. Aber warum sechs Fische? Wir waren doch nur zu fünft. Nach dem türkischen Kaffee und den in Jugoslawien damals üblichen Palatschinken verlangte ich zu bezahlen. Die Rechnung nahm sich gegenüber Cavtat oder sogar gegenüber Bar eher bescheiden aus. Ich möchte sagen, zusammen mit der Bootsfahrt war die Bootsfahrt die Gratisdraufgabe, verglichen mit den genannten Preisen der Umgebung. Der sechste Fisch war Ausdruck der traditionellen Gastfreundschaft dieser Leute.

Ich habe mir im Internet die heutige Situation aus dem Luftbild abgeleitet. Ich kann mich beim besten Willen nicht an eine Straße erinnern, die jetzt neben der Bahn verläuft, und auch die Anzahl der vielen Lokale, die es heute gibt, ist gewachsen. Damals war unser Fischerwirt der einzige weit und breit. Als die Zeit gekommen war, den Bahnhof aufzusuchen oder besser gesagt, die Stelle, wo uns der Zug auf offener Strecke entlassen hatte, warteten wir zwei Stunden vergebens. Der Wirt musste wohl von der Verspätung gewusst haben, denn ich wurde beinahe heftig, als er uns noch nicht gehen lassen wollte.

Wir gingen erst spät zum Zollhafen zurück. Vorher vergnügten wir uns wieder auf der Terrasse des uns schon bekannten Hotels. Am Wachhaus im Zollhafen übermittelte mir der Beamte, dass wir am Morgen in die angrenzende Marina übersiedeln müssten.

Das würde ich wohl tun, sagte ich ihm, wohlwissend, dass wir am kommenden Tag wieder nach Cavtat zurückkehren wollten. Dazwischen hatten wir aber noch einen Auftritt in Budva. Der dortige Hafenkapitän hatte eine Marotte. Nach seinen Anweisungen mussten alle Yachten mit Buganker und Heckleinen im Hafenbecken liegen. Als ich ankam, war nur noch der Platz frei, an dem die Kaimauer steuerbord von mir das Becken begrenzte. Ich wollte mir den Anker wegen des nicht sauberen Ankergrundes ersparen und es war auch keine Notwendigkeit dazu. Leinen allein wären auch seemännisch und in Ordnung gewesen. Aber nein, er beharrte auf seinem Anker. „Leinen los und auf nach Bigova!“, war mein Befehl, den ich so laut gab, dass er „Bigova“ klar und deutlich hörte. Es war zwar schade um den schönen Abend in Budva, aber wenn keine Logik dahintersteckt, bin auch ich einmal bereit, meinen Dickkopf durchzusetzen.

Im nächsten Jahr, im Sommer 1987, nahm ich in Cavtat eine Crew von Kollegen an Bord. Auch Freund Gustav war dabei. Ich war vorher mit meiner Frau Sissy, Andreas und Enkel Lukas über Korčula und Mljet gekommen. In der Bucht auf Lopud, der Uvala Šunj, legte ich ein paar Badetage ein. Diese Bucht hat einen der wenigen Sandstrände dieser Küste. In der Mitte führt ein Weg vom Strand über eine kleine Anhöhe hinunter zum Hafen der Insel. Von dort kommen die Urlauber zum Baden in die Bucht. Auf vielen Inseln gab es damals FKK-Camps. In der Uvala Šunj war die Lösung kurios. Am Strand angekommen, konnte man einen Wegweiser sehen. Es war dies ein Pflock von etwa Brusthöhe auf dem ein beidseitig spitz zugeschnittenes Brett als Doppelpfeil befestigt war. Am linken Pfeil stand FKK, am rechten war ein Mädchen mit einem Jungen dargestellt, die mit einem Ball spielten. Die beiden waren mit Bikini und Badehose bekleidet. Und so spiegelte sich die Realität. Rechts war der Strand mit hübschen jungen Leuten in Badekleidung, fröhlich bei Sport und Spiel. Links ließen sich nackte, meist fette ältere Männer und Frauen eher missmutig in der Sonne braten. Trotzdem ist der Strand der Uvala Šunj auf der Insel Lopud mit seinem ockerfarbenen Sand einer der schönsten Badestrände Dalmatiens.

Von Cavtat kreuzten wir, meine Kollegen und ich, dem Kap von Oštro entgegen, wo wir die Marieninsel besuchten. Die Nonne, welche die Kirche und das kleine Museum betreute, freute sich, mich wiederzusehen. Es hatte sich nämlich zwischen uns ergeben, dass ich ihr jedes Mal Kaffeebohnen und auch Waschmittel mitbrachte. Damals herrschte in diesen Dingen großer Mangel in Jugoslawien. Nett fand ich ihren Wink, mit dem sie mich mit der Nase auf diese Defizite im Land stieß. In der Sammlung ihres Museums hatte sie auch eine Kaffeemühle mit einem großen Schwungrad, wie sie im 19. Jahrhundert professionell von Kaffeesiedern verwendet wurde. Daran war eine Kurbel, mit der die Schwester die Maschine kurz antrieb. Dabei erklärte sie: „Die Maschine funktioniert noch, nur der Kaffee fehlt!“ Da hatte ich begriffen. Beim Abschied brachte ich ihr aus meinen Vorräten ein Paket gemahlenen Kaffee. Das Versprechen, in Zukunft auch Kaffeebohnen mitzubringen, war für mich selbstverständlich.

Überhaupt sind die Kirche der lieben Frau vom Riff und ihre Nachbarinsel Sveti Đorđe – die Georgsinsel – der Blickfang des inneren Golfes von Kotor, wenn er sich nach der Engstelle „bei den Ketten“ weitet. An der Küste dahinter liegt unter dem Eliasberg die Stadt Perast. Diese drei Preziosen vor Kotor darf ich in meiner Beschreibung keinesfalls links liegen lassen.

Zunächst der heilige Georg: Dieses Inselchen liegt strategisch so günstig, dass es möglich war, mit nur zwei Kanonen den Eintritt von Feinden in den Golf zu verhindern, was im Seekrieg gegen Napoleon seine Wirkung zeigte. Der Maler Arnold Böcklin soll sich diese Insel als Vorbild für sein Bild „Die Toteninsel“ genommen haben. Diese Patenschaft ist jedoch anzuzweifeln. Der Unterschied ist doch zu gravierend. Dennoch, heutzutage ist Sankt Georg eine Toteninsel, bestatten dort doch die Einwohner von Perast ihre Verstorbenen.

Umrankt von Geschichten ihrer Entstehung ist die Sveti Gospa od Škrpjela. Die Geschichte, die ich hier aufschreibe, hat mir am besten gefallen, denn „meine“ Schwester Honoria, Nonne der Benediktinerinnen, erzählte sie uns. Schwester Honoria betreute die Kirche und das dazugehörige Haus mit dem Museum ganz alleine. In zeitlich regelmäßigen Abständen kam vom Kloster Nachschub für ihren Lebensunterhalt. Ansonsten war sie auf sich gestellt. Boot hatte sie keines. Ob sie eine Kommunikationsmöglichkeit mit ihren Ordensschwestern hatte, weiß ich nicht. Funkantenne habe ich keine gesehen. Es blieb ihr also nur der periodische Kontakt. Sozusagen eine letzte „Leuchtturmwärterin"! Nicht ganz, denn sie erhielt immerhin Besuch von Einheimischen und Bootstouristen, wie wir es waren. Und zu besonderen Marienfeiertagen wurde in der Kirche Gottesdienst gehalten.

Dort, wo jetzt eine kleine Insel aus dem Wasser ragt, gab es vorher nur ein Unterwasserriff. Dieses Riff wurde der Seefahrt zunehmend gefährlicher. Denn da die Bedeutung der tüchtigen Kapitäne aus Perast ständig stieg, stieg auch der Schiffsverkehr. So geriet ein Schiff im Sturm auf das Riff. Die Besatzung kam dabei ums Leben. Nur der Schiffsjunge hielt sich an einer Felszacke fest und erflehte sich von der Madonna Rettung aus seiner Not. Er gelobte ihr, so lange Steine am und um das Riff zu versenken, bis er darauf eine Kirche bauen könnte. Da erschien ihm ein Licht, das ihn zur Küste nach Perast wies. Er schwamm auf das Licht zu und erreichte das Ufer. Glücklich, am Leben zu sein, begann er Steine in ein Boot zu laden und ruderte damit zum Riff. Als die Bevölkerung des Ortes von seinem Gelöbnis erfuhr, unterstützte sie sein Vorhaben kräftig. Damit schneller Boden gewonnen werden konnte, versenkten sie sogar alte Schiffe samt den Steinen. Immerhin hat das Meer um die Insel herum eine Tiefe von 40 Metern. Trotzdem gedieh die Insel in 200 Jahren zu einer Ausdehnung von 120 mal 40 Metern. Die erste Kirche aus dem Jahr 1452 war eine orthodoxe. Die heutige barocke Kirche ist römisch-katholisch und stammt von 1632, wurde aber 1722 erweitert. In ihr befinden sich einige interessante Kostbarkeiten: Von der prunkvollen Kassettendecke hängen venezianische Luster aus Muranoglas. Der Hochaltar ist von einem Baldachin aus kostbarem Brokat eingehüllt. Zwei Seitenaltäre sind in Kosmatentechnik aus kostbaren Marmoren zusammengesetzt. An der rechten Seitenwand befindet sich eine Relieftafel aus reinem Silber. Sie stellt die wunderbare Errettung Perasts vor der türkischen Invasion am 15. April 1654 dar und hat den Wert von 2000 Livres, heute etwa 30.000 Euro. Knapp 70 Gemälde hat der Barockmaler Tripo Kokolja dem Leben Mariens gewidmet. Beeindruckend ist ein Wandteppich, gestickt von einer Frau in 25 Jahren, in denen sie auf ihren Geliebten wartete. Neben Gold- und Silberfäden hat sie auch ihr eigenes Haar dazu verwendet. Nicht vergessen darf ich das fortlaufende Band aus 2500 silbernen und zum Teil sogar goldenen Votivtäfelchen, welches einen Meter breit an der Wand des Kirchenschiffes entlangläuft. Die verschieden großen, durch die Oxidation schwarzen Tafeln mit Bitten um gute Rückkehr von großer Fahrt sind der Madonna gewidmet. Auch eine alte Schleifladenorgel steht auf der Empore. Sie ist aus dem 16. Jahrhundert und Sohn Andi durfte uns eine Invention von J. S. Bach auf dieser Orgel zu Gehör bringen. Schwester Honoria betätigte dabei mit dem Handhebel den Blasebalg und sorgte so für den Wind.

Das angeschlossene Museum ist eher dadurch entstanden, dass der Pfarrhaushalt im Lauf der Zeit aus dem Gebrauch gekommene Gegenstände trotzdem nicht wegwarf. Dazu kam noch, dass die Wallfahrer oft Kuriositäten als Geschenke mitbrachten. Und schließlich verblieb auch das Werk der ehemaligen, handgeschmiedeten Turmuhr erhalten. Besonders faszinierend aber ist ein Bootsantrieb, der angeblich aus dem 13. Jahrhundert stammen soll. Es wäre dies die Vorwegnahme der Erfindung der Schiffsschraube. Vor der Ducht (Sitzbank) eines Ruderbootes wurden an Stelle der Dollen beidseitig kurze Rohre als Lager montiert. In diesen wurde eine zweimal gekröpfte Stange drehbar gelagert. Die Kröpfungen waren um 180 Grad versetzt. So hatte man also eine Kurbel für zwei nebeneinander sitzenden Personen geschaffen. In der Mitte war eine Triebstockverzahnung, dem Vorläufer des Kegelradgetriebes ähnlich. Mit der konnte eine zweite Stange, die in der Längsachse des Bootes verlief, in axiale Drehung versetzt werden. Die Stange war sowohl vorne, kurz nach dem Triebstockgetriebe, an einer Stange, welche aus dem Kiel ragte, sowie auch hinten an der Heckplatte gelagert. Außerhalb der Heckplatte tauchte ein Propeller mit vier Blättern ins Wasser, die dann den Vortrieb des Bootes bewirkten. Einfach genial!

Von Perast lässt sich vieles berichten. Wer den Ort kennt, wird mit einiger Wehmut von ihm erzählen. Hauptsächlich, weil einem die Vernachlässigung seiner vielen schönen Häuser und die auch mancher Sakralbauten Schmerz bereitet. War der Ort im 16. Jahrdert in seiner Blütezeit, so ist er jetzt eine sterbende Stadt. Perast erschien im 13. Jahrhundert erstmals in Urkunden, war aber schon im 10. Jahrhundt byzantinisch, kurze Zeit sogar auch autonom. Die Peraster kämpften zeitweilig für die Venezianer. Die Serenissima verlieh ihnen 1368 den Titel „Fedelissima Gonfaloniere", was „Treuester Bannerträger" bedeutet. Dadurch durften sie den Markuslöwen als Flagge führen, aber auch mit ihren Waren am Markt von Venedig steuerfrei handeln. 1420 begaben sich die Peraster freiwillig unter die Hoheit Venedigs und ergaben sich als letzte den napoleonischen Truppen. Vier der berühmtesten Admiräle Venedigs sollen Peraster gewesen sein. Perast wurde von Venedig 1526 zur Universitätsstadt erhoben, mit einer einzigen Fakultät für „Nautische Wissenschaften".

Während die Kapitäne des 16. Jahrhunderts auch zu großer Fahrt in die Alte und die Neue Welt aufbrachen, wurden sie als beste Nautiker in der ganzen Welt geschätzt. Sie kehrten jedoch im Alter zurück und bauten sich in Perast ihren Alterssitz. So entstanden 16 Barockpaläste und 17 katholische sowie zwei orthodoxe Kirchen in dem kleinen Ort. Vier Reedereien unterhielten zusammen hundert Schiffe. Zum Ende des 18. Jahrhunderts lebten in Perast 1643 Menschen. Damals hatte Perast sogar einen Bischof. Der Theologe Andrija Zmajević war ein berühmter Lyriker, Tripo Kokolja zur selben Zeit ein bekannter Barockmaler. Es gab noch einen dritten großen Sohn der Stadt, denn in den Achtzigern des 20. Jahrhunderts standen drei lebensgroße Bronzestatuen eines Künstlers der jugoslawischen Moderne an der Riva.

In allerletzter Zeit versucht Montenegro, sich erfolgreich aus der brüderlichen Umklammerung Serbiens abzusetzen und beginnt sich dem Tourismus zu öffnen. Viel wurde bereits in dieses Kleinod Perast investiert. Vielleicht strebt es einer neuerlichen Blüte entgegen. Denn die nur 269 im Jahr 2011 gezählten Einwohner ließen das Schlimmste befürchten.

Es war Montag, der 20. Juli 1987, als ich über ein Telefonat erfuhr, dass meine Mutter verstorben war. Ich hatte nun das Problem, auf schnellstem Weg nach Hause zu kommen. Da mein routinierter Freund Gustav zur Crew gehörte, traf ich die Entscheidung, ihm die „Santorin" für die Zeit meiner Abwesenheit zu überlassen. Somit konnten meine Kollegen weiterhin ihren Urlaub genießen. Zunächst noch ließ ich mich nach Herceg Novi bringen. An der Busstation erfuhr ich, dass der Langstreckenbus um acht Uhr am Abend von Süden kommend in Herceg Novi abfahren würde. Tatsächlich ergatterte ich eine Karte. Da diese Busse nur nach Sitzmaßgabe Passagiere mitnahmen, war dies ein wahrer Glücksfall. Ich kaufte mir die Karte, ging zu meinen wartenden Kollegen an die Hafenmole und verabschiedete mich von ihnen. Die Stunden bis zur Abfahrt vergingen irgendwie. Der Bus war wider Erwarten komfortabel. Die Mitreisenden waren schon alle in Budva oder Kotor zugestiegen. Für mich war zufällig ein Platz frei geblieben. Die ersten Stunden von der Dämmerung in die Nacht vergingen noch unterhaltsam in Gesprächen. Dann fielen den meisten die Augen zu. Nur ein etwa zweijähriges Büblein quengelte vorerst, bis er seinen Unmut laut kundtat. Ihm wurde die Reise zu lang. Zwischen ein und zwei Uhr früh fuhr der Bus in der Gegend von Luka Slano auf einen Platz neben der Straße. Es war der Parkplatz eines Gasthauses. Alle stiegen aus, um dort zur Toilette zu gehen, aber auch, um etwas zu trinken. Ich stand an der Theke. Hinter der Theke ein Riese von gut zwei Metern. Links sowie rechts von mir jeweils ein Pendant des Barmanns. Ich bin mit eins achtzig bestimmt nicht klein, aber diese langen Kerle beeindruckten mich. Später einmal erfuhr ich, dass die Montenegriner nach den Watussi das zweitgrößte Volk der Erde sein sollen.

Der Barmann versuchte, den Schraubverschluss einer Limonadenflasche zu öffnen. Da es ihm nicht gelang, reichte er sie meinem rechten Nachbarn. Auch dieser scheiterte. Er gab die Flasche über meinen Kopf meinem linken Nebenmann. Nach seinen Versuchen reichte er sie dem Barmann zurück. Dabei nahm ich ihm aber die Flasche vorher aus der Luft ab und öffnete sie. Offen gab ich sie nun über die Theke dem erstaunten Barkellner in die Hand. Auch die beiden anderen konnten sich meinen Erfolg nicht erklären. Sie wussten eben nicht, dass ich es durch gezieltes Training der Fingermuskulatur zu erstaunlicher Kraft in meinen Händen gebracht hatte. Und schließlich hatten ihre Bemühungen auch zur Lockerung beigetragen.

Der Bus fuhr mit erstaunlicher Geschwindigkeit auf der Küstenstraße weiter durch die Nacht. Wo ein etwas geraderer Verlauf der Straße es erlaubte mit bis zu 140 km/h. Mich beschäftigte der Gedanke, wie ich von Rijeka, der Endstation der Busfahrt, wenigstens nach Laibach kommen würde. Da fiel mir ein, dass vom Flughafen Split am Dienstag um 7 Uhr eine Maschine nach Laibach flog. Sicher würde ich einen Platz in diesem Flieger bekommen. Ich stieg daher in Trogir aus dem Bus. Da meine Begründung am Flugschalter vorrangig behandelt wurde, erhielt ich einen der zurückgelegten Plätze. So gelang es mir, dass ich vom Flughafen Laibach in Brnik schon vor 8 Uhr eintraf. Dort erwartete mich bereits meine Frau, die ich vom Flughafen in Split angerufen hatte.

Meine Kollegen erlebten in der Zwischenzeit mit einem Abstecher über Budva und Molunat einen schönen Badeurlaub, da bei wolkenlosem Himmel absolute Flaute herrschte. Am 25. Juli übernahm ich mit meiner Frau und Freunden in Cavtat wieder das Ruder der „Santorin".

Klarerweise war die Saison 1987 noch lange nicht vorbei. Schließlich ging aber auch dieser Sommer zu Ende. Vorher erfuhr ich vom Kapitän unserer Marina, dass mit dem kommenden Jahr 1988 einige der militärischen Sperrgebiete aufgegeben werden sollten. „Vis und Lastovo! Wir kommen!"

17. Kapitel

1989 Ein Jahr der Veränderungen

Über den Winter zum Jahr 1989 hin kam Peter mit einem sehr fairen Angebot zu mir. Er wollte mir die Anteile von ihm und seiner Frau, die sie an der „Santorin" hielten, überlassen. Mit Kaufvertrag vom 31. März 1989 ging das Eigentum der SY „Santorin Austria" an mich und meine Frau über. Nun war eine Rückfrage bei Investitionen und Neuerungen nicht mehr nötig.

Peters Frau war nicht mehr an dieser Art der Fahrtensegelei interessiert. Peter konnte sich seitens seiner Kunden kaum vor Einladungen retten und hat auf diese Weise eine Atlantiküberquerung und eine Südseereise mit dem Besuch Hawaiis mitgemacht. Ebenso war er Mitglied einer Mannschaft bei Regatten in der Liberaklasse am Gardasee. So fehlte es ihm schlechthin an der Zeit, weiterhin einen Urlaub an der Adria zu verbringen.

Der Verkehr an Privatbooten nahm natürlich von Jahr zu Jahr zu. Gleichzeitig wurde die Konkurrenz im Chartergeschäft immer härter. Aber auch das Land tat immer mehr, um diesen Zweig des Tourismus besser zu bedienen. Neue Marinas entstanden und boten uns komfortable Anlaufstellen. Ein Duschen am Deck aus dem Schlauch beim Tanken von Trinkwasser war schon längst nicht mehr denkbar.

Ich hatte noch den ursprünglichen Charakter des dalmatinischen Fischers kennengelernt. Arm und doch stets hilfsbereit, aber trotzdem stolz. Einmal, es war in Trogir, bevor noch die ACI Marina gebaut worden war, ereignete sich folgende Begebenheit: Ich lag vor Buganker und Heckleine hinter der Klappbrücke auf der Insel Split zugewandten Seite. Am Kai dort lag das Beiboot eines Fischers. Der Fischer selbst saß am Boden und bereitete die Köder für seine Paternosterangeln vor. Dazu

zerteilte er herrliche große Sardinen, die er frisch mit dem Netz
gefangen hatte. Ich bat ihn, mir einige Sardinen zu verkaufen. „Geht nicht! Diese Fische nur für Fangen andere große Fische!", sagte er. Ich konterte: „Fische aber gut in Ei und Mehl
auf Herd mit Olivenöl gebraten! Italiener machen so!" Das überzeugte ihn. Er fuhr mit beiden Händen in seinen Fischbehälter
und gab mir mehr als ein Kilo der Sardinen. Ich wollte ihn bezahlen. Er überlegte. Endlich verlangte er 700 Dinar. Ein Ge-
schenk im Verhältnis zur damaligen Kaufkraft des Dinars. Ich
hatte nur einen 1000-Dinar-Schein bei mir, den ich ihm mit
dem Hinweis gab, dass die Bezahlung so stimme. Er aber griff
nochmals in seinen Korb und warf erneut einen Schwung Sardinen in meinen Eimer.

Meine Schwester hatte in der Zeit ein Apartment im Schi-
gebiet auf der Simonhöhe. Beim Spazieren lernte sie eine Frau
kennen. Im Gespräch erfuhr sie von ihr, dass sie selbst nicht Schi
fahre, sie aber mit ihrem Mann und ihren Töchtern auf Winter-
urlaub sei. Es stellte sich heraus, dass das Ehepaar aus Split kam.
Dadurch wurden auch wir mit der Familie bekannt. Am Beginn der Saison nahmen wir den Kontakt zu ihnen auf. Sie war
eine weit über Split bekannte Radiologin, er war Direktor der
Kraftwerke in Split. Die Töchter – die eine in der Maturaklas-
se, die andere vor dem Eintritt in das Gymnasium – ließen auf
das Glück des Erfolges hoffen. Sie hatten sich ein hübsches Haus
auf der Visoka gebaut, einem Stadtteil im Südosten von Split.
Im Lauf der Jahre haben wir sie oft besucht und auch sie machten Tagesausflüge mit uns auf unserem Schiff. Bei Gelegenheit
werde ich noch viel über sie berichten.

Eine zweite Bekanntschaft tat sich für uns in einem Reisebüro in Trogir auf. Ich benötigte eine Möglichkeit zur Rückkehr nach Österreich und ging in besagtes Reisebüro. Ich legte der Dame mein Anliegen vor und sie kam auf die Idee, dass
der Flug von Split nach Laibach die beste Lösung darstelle. Nach
einem Telefonat mit der Vertretung der Fluglinie hatte ich die
Flugkarten in meinen Händen. Sie bot mir noch eine Zigarette und eine mit Kräutern versetzte Traberica (Trebernschnaps)

an und erzählte mir, dass sie auf der Insel Čiovo in Arbanija mit ihrer Familie wohne. Ihr Mann hätte eine Praxis als Zahnarzt in Trogir. Sohn und Tochter seien im Studium. Auch mit dieser Familie entwickelte sich bald ein herzliches, freundschaftliches Verhältnis. Diesen Menschen wird man auf manchen folgenden Seiten begegnen.

In der Zeitschrift des ÖSV fand ich in diesem Winter einen lustigen Artikel über die richtige Kopfbedeckung der Segler. Der Autor traf irgendwie den Nagel auf den Kopf. Er verwehrte sich gegen das Tragen der allgegenwärtigen Baseballkappe. Was er als Alternative vorschlug, war jedoch nur im Scherz gemeint. Es war dies die schlichte Dienstmütze der K.-u.-k.-Marine. Das wäre doch was für uns, da doch Vis, damals Lissa, in der Seegeschichte Österreichs eine nicht geringe Rolle spielte. Eine Herrencrew hatte sich für den kommenden Sommer schon angekündigt. Bei einem Treffen schlug ich vor, dass wir für den Landgang zu einer leichten marineblauen oder weißen Sommerhose ein kurzärmeliges weißes Pilotenhemd tragen sollten und dazu diese Marinekappe. Obendrein wollte ich meine Kappe mit dem Goldstreifen des Kapitänleutnants verzieren. ‚Sehen wir einmal, was passieren wird!‘, dachte ich mir.

Zunächst aber wollte ich bei meinem ersten Törn des Jahres 1989 schon vorher Vis besuchen. Mit dabei waren Sissy und Lukas, mein Enkel. Mit einem Zwischenstopp in der neuen ACI Marina in der Palmežana erreichten wir den Hafen von Vis am 18. Juli.

Zuvor in diesem Jahr hatte ich bei meinen Freunden in Split zu tun. Bei ihrem Haus auf der Visoka hatten sie eine Terrasse. Zur Beschattung dieser Terrasse war ein Sonnenschutz geplant. Aber welcher? Vorsichtshalber waren zwei Säulen aus Weißbeton errichtet worden, aus denen je zwei Armierungseisen herausragten. Ich schlug den Hausleuten vor, doch eine Pergola zu errichten. Da würde dann etwas Grün den Hof beleben, da doch Steine schon mehr als genug vorhanden seien. Sie hatten bei einem Besuch in Ferlach meine Pergola gesehen, und mit einer von mir erstellten Skizze konnten sie sich das Ergebnis vorstellen. Gesagt, getan! Im Frühjahr waren die von mir in Ferlach vorbereiteten Balken für die Pergola mit der Bahn in Split eingetroffen.

Ein ganz anderes Problem stellte sich mir aber zusätzlich. Zwei Jahre zuvor brachte uns meine Tochter aus Wien zwei Kätzchen mit. Diese gaben wir einer Bekannten meiner Frau über den Sommer zur Aufsicht, ohne zu bedenken, dass in dem Haus schon eine Katze lebte. Als wir nach unserem Meeresaufenthalt zurückkamen, war eine unserer beiden jungen Katzen verschwunden. Die zweite, Felizitas, wie sie gerufen wurde, begab sich unter die schützenden Pfoten einer Colliehündin der Nachbarn. Diese Freundschaft prägte sie fürs Leben. Sie hatte eine Vorliebe für die Bewachung unseres Eigentums und konnte Grollen wie ein Hund.

Durch das Entschwinden der einen Katze gewitzigt, beschloss ich, Felizitas in Zukunft auf die „Santorin" mitzunehmen. Das tat ich und Felizitas bewährte sich als Schiffskatze hervorragend. Ihre Abenteuer füllen ein anderes Buch. Ab diesem Jahr war sie durch viele Jahre unsere treue Begleiterin. Wahrscheinlich noch länger, wenn nicht die leidige Anreise mit dem Auto gewesen wäre. So sehr sie das Leben am Meer und stolz die Bewunderung anderer Segler in den Marinas genoss, ebenso sehr hasste sie die lange Autofahrt.

Kaum hatten die Ferien begonnen, setzte ich mich mit der Katze und allen zugehörigen Utensilien für Schiff und Katze in mein Auto und nach Trogir in Bewegung. Interessiert beobachtete Felizitas, wie ich unter der Bank im Heck des Cockpits ihr Klo installierte und wohin ich ihre 30 Whiskasdosen verstaute. Und dann musste sie schon wieder in dieses verhasste Vehikel. Wir fuhren weiter auf die Visoka. Schließlich harrte eine Pergola der Fertigstellung entgegen. Da dies längere Zeit in Anspruch nahm, übernachtete ich bei meinen Freunden. Am Nachmittag war meine Katze verschwunden. Die Frau des Hauses wollte zu einer Suche aufbrechen. Ich sagte: „Das lassen wir bleiben! Das ist nur Zeitverschwendung. Wenn der Hunger nagt, kommt sie wieder!" Und so war es auch. Am Abend war sie wieder da und umstrich meine Beine. Schon am nächsten Tag war die Arbeit beinahe erledigt. Am dritten Tag war das Werk nach zwei Stunden vollbracht. Die Bepflanzung mit der wunderschönen Passionsblume und der Bouganvillaea würde erst im darauffolgenden Jahr auch Schatten spenden.

Eigentlich wollten meine Freunde mich nicht so schnell nach Trogir ziehen lassen, aber dem Argument, dass sich Felizitas an das Schiff gewöhnen müsse, stellten sie sich nicht entgegen. Sobald Felizitas mit mir in der Marina in Trogir war, freundete sie sich immer mehr mit der neuen Situation an. Am Abend verließ sie mich, um die Gegend zu erkunden. Sie flüchtete sich zu mir aufs Schiff, wenn sie von den Katern der Müllinsel bedrängt wurde und schloss auch Freundschaften mit den einheimischen Katzen. Damit man erkennen konnte, dass sie jemandem zugehörte, trug sie ein Brustgeschirr mit ihrem Namen und auch dem Namen des Schiffes. Aber ich kannte meine Katze. Ich wusste, dass sie nicht verlorengehen würde.

Wie scharf die Augen und das Wahrnehmungsvermögen der Katzen ist, stellte ich nun beim Einlaufen in den Hafen von Vis fest. Schon in einer Entfernung von über einer Seemeile sah ich durch mein Fernrohr, wie auf der Mole in der Stadt zwei Kater aufgeregt hin und her eilten. Dadurch aufmerksam geworden, merkte ich, wie auch Felizitas, die neben der Ankerwinsch im Bug lag, aufstand und den Strand vor ihr bewusst ins Auge fasste.

In der Stadt Vis gab es zwei Dinge, die man heutzutage nicht mehr sieht: Da war einmal das fast geschlossene Schriftband in metergroßen roten Buchstaben mit Lobpreisungen für Marschall Tito und seinen Glavni štab in Höhe zwischen Erd- und Obergeschoss an den Häusern an der Riva. Das andere war ein Museum in der historischen Festung. Die Sammlungen dieser Institution wurden komplett verändert. Befanden sich die Funde des antiken Issa im obersten Stockwerk, so waren das Erdgeschoss und der erste Stock damals ausschließlich dem glorreichen Partisanenkrieg gegen Hitlerdeutschland und der sowohl politischen und strategischen als auch materiellen Hilfe der verbündeten Engländer gewidmet. Immerhin konnte ich im bunten Mix der ausgestellten Handfeuerwaffen einige in Ferlach hergestellte Jagdgewehre entdecken. Auch das Motorboot, welches Tito einst verwendete, lag aufgebockt auf der Wiese vor dem Museum.

Von Vis Luka machte ich mich zu der an der Nordseite der Insel liegenden Stadt Komiža auf. Dieser Hafen war Standort von drei kleineren Fregatten der jugoslawischen Kriegsmarine.

Segelyachten lagen sehr tief in Bezug zur Mole. Ich hatte zwischen Heck und Kaimauer mein Beiboot der Länge nach dazwischen gelegt. Das Hafenbecken war damals mit einer zentimeterdicken Schicht von Altöl bedeckt. Anscheinend war es üblich, den Ölwechsel bei den Motoren der Fregatten so durchzuführen, dass man das Altöl einfach ins Meerwasser entließ.

In Linie zu meinem Heck war am Fuß der Kaimauer eine Verbreiterung. So war ein Auftritt zum Erreichen der in der Mauer eingeschnittenen Treppe gegeben. Felizitas war als erste ausgestiegen. Über das Beiboot gelangte sie zu dem Auftritt und über die Treppe nach oben. Kaum oben auf der Mole hetzte sie noch schneller zurück und sprang von oben die zwei Meter auf den Schlauch des Beibootes. Dieser benahm sich aber wie eine Hüpfburg und Felizitas nahm ungewollt ein Bad im Altöl. Ich begab mich hektisch über die zusammengeklappte Badeleiter, die etwas über dem Wasser- oder besser gesagt dem Ölspiegel endete, ins Beiboot, um meine Katze zu retten. Ich glitt aus und landete am Rücken im Beiboot. Beim Umdrehen behinderte mich die eine der Heckleinen, sodass auch ich beinahe in dem Schlick gelandet wäre. Ich bekam die arme, ölverschmierte Kreatur zu fassen und holte sie zunächst ins Beiboot, wo eine Grobreinigung mit der Küchenrolle den ärgsten Schmutz vom Fell beseitigte. Das folgende Bad allerdings geriet weder dem Tier noch uns zur Freude.

Die Nacht in Komiža lief nicht nur wegen dieses Vorfalles denkbar unruhig. Felizitas schwebte zwischen Angst und Neugier und war nicht dazu zu bewegen, sich zur Ruhe zu begeben. Da war auch noch der vom Klang her unschöne Glockenschlag der Rathausuhr. Der tönte nämlich, als hätte die Glocke einen Sprung. Andererseits ist Komiža ein reizender Ort. Etwas außerhalb befindet sich eine Barockkirche, die wegen ihres Altarbildes als die Madonna der Piraten bekannt ist.

Nordwestlich von Komiža liegt die kleine Insel Biševo. An ihrer Ostseite liegt die Attraktion, wegen der sie von den Touristen besucht wird. Es ist dies eine sehr sehenswerte blaue Grotte. Die Sonnenreflexe sind großartig und dauern etwa eine gute Stunde an. Auf der anderen Seite – gegen Westen geöffnet – liegt eine Bucht mit einem Sandstrand und einem Wirt, der die Kunst der Zubereitung von Fischen am Rost bestens beherrscht. Nirgends schmecken gegrillte Fische besser. Von Komiža aus bieten Unternehmer Tagesausflüge an, die erst die Grotte und dann einen Badeausflug zur Westbucht offerieren. Es ist sicher besser, eines dieser Angebote anzunehmen als auf eigene Faust die Grotte besuchen zu wollen.

Bei der nächsten Fahrt mit meinen Ferlacher Bekannten machten wir die Probe aufs Exempel: K.-u.-k.-Marine. Wir gingen zunächst an der Stadtpromenade spazieren. Alle hatten wir unsere Marinekappen aufgesetzt. Eigentlich beachtete uns niemand. Dann aber, als wir uns ein wenig außerhalb des Getümmels der Stadt in Richtung Kut bewegten und hin und wieder auf „junge Mädchen" so zwischen 80 und 90 Jahren stießen, da sahen wir ein wohlwollendes Aufblitzen in ihren Augen. Scheinbar tat sich in ihrer Erinnerung ein Fenster an längst vergangene Zeiten auf. Eine sehr alte Frau sprach uns freundlich an. Leider reichte unser Kroatisch nicht aus, um sie zu verstehen. Aber die Worte „Austria" und „Zar Franze Jošip" ließen uns ahnen, dass sie sich an diese Zeit erinnerte, wo doch damals 64 % der Matrosen der K.-u.-k.-Marine einheimische Dalmatiner waren. Edward Hobart Seymour, Admiral der Royal Navy, soll einmal gesagt haben: „Mit den Matrosen der österreichisch-ungarischen Marine wären wir die beste Marine der Welt!"

Im Hafen Vis Luka gab es 1989 noch einige Einrichtungen der Marine. Das Offizierscasino war der Öffentlichkeit als Barbetrieb und – mit lebender Kapelle – als Tanzbar zugänglich gemacht worden. Die Musik, welche von den Matrosen gemacht wurde, brachte alle in gute Stimmung. Snacks und Getränke waren sehr preiswert.

Mit Vis wurde im Jahre 1988 auch der ebenso im militärischen Sperrgebiet liegende Archipel von Lastovo für den Tourismus freigegeben. Diese Insel hat auch einiges zu bieten. Gegen die offene Adria liegt eine Bucht mit einer zweiten dahinter. Hier, total geschützt von der Unbill des Seeganges, liegt der Hafen Skrivena Luka, auf Italienisch Porto rosso, der rote Hafen. Er ist Anlauf- sowie auch Absprunghafen für die italienischen Yachturlauber, liegt doch Manfredonia oder Tremoli keine 85 sm entfernt. Am Kap Struga steht in fast 100 Metern Höhe der Leuchtturm. Das Leuchtturmwärterhaus kann als Urlaubsdomizil gemietet werden. Gegenüber auf der anderen Seite der Insel gibt es den Hafen Luka Zaklopatica. Das Wort bedeutet „der versteckte Hafen". Das ist er im wahrsten Sinn des Wortes, denn die Bucht, die den Hafen bildet, wird von einer Insel fast ganz geschlossen. Von außen kommend gibt es rechts der Insel eine Öffnung, die eher zur Einfahrt einlädt, deren Tiefe sich jedoch auf kaum einen halben Meter verringert. Daher ist sie nur für Ruderboote und ähnliche Fahrzeuge geeignet. Die linke Lücke zwischen der Insel und dem Kap ist nur halb so breit, dafür aber beträgt die Tiefe fast 20 Meter. Die auf diese Lücke bei Bora zurollenden Wogen machen es für schwachmotorisierte Segelyachten zum Problem, den Hafen zu verlassen.

Nach unserem Besuch auf Vis und Komiža musste ich natürlich auch eine Erkundungsfahrt nach Lastovo machen. Bei diesem Törn hatte ich neben meiner Frau Sissy noch meinen Enkel Lukas und Nina, die Tochter meiner Bekannten aus Split, mitgenommen. Felizitas, das Maskottchen, war auch mit von der Partie. Ich war über Korčula unterwegs gewesen und näherte mich Lastovo vom Osten her. Der Tag war drückend heiß und stundenweise windstill, das typische Wetter, auf das normalerweise Sturm und Gewitter folgen.

In der Zaklopatica angekommen, setzte ich meinen Buganker in Linie zu einem dort liegenden größeren Motorboot und machte die Heckleine an der Schwimmbrücke eines Restaurants fest. Dieses hatte seine Terrassenbrüstung einladend mit einem Transparent überzogen, auf dem groß das Wort „FOOD" zu lesen war. Das junge Ehepaar, das dieses Restaurant betrieb, hatte eine verwandtschaftliche Bindung zu Klagenfurt. Die Eltern der

Frau stammten von Italienern ab, welche früher den Archipel besiedelten. Auch ihr Vater, der noch Italienisch als Muttersprache erlernte, lebte bei ihnen. Er kochte und bediente uns auch. An diesem Abend, der noch die Hitze des Tages atmete, war die ganze Gesellschaft auf der Terrasse in einer Ad-hoc-Familie verbunden. Dafür sorgte mein Enkel. Mit seinen nicht ganz neun Jahren und seinem perfekten Italienisch mit römischem Akzent und dem dazu passenden Erscheinungsbild spielte er sich in die Herzen der Anwesenden. Bis spät in die Nacht unterhielten wir uns blendend. In der Nacht, nachdem wir schon in den Kojen lagen, entlud sich ein Gewitter. Die Regenschauer waren aber eher über Korčula niedergegangen. Danach setzte – wie meistens in diesen Fällen – wiederum die Bora ein. Wir hatten das Problem, gegen die anrollenden Wellen die enge Ausfahrt aus der Bucht zu meistern. Erst nach einigen Anläufen gelang uns der Durchbruch. Draußen vor der Insel musste zunächst auf Abstand zur Insel gefahren werden. Dann konnten wir mit kleiner Besegelung in Richtung Hvar und in die Taršce auf der Insel Sveti Klement kreuzen. Bald danach begleiteten uns vier Delfine: ein Prachtexemplar von Männchen mit geschätzten vier Metern Länge und drei kleinere halb so große Begleiter oder Begleiterinnen. Felizitas, nicht ganz seefest, erschien im offenen Niedergang und beschwerte sich vorwurfsvoll über die unruhige Fahrt. Ich hob sie hoch, zeigte ihr den Seegang und den neben uns schwimmenden großen Delfin. Der stieß soeben geräuschvoll eine Fontäne verbrauchter Atemluft aus, was die Katze sehr beeindruckte. Wieder in der Kajüte richtete ich ihr wieder einmal eine „Höhle" in der Stampfachse ein, indem ich einen der Sitzpolster schräg zur Salonbank lehnte. Dorthin zog sie sich zurück und war sichs zufrieden. Gott sei Dank! Sie wurde nicht zum „Maskotzchen".

So wie nach schwerem Wetter sich am Strand einiges einstellt, was draußen auf See vom Sturm erfasst wurde, so auch diesmal. Zerbrochene Strandmöbel, die unzureichend gesichert waren, finden sich in irgendeiner Bucht, welche bedingt durch die gegenwärtige Windrichtung aufnahmebereit ist. Weniger

schön für mich war folgende Sichtung: Schräg zu meinem Kurs
trieb in der Ferne ein brauner Gegenstand, scheinbar von drei
weißen Ballons schwimmend gehalten. Beim Näherkommen
sah ich, um was es sich handelte. Eine Schildkröte hatte sich in
den Resten eines Fischernetzes verfangen und war darin um-
gekommen - ein schrecklicher und qualvoller Tod für das arme
Tier. Die durch die Verwesung gebildeten Gase konnten durch
die Haut nicht entweichen und trieben hinten beidseitig und
vorne an einer Seite die Haut aus dem Panzer, die sich kugel-
förmig aufblähte.

Zu der Zeit hatte man in Dalmatien auf der Adria noch die
Chance, pro Saison auf zwei bis drei Schildkröten zu treffen. Jetzt
im 21. Jahrhundert sieht man vielleicht in fünf Jahren eine. Mir
jedenfalls ist es so ergangen.

Ebenso sind Begegnungen mit den Tümmlern seltener geworden. Auch mit diesen Tieren verbinden mich viele Erlebnisse.
Zwei davon muss ich zum Besten geben: Bei einem Törn in den
Achtzigern hatte ich einen Bekannten an Bord, der Amateur-
filmer war. Er wollte für einen Wettbewerb bei seinem Film-
klub Material sammeln. Wenn Delfine einigermaßen satt sind,
dann spielen sie gerne. Ein in der Nähe vorbeikommender Segler wird von ihnen gerne angenommen. Sie bewegen sich sehr
oft zu zweit an die Yacht und schwimmen links und rechts vom
Bug in kurzem Abstand zur Bordwand. Mir wurde gesagt, der
so verspürte Druck der Bugwelle biete ihnen einen kitzelnden
Genuss. Mein Freund wollte bei so einem Erlebnis die unserem Schiff „vorgespannten" Delfine nun filmen. Die Lichtver-
hältnisse waren ideal. Der Schatten des Bootes fiel erst hinter
den Tieren auf das Wasser. Jedes Mal aber, wenn Helmuth seine Kamera ans Auge hob, ließen sich seine Stars in den Schatten, der hinter ihnen einsetzte, zurückfallen. Er setzte daraufhin
die Kamera wieder ab. Das Spiel wiederholte sich einige Male.
Die Gesichter der beiden Tümmler erschienen mir, als ob sie
meinen filmenden Kumpanen auslachen würden. Wir alle vier
lachten scheinbar gemeinsam über dieses nette Spiel. Helmuth
wollte schon aufgeben. Ich riet ihm: „Lass die Kamera am Auge,

sie werden nach einer Zeit von selbst an die für sie angenehmste Stelle und damit ins Licht kommen!“ So war es dann auch und Helmuth konnte die Sequenz zu seiner Zufriedenheit abdrehen.

Bei einer anderen Gelegenheit hatte ich Freund Egbert mit seinen vier Kindern und dem Freund seiner ältesten Tochter auf einen Wochentörn an Bord. Drei der jungen Leute studierten am Mozarteum in Salzburg. Wir sprachen unter anderem über Delfine. Ich erzählte ihnen, dass Delfine sehr musikalisch seien und bestimmte Art von Musik lieben würden. Sie schauten mich skeptisch an und ich spürte, sie hielten meine Erzählung für Seemannsgarn. Nichts erzählte ich ihnen aber von meiner stets bereitliegenden CD mit Barockmusik für Blockflöte gespielt von Frans Brüggen. Ich wusste, damit hatte ich schon oft unsere freundlichen Bewohner des Meeres an mein Boot gelockt. So auch an dem Tag. Eine Tramontana trug uns am Greben Palacol, einem Untiefenstreifen, vorbei in Richtung Lošinj und Ilovik. Alle waren am Vorschiff und unterhielten sich. Ich war in der Nähe des Steuers. Den Kurs hielt mein Autopilot. Da sah ich mehrere Delfinfinnen in Entfernung einer viertel Meile unseren Kurs kreuzen. Schnell sprang ich hinab in die Kajüte und legte Frans Brüggen in den Rekorder. Am Vorschiff hörte man die Musik nicht, dafür konnten die Delfine sie umso besser hören. Es dauerte keine Minute, bis einer der Gruppe unser Boot erreicht hatte. Sofort wurde er von einem der Crew gesichtet. Begeistert verfolgten alle die Bewegungen des ungefähr zweieinhalb Meter großen Delfins. Ich machte sie auf die schöne Barockmusik, die aus dem Lautsprecher ertönte, aufmerksam und als der Delphin mit den Schlussakkorden aus dem Wasser hoch in die Luft sprang und sich mit einem Wedeln seiner Schwanzflosse bedankte und damit verabschiedete, war selbst ich sehr überrascht. Und sogar ein zweites Mal in dieser Woche konnte ich einen Schwarm von fünf Delfinen ans Boot locken. Diesmal wurde ich sogar von den Mitseglern gebeten, meine CD aufzulegen. Alle fünf hörten sich die Stücke an und forderten eine Wiederholung der musikalischen Darbietung dadurch, dass sie wie Flipper mit delfinischem Geschnatter darum baten. Zweimal

in all den Jahren und vielen Begegnungen mit Delfinen erlebte ich es, dass sich die Tiere mit Lauten mit mir in Verbindung
setzen wollten: dieses Mal und einmal, wo sie mich vor einem
Sturm warnen wollten, auf den ich zufuhr. Dadurch, dass Delfine Luft zum Atmen aufnehmen, bekommen sie in stark bewegter See unter Umständen Schwierigkeiten, besonders wenn der
Wind die Wellenkämme zerstäubt und die Luft dadurch stark
mit Wasser vermischt ist.

18. Kapitel

Der Umsturz – Ende eines Staates

Schon mit dem Tod Titos zeichnete sich ab, dass sich der Verband der Teilrepubliken im Staat Jugoslawien nicht halten würde. Der Kosovo, das Herzstück serbischen Staatsgebietes, wurde zusehends albanisch. Durch die Familienpolitik der muslimischen Albaner hatte sich in kurzer Zeit das Profil der Bevölkerung dieser Provinz 100:1 zugunsten der Albaner gedreht. Die Albaner hatten die Zwei-Millionen-Grenze durchstoßen, während die Serben bei ihrem Stand von 20.000 stabil blieben. Die Unruhen in diesem Teil Jugoslawiens wurden immer erregter. Gleichzeitig schürten verschiedene serbische Politiker den Nationalismus ihrer Volksgruppe. Schon bei Tito und auch in den Jahren nach seinem Tod gaben die USA horrende Kredite an das Land. Amerika wollte das kommunistische Land sicher an sich binden. Tito galt bei den sowjetischen Granden als abtrünniger Verräter. Nie werde ich das hasserfüllte Gesicht Breschnews vergessen, mit dem er sich vor dem Katafalk mit Titos Leichnam verabschiedete. Es stand ihm die Genugtuung ins Gesicht geschrieben, mit der er fühlte, dass sein Gesinnungsfeind nun tot war, er aber noch am Leben. Wie sehr man in Jugoslawien bei Titos Tod Unruhen befürchtete, war zu erkennen, als ich an seinem Todestag mit den anderen Sonntagsausflüglern durch Laibach gejagt wurde, um endlich Titos Tod gefahrlos verkünden zu können.

Im Land selbst wurden in der Zeit danach mit den amerikanischen Krediten die Wünsche der Militärs erfüllt. Außerdem begünstigte die Zeit die Hegemonie der Serben im Militär. Der Abgang von Stabsoffizieren in die Pension wurde immer mehr durch Serben ersetzt. 1990 bestand der Militärstab schon zu 85 % aus Serben. Nur Marine und Luftwaffe waren in slowenischen und hauptsächlich kroatischen Händen. In der damaligen Zeit war Jugoslawien nach den USA, der Sowjetunion und Israel in absoluten Zahlen der Rüstung an vierter Stelle in der Welt. Das meiste Geld der Kredite wurde in Rüstungsgüter, hauptsächlich aus den USA, gesteckt. Auch die Steyr-Werke mit ihrem Pinzgauer machten gute Geschäfte mit diesem Land. Jedes Mal bei meinen Fahrten ans Meer, wenn ich durch den Ort Pivka in Slowenien kam, konnte ich in der dortigen Kaserne die Armada dieser Fahrzeuge stehen sehen.

Einen Rest der Gelder verwendete der Staat zum Bau strategischer Straßen. In den Jahren ab 1980 hörte man auf den äußeren Inseln oft den Knall der Sprengungen und das Rattern von Pressluftwerkzeugen. Straßenbau kommt gleichzeitig wenigstens der Infrastruktur des Landes zugute. Nicht aber dann, wenn eine Straße, wie es mir passiert ist, auf einem Berg im Nirgendwo endet. Am Ende dieser Straße konnte man die gute Aussicht genießen, konnte aber auch auf den Gedanken kommen, ein strategisches Schussfeld vor Augen zu haben. Ein Glück, dass eine Art Feldweg seitlich aus dem asphaltierten Teil weiter nach oben ins Gelände führte und noch einmal Glück, weil sich mein Citroën BX hydraulisch auf 38 cm Bodenfreiheit aufheben ließ. So humpelte ich über den Boden aus Kalkfelsen und kam bald über einen Sattel auf die mir bekannte Straße vor Gornji Karin und Kruševo oberhalb von Zadar.

Als Tito gestorben war, entschloss sich das jugoslawische Parlament, den Präsidenten im Rotationsverfahren aus einer der Teilrepubliken jeweils auf maximal ein Jahr zu bestellen. Der erste kam aus Mazedonien, dann folgte ein Bosnier, darauf ein Slowene, dann ein Serbe, ein Kroate, ein Montenegriner, ein Woiwode und ein Kosovar. Dann begann wieder ein Zyklus vom Mazedonier bis zum Serben. Da man sich auf einen Kroaten nicht einigen konnte, durfte die nächsten eineinhalb Jahre ein Kosovar das Land regieren. In der Zwischenzeit war das Jahr 1991 herangekommen. Nachdem die Kroaten gegen die Ablehnung ihres Kandidaten Stjepan Mesić durch den Serben Slobodan Milošević protestierten und sowohl die slowenischen Parlamentarier als auch Vertreter der anderen Teilrepubliken mit den Kroaten einig für „Stipe" Mesić votierten, wurde dieser der letzte Präsident der Sozialistischen Föderativen Republik Jugoslawien, und zwar vom 30. Juni bis 30. Oktober 1991.

Milošević legte sich ständig im Parlament quer und verhinderte Beschlüsse der anderen. Schon im Sommer '91 hatte ein serbischer Standortmajor in Knin ein Militärdepot geöffnet und Jugendliche aus der Umgebung mit Militärparkas und Schnellfeuerpistolen ausgerüstet. Sie errichteten an den beliebten Fernstraßen halbseitige Straßensperren und spielten sich als paramilitärische Kontrollorgane auf, indem sie vornehmlich im PKW aus dem Urlaub heimkehrende italienische und deutsche Familien filzten. Da bei diesem Vorgehen das serbische Nationalgetränk, der Sliwowitz, als Mutmacher reichlich eingesetzt wurde, kann man sich die Angst der Leute wohl vorstellen. Ich hörte mir auf meinem Schiff immer die neuesten Nachrichten im „Drugi program Radio Zagreb" an. Außerdem überlegte ich, was im Ernstfall wohl zu tun sei.

In diesem Jahr wurde Jugoslawien zusätzlich von einer gewaltigen Inflation erfasst. Ich hatte mich schon daheim mit 50-DM-Scheinen versorgt und wechselte zu Beginn meistens am Vormittag und am Nachmittag mein Geld in die Landeswährung Dinar. Dabei war der Dinar innerhalb von Stunden wieder etwas weniger wert geworden. Beste Kurse gaben die Kellner, die mit den Einkaufskursen der Mark rechneten, die den Dinar noch wertloser erscheinen ließen. In Trogir am Markt warfen die Marktfrauen die Dinarscheine in leere Gemüsesteigen, um sie am Abend gebündelt auf die Bank oder nach Hause zu tragen. Hatten sie Verbindungen, dann wechselten auch sie ihren Tagesverdienst in D-Mark um.

Umgekehrt tätigten Slowenen aus den Orten Tršić und Kranj bei uns zu Hause in Ferlach regen Einkauf in unseren Geschäften und bezahlten mit ihren gehorteten Dinaren. Die Leute wechselten bei unseren Banken oder nützten die Ein- und Verkaufsspanne der Valuta, um ins Geschäft zu kommen, wo Dinare benötigt wurden. Hatte man Dinare eingekauft, dann musste möglichst unmittelbar danach gehandelt werden. Ich bezahlte damals meinen Liegeplatz in Trogir für mehrere Jahre im Voraus. Dazu besorgte ich mir in Ferlach die Valuta. Am nächsten Tag am Nachmittag, als ich damit in Trogir bezahlte, war der Dinar schon wieder um mehr als zwei Prozent gefallen.

In der Zeit um Ostern des Jahres 1991 wurden im Raum Novigrad und Gornji Karin in der Gegend von Zadar zwölf Polizisten grausam ermordet und ihre Leichen geschändet. Die Polizisten waren Kroaten. Ihr Dienstrayon gehörte zur serbisch besiedelten Krajina. Auch in den Nachrichten des ORF zeigte man die schrecklichen Bilder, die durch die Fernsehkanäle der Welt gingen.

In dem Augenblick wusste ich, dass Jugoslawien zerfallen, aber auch, dass es Krieg geben würde. Ich überlegte, wie ich rechtzeitig mein Schiff in Sicherheit bringen könnte. Meine Frau und ich erkundigten uns in der für uns erreichbaren Gegend im Golf von Venedig und wurden in einer neuen Marina etwas südlich von Aquileia fündig. Nur wollten doch einige andere Yachteigner aus Kärnten und aus der Steiermark dasselbe. Diesen Umstand wusste die Leitung der Marina auszunutzen. Sie bedauerte, nur mehr freie Liegeplätze für Schiffe ab 14 Metern vermieten zu können. Ich mietete einen der noch zu vergebenden Plätze und hatte dadurch ein Problem gelöst. Vorerst war die Gefahr eines Umsturzes noch nicht aktuell. Wenn Gefahr drohte, dann um Vidovdan, den Veitstag.

Dieser Tag, der 15. Juni nach dem julianischen und der 28. Juni nach dem gregorianischen Kalender, ist den Serben heilig. Es war am Vidovdan, als die Serben im Jahre 1389 die Schlacht am Kosovo Polje (Amselfeld) gegen die Türken verloren. Da aber ein junger Serbe den Sultan der Türken, Murad I., in seinem Zelt ermordete, wurden daraus ein Sieg und der Nationalfeiertag der Serben. Auch Gavrilo Princip verübte sein Attentat auf den österreichischen Thronfolger in Sarajevo am Veitstag.

Etwas später und nach Ostern gab es Aufstände im Plitvicer Nationalpark. Das Wochenende des Pfingstfestes verwendete ich für eine Revision meines Schiffes und einen Besuch bei meinen

Bekannten in Split. Schon bei der Fahrt nach Trogir konnte ich die Spaltung des Landes deutlich ermessen. Die Fahrt ging zumindest ab Vrpolje durch das Gebiet der Krajina. Dörfer mit kroatischer Bevölkerung hatten die kroatische Fahne gehisst. Die Orte der Serben zeigten dies mit der jugoslawischen Fahne.

Den Samstag verwendete ich zur Kontrolle von Maschine und Einrichtung meines Schiffes, notierte mir die Vorräte und setzte mich am Pfingstsonntag zu meinen Freunden nach Split in Bewegung. Am Nachmittag war im Tanjug eine Rede Slobodan Miloševićs angesetzt. Die ganze Familie lauschte gespannt seinen Worten. Plötzlich sagte Ljerka aufgeregt: „Hast du gehört, was er gesagt hat?" „Gehört schon, aber leider nicht verstanden!", erwiderte ich. „Er hat gesagt: Kroaten und Slowenen werden schon sehen was passiert, wenn sie sich von Jugoslawien trennen! Wir Serben können zwar nicht arbeiten, dafür aber können wir kämpfen!" „Das war doch eine offene Kriegserklärung! Hoffentlich hat das auch der Weltsicherheitsrat gehört!", war darauf mein Kommentar. Leider hat der aber die Lage verschlafen. Oder man wollte die Drohung gar nicht wahrnehmen. Der Finanzminister der USA bangte um seine ausstehenden Kreditgelder, und die Russen dürften sich eher gefreut haben. Für sie war Tito-Jugoslawien sowieso ein Verräter an der Sozialistischen Internationalen.

Am nächsten Tag, dem Pfingstmontag, trat ich die Rückreise an. Ich fuhr eine Route, die mich durch Kistanje führte. Dort wollte ich in der „Mala Krčma", dem kleinen Wirtshaus, zu Mittag essen. Ich war bei dem Wirt schon öfters eingekehrt und war von dem Lokal und der Freundlichkeit der Leute angetan.

Schon im Herbst vorher war ich durch Kistanje gefahren und hatte mir die Zeit genommen, dort das „Manastir Krka" zu besuchen. Dieses alte orthodoxe Kloster ist dem heiligen Michael geweiht und beherbergt ein Priesterseminar. Damals wurde der historische Teil gerade renoviert. Geldgeber war das Kulturinstitut Split. Nachdem Sissy und ich den Kreuzgang und die Klosterkirche besichtigt hatten, wollte ich mir eine Erinnerung mitnehmen. Ein kleiner Souvenir- und Devotionalienhandel war im Raum der Klosterpforte eingerichtet. Alle ausführlicheren Schriften waren nur auf Serbisch und in Cyrillika gedruckt erhältlich. Endlich fand ich einen Folder, auf dem ein kurzer Abriss über den Ort auch auf Englisch angeführt war. Was man dafür in dem Geschäftchen noch erstehen konnte, das waren Bilder in den drei Größen 6x9, 9x13 und 20x25 cm in vergoldeten, barock geformten Rahmen aus Kunststoff. Neben einer Fotografie des hl. Michael auch den (un-)hl. Slobodan (Milošević). So viel zur neutralen Haltung der serbisch-orthodoxen Kirche mit dem Metropoliten Pavle. Ich ärgere mich noch heute, dass ich mir keines der Bilder gekauft habe.

In der „Mala Krčma" war diesmal ein junges Mädchen, das mich nach meinen Wünschen fragte. Sie sprach perfektes Deutsch und erzählte mir, dass sie mit ihren Eltern zu Besuch sei. Der Onkel sei nicht zugegen, weil er in die Stadt gefahren sei, aber ihre Mutter hätte dem Onkel versprochen, das Lokal offenzuhalten. Wie üblich ließ ich mir einen der Fische aus der Krka zubereiten und freute mich über die Qualität. Nach dem Essen beim Kaffee setzte sich der Vater des Mädchens zu mir. Er war der Bruder des Wirtes und lebte mit seiner Familie schon seit 25 Jahren in der Schweiz in der Gegend von Basel. Seine Frage, was ich von Milošević halte, überraschte mich in keiner Weise. Als er aber Verständnis für dessen nationalistische Haltung von mir heischte, gab ich ihm zur Antwort: „*Ein* Hitler war in meinem Leben genug!" Darüber war er gewissermaßen fassungslos. Ich klärte ihn auf, dass nationaler Hegemonismus noch immer zu Unterdrückung geführt hat und brachte ihm mein Wissen über die Situation des jugoslawischen Militärstabes zur Kenntnis, und was Milošević am Tag zuvor im Fernsehen von sich gegeben hatte. Mit herzlichen Grüßen an seinen Bruder verabschiedete ich mich und setze meine Fahrt nach Hause fort. In einem der Dörfer in der Krajina zahlte ich für eine angebliche Geschwindigkeitsübertretung. Meine Rechtfertigung, dass ich mit erlaubter Geschwindigkeit unterwegs gewesen sei, wurde ignoriert. Ohne ein Messgerät vorzuweisen und ohne Quittung nahmen sie mir einen höheren Betrag in Dinar ab. Mark wären ihnen lieber gewesen. Den zweiten Obolus an einen Straßenräuber in Uniform bezahlte ich aus einer Kurve kommend in der Nähe von Gospić. Der behauptete, ich hätte die Sperrlinie überfahren, was ebenfalls nicht stimmte. Das Kuriose dabei war, dass er sich mit dem Rest meiner Dinare zufriedengeben musste. Damit hatte ich diese Valuta endgültig ausgegeben und in Zukunft auch nicht mehr benötigt.

Schwiegervaters Yawl unter Vollzeug am Wörthersee

Unsere Grand Soleil 34' „Santorin Austria"

Mit Spinaker vor dem Wind

Der Autor probiert einen Sextanten

Zur Bootstaufe der Robbyjolle angetretene Crew

Die Robby am Faakersee

Charterschiff Rebecca in den Kornati

Übundstörn mit „Jugopatentwebern"

Filmkulissen auf Mana in den Kornaten

Die Crew geht von Bord der „Marco Polo"

Die Alpa 11,5 m, eine missglückte Eignergemeinschaft

Palazzo in venezianischer Gotik in Trogir

Die Riva von Trogi mit Camerlengo (8. Jh.) von der Aci-Marina aus

Der Camerlengo mit der im 14. Jh. angebauten Festung

Marcuslöwe mit offenen Gesetzestafeln d.h. friedliche Aufnahme in die Rep. Venedig

Detail aus dem Portal des Doms von Trogir (Meister Radovan 1220–1260

Innenhof eines Palazzo in Trogir

Gute Fahrt mit dem Blister

Am Wind bei rauer See

Das Heck der Santorin

Auf der Flucht aus Trogir 18. Juni 1991

Geschützt vor Sonnenbrand

In der Lagune von Grado 21. Juni 1991

Kurz vor der Marina Aquileia

Kurz vor der Marina Aquileia

Der verlandete Flusshafen

Abendstimmung im Kornatikanal

Steg IX der Marina Frapa

Kornati und Adria vom Gipfel Kornats aus

Abendstimmung vom Kornatgipfel

Blick nach SO vom Gipfel der Insel Ist

Sicher vor dem Gewitter in der Marina

Nixenbesuch in der Frapa

Büste des Humanisten und Literaten Petar Hektorović

Haus von Hektorović in Starigrad auf Hvar

Innenhof mit Meerwasserbecken

Skulpturengruppe in Puščica (Die Order?!) auf Brač

Juri Dalmatinać von Iwan Mestrovič in Šibenik

Detail des Taufbeckens im Dom von Šibenik

Teil des Kopffrieses am Dom von Šibenik

Die Wasserfälle der Krka bei Skradin

Römische Ruinen von Birbir auf der Hochebene der Krka

Klosterinsel Visovac im oberen Teil der Krka

Ausbruch des katastrophalen Waldbrandes vom 14. Juli 2011 aauf Brač

Wasseraufnahme des Löschflugzeuges direkt neben uns

Die wundertätige Madonna von Philermos der
Malteser im Dom von Cetinje

Der Splitter des Kreuzes und die Hand Johannes des Täufers ebenda

*Teil der Platte vom Sarkophag des Lucius Artorius Castus
alias König Arthus*

Inschrift der Platte mit Filzstift nachgezogen

Felizitas, die sieben Sommer unser Schiff mit Zähnen und Krallen verteidigte

Die Santorin im hintersten Eck der U. Borovica (Schuhlöffelbucht)

Gewitterturm in der Abendsonne in der U. Soline auf Pag

In der blauen Grotte von Biševo

214

19. Kapitel
Die Flucht

Für den Transfer der „Santorin" bat ich einige Freunde, mit mir auf „Fluchttörn" zu gehen. Auch hier war ich gezwungen, meinen Chef um einen vorgezogenen Ferienbeginn zu bitten. Die One-Way-Tickets bei der „Adria Airline" hatte ich schon längere Zeit vor dem Flug in Laibach abgeholt. Am 17. Juni machten wir uns auf nach Trogir.

Den Abend vor dem Verlassen Trogirs verbrachten wir auf der Terrasse der „Alka". Vorher waren wir noch am Platz vor der Kathedrale. Dort war eine Versammlung der Bürger der Stadt im Gange. Über Lautsprecher wurde die Rede eines kroatischen Politikers, ich glaube es war Franjo Tuđman, übertragen. Plötzlich brach frenetischer Jubel der Zuhörer aus. In dieser Rede wurde der Austritt Kroatiens aus der jugoslawischen Föderation verkündet. „Das Volk der Teilrepublik Kroatien tritt mit 21. Juni 1991, einen Tag vor dem slowenischen Volk, aus der Föderation aus und erklärt sich zur selbständigen Republik!" So, nun war es offiziell! Die Politiker Kroatiens hatten sich nämlich im Gegensatz zu denen Sloweniens bis zu diesem Zeitpunkt bedeckt gehalten. Bisher war der Austritt nur in Form von Gerüchten im Umlauf gewesen.

Von Trogir brachen wir am Morgen auf, nachdem wir uns bei allen Bekannten in der Marina verabschiedet hatten. Vor allem Spiro, der Mechaniker, der mir so oft geholfen hatte, meinen Motor am Laufen zu halten, war sehr traurig. Alle waren sehr angespannt wegen der Situation, in der sie sich befanden und sprachen offen aus, was sie erwartete: der Krieg!

Am ersten Tag fuhren wir bis in die Kornaten, wo in Vrulje der Wirt Ante schon sehr oft unseren Besuch geschätzt hatte. Von den Kornaten weg erreichten wir Pula, von Istrien schafften wir es am gleichen Tag noch bis ans Ziel. Am Abend des 20. Juni waren wir in der Marina in Aquileia angekommen, und am 21. Juni fielen in Slowenien und in Kroatien Bomben, abgeworfen von Flugzeugen der jugoslawischen Volksarmee.

Diese Armee aber gehorchte bald nicht mehr. Die Bevölkerung Kroatiens und Sloweniens war nicht gewillt, sich dem Diktat der serbischen Politiker zu beugen. Es war daher auch nicht verwunderlich, dass militärische Verbände, die von Kroaten oder Slowenen dominiert waren, nicht nur Befehle verweigerten, sondern sogar für ihren neuen Staat kämpften. So entführten die kroatischen Piloten auf einen Schlag 26 MiG-19-Jagdbomber nach Aviano in die dortige amerikanische Air Base. Eine MiG stand bis vor wenigen Tagen in Klagenfurt und wurde erst jetzt von den Kroaten für ein Militärmuseum abgeholt. Besonders kurios war der Fall eines serbischen Brigadegenerals in der Tito-Kaserne in Marburg. Er war der Onkel eines Freundes von mir. Dieser befehligte die leichte Artillerie, die in der Kaserne stationiert war. Als er nun den Befehl vom Stab erhielt, seine Kanonen in der Kaserne auf die Straßenzüge Marburgs zu richten, um auf den Schussbefehl des Stabes hin die Häuser zu vernichten, da ließ er seine Artillerie auf das Casino im Zentrum der Kaserne ausrichten. Die Generäle des Stabes fragten daraufhin, ob er verrückt geworden sei. „Ich nicht, aber ihr!“, antwortete er. „Bevor ich auf mein Haus, das auch in dieser Straße steht und das ich mir gebaut habe, während ihr euren Sold im Casino versoffen und verhurt habt, schieße, schieße ich lieber das Casino in die Luft!“ Was sie mit ihm dann gemacht haben? Nichts! Man akzeptierte sein Argument.

Durch einen Vertrag zwischen Milošević und Tuđman war der Krieg in Kroatien anscheinend fünf Tage später wieder vorbei. Irrtum! Dieser Krieg dauerte bis 1996 und manchmal wollen gewisse Leute ihre Niederlage bis heute nicht wahrhaben.

Auch in Slowenien waren die offenen Kampfhandlungen nach ein paar Tagen beendet. Manche Einsätze fanden knapp vor der österreichischen Grenze statt und damit praktisch vor unserer Haustüre, wollte man doch die jungen albanischstämmigen Panzerrekruten glauben lassen, Jugoslawien sei von Österreich angegriffen worden. Als sie sich den Slowenen ergeben hatten, waren sie sehr verwundert.

Nur in Bosnien spielten sich über die lange Dauer offener Kampfhandlungen die bekannten Tragödien ab.

Nachdem die Sommerferien begonnen hatten, war unser Dasein wieder auf die „Santorin" konzentriert. Zunächst war die Gegend um die Marina nicht uninteressant. Die Reste des Flusshafens des antiken Aquileia waren uns zwar bekannt, aber nun setzten wir uns mit dem Ort genauer auseinander. Diese in den ersten nachchristlichen Jahrhunderten viertgrößte der italischen Städte hatte immerhin 250.000 Einwohner. Wichtig waren der Handel und die Warentransporte, die auf der Bernsteinstraße abgewickelt wurden. Im Handwerk taten sich vor allen die Glasbläser hervor. Hier dürfte die Wiege der Glasbläser von Murano gelegen sein. Die Artefakte im Museum sind jedenfalls staunenswert.

Nicht weit war es außerdem nach Grado. Wollten wir auf das Meer, mussten wir durch die Lagune entlang den von Dalben gekennzeichneten Prielen skippern. Auch war der Gezeitenkalender zu befragen, ob die Handbreit Wasser unter dem Kiel vorhanden sein werde.

Obwohl wir uns vornahmen, mit der „Santorin" nach Venedig zu fahren, kam es nicht dazu. Wir fanden es einfacher, mit dem Auto dorthin zu reisen: wie immer über den Lido di Jesolo. Und zwar außerhalb der Saison. Dabei machten wir die Entdeckung, dass im Oktober und November Weihnachtseinkäufe in Venedig exklusiv und preiswert sein können. Auch im Vorfrühling kann ein leicht nebeliger Tag in Venedig seinen Reiz entwickeln. Der englische Maler William Turner, der zweimal längere Zeit in Venedig zubrachte, hat in einem seiner Venedigbilder ein Phänomen festgehalten, das ich selbst nachempfinden konnte. Während man den Vordergrund im Nebel nur unscharf ausnehmen kann, erscheint ein hohes Gebäude wie der Campanile von San Giorgio scharf im Hintergrund. Genau diese Szene hat er festgehalten. Die Beschreibung des Werkes im Museum in London erklärte mir dieses Bild als unfertig. Ja, so kann man sich täuschen!

Ein paar Mal genossen wir eine kurze Ausfahrt in die Lagune, wo wir Anker warfen, badeten, den Sonnenuntergang mit Prosciutto, Käse und Rotwein von der Plicht aus genossen und die Nacht draußen verbrachten. Das war nur mithilfe von Mitteln gegen die Gelsen möglich.

Mein Sohn, der in diesem Jahr die Törnrunde eröffnete, fuhr an Istrien entlang nach Pula. In der Marina wurde er gewahr, dass außer ihm noch etliche andere österreichische Yachten angekommen waren. Auch im Restaurant hörte er viele, die Grazer oder Kärntner Dialekt sprachen. Früh am nächsten Morgen, er segelte schon in Richtung Brioni, erblickte er im Fernglas am südlichen Horizont Fahrzeuge der Marine. Später konnten wir in der Zeitung lesen, dass der Hafen von Pula eine ganze Woche lang blockiert war und ihn niemand verlassen oder anlaufen konnte.

Als sich die Situation für Istrien einigermaßen normalisiert hatte und keine weiteren Interventionen von Seiten der Marine zu erwarten waren, war ich mehrere Male in Pula. Dabei entdeckte ich das ehemalige K.-u.-k.-Marinecasino. Dort hatte die kroatische Marine als nunmehrige Nachfolgerin den Betrieb übernommen und die alten Räumlichkeiten öffentlich zugänglich gemacht: die Bar, das Restaurant, lebende Musik, alles vornehm und trotzdem gemütlich. Übrigens, dieses in der Monarchie „Neues Casino" genannte Gebäude wurde aus Spenden eines Vereins errichtet, dem jeder in der Marine, vom Admiral bis zum Matrosen, angehören konnte. Die Grußpflicht war innerhalb des Areals aufgehoben.

Eine Erweiterung unseres damaligen Fahrtgebietes war die Südspitze von Istrien. Die ACI Marina in Pomer und auch Medulin sowie Premantura waren die Neuentdeckungen. Alles in Allem eine reizvolle Gegend.

In diesen Jahren war es im Golf von Venedig zur ökologischen Katastrophe gekommen. Durch den Eintrag toxischen Mülls über den Po in den Golf von Venedig war die Bodenfauna des mit maximal 50 Metern Wassertiefe eher flachen Meeres schlagartig zusammengebrochen. Diese Tatsache konnte das Institut der Universität Wien unter seinen Professor Rupert Riedl dokumentieren. Die Folge war eine Algenpest im Golf. Die Schleier der bleichen, abgestorbenen Grünalgen waren unterhalb der Oberfläche überall gegenwärtig. Durch Jahrhunderte war man gewohnt, in den großen am Po liegenden Städten die Fäkalien ungeklärt in den Fluss zu leiten. Leider kam in der Neuzeit – besonders ab dem Ende des Zweiten Weltkrieges – die chemische Keule der Wasch- und Spülmittel hinzu. Statt das Übel an der Wurzel zu packen und mit Kläranlagen das Meer frei von der Chemie zu halten, gab es sinnlose Versuche, die toten Algen aus dem Wasser herauszufischen. In der Marina kam ich mit einem distinguierten Herrn ins Gespräch. Er nannte eine millionenschwere Motoryacht sein Eigen. Wir sprachen über die Algenpest. Ich sagte ihm, dass die Adria durch ihre Strömungen den Wasseraustausch im Golf von Venedig nur bedingt zulasse, da ein Teil des gegen den Uhrzeigersinn strömenden Wassers durch den Druck des Po die Adria überquere und in der Höhe von Rovinj zurückkehre, sozusagen im Kreis laufe! Erstaunt sah mich mein Gesprächspartner an. „Das Meer bewegt sich doch nicht?!“, meinte er. Von Strömungen und ihrer generellen ökologischen Wichtigkeit hatte er keine Ahnung.

Noch in der Saison 1991 bemühte ich mich um eine Rückkehr nach Kroatien. Über die Vermittlung meiner Freunde in Split wurde mir ein Liegeplatz in der ACI Marina in Rovinj ab dem Frühjahr 1992 zugeteilt. Mein Ausflug in die Marina Aquileia beinhaltete im Vertrag auch das Aufpallen meines Schiffes im Winter 1991/92, da ein Zufrieren der Darsena in Aquileia zu erwarten war, zumal wir im Süßwasser der Natissa lagen. Mit dem Wieder-ins-Wasser-Bringen endete mein Vertrag mit dieser Marina.

20. Kapitel

Fünf Jahre Rovinj

Schon im März 1992 verließen wir Aquileia wieder, denn ab 1. April hätte das neue Jahr mit automatischer Verlängerung des Vertrages begonnen. Die nächsten vier Jahre in einer ACI waren schon bezahlt und Rovinj lag doch um einige Kilometer näher. Außerdem würden wir in der oberen Adria sicher noch viel entdecken können.

Die ersten Gedanken aber kreisten um den Einbau eines neuen Motors. Nach Vergleichen und Erkundigungen entschieden wir uns für einen Nanni Marina mit 35 PS, der von seinen Einbaumaßen perfekt in den Motorraum passen würde. Da der Motor noch dazu um 100 Kilogramm leichter war, tauchte die Grand Soleil 34 mit dem Heck nicht mehr so tief ein. Das kam einer deutlichen Steigerung der Geschwindigkeit zugute. Ein neuer Satz Segel und der Austausch auf eine Rollgenua waren ebenso schon lange fällig gewesen. Segel aus der Hand von Meister Robert Jessenig machten das Segeln mit der „Santorin" wiederum zum Vergnügen. Dieser Magier im Segeldesign war mit seinen Segeln Teil der Olympischen Sommerspiele. Mit fünf Goldmedaillen gingen die von ihm ausgerüsteten Segler nach Hause.

Schon im Winter organisierten wir zusammen mit Ljerka, unserer Freundin aus Split, eine Tournee des Mandolinenorchesters „Sanctus Domnio". Dieses Orchester von Jugendlichen kam damals zu uns nach Ferlach, um für die durch den Krieg total zerstörten Städte Vukčić und Vukovar über Benefizkonzerte Spenden zu sammeln.

Wir in Ferlach sorgten zunächst für die Unterkünfte für die Burschen und Mädchen und ihre Begleiter. Bei Bekannten und Freunden fanden wir ein offenes Ohr. Alle unsere Gäste wurden kostenlos untergebracht. Die Konzerte fanden in Klagenfurt, Villach, Spittal, St. Veit, Wolfsberg und selbstverständlich in Ferlach statt. Besonders in Ferlach waren das Echo auf die dargebotene Musik und die Spendenfreudigkeit der Konzertteilnehmer großartig. Die jungen Musiker konnten den geplagten Menschen in ihrer Heimat einen beachtlichen Betrag mitnehmen.

Zu Saisonbeginn dieses Jahres war ich geraume Zeit mit meiner Frau allein an Bord. Nicht ganz allein, denn Felizitas begleitete uns. Ich lief von Rovinj aus und besuchte zunächst Pula. Schon in diesem Hafen sah ich, wie es Yachten ergeht, die zu lange ungewartet im Hafenwasser liegen. Der Bewuchs an Algen und Muscheln war beachtlich. Eine Aussprache mit Sissy war nicht nötig. Ich spürte, dass auch sie unsere Freunde in Trogir und Split wiedersehen wollte.

Daher begaben wir uns auf die für uns denkwürdige Reise. Schon bei der Überquerung des Kvarners, nachdem wir den Leuchtturm Hrid Porer hinter uns gelassen und Kurs auf Lošinj und Ilovik genommen hatten, waren kaum andere Fahrzeuge auszumachen. In Sveti Petar auf Ilovik waren die wenigen Fischerboote der Ansässigen im kleinen Hafen. An Dugi Otok fuhren wir an der Außenseite vorbei und waren schon am frühen Nachmittag in der Telašćica. Auch hier alles leer. Am nächsten Tag waren wir in Vrulje auf Kornat. Ante erzählte, dass auf den Inseln vom Krieg nichts zu spüren gewesen sei, außer natürlich das Ausbleiben der Gäste. Die Saison würde wohl sehr mager ausfallen. Von Ante trennten wir uns noch am späten Nachmittag. Um 21 Uhr erreichte ich das untere Ende der Kornaten. Der Wind war ein gleichmäßiger Tramontana geworden. Vor dem Wind rauschte die „Santorin" durch die Wellen. Beim letzten Licht des Tages passierte ich Žirje und legte meinen Kurs auf den Leuchtturm Rt Mulo sowie weiter auf Kap Rogoznica. Inzwischen beleuchteten der Mond und die Sterne am klaren Himmel das Meer und die Küsten. Zwischen Festland und den Inseln Mulica und Arkandel hindurchfahrend und darauf die beiden Drveniks an der rechten Seite, erreichte ich den Golf von Trogir. Um vier Uhr morgens legte ich an einer der leeren Brücken der ACI Trogir in Nähe des Rezeptionsgebäudes an. Dann legte auch ich mich in die Koje. Sissy und Felizitas hatten die Nacht über geschlummert. Felizitas, die sofort erkannte, wo wir gelandet waren, ging an Land. Vielleicht suchte sie ihre Freundin auf.

Nachdem ich mich aufgemacht hatte und meine Ankunft in der Rezeption gemeldet hatte, suchte ich Freund Spiro in der Werkstatt auf. Alle freuten sich sehr, dass sich so bald wieder einer von ihren Kunden sehen ließ. Aber eine Schwalbe macht noch keinen Sommer. Ganz im Gegenteil! Zwei der Hafenmatrosen in der Marina überstellten Yachten von Trogir über die Adria, von wo sie von ihren glücklichen deutschen wie auch österreichischen Eignern in Pescara oder Termoli übernommen wurden.

In Trogir liegt in Fortsetzung der Marina eine Schiffswerft. Die damals große Anzahl der Beschäftigten kam zum Teil auch aus der Krajina. Das war der Grund, warum ich nach Aquileia ging. Aber ein Jahr nach Kriegsbeginn wäre ein Weggehen doch schon zu spät gewesen. Außerdem war in der ACI Trogir keiner Yacht Schaden zugefügt worden.

Es gab genug Übergriffe auf ausländische Yachten in anderen Marinas. Diese erfolgten aber durchwegs zu Beginn des Krieges. So zum Beispiel in der Marina Kremik bei Primošten. Am Ende der Bucht, in der diese Marina liegt, führt die Küstenstraße vorbei. Dort setzten sich Četniks aus der Krajina, mit reichlich Sliwowitz versehen, an den Straßenrand und schossen mit ihren Kalaschnikows auf die vor ihnen liegenden Yachten. Dabei schlossen sie Wetten ab, wessen Ziel früher abtauchen würde. In Split und Dubrovnik habe ich Schiffe am Gelände der Marinas gesehen, die man später wieder gehoben hatte, um sie zu reparieren. Viele Besitzer von Yachten verkauften ihre Boote an Kroaten, die die Gunst der Zeit nutzten, um billig zu einer Motor- oder Segelyacht zu kommen.

In der ACI Trogir war auch der älteste von drei Brüdern beschäftigt. Ivo Baučević, Ivos, Plamenkos und Igors Familie Baučecić stammte aus Split.

Ihre Eltern hatten sich in Stomorska auf Šolta ein Feriendomizil gebaut. Dorthin war die Familie zu Beginn des Krieges gezogen. Plamenko war in Split als Polizist tätig. Wir lernten ihn in Ferlach als Reiseleiter des Mandolinenorchesters kennen. Igor und seine Frau waren nun auch in Stomorska. Ivo fuhr am Wochenende mit uns auf der „Santorin" nach Stomorska. Unterwegs erzählte er uns vom Schicksal seines Bruders Igor. Dieser war in Vrlika am Gymnasium als Lehrer für Geografie und Sport beschäftigt. Seine Frau unterrichtete an der dortigen Volksschule. Sie hatten zwei Söhne in dieser Schule. Am Rand von Vrlika, in Richtung Knin, hatten sie ein nettes Häuschen bezogen, das sie mit viel Handarbeit gerade fertiggestellt hatten. An dem besagten schicksalhaften Tag zu Beginn des Krieges war Igors Frau nach Split zum Zahnarzt gefahren. In der zweiten Unterrichtsstunde, Igor war mit einer Klasse am Sportplatz der Schule, kam ein Kollege zu ihm und sagte ihm, er solle so, wie er ist, in seinen Wagen springen, seine Söhne aus der Volksschule holen und nach Split fahren, denn sein Haus brenne schon! Četniks aus Knin wären dort, um alles kurz und klein zu schlagen und in Rauch aufgehen zu lassen. Dazu kam, dass Igors Frau aus einer serbischen Familie aus der Gegend stammte. Vrlika liegt auf halber Strecke von Split nach Knin. Igor gelang es, seine Söhne aus der Schule zu holen und traf in seiner Turnkleidung in Split ein, wo er seine Frau beim Zahnarzt abholte. Als diese von den traurigen Tatsachen erfuhr, erlitt sie einen Nervenzusammenbruch. Igor tröstete sie damit, dass sie doch alle zusammen heil der Katastrophe entkommen seien. Sie aber hielt ihm entgegen, dass sie jetzt in einem Umfeld werde leben müssen, wo alle auf sie als verhasste Serbin mit dem Finger zeigen würden. In Stomorska lernten wir sie kennen. Ihre Traumatisierung war auch für uns noch immer spürbar.

Ivo lud uns im Namen der Familie zum Ručak, der Hauptmahlzeit des Tages, ein. Diese sollte wie üblich am späten Nachmittag sein. Er selbst war, kurz nachdem er uns der Familie vorgestellt hatte, verschwunden. Mir war sofort klar, dass er für dieses Mahl fischen gegangen war. Der Rest der Familie unterhielt sich mit uns. Gesprächsstoff gab es genug. Nur Igors Frau beteiligte sich fast nicht daran, obwohl ich feststellte, dass ihr Englisch ausgezeichnet war. Um mich mit den Eltern zu unterhalten, musste mein kryptisches Kroatisch auslangen, oder jemand spielte den Übersetzer. Da wir all die Jahre, an denen wir uns jeden Sommer im Lande aufhielten, kaum die Notwendigkeit hatten, die Sprache zu erlernen, blieb unsere Kenntnis auf sehr wenige Floskeln und Worte beschränkt. Denn an der Küste konnten wir uns mit Englisch, und bei alten Leuten oft auf Italienisch gut verständigen.

Endlich war auch Ivo eingetroffen. Er tauchte mit reichlicher Verspätung auf und seine Fangquote war sehr mager. Es war uns peinlich, die einzigen zwei Fische vorgesetzt zu bekommen, die er mitgebracht hatte. Ein Glück war, dass ich, durch die Erfahrung klug geworden, immer von zu Hause Vorräte mitnahm, die zu Geschenken taugten. In diesem Fall konnte ich die Damen mit Kosmetika und den Haushalt mit Bohnenkaffee beglücken.

Plamenko hatte seine Familie, Frau und Sohn, im Hafen von Sutivan auf Brač bei seinen Schwiegereltern untergebracht. Zuzi hatte ihre Arbeit in einem Supermarkt in Split ausgesetzt, Plamenko pendelte mit der Fähre zu seinem Dienst. Zuzis Vater war begeistert vom Segeln und so drehten sich diesmal die Gespräche nicht um den leidigen Krieg. Einen der zwei Abende verbrachten Zuzi und wir bei mir in der Plicht der „Santorin". Die ganze Jugend des Ortes saß auf der Hafenmauer und schaute über das dunkle Meer in Richtung der Stadt Split. „Was tun die da?", fragte ich Zuzi. „Die tun fernsehen!", war ihre Antwort. „Was? Wie?!" „Weißt du, wegen des Krieges ist der Strom sehr knapp geworden und so wird er in Split stundenweise abgeschaltet, damit anderswo die Produktion aufrechterhalten werden kann. Unsere Kinder warten auf das Aufleuchten der Skyline der Stadt!" Nun warteten auch wir, mit dem Blick in Richtung auf die Stadt. Die Lichter der Häuser und der Straßenbeleuchtung blitzten alle fast zugleich am Horizont auf. Ein „Aaaaaah!" ertönte und dann der Applaus der Kinder auf der Mauer. Eine friedliche Idylle und kaum zu glauben, dass nicht weit von der Küste nach wie vor geschossen wurde.

Zuzi erzählte uns von der Schlacht um Split. So stand es jedenfalls bei uns in den Zeitungen. „Das war nicht ganz korrekt", meinte dazu unsere Begleiterin. Mit Split war nicht die Stadt, sondern eine nach ihr benannte Fregatte gemeint. Tuđman hatte doch mit Milošević einen Vertrag geschlossen, dass die Batterien auf Brač und auf Šolta, die ein Eindringen feindlicher Verbände durch die Splitska vrata verhindern sollten, von der Armee abgebaut und dann den Kroaten übergeben werden sollten. Acht Stunden sollte ein Waffenstillstand dazu nach der Übergabe bestehen. Nun gut, nach fünf Stunden bereits kam die Fregatte „Split" mit zwei Kanonenbooten als Begleitschutz. Als sie den Golf vor Split erreicht hatten und die Fregatte drei Schüsse auf den Diokletianpalast abgegeben hatte, wurde sie von fünf Seiten durch die Kroaten beschossen: vom Marian, dem Hausberg der Spliter, von Stobreč, einem Ort südlich von Split, vom Ende der Insel Čiovo und von den gerade abgebauten Batterien auf Šolta und Brač. Denn diese waren sofort nach der Übergabe mit modernen Kanonen bestückt worden und waren knapp vor dem Eintreffen der Kriegsschiffe wiederum einsatzbereit.

Ein Kanonenboot wurde dabei sofort versenkt und die Fregatte bekam auch einen Treffer ab. Diese schützte sich daraufhin durch Zünden von Rauchgranaten und in deren Rauch verborgen, versuchten sie und das zweite Kanonenboot durch den Biokovo-Kanal zu entkommen. Zwei zur Unterstützung gerufene MiG 19, geflogen von Söldnern russischer Herkunft, tauchten auch auf. Eine davon wurde durch einen einzigen Schuss abgeschossen, worauf der zweite Pilot abdrehte und das Weite suchte. Das war der wahre Hergang der Schlacht um Split!

Bevor wir Plamenko und seine Familie verließen und unsere Fahrt nach Südosten weiter fortsetzten, lud ich Zuzi und ihren Sohn noch zu einem Abendessen bei einem Wirt ihrer Wahl auf der Insel ein. Zuzi lotste uns zu einem Restaurant im Inneren von Brač. Dort lernten wir die Peka kennen. Bei dieser Art der Speisenzubereitung werden die Zutaten in der Pfanne von einer eisernen oder irdenen Haube abgedeckt und in der offenen Glut gegart. Auch Brot wird oft unter der Peka gebacken.

Von Sutivan fuhren wir in den Hafen von Split. Schließlich konnten wir unsere Freunde auf der Visoka auf unserer Besuchsrunde doch nicht auslassen. Ljerka, Stipe und die Mädchen waren wie alle anderen sehr über unseren Besuch erfreut. „Das ist wirklich schön, dass ihr nachschaut, wie es uns geht!" Ljerka organisierte gleich ein Treffen mit weiteren Bekannten, die mit dem Orchester bei uns waren. So sahen wir auch Plamenko noch einmal, aber auch der Orchesterleiter, Herr Katunarič, der ein Werk für Mandolinen komponiert hatte, kam vorbei. Dieses Opus war eine moderne Sonate, die die Gefühle der Menschen des Landes zur Zeitgeschichte und zum Krieg ausdrücken sollte. Mit diesem Stück reüssierte das Orchester im darauffolgenden Sommer bei den Festspielen europäischer Jugendorchester auf der Ruine Finkenstein am Faaker See.

Der Abend war trotz der Umstände im Land gelöst verlaufen. Alle waren voller Zuversicht, was die Zukunft betraf. Jeder war der Ansicht, dass die Haltung der Politik der USA den Kroaten und Slowenen gegenüber schändlich sei. Schließlich hätten die doch nur Angst um ihr Geld. Ja, Genscher und Mock, der deutsche und der österreichische Außenminister, das waren für meine Freunde die wahren Unterstützer des Landes. Wenn auch der CNN die Falschmeldung verbreitet hatte, dass diese den Zerfall der Republik aktiv betrieben hätten, was aber nicht stimmte! „Ja, das weiß ich auch! Auch ich habe diese Falschmeldung damals im CNN gehört und gesehen, denn zur Festigung dieses Fakes hatte man sogar ein Insert ins Bild gestellt!", erinnerte ich mich. Dabei hatte Tuđman im Namen der Regierung Kroatiens den Amerikanern doch versprochen, die Kredite zurückzuzahlen.

Sissy und ich übernachteten bei Ljerka und Stipe. Felizitas würde das Schiff schon bewachen. Stipe brachte uns nach einem Frühstück mit seinem PKW zurück in die Marina. Wir verabschiedeten uns und gingen an Bord. Felizitas war zunächst nicht auffindbar. Nach langem Suchen in der Marina fanden wir sie dennoch am Schiff. Sie hatte sich in die letzte Ecke im Vorschiff in Sissys Bett verkrochen und war pitschnass vom Meerwasser. Was geschehen war, konnte ich nur vermuten. Neben uns lag eine kleine Motoryacht mit dem Bug zum betonierten Bootssteg. Schon am Tag vorher sprang unsere Katze auf das verlassene

Boot, war aber auf unser Schiff zurückgekehrt, als wir mit Stipe auf dem Steg zum Ausgang der Marina gingen. Da das dämmerungsaktive Tier am frühen Morgen wiederum auf die Motoryacht gewechselt sein dürfte, wird sie wohl beim Absprung zum Steg am taunassen Deck ausgerutscht sein, und war darauf im Wasser gelandet. Wie geschickt sie sich an den Rohren unseres Anbaues am Heck hochhangeln konnte, hatte ich bei einer anderen Gelegenheit beobachtet.

Nächster Anlaufpunkt war die Stadt Korčula. Die ACI Marina lag, wie die von Trogir und auch die von Split, sehr verlassen da. Nur ein Rest an Dauerliegern war jeweils an den Stegen. Der im Wasser liegende Teil der Schiffe war von Algen und Seepocken von beträchtlicher Größe bewachsen und die Aufbauten aus Niro voll von Flugrost. Ein Bild des Jammers! Schon in Split überlegten wir uns, ob wir nicht an unseren Ausgangspunkt Rovinj zurückkehren sollten. Die Neugier war jedoch größer.

Wir wanderten von der Marina und dem Westhafen über die Brücke beim Stadttor und in die Stadt hinein. Bei früheren Besuchen kehrten wir häufig im „Gradski podrum", im Stadtkeller, ein. An diesem Abend war er geschlossen. Also gingen wir weiter, an den alten vermauerten Pesthäusern und dem Pranger vorbei bis zur Kirche mit ihren in halber Höhe einen Kreuzknoten tragenden Bündelsäulen am Hauptportal. Dann stiegen wir wieder hinunter zum Osthafen und zum Meer. Im Hotel „Korčula" war der Speisesaal beleuchtet. Also war das Restaurant in Betrieb. Sehr gut! Wir gingen hinein. Der Oberkellner begrüßte uns. Wir fragten nach einem Tisch für zwei Personen. „Wo Sie wollen, es steht Ihnen der ganze Saal zur Verfügung!", antwortete der Kellner. Wir setzten uns zu einem Fenster. So konnten wir das Treiben im Hafen beobachten. Eine Fähre kam aus Orebić von der Halbinsel Pelješac an. Tatsächlich waren auch Gäste für das Hotel dabei. Weitere vier Personen setzten sich an einen der Tische. Es waren Kroaten. Sechs Gäste in einem Speisesaal für mindestens fünfzig Personen. Und das in der dritten Juliwoche!

Zur Vorspeise gab es eine Platte mit Anchovis und Sardellen mit Kapernbeeren und ein kleines Bier als Aperitif. Der Fisch,

ein Kovač – bei uns der Petersfisch – folgte als Hauptgang. In der
Kasserolle mit den Kartoffeln und grünen Paprikas geschmort
mundete er köstlich zu Žilavka, dem Weißwein, der auch an der
Hoftafel in Wien kredenzt wurde. Türkischer Kaffee und Baklava
zum Nachtisch rundeten unser Menü ab. Die Rechnung war so
gering, dass ich den Ober fragte, ob er sich nicht doch verrech-
net habe. Ich kam nicht umhin, wenigstens mit einem Trinkgeld von 20 % ein wenig Ausgleich zu schaffen.

Von Korčula segelten wir mit der Genua nach Dubrovnik in
die ACI Komolac. Der Wind unterstützte diesmal unsere Bemühungen, unsere weit gesteckten Ziele zu erreichen, sehr. Schon
um 15 Uhr hatten wir die rund 45 sm mit fast Rumpfgeschwindigkeit hinter uns gebracht.

Auch die Marina Komolac geizte nicht mit dem Platz. Ganze vier Yachten waren als Tagesgäste angekommen. Eine Ketsch
aus Holland und drei Slups – ein Italiener, ein Brite und wir.
Das waren alle.

Am Werftplatz lagen drei Segelyachten. Alle drei trugen in
den Stagen und Wanten die schwarzen Miesmuscheln der Adria
in dichten Büscheln und in der Größe, in der man sie am Teller erwartet. Die Schiffe waren Opfer der Zerstörungswut der
Četniks geworden. Über den Berg oberhalb Mokošica flogen die
MiG hinweg nach Dubrovnik und belegten das UNESCO-Kul-
turerbe mit 36.000 Splitterbomben. Das Tal der Ombla wurde
vom Bergkamm aus mit leichter Artillerie beschossen. Die Marina Komolac war im Vorjahr sicher kein guter Liegeplatz!

Nach dem Frühstück stiegen wir in den Omnibus aus Mokošica, der direkt vor der Marina hält. Eine schwache halbe Stunde später standen wir vor dem Pile-Tor der Altstadt. Sofort stiegen
wir die Treppe zur Mauerkrone hoch. Von dort oben konnten
wir die Schäden an den Gebäuden innerhalb der Stadtmauer
besser ausmachen. Viele der Dächer waren schon wieder einge-
deckt. Klar, der Schutz vor den Schauern des Winterregens hatte natürlich Vorrang. All die neuen Mönch- und Nonnenpfan-
nen wirkten ein wenig befremdend. Es fehlte das „Aji“ – würde
ein Japaner sagen. Milošević wollte Dubrovnik schöner und „äl-

ter" wiederaufbauen – ein Ausspruch, den wohl nur ein Wahnsinniger prägen konnte! Einige Häuser waren noch ohne Dach. Wahrscheinlich, weil ihre Beschädigungen zu schwerwiegend waren. Bei einem Haus am Prijeko fehlte der Dachstuhl. Die Geschossdecken waren nach unten gestürzt, nachdem die Balken gebrannt hatten. Nur die Hülle aus den behauenen Steinen war vorhanden. Dabei hatte die Fassade so schöne Biforien in venezianischer Gotik. Sicher gingen im Inneren dieser Ruine viele wertvolle Einrichtungsgegenstände verloren. Hoffentlich haben sich wenigstens die Menschen alle retten können.

Zurück am Stradun. In dieser Hauptstraße von Dubrovnik war gleich links das Franziskanerkloster mit der ältesten original erhaltenen Apotheke der Welt und dem stachellosen Rosenstrauch der Heiligen Maria im Garten des Kreuzganges. Geborstenes Maßwerk lag im Garten am Boden. Rechts davon das ehemalige Kloster der Klarissen. Auch hier – Verwüstung: an den Häusern hie und da von Granatsplittern herausgerissene Mauerteile, am unteren Ende der Plaza der kleine Onofriobrunnen in Trümmern und der Sponza-Palast, auch die „Venezianische Botschaft" genannt, hinter dicken Bohlen aus Kiefernholz versteckt, die herrliche Fassade in venezianischer Gotik angeblich unverletzt.

Nächste Station unserer Wanderung durch die Altstadt war der Prijeko. Hinauf zum „Župski Propret", meinem Lokal. Es existierte nicht mehr! Nein, nein! Das Haus hat nichts abbekommen! Aber wo sind Mary und Stipe? Ich fragte bei den anderen Lokalen nach! Stipe? Mary? „Župski propret"? Nie gehört! Ja zum Kuckuck, gibt es nur noch neue Lokalbetreiber am ganzen, langen Prijeko? Endlich, kurz vor dem oberen Ende, wo man schon wieder zum Stradun hinuntergehen muss, wusste ein junger Mann Bescheid. Maria war schon 1991 an Brustkrebs verstorben. Sie wurde gerade einmal 43 Jahre alt. Stipe ist daraufhin ausgewandert. Angeblich nach Österreich.

Tatsächlich war Stipe mit seinem Sohn in Graz gelandet, wo er ein Restaurant mit dalmatinischen Spezialitäten betrieb. Nach etwa ein oder zwei Jahren dann die Tragödie. Stipes Sohn, zehn Jahre alt, war mit einem Schulfreund allein zu Hause. Er zeigte seinem Freund eine Pistole. Diese gehörte seinem Vater Stipe. Der Freund zielte im Spaß auf Stipes Sohn und drückte ab, in der Meinung, dass die Waffe nicht geladen sei. Stipes Sohn wurde tödlich getroffen. Stipe, der kurz hintereinander Frau und Sohn verlor, schloss sein Lokal und wanderte angeblich nach Kanada oder in die USA aus. Seine Spur verlor sich für mich.

Unsere Fahrt ging weiter. Nächstes Ziel – Cavtat. Ich ankerte in der Tiha-Bucht. Am Weg zum Restaurant „Dalmatino" stand ein ausgebrannter Omnibus. Ansonsten war Cavtat bisher unbeschädigt aus den Kriegshandlungen hervorgegangen. Im Hotel „Croatia" logierten die kroatischen Militärs. Es war offizielles Hauptquartier der Grenztruppen.

Nach dem Besuch einer Eisdiele beschlossen Sissy und ich, die „Santorin" in den Hafen zu verlegen, der wie alle anderen Häfen zu dieser Zeit viel Platz bot. Zufällig traf ich den netten Hafenkapitän, der mir schon einige Jahre vorher den guten Platz zugewiesen hatte. Ich fragte ihn, ob er etwas dagegen hätte, wenn ich die „Santorin" wieder dorthin lege. Selbstverständlich durfte ich. Auch diesmal lag ich daher ganz in der Nähe der „Taverna Galija", einer Bar. Vor dem Schlafengehen wollten wir uns noch einen Schlaftrunk genehmigen. Wir gingen in die Galija. Dort ging es hoch her. Ein Zug kroatischer Soldaten war gerade von der Grenze zu Montenegro zurückgekommen und feierte ein wenig. Schon am nächsten Tag würden sie wieder im Einsatz sein. Am Landweg ist Molunat nur zwei Autostunden entfernt. Ganz in der Nähe liegt der Grenzübergang nach Montenegro.

Wir saßen auf Barhockern an der Bartheke. Der Offizier im Rang eines Hauptmanns sprach mich auf Englisch an. Er freute sich, dass wir uns in diesen schweren Zeiten so weit bis zu ihnen nach Cavtat vorgewagt hatten. Er bot mir an, uns mit an die Grenze zu nehmen. Er wollte mir zeigen, wie freundschaftlich sie mit den Kameraden auf der montenegrinischen Seite verkehrten. Sie würden praktisch nur Präsenz zeigen und ihr Auge darauf richten, dass keine serbischen Četniks diesen Frieden stören würden. Da die Anrainer hüben und drüben sich gegenseitig alle kennen würden, hätten es fremde Agitatoren schwer, in diesem Gebiet ihr Unwesen zu treiben.

Wir sprachen noch über die Lage der so rasch und neu errichteten Armee. Der Hauptmann erzählte mir, dass er sehr stolz auf seine Landsleute sei, die nach dem Zweiten Weltkrieg oft nicht ganz freiwillig das Land verlassen hätten und in Amerika, sowohl in den USA als auch in Kanada, zu Wohlstand gekommen, ja manche sogar zu Millionären geworden seien. Die neue Aufrüstung der Armee sei zum Teil diesen Leuten zu verdanken. Plötzlich ging die Tür des Lokals auf und ein weiterer kleiner Trupp Soldaten in Kampfanzügen betrat die Bar. Sie hatten eine kroatische Flagge mitgebracht. Als Österreicher fiel mir auf, mit welcher Ehrfurcht sie ihr Nationalsymbol behandelten. Ganz anders als bei uns, wo man oft nicht sicher ist, welchen Stellenwert die Nationale bei manchen unserer Mitbürger besitzt. Was einer von ihnen auf Kroatisch gesagt hatte, kann ich nur ahnen, denn der Mann sprach sehr schnell. Aber reihum begann die ganze Truppe, die Fahne an ihrem Saum ehrfurchtsvoll zu küssen. Auch wir beide, Sissy und ich, wurden in dieses Ritual einbezogen. Dafür erhielten wir anhaltenden Applaus. Gerührt spendierte ich eine Lokalrunde, was entsprechend honoriert wurde. Kurz darauf zogen wir uns aber wieder auf unser Schiff zurück, denn sonst wäre ein Kater für den nächsten Tag unausweichlich gewesen.

Bei unserer Rückfahrt machten wir in der Uvala Šunj auf Lopud halt. Um vier Uhr morgens läutete im Wald irgendwo oberhalb der Bucht eine Glocke. Da erinnerte ich mich wieder: Ein venezianischer Kaufmann aus Piran hatte im 16. Jahrhundert mit seinem Schiff bei einem Sturm beinahe Schiffbruch erlitten. Hier in der Bucht fand er Zuflucht. Er ließ diese Kirche im Wald erbauen und stiftete eine Messe, die in dieser Kirche jedes Jahr am Tag seiner Ankunft gelesen werden sollte. Nun hält jeder Pfarrer von Lopud seit 400 Jahren an diesem Auftrag fest.

Der Hauptaltar dieser Kirche ist das Werk einer englischen Werkstätte. Das Material ist Speckstein. Jesus und die zwölf Apostel stehen in Lebensgröße vor den Betrachtern. Dieser Altar sollte eigentlich nach Wiener Neustadt ausgeliefert werden. Aus irgendwelchen Gründen kam es dann nicht dazu. Da der Altar aber seine Reise schon angetreten hatte und über das Mittelmeer nach Venedig unterwegs war, von wo er den Landweg antreten sollte, konnte ihn der venezianische Kaufmann günstig erwerben. Ein Haus dieses Kaufmanns ist das berühmte „Rote Haus" in Piran, welches er mit seiner Geliebten bewohnte. Es ist dies ein Gebäude aus der Mitte des 15. Jahrhunderts, in venezianischer Gotik erbaut. Es steht an einer Ecke des Tartiniplatzes. Immer erstrahlte es im schönsten dunklen Rot, wie es in der Renaissance beliebt war, hieß es doch die „Casa rossa". Nun hat ein obergescheiter Kulturreferent der Stadt Piran, oder war es sonst jemand, dem Haus einen lachsfarbenen Anstrich verpasst. Damit ist natürlich auch der Kontrast zur Rustika und den Fenstern, dem Balkon und dem Portal aus istrianischem Marmor verschwunden. Einfach grauenhaft!

Nach dieser Abschweifung aber wieder zurück zur Fahrt. Von Lopud aus konnten wir bei günstigem Jugo die ACI in Korčula erreichen. Erneut besuchten wir das Restaurant des Hotels „Korčula". Der Ober begrüßte uns überschwänglich. Seinen Empfehlungen zur Speisekarte leisteten wir Folge und waren gut beraten. An diesem Abend ließen wir uns ein wunderbares Filetsteak schmecken, da an diesem Tag die Fische nicht sehr frisch waren. Danach machten wir einen Spaziergang am Strand entlang der ehemaligen Stadtmauer und den halbrunden Festungstürmen zu unserem Schiff in der Marina.

Auch am nächsten Tag trug uns der Jugo in die richtige Richtung und nach guten 30 sm legten wir im Hafen von Hvar an. Ein Liegeplatz längsseits an der Mole ist jetzt nicht einmal außerhalb der Saison möglich. In diesem Jahr 1992 war das kein Problem. Auch im Hafen von Hvar fanden wir ein nettes Speiselokal für einen gemütlichen Abend. Zufällig lag der Brite von der Komolac auch im Hafen von Hvar. Wir hatten in der Komolac mit dem Ehepaar bereits einen Abend verbracht. Nun, hier in Hvar luden sie uns zu sich an Bord und auf einen Whisky ein. Da wir ihnen erzählt hatten, dass unsere Tochter mit ihrer Familie in London lebte, erfuhren wir, dass auch sie ihren Lebensort zurzeit in London aufgeschlagen hätten. Sie waren eigentlich Schotten, hatten aber entdeckt, dass in London der Markt zum Kauf viktorianischer Reihenhäuser sehr günstig war. Durch den Kauf und die anschließende Renovierung solcher Häuser hätten sie schon ganz schön verdient. Selbstverständlich ging das nur durch eigene Arbeit. Mit drei solchen Häusern hätten sie sich bereits die Yacht erwerben können. Eine Moody 42 mit großzügiger Eignerkabine. Nach ihrer derzeitigen Fahrt wollten sie das vierte Haus in Angriff nehmen. Erworben hatten sie es bereits vor der Abreise. Jetzt würden sie noch einen Liegeplatz für ihr Schiff suchen, um nach London und zur neuen Arbeit zurückzukehren. Ich schlug ihnen Trogir vor, wegen der Nähe zum Flughafen von Split.

Wir schauten selbstverständlich auch auf der Rückreise bei Ljerka und Stipe in Split vorbei. Stipe holte uns wie immer in der ACI Marina ab. An diesem Abend würden sie uns zu Freunden nach Omiš mitnehmen, denn sie seien dort eingeladen. Gut, dass noch genug Kaffee in ganzen Bohnen an Bord war. So mussten wir nicht mit leeren Händen dort erscheinen. Wir dachten vorerst, wir würden die Familie nicht kennen, was aber nicht ganz stimmte. Der Sohn war als Mitglied des Mandolinenorchesters bei der Tournee mit in Kärnten gewesen. An dem Tag feierte er seinen zehnten Geburtstag. Da die Töchter nicht in Split waren, konnten Stipe und Ljerka mit uns beiden die Küstenstraße entlang und dann zu dem Haus am Hang vor und oberhalb von Omiš fahren.

Von der Terrasse des Hauses war die Aussicht auf das Meer des Biokovo-Kanals und die Insel Brač wunderschön. Dort war mit einer Lampionsgirlande nun der Tisch für die Geburtstagsfeier angerichtet. Am Abend dieser Einladung wurde mir die tiefe Gläubigkeit der Kroaten bewusst. Trotz der langen Zeit im kommunistischen Umfeld in Jugoslawien war die römisch-katholische Kirche in diesem Land immer präsent gewesen. Die Behörden sahen es zwar nicht gerne, dass die Schulkinder in der Grundschule in Religion unterrichtet wurden. Der Religionsunterricht war sogar verboten. Die Pfarrer hielten den Religionsunterricht in den Gemeinden und dort in den Kirchen dennoch ab, wie ich es des Öfteren hatte beobachten können. Bei dieser Geburtstagsfeier hatte der Hausvater dem Geburtstagskind die Ehre, das Tischgebet sprechen zu dürfen, übertragen.

Nach dem Mahl kam ich mit einem anderen Gast bei einer Zigarette ins Gespräch. Er war der Feuerwehrkommandant des Ortes. Unsere Unterhaltung drehte sich um die vielen Brände in der Gegend und in Dalmatien überhaupt. In den Jahren vor dem Krieg wären Waldbrände nur in der Zeit der extremsten Hitze und Trockenheit entstanden. Auslöser seien sehr oft Selbstentzündung gewesen, aber auch die Brennglaswirkung eines Flaschenbodens. Seltener war die Schuld bei einer schlecht abgedämpften und achtlos weggeworfenen Zigarettenkippe gelegen. In diesem Jahr aber hätten sie schon von Anfang April bis jetzt im Juli über 1100 Einsätze gehabt. Das bedeutete, dass im Schnitt pro Tag fast ein Dutzend Brände zu bekämpfen waren. Das heißt, dass er und seine Mannschaft fast überhaupt nicht mehr zum Schlafen kamen. Es lag auf der Hand, dass diese Brände ausschließlich von den Leuten aus der Krajina gelegt worden waren.

Bei der Weiterfahrt von Split blies uns eine ungewöhnlich starke Tramontana entgegen, die in den Böen Spitzen von acht Beaufort erreichte. Der bedeckte Himmel drückte außerdem auf die Stimmung. Mit der Fock I allein kreuzte ich gegenan. Wir waren schon nahe der Insel Drvenik und hatten damit ihre Abdeckung erreicht, als ein Helikopter der UNHCR etwa 200 Meter über uns unsere Fahrt beobachtete. Meine Besorgnis war, er könnte tiefer herunterkommen, um mir zusätzlich den Abwind seines Rotors ins Segel zu blasen. Wir winkten ihm daher freundlich zu. Er hatte anscheinend dann doch bemerkt, dass wir uns in keiner Gefahr befanden, denn er drehte zum Militärflughafen bei Trogir ab. Da auch mir die Lust vergangen war, weiter gegen Wind und Wellen zu raufen, drehte ich ab und ließ mich vor dem Wind in die ACI Marina Trogir schieben. So kamen wir wider Erwarten in den Genuss eines Abendessens auf der „Terasa" in der Alka. Das mit Frischkäse aus Schafsmilch gefüllte Schweinsfilet mit Tomatensalat und dazu eine Flasche Babić hatten wir uns redlich verdient.

Übrigens die „Alka": Damit ist das Ziel von einem Reiterspiel gemeint. Im Jahr 1715 wurden die Osmanen aus Sinj vertrieben. Die Legende sagt, dass die Madonna den in die Kirche eindringenden Türken aus dem Altarbild entgegengekommen sei, worauf diese die Flucht ergriffen. Seit der Zeit finden in Sinj Reiterspiele zu Ehren der Madonna statt. Bei diesen Spielen sprengen die Reiter im Galopp auf einen Ring – die Alka – zu, den sie mit ihrer Lanze treffen müssen. Die Spiele wurden auf das erste Augustwochenende verlegt, weil Kaiser Franz I. von Österreich Sinj zu der Zeit besuchte und man diese für ihn abhielt. Vorher waren sie am Tag von Mariä Himmelfahrt abgehalten worden. Sie erinnern mich irgendwie an das Feistritzer Kufenstechen. Beide gehen wohl auf Übungen der Kavallerie zurück, um gegen die Türken bestehen zu können.

Wieder einmal hatte sich der Wind gedreht und wir konnten am halben Wind bis in die Uvala Stupica auf Žirje segeln. Dort war ein Fischer, der in seinem Boot seinen Fang sortierte. Er hatte drei prachtvolle Langusten aus seinen Reusen geholt und bot sie uns zum Kauf an. Schade! Wir mussten leider ablehnen, da wir keinen Topf hatten, in dem wir ein so großes Krustentier hätten kochen können.

Die Bucht davor war mit einer Warntafel versehen. Der Hinweis besagte, dass die Küste vermint ist. Von dieser Bucht geht ein Weg auf die Gusterna, einer Anhöhe am östlichen Ende der Insel Žirje. Die ganze Insel war mit militärischen Stützpunkten versehen. Auf der Gusterna aber stand ein Ungetüm von einer Kanone. Mit dieser Kanone schoss die serbisch-nationale Besatzung dieses Postens 43 Kilometer weit bis nach Šibenik und traf mit drei Schüssen das Dach der Basilika. Wieder einer der kulturellen Makel, die sich die Serben in diesem Krieg aufgeladen hatten. Gott sei Dank, die Schäden wurden bald wieder behoben. Nur die hellere Farbe der ausgetauschten Dachplatten erinnert noch daran.

Da wir wegen der geplanten Folgetörns schon in Zeitdruck waren, verließen wir die Stupica am Morgen bei Dämmerung. Da noch kein Wind aufgekommen war, musste der Motor uns dem Ziel näherbringen. Vor Sestrunj setzte die Abenddämmerung ein, und als wir dann zwischen Veli Tun und Sestrunj in den Prolaz Makrane einfuhren, waren dort alle Leuchtfeuer gelöscht. Wir wunderten uns sehr, als es östlich von uns ein starkes Wetterleuchten gab. Der Tag und vor allem der Abend ließen keinesfalls auf ein aufkommendes Gewitter aus dieser Richtung schließen. Da erkannte ich schlagartig, dass dieses eher orange-rote Wetterleuchten das Mündungsfeuer von Kanonen war. Das Ziel, die Maslenica-Brücke, war von mir kaum 12 Kilometer Luftlinie entfernt. Es war Wochenende und die sogenannten „Wochenendčetniks" waren wieder hoch aktiv! Sofort löschte ich meine Positionslichter, um kein Ziel zu bieten.

Das Problem der Kroaten zu der Zeit waren Leute, die in dem Teil der Krajina zu Hause waren, der in der Nähe der Stadt Zadar lag. Es waren dies die Orte Novi Grad, Obrovac, Kruševo und Gornji Karin. Diese waren von besonders fanatischen Krajina-Serben bewohnt. Unter der Woche gingen sie scheinbar harmlos ihrer Arbeit in Zadar nach, am freien Wochenende stiegen sie in die Berge und griffen von dort mit leichter Artillerie geeignete Ziele an oder versuchten durch Brandlegung an den Wäldern, der Gemeinschaft Schaden zuzufügen. Sicher war man dabei nicht einmal vor alten Frauen. Nina erzählte mir von einem Fall aus Kistanje. Dort war ein ihr bekanntes Mädchen von zwölf Jahren gestorben. Sie war mit ihren Eltern von Split gekommen. Beim Vorbeigehen an einem durch Beschuss sehr in Mitleidenschaft gezogenen Haus sah sie durch die offene Tür eine alte Frau in einer Ecke kauern. Sie ging zu ihr hin und fragte sie, ob sie irgendwie helfen könne. Als Antwort holte die Frau einen alten Revolver unter ihrer Schürze hervor und erschoss das Mädchen.

Die Soldaten und Freiwilligen der kroatischen Armee hatten zur Bekämpfung der Stellungen der Četniks nun folgende Taktik entwickelt: Sie verwendeten Handkatapulte, auch bekannt als Steinschleudern, um Handgranaten auf weitere Distanz werfen zu können. Damit wurden sie viel näher vermutet, als sie in Wirklichkeit waren. Eine echte Kriegslist und ein entscheidender Vorteil!

Langsam tastete ich mich durch die finstere Neumondnacht und an der Insel Silba vorbei. Bald darauf war ich sehr froh, durch den Kanal von Sveti Petar die Lichter der Häuser von Ilovik zu sehen. Immerhin war es schon gegen 23 Uhr, als ich mich im Kanal vor Anker legte.

Wieder eine Tagesreise später legte ich in der ACI Marina von Pula an. Nach den letzten Tagen, an denen wir uns an Bord während der Fahrt verpflegt hatten, war es ein Genuss, an einem gedeckten Tisch zu sitzen. Besonders für die Bordfrau. Nach einer ruhigen Nacht und einem guten Frühstück segelten wir von Pula durch den Fašanski-Kanal zwischen dem Festland und den Brionischen Inseln hindurch nach Rovinj und erreichten unseren neuen Heimathafen am noch jungen Nachmittag.

Die Altstadt von Rovinj liegt auf einem Hügel, der als Insel erst später mit dem Festland verbunden wurde. Die verwinkelten Gassen geben oft den Blick auf delikate Fassaden verschiedenster Baustile von Gotik und Renaissance, Barock und Klassizismus frei. Am Gipfel aber thront die Kirche der Heiligen Euphemia, der Tochter einer Patrizierfamilie aus Chalkedon. Sie wurde in der Zeit der diokletianischen Christenverfolgung zunächst in der Arena den Löwen vorgeworfen, und als diese ihr nur die Hand leckten, auf das Rad geflochten. So erlitt sie also den Märtyrertod. In der dreischiffigen barocken Basilika, der ein Turm beigestellt ist, der dem Campanile vom Markusplatz nachempfunden ist, steht ihr Sarkophag in der Kapelle der rechten Seitenapsis. An der linken Seitenwand der Kapelle ist in Seccomalerei die Szene der Heiligen mit den Löwen in der Arena dargestellt und auf der rechten befindet sich ein ebenso großes Seccobild, auf dem die Menschen den Sarkophag auf einen Karren verladen, gezogen von Ochsen, die ihn auf den Gipfel des Hügels bringen sollen. Die Legenden um die Ankunft des Sarkophages in Rovinj erzählen das zwar so, es ist aber wenig glaubhaft, dass ein vier Tonnen schwerer römischer Haussarkophag alleine durchs Meer schwimmt oder an einer Küste angeschwemmt wird. Vielmehr dürfte die Version stimmen, dass die Ritter des Johanniterordens den Sarkophag nach

Rovinj gebracht haben, wie es in ihrer Chronik geschrieben steht, zumal er eine ihrer vier Hausreliquien war.

Außer der Kirche am Berg gibt es noch einige andere historische Sehenswürdigkeiten, wie das Balbi-Tor, ein Stadttor aus dem 17. Jahrhundert. Aus römischer Zeit sind die Reste eines Steinbruches vorhanden, den zu durchwandern, einen netten Zeitvertreib abgibt. Auf der Halbinsel danach haben die Forstleute der Monarchie einen Forstgarten angelegt. Dieser jetzt schon über hundert Jahre alte Park auf der über 70 Hektar großen Halbinsel im Süden der Altstadt gleich nach der ACI Marina ist nun geschützt. Außer einem Lehrpfad mit Bäumen Europas wurden Zedern in Doppelreihen in Form eines Sternes angelegt.

Ein Spaziergang entlang der Wege bis zum ehemaligen Musikpavillon lohnt sich ebenfalls. Die am Verwaltungsgebäude angebrachte steinerne Tafel der Universität Wien wurde noch während der Jahre, in denen wir unsere Yacht in Rovinj liegen hatten, abgenommen und zerschlagen. Da hat wohl wieder einmal der Nationalismus arg zugeschlagen.

Schon im zweiten Jahr der Selbständigkeit war in Istrien der Fremdenverkehr deutlich stärker gestiegen als weiter im Süden an der Küste. Positiv zu vermerken war der Baubeginn einer Ringkanalleitung und Klärbecken für die Abwässer der Stadt. Während früher alle Abwässer ungeklärt ins Meer flossen, was bei bestimmter Wetterlage den charakteristischen Hafengeruch ausmachte, sollte das in Zukunft verhindert werden.

Oberhalb der Marina auf dem ansteigenden Terrain nach Osten hin standen zwei Hotels. Das Hotel „Park“ und das „Eden“. Diese beiden und viele andere, wie das Hotel auf der kleinen Insel Katarina, hatten Tanzkapellen verpflichtet. Diese spielten an den Wochenenden für ihre Gäste bis um ein Uhr Früh zum Tanz auf. Dabei lagen besonders „Park“ und „Eden“ im edlen Wettstreit. Oft bissen sich die gerade gespielten Hits grauenhaft. Kam dann noch böiger Wind dazu, dann war der musikalische „Genuss“ in der Marina kaum auszuhalten.

Um in dieser schweren Zeit die Hotelkästen und das Personal auszulasten, kamen die Tourismusmanager auf die Idee, den ehemaligen Brüdern aus dem Osten Sonderkonditionen einzuräumen. Denn der Warschauer Pakt hatte sich in der Zeit auch aufgelöst. Da die Kaufkraft dieser Kundschaft eher bescheiden war, kam man ihr von kroatischer Seite sehr entgegen. Sie zahlten für die gleichen Leistungen satte 30 % weniger als Gäste aus Österreich oder Westdeutschland. Die Gäste aus den neuen Staaten Tschechien und Slowakien bedankten sich dafür auf ihre Weise, indem sie sich mit „Souvenirs" aus ihren Hotelzimmern eindeckten – nicht etwa die üblichen Handtücher und ähnliche Textilien. Es mussten schon Spiegel oder Armaturen aus dem Badezimmer sein. Sogar Waschbecken sollen auf die Heimreise mitgenommen worden sein. Im nächsten Jahr war man aus dem Schaden klüger geworden. Der Rückschlag bei den Gästen aus Österreich zumindest war spürbar. Ich sah deutlich weniger Autos mit österreichischen Kennzeichen auf den Hotelparkplätzen in Rovinj.

Im Sommer 1993 wurden auch die bisher streng abgeschotteten Brionischen Inseln für den Tourismus zum Besuch freigegeben. Von Rovinj aus waren sie für uns in zwei Stunden zu erreichen. Beim ersten Mal legten wir schon um 10 Uhr im kleinen Hafen der Hauptinsel an. Von dort aus war eine Chi-Chi-Bahneingerichtet, die eine Rundreise auf der Insel anbot. Heute sieht man diese als Dampflokomotive verkleideten Traktoren häufig. Drei Waggons folgen spurtreu der Zugmaschine. So bekamen wir die wichtigsten Einrichtungen der Insel zu Gesicht. Die Residenz von Tito, der ehemalige Hotelkomplex Kupelwiesers, des Wiener Industriellen, der die Inseln einem venezianischen Kaufmann abkaufte und großzügig ausbaute. Dann die Reste einer römischen Kaiservilla, wo sich ein Wiener, vielleicht war er Archäologe, fürchterlich über die sorglose Art der Ausgrabung aufregte. Tito hatte nach dem Krieg einfach eine Kompanie zum Ausbuddeln der antiken Reste abkommandiert. Mit Krampen und Schaufel ist dabei wohl einiger Schaden entstanden. Dann der Zoo! Viele Staatsbesuche stellten sich mit Exoten für diesen Zoo ein, zum Beispiel Sirimavo Bandaranaike, die Ministerpräsidentin Sri Lankas. Sie brach-

te Tito einen Elefanten mit, dessen drei Meter lange Stoßzäh-
ne rekordverdächtig waren. Leider hatte der arme Kerl damals
nur mehr einen, den anderen hatte er vor etlichen Jahren verloren. Dann waren noch einige Löwen in der Grube. Ansonsten war die Insel mit freilaufenden Antilopen besiedelt, die den
Parkpflegern die Arbeit sehr erleichterten. Das Geäst der Laub-
bäume war nämlich in Reichweite der Äser der auf den Hin-
terbeinen stehenden Tiere parallel zum Boden abgefressen und
auch der Rasen war gleichmäßig, wie mit dem Rasenmäher geschnitten, abgerupft.

Bei meiner letzten Ausfahrt in diesem Jahr dorthin war ein
Kollege mit seiner Frau und seinen beiden Kindern, einem Sohn
und einer Tochter, mit mir von Rovinj aus nach Pula und weiter unterwegs. Vor Brioni bot ich ihnen an, die Inseln zu besuchen. Natürlich sagten sie zu. Jeder war daran interessiert, diese Residenz des ehemaligen Staatspräsidenten in Augenschein
zu nehmen. Wir legten uns längsseits nach einer Ketsch an die
Mole. Damit war ein weiteres Anlegen nur mehr möglich, wenn
man sich mit einem der anderen ins Paket legte. Ich ließ meine Gäste aussteigen und wies ihnen den Weg zur Haltestelle des
Traktorzuges, der nach meiner Erfahrung für eine Rundfahrt
zwei Stunden benötigte und alle geraden Tagesstunden abfuhr.
Dann begab ich mich wieder an Bord und verzog mich mit einem Buch hinter mein Sprayhood in die Plicht. Die Ketsch vor
mir war unter österreichischer Flagge. Auf dem Schiff war anscheinend niemand anwesend. Kaum eine viertel Stunde später
fuhr ein Holländer in den Hafen. Er sah, dass ein Anlegen nur
an einer der beiden am Kai liegenden Yachten möglich war. Wegen der ähnlichen Länge entschied er sich für die Ketsch. Da er
aber nicht unerlaubt an der fremden Yacht festmachen wollte, er
aber auch niemanden sah, rief er seinen eventuellen Nachbarn
an: „Hello! Anybody on board?" Tatsächlich rührte sich jemand.
Es war der Eigner selbst, ein Herr aus Wien. Das nun folgende Gespräch zwischen dem Holländer und dem Wiener wurde
auf Englisch geführt. Der Einfachheit halber berichte ich es auf
Deutsch. Der Holländer: „Haben Sie etwas dagegen, wenn ich

mich an Ihr Schiff lege?" Der Wiener: „Nein, kommen Sie nur! Geben Sie eine Leine herüber, ich helfe Ihnen!" Nachdem das Schiff des Holländers am Bug und am Heck beim Wiener festgemacht war, fragte der Holländer: „Ist bei Ihnen der Urlaub auch zu Ende wie bei mir?" „Nein! Mein Urlaub geht nie zu Ende!", entgegnete darauf der Wiener. „Das gibt es nicht! Für die Pension sind Sie doch noch zu jung, so wie Sie aussehen! Oder haben Sie es nicht nötig, in einem Beruf tätig zu sein?", erkundigte sich wiederum der Holländer. „Das ist eine längere Geschichte!", erklärte der Wiener. „Tatsächlich bin ich erst 57! Ich war bei einer Schifffahrtsgesellschaft und war dort Obmann im Betriebsrat. Ich habe mir Sorgen gemacht, wir müssten uns doch endlich für den bald fertiggestellten Rhein-Main-Donau-Kanal aufrüsten, Kapitäne ausbilden, Schiffe auf die Tauglichkeit für den Kanal überprüfen und so weiter. Ich bin mit diesem Anliegen zu unserem Chef gegangen und habe ihm die Probleme dargelegt. Wissen Sie, was dieser zu mir gesagt hat? Nein?! Er sagte zu mir: ‚Wollen Sie Krieg oder wollen Sie mit zwei Blauen im Monat mehr in die Frühpension?' Und daher bin ich schon jetzt in der Pension!" Mit den „Blauen" waren natürlich die damaligen blau bedruckten 1000-Schilling-Scheine gemeint. Ich jedenfalls war verwundert, was ich da zu hören bekam. In Wien gehen die Uhren wirklich anders, wie wir Österreicher immer wieder resigniert betonen. Oder ist es eher der Balkan, der die Uhren in Wien verstellt?

Das Jahr 1994 eröffneten wir mit einigen Fahrten nach Pula. So konnten wir diesen in der Monarchie so wichtigen Hafen, eher aber die Stadt, genauer in Augenschein nehmen. Lang ist ihre Geschichte. Zuerst die Illyrer als Gründer, dann die Griechen, im 2. Jh. v. Chr. die Römer. Unter Augustus wurde das Amphitheater gebaut. Es ist nach dem Kolosseum das zweitgrößte und sehr gut erhaltene wie auch der Augustustempel und der Tempel der Roma. Dieser ist heute in das Rathaus der Stadt integriert. Nach dem Zerfall des Römischen Reiches gelangte Pula unter die Herrschaft der Ostgoten. Justinian konnte Pula im 6. Jahrhundert für Ostrom erobern und machte einen Flottenstützpunkt daraus. Die Slawen drangen in der zweiten Hälfte des 6. Jahrhunderts nach Istrien, konnten aber die Küstenstädte und auch Pula nicht einnehmen. Ende des 8. Jahrhunderts wurde Istrien Teil des Frankenreiches und dann des Heiligen Römischen Reiches. Pula blieb aber ein Teil von Byzanz und war dadurch faktisch unabhängig. Mit Venedig schloss Pula 1150 einen Vertrag und blieb bis 1797 Teil der Republik. Danach kam es zur Habsburgermonarchie. Diese übernahm ein malariaverseuchtes Fischerstädtchen mit 870 Einwohnern. Österreich hatte die Wahl zwischen Triest und dem Naturhafen von Pula, um einen Militärhafen daraus zu machen. Kaiser Franz Josef entschied sich für Triest als Handelshafen und für Pula als Kriegshafen. Am 9. Dezember 1856 legte er den Grundstein zum Bau eines Seearsenals. Er war in Begleitung der Kaiserin und seines Bruders, des Marinekommandanten Erzherzog Ferdinand Maximilian, den er an dem Tag zum Vizeadmiral beförderte.

Die Anfahrt in den Süden, aber auch das Zurückfahren nach Rovinj waren etwas mühsam. Dennoch blieb Rovinj bis zum Jahr 1996 unsere Heimatmarina. Nach einigen Törns, die uns 1994 wie üblich bis Trogir, Split und Dubrovnik führten, waren wir wieder einmal in Lastovo bei unserem Wirt mit der Balkonterrasse. Wir, das waren neben Sissy und mir, Lukas und Nina. Felizitas auch. Ein paar Tage vorher musste ich sie von einem Baum bergen. Es war in der Palmežana. Noch nach unserem Frühstück war sie von ihrem morgendlichen Ausflug noch nicht zurückgekehrt. Daher machte ich mich auf die Suche. Am Waldstreifen gegenüber dem Steg an dem wir lagen, war eine etwas höhere Aleppokiefer, die in bis etwa fünf Metern Höhe astfrei war. Von da wuchsen zwei gleich dicke Hauptäste und in dieser Astgabel saß meine Katze. Ich wäre beinahe vorbeigegangen. Ein klägliches Miauen zwang mich, nach oben zu schauen. Felizitas hatte mich erspäht und sich bemerkbar gemacht. Nach einigen misslungenen Versuchen getraute sie sich endlich, mir in die Arme zu springen. Ganz ohne Kratzer habe ich dieses Abenteuer nicht überstanden. Über Šćedro und Korčula ging die Fahrt weiter, ab Korčula wieder einmal bei totaler Flaute und drückender Hitze unter Motor nach Lastovo. Ich legte meinen Anker wieder in die Nähe des immer dort liegenden Motorbootes und mit dem Heck an den Steg unseres Wirtes. Es war bereits der 18. August, die Saison schon sehr fortgeschritten. Diesmal saßen noch die Crews einiger italienischer Yachten an den Tischen auf der Terrasse. Da es für ein Abendessen noch zu früh war, beschlossen wir einen Besuch des Hauptortes.

Der Ort Lastovo liegt malerisch am Rande eines Kraters. In der Sohle dieses Kraters grenzt Feld an Feld. Wenn gegen Abend die Sonne schräg auf die Reihen der Häuser fällt, stechen diese hell beleuchtet gegen das Dunkel der im Schatten liegenden Felder und dem Wald ab. Nicht so aber die ebenfalls am Kamm stehenden Kiefern, deren Nadelspitzen einen goldig gelben Kontrast zu ihrem dunklen Grün bilden. Vom Kraterrand geht der Hang nach Norden steil zum Meer hinunter. Dort stehen in einer engen Bucht einige Häuser und links eine breite Mole, die dem Anlanden von Versorgungsschiffen dient. In vielen Serpentinen windet sich ein Weg herauf zum Ort, bezeichnenderweise Ulica Lučice genannt.

Was mir auf der Insel Lastovo in den Ortschaften besonders auffiel, waren die Kamine an den Häusern. Ich sagte dies der Wirtin, da die Wirtsleute ein besonders schönes Exemplar eines solchen Kamins an ihrem Haus aufwiesen: „Eure Kamine sehen aus wie türkische Minarette!" „Ja, das sollen sie auch! In der Zeit, in der sich das Osmanische Reich am Balkan ausbreitete und im Süden bis zur Adriaküste vordrang, wussten unsere Vorfahren, dass sie so weit draußen am Meer nichts zu befürchten hatten und verhöhnten damit die Aggressoren. Früher hatte man sogar noch ein Teufelchen obenauf gesetzt!" Tatsächlich sah ich später sehr verwittert, aber noch deutlich erkennbar so einen Teufel am Kamin eines Hauses im Ort Lastovo sitzen.

Zurückgekehrt zu unserem Wirt, bestellten wir unser Abendessen. Nono Giuseppino, der Vater der Wirtin, empfahl uns Spaghetti in Langustensugo. Ich kann versichern, diese Pasta asciutta war schon sehr speziell. Lucas hatte sich wieder mit einer Crew aus Rom angefreundet.

Gegen 23 Uhr zog ein Gewitter auf. Begleitet von noch geräuschlosem Wetterleuchten suchten wir die Kojen auf. Ich hatte unseren Klapptisch in der Plicht stehengelassen – ein gravierender Fehler aus späterer Sicht. Es war noch nicht ein Uhr nachts, als wir alle von dem ohrenbetäubenden Krachen der Gewitterdonner aus dem Tiefschlaf gerissen wurden. Gleichzeitig standen die Sturmböen direkt auf unseren Bug und zerrten an unserer Ankerkette. Ich startete den Motor und entlastete die Kette. Schwimmend brachte mein tapferer Enkel eine Vorleine an einer der Heckklampen des Motorbootes vor uns an. Somit waren wir perfekt gesichert, denn das Boot vor uns war an einem mächtigen Pilzanker vertäut. Bei den notwendigen Starten meines Motors vor den Manövern war der noch stehende Tisch ein gewaltiges Hindernis gewesen, welches ich zuerst aus dem Weg schaffen musste. Dadurch hatte ich wertvolle Zeit verloren. Gott sei Dank war in diesem Fall nichts passiert. Dennoch wird seit diesem Vorfall der Tisch in jedem Fall vor der Nachtruhe zusammengeklappt und versorgt. Die Italiener allerdings flüchteten Runden drehend in die Mitte der Bucht, denn keiner ihrer Anker hielt am Grund fest.

Das Gewitter war bald vorüber, die Bora jedoch stand noch voll und drückte die Wogen am folgenden Morgen durch die Einfahrt. Nachdem ich meinen Motor besonders lange warmgelaufen hatte, gelang es mir nach einigen Versuchen, den Hafen zu verlassen. Mit dem alten Volvo wäre es wohl nicht gelungen, dieser Mausefalle zu entkommen.

Den ganzen Tag kreuzte ich mit einem Reff im Groß und der Fock I gegen die Bora an. Um 22 Uhr erreichte ich endlich die ACI Marina in der Palmežana. Der Steg war nur halb besetzt und trotzdem war keine einzige Mooring frei. Dafür waren die friedlich daliegenden Boote alle doppelt vertäut. Ich holte mir daher von meinen Nachbarn die meinem Platz zustehende Mooring. Somit war es auch mir möglich, zur Ruhe zu kommen. Um 5 Uhr wurde ich schon wieder geweckt. Ein sanftes Streichen an meiner Wange begleitet von einem schnurrend-rollenden Miau weckte mich. Schlaftrunken stand ich auf, um zu sehen, was meine Katze von mir wollte. Zwei gut zwanzig Zentimeter lange Brassen lagen am Boden in der Kombüse. Felizitas hatte wieder einmal Anglerglück gehabt. Jetzt wusste ich, was ich zu tun hatte. Ich nahm die Fische aus, schuppte sie und legte sie kurz in fast siedendes Wasser, denn nur so verspeiste Madame Katze ihre Meeresbeute.

Um ungefähr 10 Uhr lief eine Charteryacht mit einer slowenischen Crew ein. Ein Mitglied hatte Arm und Kopf verbunden. Die ganze Crew bewegte sich wie geistesabwesend. Nur schwer kamen die anderen Marinagäste, die beim Anlegen der Yacht geholfen hatten, mit ihnen ins Gespräch. Dieses wurde auf Kroatisch geführt. Die Ankömmlinge verfielen dabei teils in ihre Muttersprache Slowenisch. Obwohl dem Kroatischen ähnlich, gibt es doch oft Unterschiede. Nina war unser Ohr bei diesem Gespräch. Danach erzählte sie uns, was sich zugetragen hatte.

Das Gewitter, von dem auch wir einen Teil zu spüren bekommen hatten, sei in Form einer gewaltigen Trombe von mindestens 400 bis 500 Metern im Durchmesser über den Kanal von Sveti Ante bei Šibenik und weiterziehend über den Hafen von Vodice hergefallen. Dabei seien dicke Steineichen mehrere hundert Meter in die Luft gezogen worden und selbst große Motoryachten hätte dieser Twister aus dem Wasser gehoben und wieder fallen gelassen. Unsere Chartercrew sei am Rande dieser Szenerie fürchterlich durchgeschüttelt worden. Dabei hätte der Verwundete beinahe sein Leben verloren. Der klassische Segelunfall: Der überkommende Großbaum hätte ihn voll am Kopf getroffen, wenn er diesen nicht mit seinem Arm geschützt hätte. So wurde der Schlag doch sehr gemildert.

Von der Palmežana ging die Fahrt weiter nach Trogir. In einer Bucht im Golf von Trogir, in der Uvala Račetinovac, wurde für Nina noch ein Badestopp eingelegt. Am Abend holten die Eltern Nina ab. Wieder einmal ein Abschied. Den Abend verbrachten wir in Arbanija auf Čiovo. Gordana und Peter hatten dort ihr Haus. Peter hatte eine Zahnarztpraxis in Trogir. Im Sommer besuchte sie oft ein Ehepaar aus Turin als Sommergäste, Albino und Teresa. Albino besaß eine kleine Textilfabrik.

Die Begrüßung fiel sehr herzlich aus, da wir uns alle schon seit Jahren kannten. Natürlich war ich auch ’92 und ’93 mit Sissy auf Besuch. Auf meine Vermittlung hatte auch einer meiner Ferlacher Kollegen bei ihnen Urlaub gemacht. „Wo ist Teresa?“, frage ich Gordana „Die steht schon seit drei Stunden in der Küche und kocht!“ ‚Soso‘, dachte ich mir, ‚das muss ja ein Festtagsmenü werden!‘ Wir saßen um den Gartentisch, plauderten, tranken und warteten. Dann trug Peter, der Sohn des Hausherrn, für Teresa den großen Topf Risotto aus der Küche herbei und stellte ihn auf den Tisch. Teresa teilte aus. Echten italienischen Risotto! Nichts anderes. Ein leicht rosaroter italienischer Rundkornreis, dreieinhalb Stunden gerührt, mit geheimnisvollen Kräutern versetzt und unheimlich köstlich. Jeder nahm gerne noch einen zweiten Teller. Auch ich, wo ich bei Reis sonst nicht so begeistert reagiere. Dazu ein vollmundiger „Roter“ mit erdigem Abgang, wie wir den heimischen Wein aus dem Trogirer Raum kennen. Nach dem Essen wurde getanzt. Peter Junior, ein echter Musikkenner, zauberte auf seiner Anlage. Alle waren fröhlich bis zur Ausgelassenheit. So einen netten und befreienden Abend hatten wir schon lange nicht mehr erlebt. Ein Abend von dem jeder wünschte, dass er nie zu Ende ginge.

Leider war dies der letzte Abend, an dem ich Albino und Teresa bei meinen Freunden antraf. Die wirtschaftlichen Verhältnisse in Italien setzten Albino und seiner Fabrik sehr zu, was sich in Folge auch auf seine Gesundheit auswirkte und er nicht mehr fähig für einen Auslandsurlaub war.

Von Trogir aus nahmen wir uns für den nächsten Abend die Insel Kaprije zum Ziel. Dort gingen wir in der Bucht des gleichnamigen Hafens vor Anker. Am Abend saßen wir unter dem Weinlaub der Pergola im „Bilo jaje“. Der Name des Lokals bedeutet: „Es war das Ei!“ Ich fragte die Wirtin, wie es zu dem Namen kam. Sie antwortete mir: „Es war noch in der jugoslawischen Zeit“. Da ihre Familie wenig hatte und auch kaum Grund und Boden, setzte ihre Mutter auf Hühner. Sie züchtete ein paar Leghühner und verkaufte die Eier. Mit dem zurückgelegten Geld konnte sie den Grund auf Kaprije erwerben und noch mehr Hühner halten. Danach kam dann das Haus, bei dem ihr Vater nach seiner Arbeit viel schuf. Neben dem Haus entstand dann noch ein Zubau mit Fremdenzimmern. So konnten sie in der Saison noch zwei Doppelzimmer anbieten. Die Mutter, die Begründerin dieses bescheidenen Glückes, war schon verstorben. Jetzt war noch ihr sehr alter Vater, der sich mit mir gerne auf Italienisch unterhielt, beim Haus. Ihre Tochter war auch schon erwachsen und sogar einige Jahre verheiratet. Ihr Mann fuhr mit der Fähre nach Šibenik zur Arbeit und war nur an den Wochenenden zu Hause.

Viele Male ließen wir uns die Trilje und die Girisi auf der Terrasse unter der Pergola schmecken. Meine Enkelkinder, Sohn und Tochter meines Ältesten, spielten dort gerne mit den Kätzchen oder mit der Schildkröte. Einige Jahre später ging es dem alten Herrn plötzlich schlecht. Er musste mit einer Lungenentzündung ins Krankenhaus nach Split. Fast den ganzen Sommer kämpfte er tapfer. Am Ende der Saison in diesem Jahr kam ich noch einmal allein bei der Wirtin vorbei. Das Lokal war geschlossen. Zufällig verabschiedete sich eine Bekannte von der Wirtin. Sie wandte sich an mich und erklärte mir, dass das Gasthaus aufgegeben wurde. Ich bemerkte ihr verweintes Gesicht. Ja, der Vater war verstorben. Aber was viel tragischer war: Der Schwiegersohn hatte die Tochter verlassen, die daraufhin Suizid beging. Nun war die einst so glückliche Frau plötzlich allein übriggeblieben. Ich befürchtete auch für sie das Allerschlimmste. Ich versuchte, sie zu trösten. Zunächst rief ich ihr gemeinsame Erlebnisse ins Gedächtnis. Als ich meine Enkel erwähnte, öffnete ich in ihrem Gedächtnis ein Fenster. Mütterliche Frauen beobachten kleine Kinder immer genau und setzen viele Erinnerungen mit diesen in Verbindung. So erzählte sie mir dann ihr ganzes Unglück und wie sehr sie sich auf Enkelkinder gefreut hätte. Und was war ihr geblieben? Gar nichts!

Mit einer Zwischenlandung bei Ante in Vrulje und dann in der ACI Marina Žut und an einer Boje in der Bucht südlich von Brbinj auf Dugi Otok erreichten wir am 23. August die Bucht Sveti Ante auf Silba. Unterwegs nach Silba war wieder einmal

Gefechtslärm zu hören. Das brachte uns in Erinnerung, dass im Jahr 1994 in Kroatien noch immer Krieg herrschte. Beim Wegfahren am nächsten Tag ließ ich Lukas an das Steuer und ich zog den Anker, beim Einlegen des Rückwärtsganges wieder einmal ein Schockerlebnis! Der Motor heulte auf aber der Gang griff nicht. Ich ließ den Anker wieder fallen. Beim Nachsehen ergab sich, dass alle vier Verbindungsschrauben der Kupplungsscheibe mit dem Flansch am Getriebe ihre Muttern verloren hatten und die Bolzen herausgerutscht waren. Die an und für sich einfache Reparatur war leider nur in ungewöhnlicher Zwangslage durch eine Luke in der Backskiste zum Motorraum behebbar. Ich quälte mich kopfüber mit dem Einfädeln der Schraubenbolzen, um dann die Muttern wieder festzuziehen. Da ihre Länge sehr knapp bemessen war, konnte ich keinen Federring als Sicherung zwischen Flansch und Mutter legen. Beim nächsten Mal um fünf Millimeter längere Bolzen verwenden! Nach zwei schweißtreibenden Stunden konnten wir endlich den Anker lichten und die Bucht Sveti Ante verlassen.

Um 15 Uhr erreichten wir die Uvala Kaldonta am unteren Zipfel der Insel Cres. Diese Bucht hat viele kleine Untiefen. Wir trafen einen Italiener, der prompt mit seinem Kiel festsaß. Er schilderte verzweifelt, was er alles versucht hätte, um von dem Stein wieder herunterzukommen - eine fatale Situation. Ich manövrierte vorsichtig mein Heck in die Nähe des seinen und bat ihn um die Belegleine, die er an seinem Heck schon festgemacht hatte. Nachdem ich ihn somit an meiner Heckklampe angehängt hatte, begann ich zu ziehen. Seine Yacht, ein wenig länger als meine, rührte sich aber nicht. Er wollte schon aufgeben. Da erinnerte ich mich an den Trick, den wir schon selbst einmal im Priel nach Aquileia anwenden mussten. Ich, oder vielmehr Lukas, erklärte ihm auf meine Anweisung, was er zu tun hätte. Gemäß unserer Anordnung setzte er sich rittlings auf seinen Segelbaum. Seine Frau fierte die Großschot und holte mit der Bullentalje den Baum seitlich aus. Das Schiff krängte und der Kiel kam frei. Damit war der Fall erledigt. Das italienische Paar bedankte sich, blieb aber wegen des erlittenen Zwischenfalls nicht in der Bucht.

Wir übernachteten in der Kaldonta mit Bug- und Heckanker, damit wir durch ein Schwojen nicht womöglich auch eine Grundberührung hätten. Am Morgen des 25. August verließen wir gegen acht Uhr die Bucht in Richtung Osor. Dort wollten wir durch den Kanal fahren, wenn um 9 Uhr die Drehbrücke geöffnet werden würde. Genau um dieselbe Zeit würde auch die Brücke in Lošinj geöffnet werden. Wenn man dort die Durchfahrt benutzt, kommt man in den Hafen von Mali Lošinj. Vor mir drohte ein Gebirge von Gewitterwolken. Es sah wahrlich nicht gut aus. Um nicht im Flachwasser vor Osor von einer gewaltigen „schwarzen" Bora überrascht zu werden, entschied ich mich für den Kanal von Mali Lošinj. Rechtzeitig erreichten wir die Durchfahrt noch bei offener Brücke. Dann suchte ich mir rechts gegen Nordwesten einen Platz zum Ankern. Wir lagen mit ziemlich viel Kette vor einer Reihe von kleinen Motorbooten, die anscheinend zu einer Reihe kleiner Ferienhäuser gehörten. Dann fingt es gemütlich zu regnen an. Schon war ich beruhigt, denn wenn das Wetter so beginnt, gibt es aus meiner Erfahrung keine stärkere Windbelastung. Auf einmal legte sich die „Santorin" ganz plötzlich auf 45 Grad nach Steuerbord. Mich, der ich in der Plicht saß, warf es direkt auf die in die Seitenwand eingelassenen Motorarmaturen. Ich glühte sofort mit dem Zündschlüssel fünf Sekunden vor und der noch von der Fahrt warme Motor sprang, Gott sei Dank, sofort an. In diesen paar Sekunden hatte sich die vorher so friedliche Szenerie in einen Hexenkessel verwandelt. Die „Santorin" befand sich fast am Ufer. Gott sei Dank fiel der Grund an der Stelle senkrecht, wie gemauert, auf zwei Meter ab. Keine Grundberührung! Auch gelang es mir, mein Schiff vom Ufer freizukämpfen. Eine Leine des vor mir liegenden Bootes lag aber so unter Wasser, dass ich sie in meine Schraube bekam. Diese wickelte in weiterer Folge die Leine um die Welle. Da diese aber nicht allzu dick war, brach sie. Mein Motor lief und auch die Schraube drehte sich. Ich konnte manövrieren und uns freihalten. Nach zehn Minuten war der Schreck vorbei und die Natur wieder ruhig. Nur einiges in der Umgebung war vollends verändert. Der Lebić war mit einer Böe von fast zwölf Beaufort mit 60 Knoten aus Südwesten auf uns zugerast. Genau von der Gegenseite also, aus der ich den Sturm erwartet hatte. Der Föhrenwald an dem kleinen Durchbruch zwischen Koludarc und dem Kap von Lošinj im Rücken von uns war abgeholzt worden. Die gebrochenen Stämme starrten wie Zahnstocher in der Ferne hinter unserem Rücken, während das Wasser um uns mit Ästen und ganzen Kronen dieser Bäume voll war. Von wegen Bora aus Nordost! So kann man sich täuschen. Da durch das Trennen der Leine das daran befestigte Motorboot einigen Schaden erlitten hatte und ich mit meinem Anker unter der Grundkette hing, musste ich zur Hafenbehörde von Mali Lošinj und benötigte obendrein einen Taucher. Der Hafenkapitän nahm die Aussagen von mir und dem Eigentümer des Motorbootes auf. Dabei wurde mir klar, dass ein Lebić dieser Art auch für die Einheimischen eher überraschend zuschlägt. Der Taucher trennte zunächst die Reste der Leine von meiner Welle, stellte darauf fest, dass außer des Verlusts meiner Opferanode an der Welle kein weiterer Schaden entstanden war und holte schließlich den Anker unter der Grundkette heraus. Mir war die Lust auf einen Verbleib in Lošinj vergangen. Außerdem lief für Lukas die Zeit ab. Wenn ich nicht rechtzeitig in Rovinj war, würde er zu spät nach Hause kommen. Der Ponent, ein Westwind, der den Lebić abgelöst hatte, trug uns auf einem satten Amwindkurs in die Nähe des Leuchtfeuers Hrid Porer. Je näher wir ihm kamen, desto mehr drehte der Wind aber nach Norden. Zum Schluss musste ich mit einem kurzen Kreuzschlag Raum gewinnen, um die Leuchtturminsel westlich zu umfahren. Die weitere Strecke nach Pula setzte ich unter Maschine fort. In zwei Stunden müsste ich Pula erreicht haben. Der Nordwind bremste unsere Fahrt. Dennoch näherte ich mich und fuhr schon am südlichen Wellenbrecher vor der Einfahrt in das Hafenbecken entlang. Auch das grüne Einfahrtsfeuer am Ende der Mole war einige Kabellängen greifbar vor uns. Da schlug die von mir am Morgen erwartete Bora doch noch zu. Voll von vorne traf sie mich mit einem Regenschauer. Schlagartig sah ich nichts mehr. Um nicht mit der Mole zu kollidieren, drehte ich die „Santorin" etwas nach Backbord. Den Rest besorgte die Bora. Bis ich meine Richtung am Kompass ablesen konnte, war ich fast auf Gegenkurs. Außerdem hatte mir eine Welle das Wasser unter der Schraube gestohlen. Die Schraube heulte auf, so dass ich befürchtete, die Schrauben an der Kupplung hätten sich wieder verabschiedet. Aber diesmal nicht. Das Schiff nahm brav wieder Fahrt auf und in der Pause nach der Böe wurde auch das Einfahrtfeuer wieder sichtbar. Zehn Minuten später waren wir im ruhigen Wasser des Hafens. Unmittelbar danach begannen meine Zähne zu klappern wie die Kastagnetten einer Flamencotänzerin. „Ei-ei-ei-einen Whisky bitte!" Sissy schenkte mir von der Flasche „Single Malt" einen anständigen Schluck ein. Das Zähneklappern war damit schnell vorbei. Auch Lukas, dem die durch den Seegang unruhige Überfahrt zu schaffen machte, konnte seine gestressten Magennerven mit einem Schluck Whisky wieder unter Kontrolle bringen. Wir suchten das Restaurant der Marina auf und bekamen auch zu dieser relativ späten Zeit, es war doch schon 22:30 Uhr geworden, noch alles, was die Küche zu bieten hatte, auch Škampi pariški. Vorher aber eine herrliche heiße Fischsuppe und danach Palatschinken. Und alles begleitet von dem Malvasier vom Südhang des Berges Učka im Norden von Istrien.

Die Fahrt von Pula weg verlief bei schönem Wetter und einem Maestrale von zwei bis drei Beaufort. Mit Großsegel und Genua kreuzten wir nach Rovinj und erreichten gemütlich um 15:30 Uhr unseren Liegeplatz. So ging der schönste, aber auch zeitweise gefährlichste Törn und für uns auch die Saison im Jahr 1994 zu Ende. Es fiel uns dreien sehr schwer, unsere „Santi", wie sie meine Frau liebevoll nennt, wieder für einen Winter zu verlassen.

Das Jahr 1995 brachte für mich einen neuen Lebensabschnitt. Mit 1. Februar trat ich in den „wohlverdienten" Ruhestand. Ich war plötzlich Herr über meine Zeit. Eines wusste ich gleich von Beginn an: Langeweile oder gar einen Pensionsschock würde ich nicht erleben. Dazu hatte ich zu viele verschiedene Interessen und Neigungen. Daher war auch für die Zeiten außerhalb der doch

relativ kurzen Segelsaison gesorgt. Aber auch im Winter gab es
genug zu tun, um für die kommenden Ausfahrten vorzusorgen.

Jedenfalls war in diesem Jahr schon für Anfang Juni eine
Ausfahrt geplant. Mehr als eine Woche wollten wir mit unserem Freund Egbert und seiner Gefährtin auf der Adria verbringen. Wir bummelten über Pomer und Silba in die Kornaten. Wir
aßen in der „Katina" wie schon oft vorzüglich gegrillten Fisch,
bestiegen den 234 Meter hohen Berg, ankerten einen Regentag
in der Telašćica und schwammen im noch sehr kalten Wasser.
Von dort querten wir nach der Durchfahrt durch die Vela Proversa hin zum Ždrelac und fuhren in die Marina Zadar. Dort
verließen uns Egbert und seine Freundin. Sie fuhren mit der
Fähre nach Silba. Egbert war in früheren Jahren dort viele Male
auf Urlaub gewesen. Wie lange waren wir nicht mehr in Zadar?
Acht Jahre? Diese Stadt, die von 1920 bis 1947 zu Italien gehörte, wurde im Zweiten Weltkrieg von den Alliierten stark bombardiert und verlor viele wertvolle Bauten. Noch zu sehen sind
die Ruinen des römischen Forums, dann der Zentralbau der byzantinischen Kirche des heiligen Donatus, die romanische Basilika der heiligen Anastasia und schließlich ein für seine Proportionen bemerkenswerter römischer Getreidespeicher. Auch die
gewaltigen Mauern der Festungswerke bestehen noch. Mit dem
Schutt der Zerstörungen gefüllt, erhebt sich auf ihnen der Stadtpark mit herrlichen alten Bäumen. Eines hat sich Zadar erhalten:
ein gewisses italienisches Flair, das es von den anderen Städten
Dalmatiens unterscheidet.

Sissy und ich fuhren weiter und machten zunächst in unserer
alten Heimat, in Trogir, einen Besuch. Wir trafen Ivo Baučević,
der in der Marina arbeitete und am Korso Peter, den Sohn von
Gordana und Peter. Es war gerade Fronleichnam. Das Fest wurde
groß gefeiert und den ganzen Tag wurden die Glocken in kurzen
Abständen geläutet oder geschlagen. Der feierliche Umzug ist besonders für die Kinder der Stadt ein großes Ereignis. Ganz Trogir
war auf den Beinen. Aber noch waren keine Touristen zu sehen.
Sonst war auch die Vorsaison in dieser Stadt ganz gut gebucht.
Die Klappbrücke von Trogir auf die Insel Čovo wurde renoviert.

252

An diesem Tag wurde sie geöffnet. Eine Flotte von Schiffen der verschiedenen Gesellschaften, die Ferienreisen anboten und die über Topp und Takel beflaggt waren, fuhren durch die nun offene Durchfahrt, drehten dann um und kamen zurück. Hinter ihnen schloss sich die Brücke und das blieb sie all die Jahre bis heute.

In Split trafen wir uns mit Stipe, Ljerka und den Mädchen. Ein Spaziergang auf den Marian mit der Familie bereitete uns auf den Abend vor. Stipe grillte eine herrliche Zahnbrasse und Ljerka rundete den Fisch mit „dalmatinski krompiri“ ab. Das sind diese herrlichen mit grünen Paprikas in Olivenöl gebratenen Kartoffeln, von der Sorte, die man bei uns auch einst bekommen hat.

Am nächsten Abend saßen wir im Peristyl des Diokletianpalastes und tranken Kaffee. Wir ließen die Opernabende, die wir hier erlebt hatten, Revue passieren. „Aida“, „Don Giovanni“ und „Nabucco“. Traditionelle Produktionen, kein Regietheater. „Aida“ gab es einmal auch in der Festung in Trogir vom Theaterensemble Split im Rahmen der Spliter Sommerspiele aufgeführt. Der Hof vor dem Kamerlengo ist für solche Aufführungen eindeutig geeigneter, da die Akustik durch die schützenden Mauern unvergleichlich besser ist.

Nach dem Kaffee schlenderten wir weiter zum „Platz des Volkes“, dem „Narodni trg“. Dort standen vier Herren im Kreis und sangen. Ihre Arme lagen auf den Schultern des jeweiligen Nachbarn. Ich hörte nach der Melodie ihres Liedes, dass dies die alte österreichische Kaiserhymne sein müsste. „Nein, nein“, sagte mir Ljerka, „das ist ein sehr altes kroatisches Volkslied.“ Ach ja, heiliger Josef! Der Haydn hat nicht nur diese eine Anleihe beim reichen Schatz der Volkslieder dieses Landes gemacht. Hätte ich doch wissen müssen!

Nach Trogir zurückgekehrt, verbrachten wir wieder einmal den Abend bei Peter und Gordana. Peter konnte sich über meine Vermittlung in Klagenfurt mit einem sehr guten, gebrauchten Equipment seine Zahnpraxis modernisieren. Was die Technik der Zahnarztpraxen betrifft, war das, was für unsere Ärzte als veraltet galt, für Länder wie Kroatien oder gar Rumänien in dieser Zeit hochmodern.

Wieder ging es nach Norden. Der Golf lag gerade hinter uns. Zwischen Veli und Drvenik Mali begrüßte uns ein freundlicher Delfin. Gleichzeitig pfiff auch der Signalton der Temperaturüberwachung des Motors. Warum lief der Motor heiß? Ich sah nach. Der Keilriemen war gerissen und als logische Folge war auch das Förderrad der Wasserpumpe kaputtgegangen. Nachdem Ersatzkeilriemen und auch Pumpenrad an Bord waren, hatte ich die Reparatur bald erledigt. Der Motor lief wieder, bevor der Wind einsetzte. Wir erreichten auch noch die Uvala Stupica, bevor ein Regenschauer und die Bora uns von unserer Plicht vergraulten. In der Kajüte bei einer Tasse Tee wurde es wieder gemütlich.

In der Nacht klarte es wieder auf und der folgende Tag war schön. Wir benützten den noch kühlen Morgen, um auf die Anhöhe am Ende der Bucht zu steigen. Dort traf ich einen jungen Mann. Er war dabei, eine Mauer mit einigen Zinnen aufzubauen. Der Mann sprach sehr gut Englisch und erzählte mir, dass er Lehrer an einem Gymnasium in Šibenik sei. Da er auch Geschichte unterrichtete, hatte er sich vorgenommen, mit den Resten der byzantinischen Festungsruinen diesem Platz einen Blickfang zu geben, und zwar möglichst dem ehemaligen Original getreu. Das ist ihm auch gelungen, denn seit der Zeit, in der die Zinnen dieser Mauer von der Hügelkuppe winken, steigt jede Crew, die mit ihrer Yacht in der Stupica festmacht, dort hinauf und genießt auf den Mauerresten im Sitzen oder im Stehen die schöne Aussicht. Bei dem freundlichen Wirt in der Stupica bekommt man auch heute noch die ursprüngliche Gastfreundlichkeit der Dalmatiner zu spüren.

Auf der kleinen Insel Ist gingen wir vor Anker und stiegen zuerst zum Kirchlein auf der Spitze. Auch hier ein wunderbarer Rundblick. Am Abend wurde uns ein Hummer angeboten. Eigentlich schmeckt Hummer auch nicht viel anders als die Languste. Im Lokal war auch ein deutsches Ehepaar, mit welchem wir ins Gespräch kamen. Ihre Yacht war eine Friendship 9 m. Das Boot trug den Namen „Alptraum". Wir sprachen über alles Mögliche. Welche Ereignisse sie zum Namen ihres Schiffes inspiriert hatten, verrieten sie uns nicht.

Auf der Insel war ich schon einmal auf einer sehr frühen Segelreise gewesen. Damals wunderten wir uns über den reservierten, ja sogar unfreundlichen Umgang der Einwohner mit den sie besuchenden Seetouristen. Nun erfuhren wir den Grund dafür: Dieser lag, wie sehr häufig, in den Umständen aus dem Zweiten Weltkrieg. Die in den jugoslawischen Gewässern operierende deutsche Kriegsmarine, oder besser gesagt, die ihnen aufgezwungenen politischen Kommissare der Gestapo, hatten 1943 ein Massaker unter den männlichen Bewohnern angerichtet. Es soll um Verrat an die Partisanen Titos gegangen sein. Kein Junge ab dem zehnten Lebensjahr und kein noch so alter Greis soll das Blutbad überlebt haben. Diese Wunden zu schließen, brauchte es mehr als nur eine Generation. Damals, als Titojugoslawien auch nur mehr ein Teil der Geschichte geworden war, hatte man sehr wohl versucht, die Versäumnisse im Fremdenverkehr aufzuholen.

In Silba holten wir Egbert und seine Partnerin ab und erreichten über Pomer und Pula wiederum Rovinj. Die restlichen Fahrten des Jahres 1995 verliefen relativ unspektakulär und spielten sich hauptsächlich im Raum Rovinj bis Ist und Molat ab.

Das Jahr 1996 begannen wir mit einem Familientörn: Michael mit Barbara und den Kindern Lukas, Matthias und Johanna sowie Sissy und ich. Michael laborierte an einer fiebrigen Erkältung, die er von zu Hause mitgebracht hatte und hoffte, dass er sie in der Sonne der Adria los werden würde. Leider spielte das Wetter nicht so mit, wie es sollte. Es blieb regnerisch und kühl, obwohl die zweite Juliwoche im Kalender stand. Trotzdem ließen wir uns die Tage nicht vermiesen. Wir gingen spazieren und segelten vor Rovinj, wenn der Wind uns dazu animierte. Die beiden Kleinen, Matthias und Johanna, waren schon recht seefest und segelten und schwammen gerne. Und auch Michael profitierte von dieser beschaulichen Woche. Seine Nase war wieder frei und das Fieber verschwunden. Kurzum, wir konnten die heilende Wirkung des Klimas auf die Atmungsorgane voll und ganz bestätigen.

Auch die zweite Fahrt in diesem Jahr war der Familie gewidmet. Unser zweiter Sohn, Andi, und seine Tanja waren mit Sissy und mir unterwegs. Dieses Mal hatte ich meinen leidigen Bronchialhusten, der mich nicht loslassen wollte. Trotzdem fuhren wir am 19. Juli von Rovinj los. Über Lošinj und die Kornaten erreichten wir nach einer Fahrt unter Großsegel und Spinnaker den Hafen von Milna auf Brač. Nach Korčula und Mljet besuchten wir wieder unser Lokal in der Zaklopatica auf Lastovo und feierten dort den Umkehrpunkt dieses Törns.

Von Lastovo hatten wir zunächst leichten und angenehmen Wind, der uns nicht besonders forderte. Über das Nordwestende der Insel Korčula nahmen wir direkten Kurs auf die Rogoznica und mussten am Nachmittag, da der Maestrale sehr bald einschlief, den Rest mit dem Motor schaffen. Endlich, um 22:30 Uhr, konnten wir in der hinteren Bucht der Rogoznica den Anker fallen lassen. Am nächsten Tag erreichten wir mit einem kurzen Zwischenaufenthalt in Šibenik am Nachmittag Skradin. Sissy fuhr mit Andi und Tanja zu den Wasserfällen. Etwas enttäuscht kamen sie zurück. Wieder einmal wurde eine Neuerung eingeführt. Das Schwimmen in den oberen Sinterbecken war verboten worden und auch auf die Bank hinter dem Wasserfall durfte man nicht mehr. Alles zum Schutz der Besucher. Angeblich hatte sich der deutsche Botschafter dafür eingesetzt. Vorher waren nämlich pro Jahr durchschnittlich sechs Schwimmer ertrunken. So sagte man jedenfalls. Von den Opfern sollen es, auch wieder im Durchschnitt gesehen, 5,6 Bürger der Bundesrepublik gewesen sein. Wie auch immer, für uns ging ein wesentlicher Reiz am Skradinski buk verloren.

Der Abend des 27. Juli sah uns in der Uvala Soline auf der Insel Pašman und am nächsten Tag legten wir uns vor zwei Anker in Molat. Bei der Weiterfahrt überholten wir einen jungen Fischer. Ich fragte ihn, ob er uns einen Fisch verkaufen würde. Er überlegte und meinte dann, er hätte keine Waage mit. Ich überzeugte ihn, dass ich mich auf sein Schätzurteil verlassen würde. Außerdem sollte er den Preis verlangen, der ihm angemessen erschien. Gut! Er holte den Fisch aus seinem Kalter am Boot — ein Prachtexemplar von etwa drei Kilogramm. Seine Forderung war eher bescheiden. Ich rundete auf die nächste gerade Summe auf. Der junge Mann freute sich sehr über diesen Handel. Anders meine liebe Frau. Sie fürchtete die Zubereitung mit unseren vom Raum her beschränkten Mitteln. „Lass mich nur machen!", beruhigte ich sie. Und so kam es, dass ich mich zunächst mit dem Schneidbrett und dem scharfen Messer ins Lee an Deck setzte und dem Fisch die Schuppen entfernte. Dabei schwemmte ich ihn mit Meerwasser, das ich mir mit der Pütz aus dem Meer geholt hatte. Vorher schon hatte ich die Innereien fachgerecht aus dem Bauchraum geschnitten, natürlich unter Bedacht, ja nicht die Gallenblase zu verletzen. Der Rest war rasch erledigt. Der Fisch war groß genug, um ihn in für unsere Kasserolle geeignete Stücke zu filetieren. Vom Kopf und allen abgetrennten Teilen wie Flossen und Rückgrat gab es eine sehr gute Fischsuppe mit Eingetropftem. Köstlich!

In Pula angekommen, wurde im ACI Restaurant Andis Geburtstag gefeiert und am nächsten Tag beendeten wir diesen schönen Törn auf unserem Liegeplatz in Rovinj.

Noch zwei weitere Fahrten rundeten den Sommer 1996 ab. Für die erstere hatten wir zunächst kein schönes Wetter. Wir verließen Rovinj bei Regen und trösteten uns mit der Wettervorhersage. Am nächsten Morgen lachte die Sonne und der Regen war vergessen. Drei Tage später in der Hafenbucht von Kaprije schlug das schlechte Wetter erneut zu. Die Bucht war voller Segelyachten, die alle vor Anker lagen. Vor mit hatte ein Italiener nur ein kurzes Stück Ankerkette. Dahinter aber hing er an einer ewig langen Leine. Als um 22:30 Uhr starker Nordwind einsetzte, streckte sich seine Leine und er schwoite direkt vor unserem Bug. Um einer Kollision zu entgehen, nahm ich unseren Anker hoch und verlegte ihn neu. Sehen konnte ich fast nichts, da mir der Regen ins Gesicht peitschte. Plötzlich war die Seite einer gecharterten Yacht vor mir und ich kollidierte mit ihr. Blöde Scherereien würden wahrscheinlich auf mich zukommen. Wäre ich nur auf meinem Platz geblieben. Bei einer Berührung des Italieners mit der langen Leine wäre wenigstens er und nicht ich beschuldigt worden! Als der Anker wieder auf Grund war und auch gut hielt, wurde auch der Sturm flauer und die weitere Nacht verlief ruhig. Der Morgen war wiederum mit schönem Wetter gesegnet. Ich setzte mit dem Beiboot zu meinem Kollisionsgegner über und gab dem Skipper meine Versicherungsdaten. Der angerichtete Schaden war seltsamerweise fast nicht zu sehen. Irgendwie hatte mein Bugbeschlag in die Fußleiste der anderen Yacht geschlagen, denn am Oberwasserschiff im GFK war kein Schaden auszumachen. Nur die besagte Leiste aus Aluminium hatte eine Kerbe. Der Skipper meinte, es wäre nicht der Rede wert, im gegenständlichen Fall eine Meldung zu erstatten. Mir war es auch recht.

Den nächsten Aufenthalt nahmen wir in der Marina Kremik vor Primošten. Wegen des starken Südostwindes blieben wir auch den nächsten Tag dort. Auf der weiteren Heimreise nach Rovinj nahmen wir den Kanal von Osor.

Der Name dieses Ortes ist von dem Wort „abrasos" abgeleitet. Das bedeutet so viel wie „die Zurückirrenden". An dieser Berührungsstelle von Cres und Lošinj sollen die Brüder der Medea Jason und seinen Argonauten aufgelauert haben, als sie, aus dem Norden von Istrien kommend, hier eintrafen. Hier haben die Argonauten ihre Gegner dann endgültig besiegt. Man sagt ja auch, dass die Halbinsel Istrien damals von den Argonauten so benannt wurde, da sie sich noch immer im Land der Donau glaubten. Für die alten Griechen war „Ister" der Name der Donau.

Osor hatte schon in der Antike das Stadtrecht. Der Kanal wurde von den Römern gegraben. In seiner Blütezeit hatte der Ort 30.000 Einwohner. Heute leben dort keine 100 Menschen und die meisten davon nur im Sommer und vom Tourismus. In Osor fand in diesen Jahren im Sommer wiederholt ein Musikfestival der Jugend statt.

Am 19. August waren wir in Pula und am 20. erwarteten wir in Rovinj am Liegeplatz unsere Tochter mit Ehemann und Kindern aus London. Leider spielten das Wetter und vor allem der Seegang nicht mit. Aber es blieben doch das Schwimmen, Spaziergänge und große Portionen von köstlichem „Sladoled".

Im 1996 wurde das Kriegsbeil begraben und Kroatien und die Küste konnten sich dem Wiederaufbau verstärkt widmen. Es war erstaunlich, wie sich in den Jahren 1991 bis 1996, in diesen Jahren ohne bzw. mit wenigen Feriengästen, das Leben im Meer wieder erholte. Weniger erfreulich war der erschreckende Wildwuchs an Häusern in allen Größen und Formen, der an der Küste entstand. Die Landschaft begann sich zusehends zu verändern. Die Orte, die man alle die Jahre vom Wasser aus so hübsch getrennt und um ihre Kirchen geschart ausmachen konnte, begannen zu einer endlosen Kette kunterbunt zusammengewürfelter Apartmenthaufen zusammenzuwachsen. Schade!

21. Kapitel

Marina Zlatna Luka in Sukošan

Eine Autoviertelstunde unter Zadar liegt der Ort Sukošan. Er ist einer der vielen Fischerorte an der Küste mit einer schönen Bucht. In diese Bucht nun baute der jugoslawische Staatsbetrieb für Maschinenbau SAS Zadar d. o. o. die größte Marina Dalmatiens. Leider hatte der Krieg dem Unternehmen einen Strich durch die Rechnung gemacht. Gerade im Raum Zadar und darunter war so einiges zerstört worden. Aber da sich gerade Bonzen aus Belgrad an dem Küstenstrich zwischen Zadar und Sukošan ansässig gemacht hatten, waren deren Villenbesitze Ziele von Angriffen der kroatischen Bevölkerung. Die vielen Brandruinen ergaben zwischen den Bauten der Neureichen keinen erfreulichen Kontrast. Die Marina war zwar insoweit fertig, als dass sie Liegeplätze vergeben konnte, trotzdem aber war auf dem weitläufigen Areal noch viel zu tun. Da sich die wirtschaftliche Lage des Eigentümers drastisch verschlechtert hatte, versuchte dieser, sich durch Dumpingpreise über Wasser zu halten. Er verlangte zwar im Vertragspapier zu anderen Marinas adäquate Preise von den Dauerliegern, gab aber 15 % Rabatt auf den Dreijahresvertrag. Nach Ablauf der drei Jahre gab es immerhin noch 10 % auf zwei Jahre und erst dann war das Aus für die Vergünstigungen gekommen, denn da hatte der Tourismus bereits einen neuen Höhepunkt erreicht und auch der Andrang von Yachteignern und Charterflotten um Jahresliegeplätze bei den Marinas hatte allgemein stark zugenommen.

Die Marina in Sukošan, die übrigens noch den Namen Zlatna Luka, der goldene Hafen, trug, ist von ihrer Ausdehnung die größte an der dalmatinischen Küste. Mit ihren über 30 Stegen bringt sie 1500 Yachten allein im Wasser unter. Noch einmal so

viele Landliegeplätze sowie eine künstlich eingerichtete Badebucht stehen – auch einheimischen Tagesgästen – zur Verfügung.
Damals in den Neunzigerjahren war noch manches nicht fertiggestellt. Jedoch eine großzügige Sanitäranlage existierte und auch
der Service war in Ordnung. Sogar ein einigermaßen gut sor-
tierter Laden für Schiffsbedarf war vorhanden. Ungut war nur,
dass der Einkauf von Lebensmitteln zunächst nur im nächsten
Ort, also in Sukošan, und daher nur mit dem Auto möglich war.
Aber bereits im zweiten Jahr war in den Gebäuden von Rezeption und Sanitär auch ein Supermarkt eingerichtet worden. Das
Leben wurde von Jahr zu Jahr angenehmer und auch das Angebot an Unterhaltung immer besser.

Am 25. Juni 1997 verabschiedeten wir uns von den netten
Menschen in der ACI Marina in Rovinj und machten uns mit der
„Santorin" auf in Richtung Sukošan. In Ilovik gab es auch eine
Neuerung, ein Bojenfeld. Die einzelnen Gemeinden sahen nicht
ein, dass sie ihre Ankergründe den „Yachtis" kostenlos überlassen
sollten. Außerdem war es bei nächtlichen Stürmen durch slippen-
de Anker immer wieder zu gefährlichen Situationen gekommen.

Die Praxis sah nun so aus: Die Gemeindeverantwortlichen
legten in der Bucht ein Bojenfeld und erhoben dafür einen Betrag pro Meter Länge der Yacht. Als Dienstleistung boten manche auch die Mitnahme des Müllsacks. Andere versuchten, durch
Verkauf von Brot und eventuell Frischgemüse dem Wasserwan-
derer das Leben zu erleichtern. Ich fand es nur gerecht, dass die
Leute an der Küste auch von den Leuten auf den Booten etwas
einnehmen wollten. Die Debatten darüber in den Marinas und
Konobas waren nicht enden wollend. Vor allem Yachteigner aus
der Bundesrepublik vertraten den Standpunkt, dass sie mit dem
„Permit" doch auch das Recht des gebührenfreien Ankerns erworben hätten. Eines ärgerte in diesen Belangen auch mich: wenn
ich bezahlen sollte, ohne dass dafür auch nur irgendeine Leistung erbracht wurde. So geschah es mir damals in der Bucht von
Vinišće, als ich meinen Anker legte. Bojen gab es dort keine und
auch heute noch nicht. Ich war an dem Tag übrigens der einzige
Besucher der Bucht. Der Anker war noch kaum am Grund ange-

langt, als ein Mann mit Boot zu mir kam und mich abkassieren wollte. Ich fragte ihn, ob er meinen Müllsack mitnähme. Nein! Ankern kostet 8 DM/m! Ich sagte ihm, ich hätte mit dem Permit das Recht zu ankern. Er erwiderte, ich müsste trotzdem zahlen. Ich zog meinen Anker hoch und suchte mir eine andere Bucht.

Mit unserem neuen Liegeplatz in der Marina in Sukošan wurde der Ždrelac, die Gurgl oder Kehle, unser bevorzugtes Tor für unsere Ausflüge. Diese Engstelle zwischen den Inseln Ugljan und Pašman wird von einer Brücke überspannt, deren Durchfahrtshöhe damals mit 16,8 m angegeben war. Die Einfahrtsrinne ist durch Lateralbefeuerung gekennzeichnet. Der von See Kommende, also der aus dem zweiten Kanal, ist wartepflichtig. Manche, besonders einheimische Skipper, schienen das aber nicht zu wissen und pochten auf ihr Heimatrecht. Der Ždrelac eignete sich für Badeausflüge, wenn der Hafen von Kukljica zu voll war.

Die erste Ausfahrt von unserem neuen Stützpunkt führte uns natürlich nach Trogir. Vorher machten wir in Vrulje auf der Insel Kornat halt. Ante versorgte uns mit Langusten und den anderen Köstlichkeiten der Adria und an einer seiner vier Moorings brauchte man auch keine Taxe für den Nationalpark Kornati zu bezahlen, die einem gleich für zwei Tage abgenommen wurde.

Als ich von Vrulje ablegen wollte, war die Ladung der Starterbatterien für das Starten des Motors zu gering. Wir hatten wohl am Abend zuvor zu viel Strom verbraucht. Ja, kaum liest man einen Abend zu lange oder macht in der Kajüte Festbeleuchtung, dann hat man Probleme mit Kühlschrank und Motor. Andere in Vrulje liegende Yachtis wollten mir helfen. Ich lehnte dankend ab, denn ich wollte testen, wie lange die Solarpaneels benötigten, um genügend Strom nachgeladen zu haben. Denn gerade vor Antritt der Reise hatte Andi mit mir ein zweites Paneel am Dach des Sprayhoods montiert. Als zusätzliche Hilfe reinigte ich die Batterieanschlüsse. Schon nach einer Stunde hatten die Batterien sich soweit erholt, dass der Motor klaglos ansprang.

Bald waren wir wieder in Trogir und hatten Stipe und Ljerka zu Besuch. Wir machten mit ihnen und den Kindern Nina und Spiro einen kleinen Ausflug zum Baden in die Račetinovac. Das

Wetter war sehr heiß und es wehte ein starker Wind aus dem Westen. Die Kinder freuten sich trotz des schönen Badenachmittages wieder, nach Hause zu kommen. Am nächsten Tag blieben wir in der Marina. Eine Bora und starker Seegang hielten uns zurück.

Erst einen Tag später segelten wir mit gutem Wind von zwei bis vier Beaufort direkt nach Komiža auf Vis. Was für ein Unterschied zu früher – keine Schicht Altöl mehr im Hafen, das Wasser glasklar, die Militärboote verschwunden. Neben uns lag eine 35‘ Yacht des Yachtklubs Austria. Ein Ehepaar aus Gmunden mit einem fünfjährigen Sohn hatte das Boot gechartert und machte Urlaub. Wir gingen zusammen mit ihnen in Komiža zum Abendessen. Unser Gespräch drehte sich um die ins Meer versenkten Bierdosen. Die bestehen doch aus Reinaluminium, und Aluminium zerfällt durch Oxidation wieder zu Tonerde, dürfte also der Natur nicht schaden. Der Gmundner war Taucher. Er erzählte mir, er hätte einen Versuch in Bezug auf diese Frage gemacht. Er hätte eine Bierdose an einer markanten Stelle versenkt und mit einem Stein gesichert. Jedes Jahr hätte er als erstes seine Dose besucht und den Fortschritt der Korrosion beobachtet. Schon nach vier Jahren sei von der Dose nichts mehr vorhanden gewesen. Nicht einmal der vom Stein abgedeckte Boden. Also keine Sorge wegen zu viel Aluschrott!

Auch eine Ölpest hatten wir einmal auszustehen. Damals hatte ein Tanker, der noch kein Overflow-System besaß, seine Tanks, nachdem er in Muggia geleichtert hatte, viel zu nahe an der Küste gespült. Der Meeresspiegel schillerte in allen Regenbogenfarben. Auf den inneren Kanälen war der angerichtete Schaden erträglich, da die langgestreckten äußeren Inseln doch viel abhielten. Wir waren zufällig auf Mana in den Kornaten. Am sanft ansteigenden Strand hatte der Seegang einige zu Asphaltstücken verfestigte Rückstände dieser Art von Umweltverschmutzung angespült und, siehe da, unmittelbar um diese Stücke, die wie schwarze Kartoffeln aussahen, war saftiges Gras gewachsen. Mich erinnerte das an die Bitumenbegrünung, die man an Straßenböschungen erfolgreich anwendet. Nur dieses verdammte Plastikzeugs kann von der Natur nicht vertilgt werden.

Das wird zunächst an die Küsten befördert und langsam zerrieben, um dann später als Mikroplastik sogar im Blut sämtlicher Lebewesen einschließlich des Menschen zu landen.

Mit einem kleinen Ausflugsschiff setzten wir nach Biševo über und besuchten die blaue Grotte. Dann genossen wir beim Besuch in der Westbucht die Grillkünste des Wirtes. Wenn auch der Tisch und das darauf liegende Tischtuch aus Kunststoff und alles, nur nicht sauber waren, so war die Languste an Köstlichkeit nicht zu übertreffen. In Komiža legte ich sofort ab und kehrte in diese Bucht zurück. Es war Vollmond und die Nacht windstill und lau. Ein Traum, den wir bei vollem Bewusstsein genossen.

Zwei Tage später waren wir in der Stupica auf Žirje dankbar für eine gut verankerte Boje, die uns die Sorge um das Slippen des Ankers abnahm. Denn in dieser Nacht blies es wieder einmal kräftig.

In Sukošan entdeckten wir das öffentliche Verkehrsmittel, den Omnibus, nach Zadar und zurück zur Marina. Die Haltestelle lag direkt vor der Einfahrt in unsere Marina. Der Spaziergang vom Liegeplatz bis zum Tor dauerte zwar eine gute viertel Stunde, zahlte sich aber aus, da man sich die Sorge um einen Parkplatz sparen konnte. In Zadar kann man besser Einkaufen als in Sukošan. Nur beim Aussteigen sollte man die Einkäufe mitnehmen. Gleich beim ersten Mal durfte ich die Fahrt wiederholen, weil ich die Tüte im Omnibus liegen gelassen hatte.

Neben Sissy waren Michael und Barbara mit allen drei Kindern – Lucas, Matthias und Johanna – am 19. Juli eingetroffen. Nach einer Einführung in der neuen Marina und ausgiebigem Schwimmen, gab es das Abendessen an Bord. Da das Wetter am nächsten Tag nicht zum Ausfahren eingeladen hatte, nahmen wir alle den Omnibus nach Zadar zu einer Blitztour im wahrsten Sinn des Wortes. Denn kaum waren wir am alten Forum angekommen, als mit Blitz und Donner ein Unwetter losbrach. Die Kinder fanden den warmen Regenschauer köstlich. Am Nachmittag kehrten wir wieder in die Marina zurück. Das Wetter hatte sich beruhigt. Für eine Ausfahrt in den Ždrelac reichte die Zeit allemal. Das Schwimmen von Bord aus genossen in erster Linie die Erwachsenen. Für die Kleinen war es ein noch ungewohntes Abenteuer. Aber bald gewöhnten sich auch Matthias und Johanna daran, obwohl sie noch nicht schwimmen konnten. Am Abend waren wir zum Essen im Restaurant Domagoj in Sukošan. Es gab Doraden. Matthias operierte mit der Gabel ein Auge aus seinem Fischkopf. „Opa, kann man das essen?", fragte er mich. Ich darauf: „Ja, selbstverständlich!" Und eingedenk des alten Witzes vom armen Moische im Hafen von New York: „Davon wird man intelligent!" Nun galt es für Barbara, den Streit zwischen Matthias und Johanna zu schlichten, denn Matthias wollte alle Fischaugen an sich nehmen, auch die aus Johannas Fisch.

Einen Abend später schlossen die beiden Freundschaft mit Paula, der Enkeltochter von Ante. Wir lagen in Vrulje an einer Mooring von Ante. Paula lag im Alter genau zwischen unseren beiden – Matthias noch nicht ganz vier, Paula drei und Johanna zwei Jahre. Wie sie sich verständigten, war mir schleierhaft. Paula sprach Kroatisch, unsere konnten nur Deutsch und trotzdem verstanden sie sich prächtig.

Bei einem Abstecher am nordwestlichen Ende von Žirjes besuchten wir die Marina Hramina in Murter. Nicht nur die Campingplätze auf der Insel waren bei den Österreichern beliebt, sondern auch die Marina war von ihnen belegt. Die, welche mit ihrem Liegeplatz an Land grenzten, hatten richtige Gartenbeete angelegt. Sie pflanzten Blumen und Küchenkräuter. Michael bezeichnete die Marina als „maritime Schrebergartenkolonie".

In der Marina stand zufällig eine Ketsch, in welche der Blitz eingeschlagen hatte. Die Masten dieses Schiffstyps sind an den Toppen durch den sogenannten „Luftstag" verbunden. Da er ideal als Antenne für den Seefunk Verwendung finden kann, wird durch Isolatoren an beiden Enden jeweils vor den Mastspitzen die elektrische Leitung unterbrochen. An geeigneter Stelle führt das Antennenkabel dann zum Funkgerät. Diesen Weg nimmt dann auch der Blitz. Ich habe in allen Jahren nur drei Yachten mit Blitzeinschlag gesehen. Alle drei waren als Ketsch getakelt.

Über Pašman, wo wir in der Soline ankerten und den Sonnenuntergang an Bord mit Brot, Käse, Oliven und Wein genossen, fuhren wir am nächsten Tag bei Regen zurück nach Sukošan.

Ein Abschiedsessen bei Domagoj und dann waren Michael mit Barbara mit den Kleinen auf dem Weg nach Hause. Lukas blieb noch bei uns.

Mit ihm erkundigten wir die Möglichkeiten, die sich fahrtenmäßig vom neuen Ausgangspunkt Sukošan ergaben. Da war die kleine Insel Rava. Die Uvala Marinica bot einen sicheren Hafen. Das Restaurant „Keko" war ein ausgezeichnetes Fischlokal. Die Innenseite der Insel Dugi Otok bot sich mit ihren Orten Sali, Luka, Brbinj, Božava und Veli Rat am oberen Ende an. In Veli Rat ist die Wassertemperatur immer um ein bis zwei Grad höher als in den Buchten der Umgebung. Aber auch die Insel Iž ist einen Besuch wert. Für Tagesausflüge boten sich somit viele Möglichkeiten mit oder ohne Übernachtungen vor Anker und mit netten Lokalen an.

Am 2. August traf Andi mit Renate ein. Mit Lukas waren wir also zu fünft. Die Fahrt ging wieder nach Süden: Trogir, Vis und Kut, zurück über die Rogoznica und Šibenik, dann wieder durch die Kornaten mit Aufenthalt in Vrulje und zurück nach Sukošan. An allen Tagen herrschte schönes Wetter mit Maestrale von zwei bis vier Beaufort. Nur in einer Nacht rieselte sanfter Regen auf das Deck.

In Trogir wurde ein Rockkonzert veranstaltet. Lukas und Andi tanzten die ganze Nacht. Nach Vis begleiteten uns zwei Delfine und erfreuten sich an der Flöte von Frans Brüggen. Am Abend saßen wir unter einem Feigenbaum in einer Konoba in Kut. Dieser Baum wuchs in der vorderen Ecke des Lokals. Dort war die gewölbte Decke des aus Steinen gebauten Hauses eingestürzt. Man beließ das Loch, und somit konnte der Baum wachsen. Am Tisch neben dem Baum, an dem wir saßen, konnte man an den Feigenblättern vorbei den großen Wagen am Himmel ausmachen. Kann man sich etwas noch Romantischeres vorstellen?

Am 9. August beendete ich mit Sissy die Saison. Lucas fuhr mit uns nach Hause. Andi, der für uns das Auto von Rovinj nach Hause fuhr, hat uns dieses wiederum nach Sukošan gebracht. Er erwartete noch Freunde, die mit ihm weitere zwei Wochen an diese Saison anhängten.

266

22. Kapitel

Alfred segelt nach Malta

Zu der Zeit, als wir begannen, uns unsere Segelträume zu erfüllen, hatte ein Landsmann von uns mit seinen Büchern Aufsehen erregt. Es war dies Karl Vettermann. Sein erstes Buch schrieb er unter dem Titel „Barawitzka segelt nach Malta". Wer das Buch gelesen hat, weiß, dass sich die Abenteuer fast nur im dalmatinischen Teil der Adria abspielen. Gerade das macht den Reiz des Buches aus, denn alle die vielen nach Meerwasser süchtigen Landsleute sind diesen und ähnlichen Erlebnissen zu Hauf begegnet.

Ich wollte bei meinen bisherigen bescheidenen Zielen endlich einmal den im Buch so vernachlässigten Teil erkunden. Im Jahr 1998 war es endlich soweit. Der Plan, auf dem eigenen Kiel Malta zu erreichen, war gefasst.

Zunächst waren noch einige Ergänzungen in der Ausrüstung durchzuführen. Die Behörden von Malta verlangen, dass man sich bei der Annäherung an die Insel über Seefunk anmeldet. Zu dieser Zeit war die Mobilfunktechnik so weit fortgeschritten, dass im Küstenbereich jeder Anruf mit dem Handy eine bessere Verbindung ergab, als der Seefunk mit seinen leidigen Störgeräuschen. Aber was sollte ich tun? Vorschrift ist eben Vorschrift! Ich erinnerte mich in dem Zusammenhang an einen Vorfall von Seenot vor der australischen Küste, bei dem sich eine Katastrophe anbahnte. Ein kleines Motorschiff mit Tagesausflüglern war wegen eines Ausfalls seiner Maschine von der Strömung erfasst und immer weiter auf das Meer hinausgetrieben worden. Verzweifelt versuchte der Kapitän, mit der australischen Seenotrettung Kontakt aufzunehmen, was ihm aber über Seefunk misslang. Eine junge Frau aus Schottland rief über ihr Mobiltelefon ihren Freund zu Hause an und diese Verbindung klappte. Sie schilderte ihm die Lage, in der sie sich befand und bat ihn, bei der schottischen Küstenwache die Verbindung zur australischen Küstenwache herzustellen. Deren Suchflugzeuge fanden dann bald das havarierte Schiff. Dadurch ging der ganze Vorfall glimpflich zu Ende. Trotzdem musste die findige Dame von den zuständigen australischen Behörden einen Rüffel einstecken, denn zur Verständigung mit maritimen Behörden sei der Seefunk schließlich eingerichtet worden.

Seit dem Frühjahr 1998 habe ich also eine Seefunkstelle und bezahle der österreichischen Post- und Telegrafenverwaltung jährlich 23 Euro an Gebühren. Langsam summiert sich der Betrag. Ich werde die Seefunkstelle kündigen müssen. Benötigt habe ich sie nämlich vor und nach meiner Fahrt nach Malta nie mehr.

Nützlichere Instrumente habe ich schon einige Jahre früher entweder modernisiert oder neu gekauft. Somit war unsere „Santorin" sowohl mit einem mitlaufenden Lot als auch mit elektronischer Logge und einer Windkraft- und Windrichtungsanzeige ausgerüstet. Eine Radar- und GPS-Anlage mit Autopilot machten die Navigation leichter.

Am 5. Juni war es dann soweit: Wir verließen die Marina Zlatna Luka in Sukošan und querten die Kanäle in Richtung Prolaz Vela Proversa und fuhren weiter nach Vrulje zu Ante. Dort feierten wir den Beginn unserer Reise. Wir waren zu viert an Bord: mein Sohn Andreas, mein Freund Paul, dessen Kollege Viktor und ich.

Um 9:15 Uhr verließen wir Vrulje, um gegen einen Jugo von drei Beaufort mit dem Motor den Hafen von Vis zu erreichen. In Vis ergänzten wir unseren Treibstoffvorrat im Tank und nahmen zusätzlich 20 Liter in einem Kanister mit. Außerdem wechselten wir das Motoröl. Am Markt von Vis wurden noch etwas Obst und frisches Brot besorgt. Auch die 45 sm nach Skrivena Luka an der Außenseite von Lastovo bewältigten wir unter Maschine. Mit 4,9 Knoten im Durchschnitt waren wir gegen den Seegang nicht gerade schnell unterwegs.

Erst um 12:15 Uhr verließen wir den roten Hafen, um den Sprung auf die italienische Seite in Angriff zu nehmen. Durch die späte Abfahrt erreichten wir die Küste ebenfalls spät oder besser gesagt im frühen Morgengrauen. Um 3:45 Uhr legten wir am Zollkai im Handelshafen von Bari an.

Der Ordnung halber meldete ich mich im Büro der Hafenbehörde. Da Österreicher mit Italien keine Zollformalitäten durchführen mussten, ersparte ich mir die Schreibereien. Beim Einlaufen nach Bari hatte sich der Wind gedreht. Mit Richtung aus Nordwest und vier Beaufort hätte er gut für unsere Weiterfahrt nach Brindisi getaugt. Vorerst aber legten wir uns aufs Ohr und schliefen ein paar Stunden.

Schon um 9:15 Uhr waren wir wiederum unterwegs und erreichten Brindisi bei nur flauem Wind und unter Maschine gegen 19 Uhr. Der einzige Vorteil war die in unsere Richtung laufende Strömung, die unsere „Santorin" immerhin fast sieben Knoten über Grund laufen ließ.

Die schon früher sehr lange Mole an der Einfahrt war in den 14 Jahren, seit ich Brindisi nicht mehr besucht hatte, auf die doppelte Länge angestückelt worden. Dabei war auch nicht in gerader Fortsetzung vorgegangen worden. Vielmehr wurde die Mole rechtwinkelig um 40 Meter nach Norden versetzt, um dann erst in gleicher Richtung zu laufen. Insgesamt ist diese Mole fast drei Kilometer lang.

Als wir das Ende erreicht hatten und ums Eck in den Hafen einfuhren, lag an der Innenseite ganz am äußeren Ende der Mole ein Schiff, das anscheinend als Flüchtlingsquartier diente. Die Menschen, die am Schiff, aber auch an der Mole zu sehen waren, waren Afrikaner. Auf der Mole selbst war vom Molenkopf an gerechnet nach etwa 200 Metern ein stabiler Zaun errichtet. So konnte niemand vom Schiff das Land betreten.

Wir verzogen uns in das Innere des Hafens und steuerten die Marina im Porto di Turistico am Seno di Ponente an. Ein Betreten der Marina nicht autorisierter Personen war an der Pförtnerloge vorbei nicht möglich. Damit war ich beruhigt, denn dadurch stand für uns alle einem gemeinsamen Landgang nichts im Wege. Vorerst aber genossen wir die schönen Duschen und speisten im vorzüglichen Restaurant der Marina.

Wiederum relativ spät verließen wir Brindisi. Erst um 10:45 Uhr bewegten wir uns in Richtung Hafenausfahrt. Das Wetter war zunächst schön, zwar etwas bewölkt und dunstig, aber stechend heiß. Wir hatten Großsegel und Genua gesetzt und wurden von einer leichten Brise vorangetrieben. In der Höhe von San Cataldo – es war um 14:15 Uhr, Andreas und ich standen in der Plicht – da sah ich aus dem Augenwinkel links von mir einen Blitz am heiteren Himmel aufleuchten. Ich wollte Andi, der links von mir stand, fragen, ob er den Blitz auch gesehen hätte, kam aber nicht mehr dazu, denn im selben Augenblick hatte sich unsere Umgebung total verwandelt. Der Himmel war rundum schwarz und ohne Konturen. Gleichzeitig drückte eine gewaltige Böe von hinten. Andreas nahm sofort den Autopiloten aus der Pinne und steuerte von Hand. Nun setzte auch starker Regen ein. Trotzdem Böe auf Böe über uns hinwegbrauste, blieb das Meer relativ ruhig, denn der Sturmwind glättete seine Oberfläche. Leider drückte uns die zu große Segelfläche den Bug nach unten, sodass unsere „Santorin" leider nicht ins Gleiten kommen konnte. Da der Sturm sonderbarerweise kaum schralte, liefen wir Gott sei Dank nicht Gefahr, eine ungewollte Halse zu produzieren.

Rechts von uns erblickten wir näher zur Küste eine respektable Ketsch, die unter Vollzeug gegenan kämpfte. Wahrscheinlich konnte auch diese Crew die Segel dem Sturm nicht mehr anpassen. Die Schräglage der Yacht betrug sicher mehr als 45 %. Als sie beobachten konnten, wie wir relativ ruhig vor dem Sturm liefen, stellten auch sie sich vor dem Wind und liefen uns aufgrund der Länge ihres Schiffes auf und davon. Dadurch waren sie auch bald wieder außer Sicht, denn diese betrug weniger als ein Viertel einer Seemeile. Bis 15:30 Uhr dauerte dieses Wetter an. Der Wetterumschlag am Beginn wird wohl das gewesen sein, was man als „weiße Böe" bezeichnen könnte, wenn auch die eigentliche Wirkung, ein unruhiges Kabbelwasser, in der Folge nicht auftrat. Dafür kam die Luft zu flach über das Wasser daher. Das Aufsteigen einer mächtigen weißen Wolke am Ende des Ereignisses sprach aber doch wieder dafür.

Leider drehte der Wind danach so stark, dass er sich gegen uns wendete. Wir wollten Santa Maria de Leuca doch noch an diesem Tag erreichen. Folglich starteten wir wieder einmal den Motor. Um 22:45 Uhr gelang dieses Vorhaben. Nun hatten wir das Ende der Ferse des italienischen Stiefels erreicht. Damit standen uns der Golf von Tarent und die weiteste Querung unserer Reise bevor.

Der südlichste Punkt Apuliens scheidet das Ionische Meer von der Adria und ist das Tor zum Golf von Tarent und zur Straße von Otranto. Funde bezeugen eine Besiedelung schon in der Altsteinzeit durch Neandertaler. Petrus soll bei seiner Reise nach Rom hier an Land gegangen sein und gepredigt haben, wobei der Tempel der Minerva eingestürzt sei. Der auf 100 Meter über Normalnull stehende Leuchtturm ist nach dem Leuchtturm von Genua mit 47 Metern der zweitgrößte Italiens. Dementsprechend weit ist er sichtbar. Nach der Mitte des 19. Jahrhunderts wurde die Gegend als Feriendomizil beliebt. Aus der Zeit stammen etliche schöne Villen im Jugendstil.

Wie immer verzögerte sich für uns die Abfahrt am nächsten Tag. Erst um 10:30 Uhr verließen wir die Marina von Leuca. Zunächst bescherte uns der Golf von Tarent einen Südwestwind von vier Beaufort, mit dem wir Kurs auf Crotone halten konnten. Später schlief dieser Wind aber ein und wieder einmal durfte uns der Motor dem Ziel näherbringen. Nach sechs Stunden machte er Pause. Luft war in seine Dieselleitung über die Kraftstoffrückführung eingedrungen. Also entlüften. Mit der Handpumpe am Kraftstofffilter eine mühselige Arbeit. Wir machten den Versuch, mit dem Startermotor bei offener Entlüftungsschraube die Luft aus der Leitung zu bekommen. Siehe da, das gelang nun tadellos und der Motor lief wieder ein paar Stunden. Dann mussten wir dieselbe Prozedur wiederholen. In der Zwischenzeit waren wir bei den Offshore-Bohrtürmen vor Crotone angekommen und konnten auch die Küste und die Stadt schon ausmachen.

Wir hatten die Einfahrt in den alten Hafen von Crotone direkt vor uns, als uns eine erste Böe von Steuerbord fast aus dem Kurs brachte. Die Tetrapodi (Vierfüßler) aus Beton, die in den

Häfen Italiens den Steinwurf der Molen ersetzen, starrten uns entgegen. ‚Jetzt nur keinen neuerlichen Aussetzer des Motors!‘, betete ich in Gedanken. Gleich danach nahmen uns die Arme der beiden Molen an der Einfahrt sicher auf, während sich davor die See immer ungebärdiger benahm. Im selben Moment hatte der neue Tag begonnen. Unsere Ankunft in Crotone, 95 sm nach Santa Maria di Leuca, erfolgte genau um 00:05 Uhr am 12. Juni 1998.

Hinter der Mole, die noch von einer Hafenmauer bekrönt ist, lagen wir vollkommen ruhig, während draußen der Sturm mit elf Beaufort und Spitzen von zwölf Beaufort die Nacht und auch noch den ganzen Tag tobte. Gerade diese plötzlichen Veränderungen des Wetters machen die Gefährlichkeit des Golfes von Tarent aus. Heute kann man sich auf die schon sehr präzisen Wettervorhersagen verlassen. Dennoch ist der Golf noch immer eine der gefährlichsten Ecken der Weltmeere.

Von einer Weiterreise am gleichen Tag war wegen des andauernden Sturmes daher keine Rede, ein Liegetag in Crotone also die Folge. Der Sturm rieb sich an den Sandsteinhügeln im Südwesten vom alten Hafen. Die Luft war mit diesem Sand gesättigt, sodass niemand Lust hatte, sich diesem Sandsturm auszusetzen. Wir trösteten uns damit, dass auf der Rückreise das Wetter günstiger sein würde. Somit blieben uns an dem Tag nur das Restaurant oder unsere Kajüte.

Crotone, heute eine Stadt von über 60.000 Einwohnern, blickt, wie viele andere Orte am Mittelmeer, ebenfalls auf eine lange Geschichte zurück. Schon in der Bronzezeit lebten hier eingewanderte archaische Griechen. Berühmt wurde die Stadt durch Pythagoras, der sich 530 v. Chr. hier niederließ und seine Gemeinschaft der Pythagoräer gründete. Noch eine Reihe weiterer Berühmtheiten der Antike entstammt dieser Stadt.

Kaiser Otto II. verlor 932 bei Crotone eine entscheidende Schlacht gegen die Sarazenen.

Im 16. Jahrhundert bauten die Johanniter eine Burg in Crotone, um auf dem Weg nach Malta einen Stützpunkt zu haben. In dieser Burg richtete die Stadt gerade ein Museum ein.

Der Sturm hatte sich am Abend gelegt. Frisch mit Obst versorgt und aufgetankt mit Trinkwasser und Treibstoff, legten wir schon um 6:15 Uhr ab. Der Wind drehte immer mehr nach Norden und wehte mit bis zu 30 Knoten. Auf raumem Kurs machten wir gute Fahrt nach Roccella Ionica und erreichten die Marina um 18:15 Uhr. Nach GPS hatten wir 74 Seemeilen hinter uns gebracht. Mit Großsegel und Genua III konnten wir mit der Fahrt von guten sechs Knoten über Grund zufrieden sein.

Die Marina von Roccella Ionica wurde an diesem offenen Teil der Küste Kalabriens, der ohne eine natürliche Einbuchtung fast geradlinig verläuft, vollständig künstlich mit den Tetrapodi errichtet, da es in der Gegend wohl viel Sand, aber keine Steine gibt. Leider gab es in dieser Marina kein Wasser und auch keinen Strom.

Bei der Weiterfahrt fiel uns an der Küste der Rohbau eines riesigen Hotelkomplexes auf. Aufgrund der Verfallserscheinungen war die Arbeit wohl schon lange wieder eingestellt worden.

Für unseren Kurs auf Syrakus zu passte der Nordwestwind mit vier Beaufort für einen Halbwindkurs und fast Rumpfgeschwindigkeit. Vor uns tauchte auch schon die Küste Siziliens auf. Ein Plätschern im Wasser erregte unsere Aufmerksamkeit: Neben unserem Schiff und auch vor uns begleitete uns eine Schar von vielleicht 50 kleinen Delfinen. Sie waren nicht viel größer als einen drei viertel Meter, hatten eine leicht bräunliche Hautfarbe und, was besonders reizvoll war, sie trugen, ähnlich wie die Waschbären, eine fast schwarze Augenbinde, die in einem eleganten Schwung am Körper auslief. Sofort hatte die fröhliche Rasselbande den Spitznamen „Panzerknacker“ abbekommen. Fast eine ganze Stunde erfreuten wir uns ihrer Begleitung.

Syrakus erreichten wir nach 16,5 Stunden um 22:00 Uhr. Die Marina Porto Marmoreo nahm uns auf.

Nach einem Frühstück an Bord machten wir uns zu einem Großputz unserer „Santorin“ fertig. Ich war gerade dabei, im Vorschiff den angesammelten Staub zu saugen, als Paul, der sich die Plicht vorgenommen hatte, mich zu sich rief. Draußen am Steg stand ein junger Mann und sagte mir, dass der Hafenkapitän uns mit Pässen und Schiffspapieren zu sehen wünschte. Wir unterbrachen unsere Arbeit und machten uns auch etwas zurecht, um der gestrengen Behörde entsprechend entgegenzutreten. Schließlich lautet es nicht umsonst: „Kleider machen Leute!" Als ich wieder in die Plicht kam, wartete der Gehilfe des Hafenkapitäns noch immer am Steg und blickte anscheinend anerkennend auf meine Flaggen in der Backbordsaling. Ich führe dort unter meiner Kärntner Flagge als meine persönliche Flagge den mir von den Johannitern verliehenen Orden eines Commendatore. Nach einer nochmaligen Begrüßung nahm mir der Mann meine Aktenmappe ab und ging uns voran. Da wir unseren Liegeplatz fast ganz am Ende der Marina hatten, war der Weg bis zum Kapitän immerhin etwa 300 Meter weit. Dieser selbst saß, in makellose Uniform gekleidet, mangels einer besseren Sitzgelegenheit auf einem der Poller am Kai. Um ihn herum standen schon die Crews aller anderen Yachten. Die Kontrolle sollte wohl erst beginnen, nachdem alle versammelt waren. Oje! Das konnte dauern! Der Bursche mit meiner Mappe ging vorerst zu seinem Chef, dem Hafenkapitän von Syrakus, beugte sich zu seinem Ohr und raunte ihm etwas zu. Dann übergab er ihm meine Mappe. Der Kapitän öffnete diese und beschäftigte sich kurz mit Seebrief und Versicherungsnachweis und schaute sich die Fotos in unseren Pässen an. Dann stand er auf und gab mir mit einer leichten Verbeugung meine Mappe zurück. Nach der Frage nach unserem Ziel, entließ er uns mit den besten Wünschen. Die wartende Ansammlung der anderen Boote, zum Teil in sehr legerer Kleidung, manche sogar im Badedress, waren ob dieser Bevorzugung sehr erbost. Wenn Blicke töten könnten, wären wir sicher nicht heil zu unserem Schiff zurückgekommen.

An Bord schlossen wir unsere Arbeiten bald ab und erkundeten daraufhin die nähere Umgebung. Die Altstadt, die sozusagen auf der Insel Ortygia liegt, war über den Corso Umberto I leicht erreichbar. Nächstes Ziel war ein Ristorante am Ufer der „darsena". Dort taten wir uns an den Antipasti gütlich, die man am Buffet selbst wählen konnte. Brot und eine Flasche sizilianischer Rotwein ergänzten unser Mahl, denn mehr hätten wir nicht mehr hinuntergebracht. Darauf schlenderten wir den Passeggio Aretusa entlang bis zum Fonte Aretusa, einer Süßwasserquelle, die in der langen Geschichte der Stadt ihre Bürger immer wieder Belagerungen durchstehen ließ. Die Nymphe Aretusa, so sagt die Legende, sprang vor ihrem Verfolger, dem Flussgott Alpheios am Peloponnes ins Meer und tauchte erst an dieser Stelle in Ortygia wieder auf. Die Göttin Artemis verwandelte sie in eine Quelle, um sie so zu schützen. Man würde nun glauben, die Legende sei Stoff für Ovids „Metamorphosen" gewesen. Nein! Dieses Mal war Vergil es, der sich des Stoffes in Gedichtform annahm. Im Brunnen umwächst dichter Papyrus die in Bronze und im Jugendstil dargestellte Verwandlung. Während auf der linken Seite die fliehende Aretusa sich in Wasserwellen auflöst, greift rechts der ihr nachhetzende Alpheios nur mehr in diese Wellen.

Von der Quelle gingen wir quer durch die Gassen zur anderen Seite der Insel um das von der Brandung unterspülte Ostufer entlang, um wieder gegen Norden weiterzugehen. Der Rückweg in westliche Richtung führte uns am Areal der Ruinen des dorischen Apollotempels vorbei. Bald darauf waren wir auch schon wieder auf dem Corso Umberto I. Ein kurzer Abstecher noch zur Cappella di Santa Lucia, der Stadtheiligen von Syrakus, und es war Zeit, ein Lokal für ein Abendessen zu suchen. In der „Trattoria Da Gianni" waren wir mit Frutti di Mare bestens bedient. Um kurz vor 21 Uhr waren wir wieder in der Marina. Kurz entschlossen verließen wir diese, da sie doppelt so teuer war als alle anderen bisher angelaufenen italienischen Marinas. Hatte ich bisher von Bari bis Roccella Ionica jeweils 30.000 Lire bezahlt, so waren es hier in Syrakus 60.000. Außerdem hatte ich mir, durch die Abfahrt am Abend, für Valletta eine günstigere Ankunftszeit errechnet, was der Hauptgrund für die Abfahrt war.

Zunächst fuhren wir auf Kurs 160 die vier Meilen bis zu Kap Murro di Porco. Um 22 Uhr konnten wir auf Kurs 210 Valletta direkt anliegen. Da die Nacht windstill war, lief der Motor. Im

Meer vor Syrakus waren viele Fischer bei der Arbeit. Wir hielten daher sorgfältigen Ausguck. Nach Kap Murro di Porco war das Meer aber frei vom Verkehr. Zwanzig Meilen rechts von uns lag der flache Golf von Noto. Um 1:30 Uhr lag die Insel von Kap Passero querab. Die letzten 54 sm lagen vor uns. In weniger als neun Stunden müssten wir in Valletta sein Die tatsächliche Ankunftszeit war dann 10:30 Uhr.

Etwa eine halbe Seemeile vor Valletta erreichten wir mit unserem Seefunk das dortige Hafenamt und wurden zunächst an einen Anleger im Msida Creek beordert. Nach längerem Warten und da kein Beamter zu uns kam, suchte ich von mir aus das Hafenamt auf. Dort stellten sie mir einige übliche Fragen zu den Einreiseformalitäten und auch die Frage nach der geplanten Abreise. Danach berechnete der Beamte die Hafengebühr und wies mir einen Platz im Lazaretto Creek an. Am 16. Juni um 13:30 Uhr lagen wir vor Buganker und Heckleinen an dem zugewiesenen Platz und sollten diesen erst am 3. Juli um 15:45 Uhr wieder verlassen.

Für 16 Uhr am Nachmittag war die Ankunft des Flugzeuges, mit dem Sissy kommen würde, vorgesehen. Es war also noch Zeit, ein Lokal in der Nähe aufzusuchen, um den Hunger und noch mehr den Durst zu stillen, denn die Hitze war fürchterlich. Mit einem Taxi fuhren Andi und ich danach zum Flughafen. Wir mussten nicht lange warten. Das Flugzeug landete pünktlich und meine Frau war wohlbehalten angekommen.

Nicht weit von unserem Platz im Lazaretto Creek lag die „Seekuh", der Trabakel von Theo Klinzer. Er hatte wegen des Balkankrieges das Schiff nach Malta verlegt, um Chartercrews von hier aus Törns um die Insel und bis nach Sizilien oder bis nach Tunis anzubieten. Da sich in der Belegung solcher Törns große Lücken aufgetan hatten, lag der schöne Trabakel nun im Hafen von Valletta und Theos Angestellter beaufsichtigte die „Seekuh". Dieser war auch als Skipper für die eventuell zu segelnden Törns eingestellt. Da Paul einige Kurse in der „Ersten Österreichischen Segelschule Adria" bei Theo absolviert hatte, war er mit diesem Herrn sehr gut bekannt. Der freute sich sichtlich, Paul wiederzusehen, nachdem dieser gleich nach unserer Ankunft auf der „Seekuh" vorstellig wurde. Auch mich kannte er von einem Besuch in Grado, bei dem ich Paul in der Segelschule aufgesucht hatte. Es war daher nur logisch, dass uns Harry, der übrigens Wiener war, dazu animierte, mit ihm am Abend sein Lieblingslokal „The Anchor And The Plough" zu besuchen.

Wir brauchten nur ein Stück die Uferstraße „The Strand" entlang zu gehen, um dann über den Hügel der Halbinsel Sliema wieder das Meer zu erreichen. Der Wirt, ein Ire, war bekannt für seine über 300 Whisky- und Whiskey-Sorten. Aber auch beim Bier war er sehr gut ausgestattet. Es waren sogar österreichische Sorten dabei. Die urige Einrichtung bestand im Wesentlichen aus kleinen alten Bierfässern zum Sitzen und größeren mit aufgelegter Platte als Tische. Seine belegten Brote waren wirklich empfehlenswert. Selbstverständlich tranken wir offenes Gösser Bier dazu. Und später lud uns Harry auf einen Whiskey ein.

Von Harry und seinem Humor darf ich eine Geschichte zum Besten geben: Die Erscheinung Harrys war insofern außergewöhnlich, als dass er sehr kurze Beine hatte. Wenn er auf einem Sessel saß, erreichten seine Füße den Boden nicht. Da sein Körper aber nicht als klein bezeichnet werden konnte, merkte man seinen Kleinwuchs, wenn er saß, nicht. Schon etliche Jahre bei Theo in Stellung, gedachte er, um eine Gehaltserhöhung anzusuchen. Die Finanzen der Firma verwaltete die Frau Theos. Harry ging also zu ihr und erzählte ihr, er müsse, so leid es ihm tue, die Firma verlassen. „Ja warum denn!?", fragte Frau Klinzer. Harry wusste, dass er nicht so einfach zu ersetzen war. „Ich habe da ein fantastisches Angebot, das ich nicht ausschlagen kann. Ich soll Testfahrer bei Matchbox werden!" Frau Klinzer schluckte diesen Köder anstandslos: „Was bieten sie dir? Vielleicht kann ich mithalten?!" Selbstverständlich konnte sie mithalten, denn Harry war klug genug, den Bogen nicht zu überspannen.

Wir lachten herzlich, als uns Harry seinen gelungenen Streich erzählte. Ich bewunderte ihn ob seiner Selbstironie. So wurde der erste Abend in Malta heiter und gelöst. Außerdem konnte mir Harry noch einen englischen Mechaniker vermitteln, der mir günstig ein Service an meinem Motor machen würde, denn die Luftschluckerei meiner Kraftstoffleitung machte mich besorgt.

Am nächsten Morgen nach dem Frühstück begannen wir mit der Erkundung Vallettas. In einem Buchladen im Zentrum stieß ich auf die berühmte Erzählung „Der Kaplan von Malta" des englischen Autors Nicholas Monsarrat. Es ist dies das Hohelied der Tapferkeit der maltesischen Bevölkerung im Zweiten Weltkrieg. Dafür verlieh König Georg VI. den Maltesern das Georgskreuz. Es schmückt die Flagge Maltas in der linken oberen Ecke im weißen Feld. Die Längsteilung in Weiß-Rot der Fahne geht auf den Normannenkönig Roger II. von Sizilien zurück. Als dieser 1091 auf Malta landete, begrüßte ihn die Bevölkerung und erbot sich, ihm bei der Vernichtung der nordafrikanischen Piraten zu helfen. Sie hätten von den andauernden Torturen genug, denen sie so häufig ausgesetzt seien. König Roger war dieser Hilfe nicht abgeneigt, nahm sein Banner, es war weiß–rot, rot–weiß geviertelt, riss es waagrecht auseinander und gab den unteren Teil den Maltesern. „Damit wir euch erkennen!", so die Begründung Rogers.

Die Geschichte Maltas ist sehr lange und in der Antike für das Volk oft sehr hart. Wie alle auf einer kleinen Insel ausgesetzten Völker waren sie immer wieder ein Spielball der Willkür von stärkeren Aggressoren. Besonders aber litten sie unter den Arabern Nordafrikas.

Auf den Inseln befinden sich Tempelanlagen aus der Steinzeit von 3200 v. Chr. Lange Zeit galten sie als die ältesten Architekturdenkmäler der Welt, bis neulich in Westanatolien zu Beginn des neuen Jahrhunderts eine noch ältere Totenkultstätte mit bearbeiteten und verzierten Granitsäulen entdeckt wurde.

In Malta liegt jede Menge Globigerinidenkalk unter der Grundwasserlinie und dort ist er so weich, dass er mit einem gewöhnlichen Holzstock herausgekratzt werden kann. An die Sonne zum Trocknen ausgelegt, werden die herausgeschnittenen Quader im wahrsten Sinn des Wortes steinhart und können daraufhin vermauert werden. So wurde es vor undenklichen Zeiten und so wird es noch heute gemacht. Nur zerteilt man den Kalkboden heute mit Drahtsägen und gewinnt so die Bausteine.

Tektonisch liegt Malta zwischen den afrikanischen und eurasischen Platten, wo sich der Archipel durch sedimentäre Ablagerungen langsam aus dem Meer erhob. Durch den in den Eiszeiten gesunkenen Meeresspiegel bestand eine Landbrücke zu Sizilien und dem Kontinent. Über die Landbrücke wanderten die Tiere nach Malta, bis diese dann zum Ende der Eiszeit überflutet wurde.

Im Südosten der Insel liegt die sogenannte „Grotte der Finsternis". In dieser bis 145 Meter weit in den Boden reichenden Höhle fand man die Skelette von zigtausenden Tieren aus der letzten Warmzeit von vor 115.000 Jahren. In der pleistozänen Brekzie befanden sich auch die Skelette eines großen und eines kleinen Flusspferdes und ebenso von Elefanten in zwei Größen, wobei der kleinere bei circa einer Höhe von einem Meter 170 Kilogramm wog. Daneben gab es noch Bilche, verschiedene Fledermäuse und Vögel.

Die Grotte war eine der ersten Sehenswürdigkeiten, die wir besuchten. Wir überlegten schon, ob wir uns ein Auto mieten sollten, dann aber verließen wir uns auf das Programm der zahlreichen Touristikbüros.

So füllten wir die Tage mit Fahrten kreuz und quer über die Insel und sahen täglich neue Sehenswürdigeiten, sei es solche der Natur wie die Dingli Cliffs, oder solche von Menschenhand wie die Kirche der kleinen Stadt Mosta, die die zweitgrößte Kuppel der Welt besitzt. Dieses Werk entstand durch Eigenleistung der 3400 Bürger der Stadt als Einlösung eines Gelübdes. Während der Messe an einem Sonntag im Zweiten Weltkrieg durchschlug eine Bombe das Dach der Kirche und landete zwischen Altarraum und Kirchenschiff. Sie blieb als Blindgänger liegen, ohne jemanden zu verletzen. Dieses Wunder wurde der Mutter Gottes zugeschrieben, da die Kirche der Madonna geweiht war. In seiner Predigt regte der Pfarrer an, der Madonna für die Errettung vor Tod und Verderbnis eine neue Kirche von besonderer Größe zu bauen. Mit Begeisterung stimmten die Pfarrkinder diesem Vorschlag zu. In bewundernswert kurzer Zeit bauten die Bürger von Mosta diesen einmaligen Dom.

Die Bevölkerung Maltas ist zu fast 90 % römisch-katholisch und sehr gläubig. Außerdem ist Malta sehr dicht besiedelt. Die Republik steht an fünfter Stelle der am dichtesten besiedelten Staaten der Welt. Die meisten Menschen wohnen in den Städten und da wiederum in Valletta. In jeder Woche feiert eine Pfarrgemeinde ihren Patron und Schutzheiligen. Das tun sie dann nach einer Festmesse mit der gewaltigen Knallerei eines Feuerwerkes. Dabei werden jedoch keine Raketen, sondern nur Knallkörper verwendet. Denn das Spektakel findet ja am hellen Tag statt.

Als wir in Malta weilten, war ein Tag heißer als der andere. Das Thermometer zeigte uns Temperaturen zwischen 43 und 46 Grad im Schatten an. An den Plätzen von Valletta, wo die Cafés und Bistros lagen, hatten die Wirte quadratische Sonnenschirme von etwa vier mal vier Metern dicht an dicht gestellt. Somit konnte man seinen Eiskaffee in einer Schattenlaube genießen - anders die Arbeiter einer Baufirma. Die „Straße der Republik" sollte in eine Prachtstraße verwandelt werden. Dazu verlegten die Leute graue und weiße Platten in Mustern. An einigen Stellen standen Böcke mit einer Stahlplatte darauf. Auf der schnitten Arbeiter mit Trennscheiben die Platten zu. Die Staubentwicklung war gewaltig. Andere Arbeiter legten sich den Zuschnitt auf die Schulter und liefen damit zum Plattenverleger. Die Zuträger waren nur mit einer Hose bekleidet. Auf die Schulter legten sie, zum Schutz der Haut, ein Frotteetuch unter die Platte. Zuschneider und Zuträger waren vom Staub dick eingepudert, da dieser an der mit Schweiß bedeckten Haut haften blieb. Ebenso war das zu einem Turban gebundene und ebenfalls durchgeschwitzte Kopftuch voll vom Schnittstaub. Nicht nur das Aussehen der Arbeiter war ein Abenteuer, auch das Arbeitstempo faszinierte mich. Man bedenke die Hitze! Beim Berühren einer von der Sonne angeschienenen Hauswand hätte ich mir fast die Hand verbrannt.

Der Grund dieser Hetze war wohl der relativ kurz bevorstehende „Tag der Republik" und das damit verbundene Jubiläum. Und wahrscheinlich das Pönale, welches die Firma zu zahlen gehabt hätte, vielleicht aber auch eine Prämie für die Ausführenden, wenn der Auftrag zeitgerecht fertig wurde. Ich glaube, sie haben es geschafft.

Wir ließen uns von der hektischen Arbeit an der Straße der Republik aber nicht aufhalten und gingen zunächst ganz hinunter an das Ende, wo das Fort St Elmo als Vorposten auf das Meer blickt. Schon 1565 hatte es für die Verteidigung gegen die Türken Suleimans eine Rolle gespielt, aber auch im Zweiten Weltkrieg. Vom Fort hatte man die gefährlichen Ein-Mann-U-Boote der Italiener ausgemacht, die eher als berittene Torpedos, denn als U-Boote angesehen werden konnten. Jetzt ist St Elmo ein interessantes Kriegsmuseum. Der frühere Name des Kaps auf Arabisch lautete „Cif Shiraz“, was so viel wie „Feuerkopf“ bedeutet. Beide Namen deuten wohl auf die Gewitter und Blitzentladungen hin, welche sich bei geeigneter Wetterlage dort abspielen.

Valletta ist nach dem Großmeister Jean Parisot de la Valette benannt. Er folgte Philippe Villiers de l'Isle-Adam, dem heldenhaften letzten Großmeister, der auf Rhodos die Achtung Suleimans in dem Maße gewann, dass er ihm und seinen nicht ganz 400 Rittern nach einem drei viertel Jahr beinharter Verteidigungskämpfe gegen seine 40.000 türkischen Kämpfer den ehrenvollen Abzug aus Rhodos gestattete. Vielleicht hatte dies Suleiman bereut und sandte deshalb eine riesengroße Flotte mit wiederum 40.000 Kriegern nach Malta, in der Hoffnung, diesmal die Ritter des hl. Johannes endgültig zu besiegen. Voltaire sollte noch 200 Jahre später schreiben: „Nichts ist so bekannt wie die Schlacht um Malta!“ Sie fand im Jahr 1565 statt.

1534 folgte La Valette nun seinem gestrengen Vorgänger, den Friedrich von Schiller in seinem Kampf mit dem Drachen zu ihm die schönen Worte sagen lässt: „Mut zeiget auch der Mameluck, Gehorsam ist des Christen Pflicht!“ Denn kein Geringerer als La Valette war der Drachentöter von Rhodos.

Später dann gab es leider auch einen, der dem hehren Orden der Ritter vom hl. Grab zu Jerusalem und dem hl. Johannes, dem Täufer, zu deren „Ex Rhodos!“ auch 1798 ein „Ex Malta!“ hinzufügte. Denn unter dem ungeliebten Großmeister Hompesch gelang es durch Verrat in den eigenen Reihen und der List Napoleons, dem „großen" Korsen, die Johanniter zuerst um Wasser für seine Flotte zu bitten, um ihnen dann ihre Okkupation zu verkünden.

Wir wollen aber nicht vergessen, dass der Orden seinem ursprünglichen Auftrag, die Kranken und Leidenden zu pflegen, stets treu blieb. Wie in Jerusalem erbauten sie auch in Malta ein Hospiz mit 2000 Betten, in denen Freund und Feind ohne Ansehen der Person nach den besten medizinischen Kenntnissen der Zeit gesund gepflegt wurden, konnten die Ritter doch das Wissen des Orients mit dem Europas vereinen. Selbst der Großmeister nahm seine in der Ordensregel verankerte Pflicht wahr, einen Tag in der Woche die Kranken zu pflegen.

Ihre hygienischen Maßnahmen bei Infektionsverdacht waren beispielhaft. Auch hatten sie schon frühzeitig keine Ressentiments gegenüber den Fähigkeiten von Frauen. So schickten sie schon 1784 eine Frau, die in Malta im Hospiz in der Pflege tätig war, wegen ihres Interesses an der Medizin zum Studium an die Sorbonne nach Paris. Sie schafften es dabei sogar, die Universitätsleitung davon zu überzeugen, eine Frau an der Fakultät zuzulassen.

Das Joch der napoleonischen Besatzung schüttelten die Inseln durch einen Aufstand der einheimischen Bevölkerung ab. Es war gerechte Empörung. Ein zehnjähriger Junge bat den Gouverneur, ihm etwas zu essen zu schenken, denn durch die Misswirtschaft der Besatzung war auf Malta die Hungersnot allgegenwärtig. Wegen der vermeintlich dreisten Bitte warf der Gouverneur den Buben eigenhändig über den Balkon seiner Residenz in Mdina Rabat, der ehemaligen Hauptstadt Maltas. Diese Grausamkeit überlebten weder der Gouverneur noch die von Napoleon zurückgelassene Besatzung. Der Gouverneur folgte dem Weg des Knaben und auch seine Besatzung wurde von der aufgebrachten Volksmenge gelyncht. Diesem Aufstand im Jahre 1800 folgte eine Besetzung durch die Briten. Bei den Pariser Verträgen 1814 sollten die Briten Malta eigentlich wieder dem Orden zurückgeben, aber auf echt englische Art verschoben sie ihren Abzug, um die Inseln schließlich sogar in eine Kronkolonie zu verwandeln. Man muss dazu betonen, dass die Zeit nach Napoleon dem Orden stark zusetzte. Da er vom Vatikan keine Stütze mehr zu erwarten hatte, ja sogar eher sein Auftrag und sein Anspruch auf Souveränität aberkannt wurde, veranlassten viele Staaten die Auflösung der Ordensteile in ihren Landen, um sein Vermögen in die Staatskassen zu spülen. Auch Kaunitz hätte dies gerne getan, jedoch Kaiser Franz widerstrebte ein Vorgehen gegen den wegen seiner Verdienste ehrwürdigen Orden. Auf diese Weise überlebten die Johanniter mit dem Großpriorat Böhmen und Österreich und konnten damit ihre Kontinuität vom Jahr ihrer Gründung im Jahre 1099 durch Fra Gerard de Thum bis heute bewahren. Heute sind die „Malteser", wie sie genannt werden, als exterritorialer Staat in vielen Staaten mit Botschaften akkreditiert und umgekehrt. Ihre Mitglieder und Helfer sind zahlreicher denn je, und die Einsätze des Malteser Hilfsdienstes bei Katastrophen sind weltweit angesehen.

Auch die Regierenden der Republik Malta hatten ein Interesse am Orden und seinen Rittern bekundet, denn 1964 beendeten die Briten endlich ihre Okkupation und nahmen die parlamentarische Republik in ihr Commonwealth auf, die 2014 aber der EU beitrat.

Dass aus einer Rückkehr der Ordensritter leider nichts wird, liegt daran, dass sich der Präsident von Malta im Palast des Großmeisters etablierte. Ohne Rückgabe dieses Palastes verbietet das Prestige auch die Rückkehr des Ordens. So wird der Orden wohl auch in weiterer Zukunft von seinem exterritorialen Palast in der Nähe der Scala d'Espana in Rom aus regiert werden.

Für interessierte Touristen sind die in Malta noch vorhandenen Einrichtungen, wie zum Beispiel das einzige noch in ursprünglicher Einrichtung existierende Inquisitionstribunal oder der Dom des hl. Johannes und selbst der Großmeisterpalast zugänglich.

Für uns gingen die Tage und die Besichtigungen langsam zu Ende. Auch die Insel Gozo und die Grotte der Nymphe Kalypso in der Ramla Bay hatten wir besucht. Über das inzwischen eingestürzte „Azure Window" sind wir gelaufen und haben im Meer zwischen Malta und Gozo gebadet. Zurück im Lazaretto Creek lud uns Sissy auf die „Black Pearl" zum Abendessen ein, denn für den nächsten Tag war ihr Rückflug gebucht. Der Abend auf dem als Restaurant geführten alten Dreimaster verlief romantisch. Auffallend waren die vielen russischen Gäste aus sehr wohlhabenden Kreisen. Dazu fällt mir ein, dass in den Schaufenstern der Immobilienhändler die Angebote von käuflichen Immobilien in englischer, aber daneben auch in russischer Sprache und selbstverständlich in kyrillischer Schrift angeboten wurden.

Nachdem ich mich am Vormittag von meiner Frau am Flughafen verabschiedet hatte, ließ ich mich vom selben Taxifahrer zur „Santorin" zurückbringen. Harry und seiner „Seekuh" hatten wir schon einige Tage vorher „servus" gesagt, da er mit Gästen auf See war. Weiters verabschiedeten wir uns vom maltesischen Präsidenten Anton Buttiġieġ. Er war der erste aus Malta stammende Präsident der jungen Republik. Man hat ihn auf „The Strand" am Lazaretto Creek als lebensgroße Bronzestatue aufgestellt. Er dürfte der einzige Präsident der Welt sein, dessen Abbild im Badeanzug auf einer Straße steht. Da er in seiner Jugend bei einem internationalen Bewerb eine Goldmedaille gewann, wurde diese an seine Brust geheftet. Sportschwimmer tragen ja Schwimmanzüge, dadurch war es möglich. Er war aber auch ein gefeierter Schriftsteller und Dichter. In Maltas schwerer Zeit von 1942 bis 1944 war er Polizeiinspektor, 1976 bis 1981 schließlich Präsident der Republik.

Um 15:45 Uhr konnten wir endlich ablegen, nachdem wir unsere Ankerkette klarbekommen hatten. Sie lag ja lange genug im Schlamm des Creeks und wieder einmal hatte ein lieber Nachbar durch Unachtsamkeit sein Ankergeschirr kreuzweise auf unseres gelegt. Um 16:15 Uhr passierten wir die Ausfahrt des Marsamxett Harbour von Valletta und sagten Malta damit „adieu". Bei vier Beaufort setzten wir das Großsegel und die Genua III und richteten unseren Autopiloten nach GPS auf Kap Passero. Um 2 Uhr war es Zeit, die Segel zu bergen, nachdem wir schon um 00 Uhr den Motor zur Unterstützung der Segel eingesetzt hatten. Am 4. Juli um 8:30 Uhr erreichten wir wiederum die Marina im Porto Vecchio von Syrakus, die wir am nächsten Tag um 5 Uhr in Richtung Catania verließen. Am Militärhafen von Augusta vorbei tuckerten wir bei vollständiger Flaute die 30 sm nach Norden.

Es waren noch mehr als sechs Meilen und somit eine gute Stunde bis in den Hafen von Catania, als wir von dort die wiederholten langen Töne eines Signalhornes vernahmen. Im Fernglas erspähte ich einen Koloss von einem Fahrzeug, welches sich mit der Ausfahrt aus dem Hafen quälte. ‚Tute und blase, wie du kannst, wir werden schon an dir vorbeikommen! Hier vor dem Hafen ist Platz für alle, auch für uns zwei!‘, dachte ich mir. Nach einer weiteren halben Stunde und schon viel lauterem Getute konnte ich endlich klar sehen, was es war. Es war ein Flugzeugträger. Aber welcher? Bald würden wir es wissen! Es war ein Hubschrauberträger, der neben vielen Hubschraubern noch drei Tarnkappenbomber an Deck stehen hatte. Bei der Vorbeifahrt gab der Kapitän den Befehl für ein freundliches Begrüßungszeichen an uns. Wir antworteten durch das dreimalige Dippen unserer Nationale und einem kurzen Ton aus unserem Horn.

Um 10 Uhr lag unsere „Santorin" in Catania fest. Das Erste was wir, schon von der Rezeption der Marina aus, unternahmen, war die Bestellung eines Taxis. Nachdem wir vorsorglich den Preis für die Fahrt auf den Ätna ausgehandelt hatten, fuhren wir den Berg hinauf. Das Asphaltband der Straße querte des Öfteren die Lavamassen des pyroklastischen Stromes des großen Ausbruchs vom Jahre 1983. Bei der Solfatara San Silvestre angekommen, mussten wir feststellen, dass die Seilbahn zum Gipfelkrater aus Sicherheitsgründen eingestellt war. Es sei zu windig, wurde uns gesagt, obwohl sich kein Lüftchen regte. Nun, wir begnügten uns mit der Umrundung des Kraters der Solfatara und genehmigten uns einige Getränke in der Trattoria.

Die Anrainer haben ja einen fast liebevollen Bezug zu ihrem Berg. Sie sind fest überzeugt, dass er ihnen nichts Böses will. Die Legenden in Catania und Umgebung, die von glücklichen Ausgängen von Erlebnissen im Zusammenhang mit Ausbrüchen des Vulkans erzählen, sind Legion. Ein Hobbyweinbauer stellte auf der Terrasse seines Winzerhäuschens eine Karaffe mit Wein und einen Laib Brot auf den Tisch. „So lade ich unseren Berg ein!“, sagte er zu seinen Nachbarn. Tatsächlich blieb der Lavastrom vor der Terrasse stehen. Beim Ausbruch von 1669 ist die Lava in den Dom von Catania eingedrungen und direkt vor dem Altar zum Stillstand gekommen.

Wir fuhren zu rechter Zeit wieder vom Berg herunter und entließen am Kai der Marina das Taxi. Ich wollte mit einer größeren Banknote bezahlen. Der Taxler behauptete, er hätte kein Wechselgeld. Ich erklärte ihm, dass ich in der Rezeption wechseln würde. Plötzlich hatte er doch genug Wechselgeld.

Danach beschlossen wir, uns in der Nähe ein Lokal zu suchen. In der Zwischenzeit war es dunkel geworden. Der Fischmarkt mit seinem Brunnen lag ruhig da. An einem Haus an der Ecke des Marktes war neben einer dunkelgrünen Eingangstür eine Anschlagtafel, auf der einige Hinweise und Dankschreiben an die beste Wirtin von ganz Italien ausgehängt waren. Die Tür hatte ein mit Stoff verhängtes Fenster. Durch den Vorhang konnten wir Licht erkennen. Es war leicht zu begreifen, dass die fast ausschließlich auf Deutsch verfassten Lobpreisungen zur Person der Wirtin nicht ganz ernst zu nehmen waren.

Wir hatten uns schon zum Gehen gewendet, als wir ein leises „Pst! Pst!“ vernahmen. Die grüne Tür hatte sich geöffnet. In der Tür, von hinten beleuchtet und dadurch schwer auszumachen, stand die Hexe von Hänsel und Gretel und lockte uns in ihre Hütte.

Da wir erwachsen waren und nicht mehr an Märchen glaubten, sahen wir uns die Person genauer an und stellten fest, dass sie gar nicht so übel aussah. Sie hatte ein freundliches Gesicht und blickte uns belustigt an, als wir sie fragten, ob sie die an der Tafel gepriesene Köchin sei. Ja! Selbstverständlich sei sie diejenige, und wenn wir wollten, würde sie uns ihre gelobten Kochkünste vorführen.

Wir betraten also das Lokal. Der Raum war, wie im heißen Süden üblich, etwa viereinhalb bis fünf Meter hoch und hatte das Ausmaß von circa sechs mal vier Metern. Die sechs Meter bezogen sich auf die Eingangsseite. Die doppelflügelige Tür war in der Mitte, und links und rechts davon, symmetrisch in der Wand aufgeteilt, je ein Fenster. Der Raum war sehr schlicht eingerichtet. Links und rechts standen je ein einfacher Tisch mit je acht Sesseln, wovon der Tisch an der rechten Seite im rechten Winkel zum Linken stand. Links war der Raum im Hintergrund in einer Breite von zwei Metern um zwei Meter tiefer. Eine Tür führte von dort in den Raum, der wohl die Küche war. Sie könnte durch das Einziehen einer Wand in dem ehemals sechs mal sechs Meter großen Zimmer entstanden sein. Der Raum war durch eine an einer Pende befestigte, einfache Mattglaskugel eher schwach beleuchtet. An der linken Wand hing ein alter Fotodruck, der sepiafarben das Treiben am Fischmarkt darstellte und rechts ein ebensolcher Druck, auf dem ein Fischer mit einem Tunfisch von respektabler Größe abgebildet war. In der Nische im Hintergrund stand ein Wandtischchen mit einer Spitzendecke und einer Vase mit Kunstblumen darin. An der Wand war eine Konsole montiert. Auf dieser stand die in Süditalien in Lokalen fast immer vorhandene Statue der Jungfrau von Fátima.

Wir setzen uns an den linken Tisch. Weitere Gäste waren nicht im Lokal. Da ich von uns dreien, mit mir waren nur Paul und Viktor auf der Rückreise an Bord, als einziger ein wenig Italienisch sprach, bestritt ich die Unterhaltung mit der Wirtin, die, wie sich herausstellte, gleich alt wie ich war. Da ich in meinen ersten Lebensjahren in Bozen die italienische Sprache in der Sandkiste erlernt hatte und diese mir später über Latein und die Nähe meiner damaligen Heimatstadt Villach zu Italien erhalten hatte, kann man sich vielleicht die Art der Unterhaltung vorstellen.

Zunächst machte ich der Wirtin klar, dass wir Wein zum Essen trinken wollten. Ja, sie würde sofort einen Liter Roten „de la casa" und auch Wasser dazu bringen. Sie verschwand kurz im hinteren Raum und kehrte mit den Getränken und einem Brotkorb aus Kunststoff zurück. Im Korb lagen einige Panini, natürlich nicht frisch, aber doch vom Tag. Ich fragte nach einer Speisekarte, obwohl mir klar war, dass sie keine hatte. Sie erwiderte mir, ich solle sie nur machen lassen, sie würde uns zufriedenstellen. Ich fragte wiederum, ob ihr Angebot sich auf ein Fischmenü beziehe. Ja, wenigstens darauf konnte ich sie festlegen.

Die Wirtin verschwand in der Küche und wir waren für einige Zeit uns selbst überlassen, bis dann doch noch ein Gast das Lokal betrat. Er war, wie sich bald herausstellte, der Verehrer der Wirtin. Er ging nämlich gleich vor zur Küchentür und meldete ihr sein Eintreffen. Dann setzte er sich an den anderen Tisch und bekam eine Karaffe mit Rotwein und ein Glas vorgesetzt. Ich dachte, er würde mit uns Kontakt aufnehmen, denn die Italiener sind im Allgemeinen, wie wir wissen, sehr kontaktfreudige Menschen. Dieser Herr war anscheinend eher verärgert, dass außer ihm noch jemand den Raum teilte. Er kehrte uns also den Rücken zu und begann, sich mit seinem Wein zu beschäftigen.

Schon bald brachte uns die Wirtin das, was sie in der Küche für uns gezaubert hatte. Es war ein Gericht, das man als gemischte Fischplatte bezeichnen konnte. Dazu seltsamerweise schon mit Essig und Öl dressierten Salat, was in Italien unüblich ist. Die Garnelen, Tintenfische und Sardoni waren zugegeben sehr schmackhaft zubereitet und wir konnten zufrieden sein. Da sie die Arbeit in der Küche vorerst beendet hatte, setzte sie sich – zum Ärger ihres Dauergastes – an unseren Tisch und fing mit uns ein Gespräch an. Da ich ihr einziger direkter Gesprächspartner sein konnte, wurden auch alle Fragen an meine beiden Kameraden über mich als Übersetzer geführt.

Bald aber landeten wir bei gemeinsamen Erinnerungen aus der Kindheit und sie sang sofort mit, als ich ein Lied anstimmte, welches uns Kindern damals besonders gut gefallen hatte. Es war ein Schmähgesang auf den Negus, den letzten Kaiser von Abessinien. Aber politisch korrekt waren wir als drei- oder vierjährige Kinder sicher nicht. Der Anfang dieses Liedes lautete: „Con la barba del Negus faremo spazzolini per pulire le scarpe a Benito Mussolini!", was bedeutet: „Mit dem Bart des Negus machen wir Bürstchen, um damit die Schuhe von Benito Mussolini zu putzen!" Bald stimmte sie dann die „Giovenezza" an, die Hymne der faschistischen Jugend Italiens aus dieser Zeit. Da ich den Text nur bruchstückhaft beherrschte, summte ich bloß die Melodie mit. Spätestens jetzt merkte ich, dass der einsame Gast am Nebentisch nahe am Explodieren war. Denn dieser

hatte sich dem stillen Trunk ergeben, und die ein Liter fassende
Karaffe war beinahe leer. Andererseits verging er fast vor Eifersucht, dass sich die Wirtin ausschließlich mit uns dreien beschäftigte und ihm noch dazu einen „ubriaco“, einen Betrunkenen,
nannte. Außerdem stellte sich in der weiteren Diskussion heraus,
dass er ein glühender Anhänger der PCI, der „Partita Comunista
d'Italia“, war. Es bedurfte aller meiner Überredungskünste, den
Mann von seiner Palme wieder herabzubringen, und schließlich
wurde er wieder friedlich.

Langsam wurde es auch Zeit, die gastliche Stätte zu verlassen.
Der Aufbruch am nächsten Tag sollte wieder früh am Morgen
stattfinden. Daher verlangte ich die Rechnung und war überrascht, wie günstig wir diesen lustigen Abend verbracht hatten.
Wir verließen den Fischmarkt. Auf der Piazza del Duomo nebenan ließen wir noch einmal die beleuchtete barocke Fassade
der Basilica di Sant'Agata auf uns wirken. Anschließend suchten wir die Marina auf und gingen auf unser Schiff und endlich in die Kojen.

Schon bei Morgengrauen, um 4:50 Uhr, verließen wir Catania in Richtung Kalabrien. Der Ätna verabschiedete uns mit den
Ausstößen von schwarzen Steinbrocken in hellem Feuerschein
Es war keiner der bedeutenderen Ausbrüche, dauerte aber immerhin gute 14 Tage an. Für seine Anwohner ist der Ätna der
„Gute Berg“, dem sie fast so etwas wie Verehrung entgegenbringen und mit dem sie gelernt haben, zusammenzuleben. Seine sich
stets wiederholenden Ausbrüche bewirken, dass sich selten Druck
aufbaut, der zu einer echten Katastrophe führten könnte. Einmal, wie schon erwähnt, floss der pyroklastische Lavastrom bis
in die Basilika, kam aber wunderbarerweise vor dem Altar zum
Stehen. Ein Bild in der Kirche erinnert daran.

Ein Nordwest, der später sogar auf Südwest drehte und der
dann mit 18 bis 20 Knoten wehte, konnte uns mit Großsegel,
Genua III und später Genua I dem Ziel näherbringen. Zeitweise
zog uns sogar der Spinnaker dem Ziel mit Rumpfgeschwindigkeit entgegen. Daher erreichten wir Roccella Ionica schon um
19 Uhr und konnten dadurch den Abend im „Porto delle Gra-

zie“, einer netten Trattoria, genießen, die uns der Aufseher der Marina empfohlen hatte.

Es war im August 1972, als ein Taucher in Riace Marina, etwas östlich von Roccella Ionica, den sensationellen Fund zweier Bronzestatuen aus der griechischen Antike nur 300 Meter vor dem Strand machte. Entstanden sind die Statuen in Griechenland zwischen 460 und 450 v. Chr. Sie wurden natürlich in das archäologische Museum von Reggio di Calabria gebracht. Dennoch konnten wir zwei sehr gute Kopien davon in der Marina von Roccella Ionica bewundern.

Auch von diesem Ort trennten wir uns bereits um 5:45 Uhr und ein Südsüdost von zwei Beaufort gestattete uns, sowohl mit dem Ballon als auch später unter Großsegel und Genua I zu fahren. Dadurch sahen wir den alten Hafen von Crotone bereits um 16:15 Uhr wieder. Es war Zeit, wieder einmal die Vorräte von Treibstoff und Wasser zu ergänzen und auch uns eine Rast zu gönnen. Nach einem kurzen Landgang widmeten wir den verbleibenden Nachmittag unserer „Santorin“ und verbrachten den Abend im Restaurant der Marina.

Über Crotone habe ich schon einiges erzählt, besichtigt hatten wir es erst jetzt am Liegetag auf der Rückreise. Diesmal schwebte kein Sand in der Luft, da es zufällig windstill war. Nach einem Frühstück an Bord war unser erster Weg zur Festung. Dort trafen wir einen netten jungen Mann, der mit der Einrichtung eines Raumes mit Fundstücken aus der Antike beschäftigt war. Von ihm erfuhren wir, dass der Verein für die Geschichte der Stadt die ehemalige Burg der Malteserritter für die Einrichtung eines sowohl historischen als auch ethnographischen Museums erhalten hatte. Nun war noch viel Arbeit zu leisten, da die Anfänge solcher Aktivitäten im Allgemeinen von begeisterten jungen Menschen ehrenamtlich und in ihrer Freizeit geleistet werden. Ich konnte ihm nur beipflichten, denn auch ich habe in meinem Heimatort viel Zeit mit der Arbeit im dortigen Kulturverein verschenkt.

Crotone hatte im Norden des alten Hafens, der jetzt nur mehr den Yachttouristen dient, einen großen Industriehafen gebaut, denn die Stadt wurde Handelszentrum und tätigt seitdem den Umschlag der vom Hinterland angelieferten Agrarprodukte. Außerdem befindet sich in Crotone chemische Industrie, und durch Schutzgebiete an der Küste wird viel für die natürliche Aufzucht der Meeresfauna getan, wodurch auch die Fischerei einen besseren Stellenwert bekommen hat.

Am 9. Juli stand die Querung des Golfes von Tarent bevor. Am Abend zuvor besprach ich mit zwei Herren aus Gallipoli die Wetterlage. Die beiden wollten ebenfalls auf die andere Seite des Golfes, denn sie waren in Gallipoli zu Hause. Aber sie wollten noch einige Tage in Crotone verbringen. Sie gaben mir den Rat, zunächst von Crotone ein, zwei Stunden die Küste entlang nach Norden zu fahren, und erst dann zur Querung anzusetzen. Um 5 Uhr verließen wir Crotone und liefen unter Maschine bis 6 Uhr gegen Wind und Wellen. Wir hatten das Kap bei der Mündung des Flusses Neto erreicht. Nun setzten wir das Großsegel mit einem Reff und die Genua III, denn der Nordwind pfiff uns mit sechs Beaufort um die Ohren. Das Ziel im GPS gestattete uns, einen satten Anlieger zu segeln. Doch spielen durften wir uns nicht. Die in Dreierfronten auf uns zurollenden Kaventsmänner versuchten ständig, uns aus dem Kurs zu drängen. Da wir nur zu dritt waren, hatten wir die Wacheinteilung getroffen, dass auf eine Stunde an der Pinne zwei Stunden Freiwache folgten.

Der Seegang war doch um einiges höher, als wir ihn an der Küste Dalmatiens gewöhnt waren. Dazu kam noch, dass immer öfter Böen von acht Beaufort die Wellen beflügelten. Wie dankbar war ich Herrn Finot, dem Konstrukteur meiner Yacht! Er hatte das Lenzrohr der Plicht so dimensioniert, wie ich es sonst bei keiner vergleichbaren Yacht gesehen hatte. Stieg Neptun bei uns ein und wollte ein wenig mitreisen, so waren er und seine Pferde schneller wieder mit Okeanos vereint, als sie bei uns in die Plicht gestiegen waren. Das passierte uns auch nur, wenn der Rudergänger dem Wellenbild im Luv vor uns nicht genug Aufmerksamkeit schenkte. Mein atmungsaktiver Overall aus Gore-Tex® hatte nach drei Stunden genug von den Schlägen des

Meerwassers, denn plötzlich war ich bis auf die Haut nass. Trotz der heißen Sonne unter dem Himmel des südlichsten Italiens kühlte mich die Verdunstung empfindlich ab. Aber was soll's! Schließlich ist Segeln ja eine vergnügliche Sportart. Ein Teilnehmer des „Whitbread Round the World Race" (später wurde das „Volvo Ocean Race" daraus) hat es so ausgedrückt: „Segeln ist so, wie unter der kalten Dusche stehen und pausenlos Hunderteuroscheine zerreißen!"

Schon mehr als 30 Meilen vor der Küste bemerkte ich am Horizont ein in regelmäßigen Zeitabständen aufblitzendes Licht. Tatsächlich! Der Leuchtturm von Santa Maria di Leuca, dessen Laterne 147 Meter den Meeresspiegel überragt, zeigte uns, dass wir brav auf ihn zugehalten hatten. Erst nach fünf Stunden aber liefen wir erschöpft und glücklich in den Hafen ein.

Meine Schwiegertochter fragte mich nach einer dramatischen Schilderung dieses „Kampftages gegen die Elemente" später einmal zu Hause, was ich dabei empfunden hätte. Ich konnte ihr nur antworten: „Tiefe Demut vor der Natur und ihrem Schöpfer!"

Seit der Zeit ist meine Bewunderung für die Einhandsegler der Sechziger- und Siebzigerjahre des 20. Jahrhunderts immens gestiegen; besonders für Winfried Erdmann, dem von einer abgehobenen Jury der Kronenkompass mit der Begründung verweigert wurde, ein Seemann dürfe keine Angst haben. Erdmann hatte in einem Interview erzählt, dass er sich in den „Furious Fifties" im Sturm südlich von Tasmanien gefürchtet hätte. Der Glaubenskrieg, der sich später um diesen Preis entwickelte, führte schließlich dazu, dass er nicht mehr vergeben wird. Heute verstaubt der Kronenkompass im sogenannten „Silberschatz" des Kieler Yachtklubs.

Da fällt mir noch eine Begebenheit aus der Zeit vor der Auflösung Jugoslawiens ein, die so herrlich die Besserwisserei und unangebrachte Kritik der Kollegen von der Waterkant aufzeigt:

Ich komme mit Vorwind unter Genua ohne Großsegel von Kap Lovište im Kanal von Korčula daher. Mit mir ist nur Sissy an Bord. Ich freue mich an dem Bild einer großen Ketsch, die unter Vollzeug auf mich zukommt. Es ist die „Waapen" von

Hamburg. In Rufnähe preit mich der Skipper an: „Das ist keine Kunst nicht!“ Große Enttäuschung meinerseits. So ein schönes Schiff und so ein ordinärer Besserwisser! ‚Ja, das ist keine keine Kunst nicht, einem, der vor dem Wind segelt, zweifach den Vorrang zu nehmen, du Luvpisser!‘ Denn er kam noch dazu mit Steuerbordschoten auf mich zu. ‚Was du kannst, kann ich auch und vielleicht noch besser!‘ dachte ich mir. Da bin ich jetzt etwas stark von meinem Kurs abgekommen. Daher schnell zurück in den Golf von Tarent.

Um 17:30 Uhr lagen wir in der Marina von Santa Maria di Leuca fest. Sehr müde, aber auch sehr glücklich beschlossen wir, den nächsten Tag das Schiff und auch uns zu klarieren.

Über den Ort habe ich ja schon einiges auf der Hinfahrt berichtet. Durch den eingeschalteten Ruhetag hatten wir auch etwas Zeit, uns umzusehen. Der erste Weg nach einem ausgedehnten Frühstück führte uns sofort zum Leuchtturm.

Jeder, der das Meer befährt, liebt auch die Leuchttürme. Diese Wegweiser haben in Nacht und Sturm unzählige Leben gerettet. Ihre große Zeit war im 19. Jahrhundert. Die abenteuerlichsten Leuchttürme baute man wohl in der Bretagne im Norden der Biskaya und am Eingang zum Kanal. Vierzig der 120 Leuchttürme Frankreichs stehen dort. Aber auch die in der Monarchie an der Adria in Dalmatien und darüber hinaus errichteten Leuchttürme von Triest über Kap Savudrija bis Budva und Bar sind in ihrer soliden Ausführung und mit ihren Häusern für die Wärter erhaltenswert.

In einer Zeit der Automatisierung ist heute der Beruf des ständigen Leuchtturmwärters nicht mehr vonnöten. Nur mehr Wartungspersonal besucht die technischen Einrichtungen. Dafür aber wird das Angebot, die Wärterhäuser für einen Urlaub zu buchen, immer mehr genutzt.

Bevor wir zum Leuchtturm von Leuca kamen, mussten wir dem Campo vor der Basilica di Santa Maria de Finibus Terrae überqueren. Dort stand vor den Arkaden in der Nähe der Basilika ein Trinkbrunnen. Dieser Brunnen bezeichnet den Endpunkt des Apulischen Aquädukts, das in den Picentinischen Bergen beginnt. Der Bau dieser für das sonst so trockene Apulien wichtigen Versorgungsleitung wurde 1920 begonnen und 1941 fertiggestellt. Die Aussicht vom Platz vor dem Leuchtturm war überwältigend.

Von der Ferse des Stiefels brachen wir um 5 Uhr auf und motorten durch die morgendlich ruhige See dem Hafen Brindisi entgegen. Als gegen zehn Uhr ein Südwest von zwei Beaufort aufkam, konnten wir bis nach Brindisi die sanften Geräusche von Wind und Wellen genießen, wenn auch später der Wind auf Südost drehte und auf vier Beaufort zunahm. Schon um 17:20 Uhr lagen wir in der Marina im Porto Turistico. Wir gingen zum Abendessen ins Restaurant der Marina. Dort stellte ein Künstler aus Lucca seine Bilder aus. Bevor wir uns an einen Tisch setzten, ließen wir die abstrakten, zum Teil sehr großformatigen Bilder auf uns wirken. Im Großen und Ganzen waren sie nicht schlecht. Soviel ich davon verstehe, so muss ich sagen, dass die Harmonie der Farben und auch der zueinanderstehenden Formen eine gewisse Poesie vermitteln konnten. Moderne Kunst wird doch sehr häufig erst im Auge des Betrachters zu Kunst. An das, was wir aßen, erinnere ich mich nicht mehr. Dafür umso mehr daran, dass ein Herr um die Sechzig uns eingehend beobachtete. Am Steg, wir waren am Weg zu unserem Boot, sprach er uns an. Es war der Künstler. Er wirkte eher verzweifelt. Die Ausstellung, sagte er uns, hätte ihm nichts gebracht außer Arbeit und Spesen. Er hatte sich erwartet, wenigstens einige der Bilder zu verkaufen. Aber nicht ein einziges hatte in der ganzen Zeit der Ausstellung, immerhin zwei Wochen, einen Käufer gefunden. Dabei sei er doch nicht unbekannt. Er zeigte uns ein amerikanisches Kunstjournal, in dem er in New York ausgestellt und sogar einen Preis erhalten hatte. Ich fragte ihn, wie er sich vorstellen könne, dass ich auf meinem kleinen Segelschiff eines seiner riesigen Bilder transportieren sollte, und außerdem hätte ich gar nicht so viel in meiner Reisekasse, um solche unvorhergesehenen Ausgaben zu tätigen. Oh ja! Er hätte da eine Dreierserie in einem kleinen Format von ca. 50 mal 70 cm außen am Rahmen gemessen, und nicht nur die großen Formate. Er zeigte uns die Bilder. Tatsäch-

294

lich waren es Seestücke und zeigten sturmgepeitschte Wogen. Die Bilder waren sehr solide, und geschmackvoll zum Sujet passend gerahmt. So stellten auch die Rahmen einen gewissen Wert dar. Nach einigem Zögern und meinen Einwänden wegen des Transportes und auch von meinen Kumpels animiert, ließen wir uns schließlich zum Kauf überreden. Paul kaufte ein Bild und ich zwei. Von meinen Kenntnissen her lag der Preis kaum über den Selbstkosten der Bilder mit den Rahmen. Der Grund für diesen „Abverkauf" lag wohl darin, wie ihn der Künstler in ehrlicher Weise seufzend erwähnte: „So, jetzt kann ich mir wenigstens das Auto für die Heimfahrt auftanken!" Dies sagte er, als er sich nach Lucca, von wo er kam, verabschiedete.

Da wir die Überquerung der Adria nach Dubrovnik als nächste Etappe zu meistern hatten, entschlossen wir uns zu einer Abreise am späten Nachmittag des folgenden Tages. So konnten wir tagsüber noch ein wenig die Stadt genießen. Wir spazierten um das Ende des Seno di Ponente herum und kamen zum Monument, an dem der östliche Arm der Via Appia endet. Diese sehr bekannte Straße, die von Rom dem Süden zu verlief, gabelte sich, um im Osten in Brundisium (Brindisi) zu enden, von wo man dann die Galeeren nach dem Orient bestieg. Der westliche Arm war die Verbindung mit Kap Misenum (Miseno) bei Neapel. Dort war die Kriegsflotte der Römer stationiert. Schon im alten Rom waren die Männer der Marine die Elitesoldaten, wie heute die Marines und Navy Seals der US-Amerikaner.

Noch ein Espresso und eine Brioche und dann um 17:10 Uhr des 12. Augusts erfolgte der Aufbruch mit Kurs Nord nach Dubrovnik. 120 sm mit 6,5 Knoten ergibt etwa 18,5 Stunden. ‚Die ETA könnte also bei 11:30 Uhr des 13. August liegen', dachte ich mir. In der Nacht ist bei Schönwetterlage auf der Adria eher Flaute zu erwarten. Zunächst konnten wir noch einen Ostsüdost mit zwei Beaufort mit Großsegel und Genua unter Autopilot fahren, aber ab 22:15 Uhr musste wieder einmal der Nanni herhalten. Und er lief bis 14:30 Uhr, denn um die Zeit waren wir in der ACI Komolac angekommen. Aber warum drei Stunden Differenz zur errechneten ETA? Ja, das lange Verweilen im

Gegenstrom vor der italienischen Küste und die sechs Meilen
um Dubrovnik in die Komolac wollten eben doch berücksich-
tigt werden. Früher hätte der Navigator diese Umstände genauer gehandhabt. Ich hatte es dabei einfacher. Die große Differenz
zwischen Fahrt durchs Wasser und Fahrt über Grund korrigierte meine ETA. Somit war ich schon auf die Verspätung gefasst.

Die Marina Komolac zeichnet sich auch dadurch aus, dass sie
dem Gast einen großen Süßwasserpool zum Schwimmen anbie-
tet. Wir plantschten an diesem Nachmittag noch vergnügt im
Wasser der Ombla.

23. Kapitel

Der Löwe von Lissa

Am 14. Juli 1998 um 9:25 Uhr setzten wir vollgetankt mit Wasser und Treibstoff sowie versorgt mit gewissen Grundnahrungsmitteln die Reise fort. Diesmal war unser Ziel die Insel Vis. Der 20. Juli war doch schon nähergekommen. Dies war der Tag, an dem 1866 die Seeschlacht bei Lissa stattgefunden hatte. Im Friedhof der Kirche des Sveti Jerolim, oder hl. Hieronymus, auf der Halbinsel Prirovo im Hafen von Vis steht das Monument, welches an die Seeschlacht und die auf österreichischer Seite dabei gefallenen 38 Seeleute erinnert. Am Monument war ein schlafender Löwe aus Marmor aufgesetzt. Dieser Löwe verschwand im Jahr 1919 und befindet sich im Park der Accademia Navale in Livorno. Bei der Ausmusterung, so sagt man, soll jeder Jungoffizier der italienischen Marine schwören müssen, dass der Marine Italiens eine Schande dieser Art, wie sie der Verlauf und der Ausgang der Seeschlacht bei Lissa war, nie mehr passieren dürfe!

Im Juni 1997 startete Mag. Alexander Sixtus von Reden, Vorstand der Militärkanzlei für Traditionsregimenter und Vorsitzender des Denkmalkomitees „Löwe von Lissa", eine Spendenaktion, und schon ein Jahr später, am 3. Juni 1998, konnte die vorläufige Kopie des Löwen im „Atelier Laber" in Wien Liesing vorgestellt werden.

Am 18. Juli 1998 sollte im Rahmen eines europäischen Festes in Zusammenarbeit mit dem Österreichischen Kulturinstitut in Zagreb der Löwe seinen Platz am Denkmal wieder einnehmen.

Es war vorgesehen, dass neben den offiziellen Vertretern aus Politik, Militär und Kultur aus Österreich und Kroatien und 150 Teilnehmern der Traditionseinheiten auch zahlreiche öster-

reichische Yachten vertreten sein sollten. Mit der Organisation
für die an den Festlichkeiten teilnehmenden österreichischen
Yachten war der Commodore des K.-u.-k.-Yachtgeschwaders,
Herr Dipl. Ing. Walter Höller, betraut. Auch meine Yacht „Santorin Austria" war eingeladen, mit ihrer Crew an den Festlichkeiten teilzunehmen.

Es galt also, die Zeit zu nützen. Spätestens am 17. Juli wollte ich in Vis einlaufen. Über Polače auf der Insel Mljet und den
Luka Zaklopatica auf Lastovo sowie einer weiteren Übernachtung vor Buganker in der Uvala Taršce auf der Insel Sveti Klement segelten wir nach Vis, wo wir vor dem Kai in der Stadt
mit Mooring und Heckleinen festmachen konnten. Es war der
17. Juli 1998 um 10:50 Uhr.

In der Stadt herrschte schon reges Treiben. Der Stadtkai war
dicht mit österreichischen Yachten belegt. Manche hatten auch
schon über Topp und Takel beflaggt. Was im Gewimmel noch
fehlte, das waren die Traditionsregimenter. Die sollten mit der
Fähre um 14 Uhr aus Split ankommen, und bis dahin dauerte es
nicht mehr lange.

Am Fährenanleger warteten einige Delegationen aus anderen
Staaten, die einst Teil der Monarchie waren. Besondere Aufmerksamkeit erregten jedoch fünf junge Männer aus Tschechien. Einer
von ihnen hatte sich den Vollbart à la Tegethoff getrimmt, zumal
er eine frappierende Ähnlichkeit mit dem historischen Vorbild
hatte. Er und seine Entourage waren in perfekte Uniformen der
K.-u.-k.-Marine gekleidet. Auch die Säbel fehlten nicht.

Als sich nun die Fähre näherte, zog der falsche Tegethoff ein
Fernrohr aus und schaute auf die Menschen auf der Fähre. Seine vier Offiziere stellten sich, je zwei auf einer Seite, neben ihn.
Damit bildeten sie ein würdiges Empfangskomitee für die ankommenden Traditionstruppen. Es dauerte dadurch eine ganze
Weile, bis die jeweiligen Offiziere von Hoch- und Deutschmeistern, Dragonern, Ulanen und so weiter dem Herrn Konteradmiral ihre Referenz erwiesen hatten. Auch der Commodore des
K.-u.-k.-Yachtgeschwaders und seine ehrenamtliche Sekretärin,
Frau AV Mag. Ulrike Stoiber Postlmair sowie weitere Mitglie-

der des Geschwaders waren angekommen – alle in der Uniform dieses ältesten österreichischen Yachtklubs.

Am Abend war Kapitänsbesprechung im „Hotel Issa" am äußersten Rand der Stadt Vis. Commodore Höller gab klare Anweisungen für den nächsten Tag und den Ablauf der Feierlichkeiten zum Gedenken an die historische Schlacht und ihre Helden.

Zunächst sollten die teilnehmenden Yachten sich nach Größe formieren und dann der Fregatte der kroatischen Marine in Kiellinie folgen. Die Fregatte fuhr mit den Repräsentanten aus Politik und Militär sowie dem Erzbischof von Split und einer Abteilung der kroatischen Garde an die Stelle des Unterganges der „Re d'Italia". Dort wurden drei Kränze gesegnet und für die bei der Schlacht gefallenen Seeleute beider Nationen dem Meer übergeben. Wegen der großen Differenz in der möglichen Geschwindigkeit der Schiffe war die Fregatte gezwungen, sich sehr zurückzuhalten, was sie auch tat. Auch auf die kleinste und letzte Yacht in unserer Kiellinie wurde vom Kommandoboot, der Fregatte, Rücksicht genommen. Nach diesem Memento kehrten wir zurück bis zur Halbinsel Prirovo, wo uns die Fregatte verließ, um ihre Gäste auszuschiffen.

Gegenüber dem Friedhof, im Abstand von drei Kabellängen, nahmen wir mit unseren Yachten in breiter Front Aufstellung. Wir konnten von dieser Position zwar fast nichts hören, den Festakt jedoch, der oben beim Monument ab 18 Uhr stattfand, konnten wir verfolgen.

Nach der Feier lösten wir die Formation und fuhren an unseren Liegeplatz zurück, denn schon für 19 Uhr war in der Hauptkirche der Pfarre von Vis, der Kirche der Lieben Frau von Spilica, der Festgottesdienst angesetzt.

In dieser Kirche hängen übrigens zwei silberne Ampeln, und sie besitzt ein silbernes Vortragskreuz. Dies hat Erzherzog Johann gestiftet, nachdem er auf einer Fahrt aus dem Süden der Adria in Vis den Herbststürmen endlich entronnen war.

Nun war diese Hauptkirche des Ortes Schauplatz eines Festgottesdienstes. Im Chor drängten sich die Mitglieder der Traditionstruppen mit ihren Fahnen. Wir, das heißt ich und meine Crew, standen nach den Bankreihen im Gedränge unter den Einheimischen, die einen Platz im übervollen Kirchenraum gefunden hatten.

In einem Moment der Stille während dieses Gottesdienstes ließ mich lautes Schluchzen hinter mir aufhorchen. In einem geeigneten Moment schaute ich diskret nach der Person, die sich vom Augenblick des Geschehens derart mitreißen ließ. Es waren sogar zwei eher junge Frauen, die ihre Taschentücher, feucht von ihren Tränen, vor Mund und Nase gepresst hatten. Beide, in einem Alter von etwa 40 bis 45 Jahren, konnten sie von der Zeit der Monarchie bestimmt nichts mitbekommen haben. Vielleicht oder eher sicher war ein Ahne ihrer Familien in das Geschehen der Seeschlacht involviert gewesen. Dieses Erlebnis sprach sehr dafür, wie stark Altösterreich in Dalmatien in den Herzen der Menschen vorhanden ist, wenn es auch viele nicht zugeben wollen.

Am Abend, nachdem die Messe beendet war und die Fahnen aus der Kirche abgezogen waren, lud Hugo Hermann auf seinen Trabakel „Il Nuovo Trionfo" ein. Zunächst versorgte er alle an Bord mit einem Gläschen Schnaps, damit wir auf das Fest und seinen Trabakel anstoßen konnten. Seine Geschichte von dem „Trabakolo", das sich von der Adria einmal auf das hohe Meer wagte und dann reumütig nach Hause zurückkehrte, passte ebenfalls zu den berührenden Erlebnissen des Tages. Auf diesem Schiff kam ich mit Erzherzog Johann Salvator von Habsburg-Lothringen ins Gespräch. Er hatte die Patronanz über die ganze Veranstaltung übernommen.

Später und in die Nacht hinein streunten wir drei von der „Santorin" durch die Stadt von einem Lokal zum nächsten und ließen die bei den Feiernden sich steigernde Stimmung auf uns wirken. Der tschechische „Tegethoff" und seine vier Offiziere wurden selbstverständlich bestens versorgt, denn nicht nur jeder von den Veranstaltern, sondern auch viele der Traditionsträger luden sie immer wieder ein.

Am nächsten späten Vormittag war dann noch das offizielle „Wegtreten!" der Mannschaften angesetzt. Als Dank für die Teilnahme wurde jedem uniformierten Teilnehmer eine Medaille zum Gedächtnis an die Veranstaltung verliehen. Unter den Klängen einer kroatischen Militärkapelle marschierten alle in ihre Unterkünfte. Später verabschiedete man sich von denen, die mit der Fähre zurück nach Split fuhren.

Frau Ulrike Stoiber und ihr Ehemann sowie auch die Crew der „Santorin“ verabschiedeten sich von Commodore Walter Höller und den anderen Teilnehmern des K.-u.-k.-Yachtgeschwaders. Ab diesem Zeitpunkt war unsere Crew von Vis bis auf fünf angestiegen.

Wir hatten schon im Frühjahr verabredet, dass das Ehepaar Stoiber mit uns nach Sukošan reisen und dann mit Paul und Viktor die Heimfahrt nach Steyr antreten würde.

Um 14:20 Uhr setzten wir in einem schwachen Nordwest das Großsegel und die Genua und segelten auf die Drvenikska vrata zu. Noch vor acht Uhr am Abend lagen wir in Trogir fest. Da Frau Stoiber als AV für Kunst und Design der Kunst- und Kulturgeschichte der Stadt ein besonderes Interesse entgegenbrachte, war es für mich eine Freude, ihr den Cicerone machen zu dürfen. Da sie die Stadt vorher nie besucht hatte, war sie verblüfft über die reichen Schätze der Architektur und wunderte sich, bei ihrem Studium der Kunstgeschichte eigentlich gar nichts darüber gelesen zu haben. Ich konnte ihr nur beipflichten, denn auch ich habe die Schätze Dalmatiens erst vor Ort kennengelernt.

Skradin und ein Besuch der Wasserfälle waren weitere Höhepunkte für meine Gäste. In der Uvala Stupica auf Žirje verbrachten wir beim Wirt in seiner Konoba einen wundervollen Abend und machten am nächsten Tag an einer Mooring bei Ante in Vrulje auf der Insel Kornat fest. Diese Tage waren begleitet von günstigen Winden. Auch Rasmus spielte auf diesem Teil der Reise mit – bis hierher jedenfalls, denn der letzte Tag bescherte uns wieder einmal eine totale Flaute. Wieder musste unser Motor die landschaftlich schöne Strecke über den Prolaz Proversa und weiter an Žut vorbei in den Ždrelac und nach Sukošan überwinden.

Nach einem gemeinsamen Abendessen bei Joso verabschiedeten sich meine Begleiter und fuhren im Auto der Heimat entgegen. Da die A1, die Autobahn Zagreb-Split, noch nicht gebaut war, blieb nur die Küstenstraße. Die Fahrt nach Steyr hatte für sie sicher die ganze Nacht in Anspruch genommen.

Ich spazierte zurück in die Marina und hing meinen Gedanken nach. Viel war in diesem Sommer schon geschehen: Malta und anschließend Lissa, eine weiße Böe, der Ausbruch des Ätna, ein bewegter Golf von Tarent, Begegnungen mit interessanten Menschen und stimmungsvolle Abende. Und noch war der Sommer nicht zu Ende.

Wieder nach Sukošan zurückgekehrt, musste ich die Urlaubswünsche von Michael und Familie einlösen. Vom 24. Juli bis zum 1. August '98 konnte ich mit Sissy, Michael, Barbara und den drei Kindern Lukas, Matthias und Johanna noch einmal Vis und Trogir besuchen. Auf der Rückfahrt kamen wir dann auch noch in Vrulje bei Ante vorbei. Matthias konnte sich auf dieser Fahrt freischwimmen. Wir bewunderten ihn natürlich gebührend und applaudierten ihm. Johanna, die neben Matthias – versehen mit ihrer Schwimmhilfe – seinen Erfolg bewunderte, wollte auch ihrerseits mit einer Leistung aufwarten. Sie holte Luft, beugte sich nach vor und steckte ihr Gesicht eine ganze Weile unter Wasser. Danach strahlte sie uns entgegen: „Ich kann aber schon tauchen!" Wir Erwachsenen ließen ihre Bemühung gelten. So erhielt auch sie einen Applaus. Matthias war weniger geneigt ihren Versuch als „Tauchen" anzuerkennen.

Vor der Durchfahrt zum Ždrelac kam es zu einem Gedränge. Etliche Yachten hatten wartepflichtig angehalten. Diese Durchfahrt sah damals bedeutend anders aus als jetzt. Die Brücke benötigte Pfeiler, welche den Durchfahrtskanal bedeutend einengten. Gegenverkehr war unmöglich. In der Bucht Vela Luka auf Ugljian hatte sich eine Werft etabliert, die Offshore-Bohreinrichtungen herstellte. Auch von dieser Werft gab es Verkehr durch die Engstelle. Kaum waren sie unter der Brücke durchgefahren, da kehrten sie mit ihrem Frachter wieder um. Wahrscheinlich hatten sie vergessen, irgendein Stück mitzunehmen. Jedenfalls kam dieses Manöver äußerst unerwartet. Bis der Stau sich dann auflöste, verging einige Zeit. Ich war gerade unter

der Brücke, da ertönte das Signal einer Fähre, die auf ihr We-
gerecht pochte.

Dicht hinter mir folgte ein Katamaran. Ein fürchterliches
Geräusch ließ mich zusammenzucken. Als ich mich umdrehte,
steckte der Mast mit seinem Topp zwischen den Stahlbetonträ-
gern der Brücke fest. Die beiden Boote des Kats hatte es noch
einige Meter nach vor geschoben und die ragten mit dem Bug
bis zur Mitte der Schiffe aus dem Wasser. Die Durchfahrtshöhe
der Brücke war damals mit 16,8 m angeschrieben. Der Katamaran hatte eine Masthöhe von 15 m, aber ab Deck und nicht von
der Oberfläche des Wassers an gerechnet. Diese Differenz war
allemal größer als 1,8 m. Das Abbergen des Kats erforderte Hilfe. Der Fähre blieb nichts anderes übrig, als zu warten. An diesem Tag hatte sie sicher eine enorme Verspätung.

Wir dafür hatten großes Glück, denn wir erreichten die Marina in Sukošan ohne besondere Verspätung und machten uns
gemütlich daran, unsere „Santi" für Andreas vorzubereiten. Er
wollte wie üblich mit Freunden noch zwei Wochen dieses Sommers nützen. Für Sissy und mich war diese für mich so lange Saison zu Ende.

24. Kapitel

Kindermund und Kin(d)kerlitzchen

Es würde langweilig werden, weiterhin die chronologische Abfolge unserer Segeltörns anzuführen. Es gab schönes Wetter mit guten Winden, aber auch Gewitter und Stürme in all den Jahren, in denen wir noch in Sukošan in der Marina Dalmacija unseren Liegeplatz hatten.

Unser Aktionsradius gestattete uns häufige Besuche der Kornaten, der Inseln Žirje, Kaprije und Vis sowie der Städte Trogir und Split. Aber auch Šibenik und Skradin wurden immer wieder Ziel unserer Fahrten.

Etwas anderes – in meinen Augen Wichtiges – aber geschah in diesen Jahren. Unsere Enkelkinder wurden schon im zartesten Alter mit dem Leben an Bord einer kleinen Yacht vertraut und wurden mit zunehmendem Alter von Saison zu Saison gewiefter im Umgang mit der Materie.

Natürlich lag das Augenmerk von uns – den Erwachsenen – in erster Linie darauf, den Kindern das Schwimmen beizubringen, damit vor allem diese Sorge wegfiel. Mehr als vier Jahrzehnte konnten wir so ohne den Wermutstropfen eines Unfalles hinter uns bringen. Die Bordapotheke kam sehr sehr selten zum Einsatz. Der Verbrauch an Travelin und Imodium war immer im Alter von dreißig aufwärts zu erwarten. Pflaster und Mullbinden, wenn sie überhaupt zum Einsatz kamen, wurden höchstens im Zusammenhang mit den Landgängen benötigt.

Der erste Enkel, den wir in seiner Kindheit jedes Jahr an Bord hatten, war Lukas. Ab seinem dritten Lebensjahr war er 1984 schon in Punat und danach mit in Trogir. In der Zeit waren Biminis noch nicht die Regel. Ich hatte mir eine Art Zelt über die Plicht gestülpt, das auch den Regen abhielt.

Eines Tages drohte eine schreckliche schwarze Wolkenwand von Westen her. Bald würde ein Regenschauer, wenn nicht sogar Hagel, über uns losbrechen. Unvermutet hüpfte der kleine Lukas plötzlich los und quietschte fröhlich: „Wir sind geschützt! Wir sind geschützt!" Seine Erkenntnis hat uns seine Furcht vor der Naturgewalt und sein Vertrauen auf meine Vorkehrungen dagegen aufgezeigt. Ich war gerührt.

Im Jahr darauf bekam er zu Hause sein erstes Kinderfahrrad. Auf See, unter Segel, kam uns auf Kreuzkurs ein italienischer Trimaran entgegen. Klein-Lukas fragte mich: „Opa, kann der noch nicht richtig segeln, weil er Stützräder braucht?"

In Trogir erzählte mir Sissy bei meiner Rückkehr von einem Törn, den ich mit einer Crew von Kollegen abgesegelt hatte, von ihren Erlebnissen mit Lukas bei seinen Schwimmübungen. Dazu war sie mit ihm an den Badestrand gegangen, der in Richtung Okrug von ihrem Quartier aus leicht erreichbar war. Zunächst hielt sie ihm ihre Hände unter den Bauch und ließ ihn die Bewegung des Brustschwimmens üben. Lukas fragte sie: „Oma, warum muss man eigentlich Schwimmen lernen?" „Denk einmal nach!" antwortete ihm Sissy. „Du fährst mit uns mit der „Santorin" auf das Meer hinaus. Dort ist das Wasser sehr tief. Du könntest ins Wasser fallen und untergehen. Dann kannst du nicht mehr atmen und dann bist du tot!" Lukas sah das ganz und gar ein. Er bemühte sich brav und war auch ganz begierig, eine Taucherbrille und Flossen als Belohnung für seine Bemühungen zu bekommen. Klar! Er bekam beides. Da es Taucherbrille heißt, meinte Lukas, er müsse sich mit diesem Gerät unter Wasser fortbewegen. Es gelang ihm tatsächlich mit seinen Arm- und Beinbewegungen ein paar Meter unter Wasser in Schwebe zu bleiben. Dann wurde es Zeit, dass Sissy ihn beim Schlafittchen erwischte und auf die Beine stellte. Das Wasser reichte ihm bis unter die Achseln. Er prustete etwas, atmete tief durch und fragte interessiert: „Oma, bin ich jetzt tot?"

In der Lagune von Grado erspähte Lukas die Barke eines Fischers. Diese Boote sind etwas größer als Ruderboote und tragen im hinteren Abschnitt einen Steuerstand, der den Häuschen bei uns auf der Alm, Sie wissen schon, die mit dem ausgeschnittenen Herzen in der Tür, sehr ähnlich ist. Lukas zeigte mit ausgestrecktem Arm auf die Barke und krähte: „Opa schau! Ein Kloboot!"

Ein Team sowohl zu Hause in Graz als auch auf der „Santorin" sind Matthias und Johanna. Seit 1996 ist der Urlaub auf der Adria Bestandteil ihrer Freizeit. Matthias war bereits dreieinhalb und Johanna ein Jahr und neun Monate alt, als sie zum ersten Mal mitfuhren. Ein Logbucheintrag aus dieser Zeit bestätigt: „Johanna und Matthias sind wunderbar seefest und segeln und baden gerne."

Die Adria kommt mit ihrem hohen Salzgehalt den Kindern beim Erlernen des Schwimmens sehr entgegen. Was geübt werden muss, ist in erster Linie die Atemtechnik.

Bei einem Ausflug nach Rava, einer kleinen Insel östlich von Dugi Otok, verließ uns der letzte Hauch der Morgenbrise. Michael befestigte eine Leine am Bugklampen, nahm den Tampen um seine Taille und sprang ins Wasser. Dann begann er, die „Santorin" schwimmend zu ziehen. Das Schiff bewegte sich noch kaum. Matthias sah vom Deck aus zu. Ich setzte zum Spaß einen Preis aus: „Michael, wenn du uns bis zu den kleinen namenlosen Miniinselchen vor uns treidelst, bekommst du ein Bier!" Matthias wurde sofort ganz eifrig: „Wart' Papa, ich helfe dir!", sagte er und sprang über Bord. Mangels einer anderen Möglichkeit schwamm er nebenher, griff ab und zu hinter Michael in die gespannte Leine und zog daran. Schließlich nahm Michael die Leine von seinem Bauch und knotete sie um Matthias' Taille. Das Ziel war immerhin etwa 200 Meter von uns entfernt. Anfangs waren die Schwimmbewegungen des kleinen Matthias noch etwas aus dem Rhythmus. Doch mit jedem Durchzug der Arme und dem Abstoß der Beine kam er in einen fabelhaften Takt, der sich automatisch auch auf die Koordination der Atmung übertrug.

Zum Schluss musste ich noch schnell mit einer Kursänderung nach Steuerbord die „Santorin" vor dem Auflaufen bewahren, denn die Steine am Meeresboden kamen uns schon gefährlich nahe. Matthias hatte den Befehl, bis zur Insel zu ziehen, wörtlich genommen. Immerhin schaffte er gegen Ende fast einen Knoten. Michael war das Bier in jedem Fall sicher!

Heute ist Matthias ein ausdauernder Radfahrer und läuft auch beim Stadtmarathon in Graz mit.

Das Beiboot, auch oft Dinghi genannt, ist nicht nur unverzichtbares Zubehör einer Yacht, sondern auch das beste Trainingsspielzeug für den Nachwuchs. Außerdem kommen Kinder mit ihrer Körpergröße in einem kleinen Schlauchboot mit den Rudern besser zurecht. Unser Beiboot, eine Arimar 210, kam den beiden – Matthias und Johanna – in den Buchten, wenn wir vor Anker lagen, gerade recht. Johanna saß dann im Bug des Dinghis, Matthias war an den Rudern.

Da gibt es außen vor der Einfahrt in die Rogoznica eine Bucht. Sie ist eher ein kleiner Fjord und trägt den Namen Borovnica. Ihre Ufer werden, je weiter man hineinfährt, immer mehr zu steilen Felsmauern. Ganz hinten wendet sich der Einschnitt rechtwinkelig nach rechts und gibt gerade Platz für eine Yacht wie unsere „Santorin". Dahinter kann eventuell nur noch ein kleiner Daycruiser ankern. Dabei mussten wir rückwärts „einparken" und den Buganker zeitgerecht bei der Wende ausbringen. Mit dem Heckanker Backbord und einer Landfeste an Steuerbord lag die Yacht dann sehr „privat". Gerade unsere Kleinen liebten das Liegen in dieser Bucht über die Maßen.

Es war im zweiten Jahr ihres Bordlebens: Matthias lud seine kleine Schwester zu einer Fahrt mit dem Dinghi ein. Nun steht da aber am Eck schon eine hohe Felsenmauer, welche die Sicht in dieses Schlupfloch von Ankerplatz versperrt. Kaum war also Matthias ums Eck gerudert, als die im Bug sitzende Johanna unser Schiff und damit Mutter, Vater, Oma und Opa und alles Übrige, was ihr lieb und teuer war, aus den Augen verlor. Dazu muss sie sich im Schatten der sie umgebenden Felsen sehr verloren vorgekommen sein. Zufällig waren wir an dem Tag die einzigen, die sich in der „Schuhlöffelbucht", wie sie von unseren Kindern benannt worden war, niedergelassen hatten. Jämmerlich hallte Johannas Schluchzen als Echo von den Felsen bis zu uns an Bord: „Ich will nach Hause! Ich will sofort nach Hause!"

Auch die Kinder des Cousins, unseres Partners zu Beginn unserer Eignerschaft, waren im gleichen Alter als sie auf der „Santorin" mitfuhren: der Sohn sechs und die Tochter vier Jahre alt. Dass die Familie ihren Törn mit viel Gepäck antrat, habe ich eingangs erwähnt.

Wir waren damals in irgendeiner schönen Bucht vor Anker gegangen. Peter und ich trafen gerade die Vorbereitungen, das Schwimmen zu ermöglichen, als ich ein zorniges Flüstern der Mutter des kleinen Mädchens wahrnahm. Diese wiederum hatte anscheinend auf Stur geschaltet. Beide waren fuchsteufelswild. Ja, so wäre die Szene am besten zu beschreiben gewesen. Was war geschehen? Beim Einpacken war das Oberteil des neuen Bikinis verlorengegangen. Wahrlich ein Drama für eine Vierjährige, die sich schon bei der Anprobe zu Hause ausmalte, welchen Eindruck sie mit dem neuen Badeanzug machen würde, und nun war aller Chic dahin!

Das jüngste unserer Enkelkinder ist die Tochter von Andreas. Sie war schon in ihrem ersten Lebensjahr auf der „Santorin". Mithilfe eines Netzgeflechtes und eines Kraftgummibandes habe ich ihr am Doppelkojenplatz am Tisch in der Kajüte einen Laufstall eingerichtet. Krabbeln und Aufstehen mit Anhalten gelang ihr schon bestens. Und da gab es doch einen so schönen Wasserhahn in der angrenzenden Kombüse, dessen Tropfen in der schräg durch den Niedergang scheinenden Sonne wie flüssige Diamanten glitzerten. Gut, dass man diesen Hahn so gut erreichen konnte!

Mit der kleinen Steffi blieben wir zur Akklimatisierung zunächst in der Marina. Die halbrunde künstliche Badebucht war für die kleine Maus ideal. Andi hatte für sie einen aufblasbaren Schwimmring mitgebracht, der in der Mitte eine Art Gummihose angearbeitet hatte. Darin war sie gegen jeden Untergang, auch gegen Umkippen gefeit. Beim ersten Badeversuch gab sie nur leichte unterdrückte Schnaufer von sich, da sich das Wasser doch im ersten Moment kalt anfühlte. Bald aber plantschte sie so fröhlich und ausdauernd darin, dass wir uns langsam Sorgen wegen einer Unterkühlung zu machen begannen. Mit vielen Kleinkindern gibt es die sattsam bekannten Kämpfe, sie mit dem Wasser vertraut zu machen. Bei Steffi entbrannte der Kampf beinahe in die andere Richtung. Sie war aus dem Wasser fast immer schwer wieder herauszubringen.

Schon zwei Jahre später hatten wir die Marina gewechselt. Zum Frühjahrsputz des Unterwasserschiffes fuhren wir in die nächste Marina mit Kranlift. Die Marina Agana im Ort Marina hatte so einen Travellift. Steffi war mit Mutter Tanja und Oma Sissy zur Übernachtung im Turmhotel abgestiegen, dessen Zimmer im Obergeschoss dieses Turmes aus dem 13. Jahrhundert eingerichtet war. Von ihrem Hotelfenster beobachteten die drei das Herausheben des Schiffes. „Was machen die mit MEINEM Schiff?!", reklamierte Steffi. Das war sozusagen fliegender Eignerwechsel. Was konnte ich da noch einwenden?

Zwei lustige Begebenheiten, die jedoch nichts mit „Kindermund" zu tun hatten, ereigneten sich in der Bucht von Šćedro.

Wir waren gerade noch nach Sonnenuntergang angekommen. Mit Sissy hatte ich noch Nina und Lukas, damals elf und zehn Jahre alt, mit mir an Bord. Ich fand einen Ankerplatz seitlich in dem rechten Lappen dieser einem Kleeblatt ähnlichen Bucht. Ich legte mich so weit wie möglich links an das Ufer und brachte den Heckanker auch aus, um ein Schwoien zu vermeiden. Dann legte ich meine Abdeckung für die Plicht über den Großbaum. Damit lagen wir nun schön privat. Sissy bereitete währenddessen ein Abendessen vor. Nina und Lukas spielten „Schweinerei – Ein saublödes Spiel". Dabei werden anstatt zweier Würfel zwei kleine Schweinchen aus Kunststoff verwendet.

Wir saßen um unseren Tisch in der Plicht beim Abendessen. Die Seitenwände meiner Abdeckung ließen zwar das Licht der Petroleumlampe nach außen, zu uns hereinsehen konnte man jedoch nicht.

Plötzlich hob von außen jemand die Plane an. Dieser Jemand besaß auch die Frechheit, von unten her zu erhaschen, was wohl auf unseren Tellern läge. Er saß nämlich in einem Schlauchboot, mit dem er sich angeschlichen hatte. Nachdem wir ihn zunächst ob seiner dreisten Neugier etwas fassungslos anstarrten, bläffte er in einem der weniger kultivierten Wiener Dialekte: „Håm se ka Topplatern?" Nun ist die Topplaterne, auch Dampferlicht genannt, eine Positionslampe, die bei Fahrt mit Maschine verwendet wird. Sie wird wegen des Namens aber oft mit dem Ankerlicht verwechselt. Ich stellte mich daher dumm: „Was wollen Sie eigentlich? Ich liege da vor zwei Ankern und mein Motor läuft auch nicht! Wozu soll ich die Topplaterne einschalten?" „Jå gråd deswegn brauchn'S jå a Topplatern!!" „Meinen Sie vielleicht das Ankerlicht?", fragte ich zurück. „Dieses werde ich wohl einschalten, wenn wir sonst kein Licht mehr brauchen, so wie es Vorschrift ist! Und falls Sie es nicht recht sehen können, wir werden Ihnen nicht verraten, was wir nach den Spaghetti als zweiten Gang haben werden! Gute Nacht!" Irgendetwas vor sich hin brabbelnd, aber ohne Gruß, verließ uns dieser Nachtmahr.

Die zweite Begegnung spielte sich nur auf Distanz ab, war aber trotzdem eine Augenweide. Kurz nachdem ich an diesem Abend Anker geworfen hatte, kam noch ein Schiff in die Bucht - ein richtiges kleines Passagierschiff aus den 30er-Jahren vor dem Weltkrieg, ein vom Typ her sogenanntes „Bauchschiff", chamoisfarben mit schwarzem Kamin und schwarz umrandeten Bullaugen. So, als wäre das Dampferlein ein vieläugiges Monsterchen mit Lidschatten. Sein Name war „The South African Queen".

Am nächsten Morgen konnten wir unsere Neugier an dieser Seltenheit von Schiff etwas austoben, denn die Passagiere dieses Kreuzfahrers waren Afrikaans, Leute aus der weißen Bevölkerung der Südafrikanischen Union, welche damals noch vom System der Apartheid regiert wurde.

Wir sahen staunend zu, wie manche der Reisenden an Deck ihr Frühstück einnahmen und dabei von der schwarzen Bedienung umschwirrt wurden. Später wurden von den „Boys" in ihren blütenweißen Uniformen Vorbereitungen für einen Landgang der Herrschaften getroffen. Dazu wurden zwei Beiboote mit Außenbordmotoren zu Wasser gelassen. Der Bootsführer stellte sich schon an Deck des Dampfers an seinen Posten im Boot und wurde zu Wasser gelassen. War das ein schönes Bild, wie der „Pilot" wie eine Statue den Vorgang des Zu-Wasser-Lassens über sich ergehen ließ. Andererseits waren die Boote ohne Verholmanöver gleich einsatzbereit. Als dann die ersten Teilnehmer dieser Expedition die Gangway betraten, kamen wir aus dem Staunen nicht mehr heraus. Wir hatten den Verdacht, dass wir einer Sequenz der Aufnahmen für einen Hollywoodfilm beiwohnten. Nur war da kein Kamerateam zu erspähen.

Tatsächlich war die Garderobe der Damen wie aus einem Journal für englische Reisemoden der 30er. Passte also zum vermuteten Baujahr des Dampfers. Die Herren waren ebenso mit Hemd und Krawatte im leichten Dreiteiler, entweder saharasandfarben mit Nadelstreif oder weiß in Leinen, gekleidet, am Kopf Panama- oder Strohhüte.

Ich dachte mir schon, ich hätte irgendwelche Einrichtungen der Insel verpasst. Aber ich wusste doch, dass es damals außer einem kleinen Restaurant, das nur in der Saison betrieben wurde, sonst wirklich nichts gab außer der Macchia und den allgegenwärtigen Felsen.

Nun gut, die braven Boys – je zwei in den Booten – brachten ihre Herrschaften an Land. Das heißt, in dem Fall an das Ende der Bucht. Dort gab es auch fast keinen Strand. Der feste Kalkstein ging sofort, überwuchert von dem mediterranen Gestrüpp, einen Hang hinauf, der nach kaum 20 Metern in der Höhe endete. Dahinter ging es eben und leicht wellig weiter. Jedenfalls keine Gegend, in der eine Dame im Spitzenkleid mit fransenbesetztem Sonnenschirm am Arm eines dazu passend gekleideten Galans einen Ausflug in die Botanik machen kann.

Der Steuermann des Bootes setzte sachte mit dem Bug an den Strand. Sein Helfer, der im Bug gestanden hatte, sprang an Land und half den Damen beim Ausstieg. Nachdem die Fuhre entladen war, fuhren die beiden Helfer zum Schiff zurück, während das zweite Boot mit weiteren Gästen entgegenkam.

Am Land kämpfte der erste Trupp tapfer gegen die Macchia und erreichte tatsächlich die Anhöhe. Dort verteilten sich die Damen auf zum Sitzen geeignete Felsbrocken. Die Herren stellten sich daneben und besprachen die Lage untereinander. Was sie sagten, konnten wir wegen der Entfernung nicht hören. Sie riefen der gerade ankommenden zweiten Partie etwas zu, worauf diese gar nicht erst ausstieg und gleich zum Schiff zurückkehrte. Wahrscheinlich war man übereingekommen, dass man den Damen eine Fortsetzung der Expedition nicht zumuten könnte. Vom Schiff fuhr dann auch das erste Boot wieder zurück, um die erste Gruppe abzuholen, die bereits den Abstieg vom Kamm begonnen hatte. Der Ausflug hatte kaum eine halbe Stunde gedauert und dürfte in Bezug auf den Aufwand enttäuschend verlaufen sein. Schließlich kostete das Toilettemachen seine Zeit und Mühe.

Leider war die Zeit der kindlichen Bonmots rasch wieder vorbei. Im Austausch dafür bekamen wir von Jahr zu Jahr mehr das Interesse der Jugend am Segeln und ihre Hilfe bei der Arbeit an Bord als Gegenleistung für gelungene Sommerurlaube. Mit zunehmendem Alter kamen Freundinnen oder Freunde unserer Enkel dazu. Auch diese fanden sich im Allgemeinen bald an Bord zurecht.

25. Kapitel

Viniśće und die Pleite

Bis zum Jahr 2004 war die Marina Zlatna Luka, später Marina Dalmacija genannt, unser Heimathafen. Viele Fahrten haben wir in diesen Jahren mit neuen Bekannten unternommen. Heidi und Wolfgang, die Eltern von Michaels Ehefrau Barbara, erkundeten mit Sissy und mir die Inseln Iž und Rava. Aber auch weitere Reisen unternahmen wir zu viert. Ein Freund von Andreas, Bertl, genoss mit Gerhild, Martina und Elfriede jahrelang für je zwei Wochen auf der „Santorin" unsere Gastfreundschaft. Das Fahrtgebiet erweiterte sich von Sukošan durch geschickten Crewwechsel in Trogir bis nach Kotor. Aber auch Vis und den Archipel von Lastovo machten wir unsicher.

Bei unseren Besuchen der Stadt Korčula konnten wir auch Aufführungen der berühmten Moreška sehen, und zwar sowohl den Nachwuchs am Trg Pomirenja als auch die Erwachsenen in der kleinen Arena links vor dem Stadttor in die Altstadt.

Die Moriskentänze, auch die Moreška genannt, haben eine uralte Tradition. Sie sind Kriegstänze, die im Hochmittelalter in den verschiedensten Ländern Europas, besonders aber in Spanien, begleitend zur Reconquista, der Rückeroberung der Iberischen Halbinsel von den Mauren, entstanden sind. Dabei kämpfen zwei Gruppen in einem Schwerttanz gegeneinander um die Braut des Königs, die von den Mohren geraubt worden ist. Die Braut symbolisiert die christliche Kirche, die vom afrikanischen Islam unterjocht ihr Dasein fristete.

Die beiden Schwertkampfgruppen, die weiße im roten Kostüm das Christentum und die schwarze den Islam darstellend, kämpfen nun in mehreren Runden gegeneinander, wobei vor jeder Runde die Anführer ihre Gründe für den Kampf darlegen. Schließlich wird die Braut zurückgewonnen. Diese Kampfpantomimen wurden im Mittelalter derart fanatisch durchgeführt, dass es dabei oft Verwundete und sogar Tote gab. Der Papst selbst erließ ein Verbot der Tänze. Just danach im 16. Jahrhundert, nachdem die Moreška in anderen Ländern nicht mehr aufgeführt werden durfte, beschlossen die Bürger von Korčula 1571, wohl nach einer Türkenbelagerung, dieses Tanzritual einzuführen. Dabei verlangt die Tradition, dass nur die Agnaten bestimmter Familien in einer der beiden Gruppen daran teilnehmen dürfen. Außerdem müssen sie noch unverheiratet sein. Die Söhne bereiten sich ihrerseits ab dem zehnten Lebensjahr in der Nachwuchsgruppe auf ihren späteren Auftritt vor. Die Aufführungen finden im August um den Tag von Mariä Himmelfahrt statt.

In der Marina Dalmacija in Sukošan war das Leben in den Jahren zunehmend angenehmer geworden. Am Strand der künstlichen Badebucht hatte sich ein Restaurant etabliert. Am Wochenende gab es Livemusik, die Berberpalmen wuchsen heran und die Tische hatten Sonnenschirme aus Palmwedeln. Wir nannten diesen Bereich „die kleine Karibik". Trotzdem gab es für uns einen nicht unbedeutenden bitteren Beigeschmack. Zwischen dem Hafenkapitän und mir stimmte die Chemie nicht, wie man so zu sagen pflegt.

Als wir beim letzten Törn der Saison Ende August 2004 bei unserem Stammwirt Jere in Drvenik Veli einkehrten, erzählte mir dieser, dass in der Bucht von Vinišće sein Freund Ivica eine Marina einrichte. Das wäre eine Möglichkeit einer Ortsveränderung, denn durch die Nähe bei Trogir wären wir sozusagen wieder in unserem angestammten Revier von vor dem Krieg angekommen.

Wir schauten daher bei nächster Gelegenheit in Vinišće vorbei. Die Orte um die Bucht herum, die Bucht selbst, die Lokale, und auch die Einkaufsmöglichkeiten waren vorhanden und uns gleich sympathisch. Die Zufahrt vom Dorf Marina am westlichsten Ende des Golfes von Trogir über den Berg hinauf und dann wieder hinunter in die Bucht war zwar etwas wackelig, aber diese acht Kilometer waren zu verschmerzen, zumal die Autobahn Zagreb–Split schon sehr weit reichte.

Im Häuschen der Rezeption saß eine nette junge Frau, die ausgezeichnet Deutsch sprach. Sie beantwortete unsere Fragen überzeugend und wir wagten es, eine Reservierung für einen Liegeplatz vorzunehmen, obwohl noch viel im Bau war.

Der Stichtag für den Vertragsbeginn ist allgemein der 1. April. Ende März 2005 wollten wir den Umzug vollziehen. Andreas und ich fuhren somit am 29. März, es war der Dienstag nach Ostern, nach Vinišće und trafen am Vormittag dort ein. Der Tag war schön, die Luft schon lau und mild. Nach dem Vertragsabschluss überlegten wir, ob die Überstellung nicht am besten noch am selben Tag durchgeführt werden könnte. Aber wie würden wir dann zu unserem Auto kommen, wenn es danach in Sukošan steht? „Da führt Sie dann bestimmt der Chef hin!", behauptete die nette Rezeptionistin.

Wir fuhren also zurück bis in die Marina Dalmacija, stellten das Auto ab und kümmerten uns um unsere Yacht, die doch vom Winter her abgestellt war. Der Motor sprang ohne Probleme an und Treibstoff war genug im Tank. Bald hatten wir auch den Ždrelac hinter uns gelassen und fuhren an Pašman vorbei nach Südosten. Wind zum Segeln gab es keinen. Es herrschte nach wie vor Flaute. Die ersten 10 sm bis zum südlichen Ende von Pašman war die Fahrt unter Autopilot gemütlich. Die Dämmerung ging allmählich in die Nacht über und erste Regungen eines Jugos, des Südostwindes, waren zu spüren. Die erste Stunde begnügte er sich noch mit 15 Knoten. Vier Beaufort gegenan waren dabei aber kein besonderes Vergnügen. Als der Windmesser am Murtermeer aber bis auf 30 Knoten anstieg, war es mit dem Spaß vorbei. Die entgegenkommenden Wellen brachten die „Santorin" direkt zum Stehen. Durch eine leichte Kursänderung schräg zu den Wellen konnten wir die Geschwindigkeit aber auf einem erträglichen Stand halten. Dabei kamen die größeren Brecher doch immer wieder an Deck. Das Wasser war Ende März dazu noch verhältnismäßig kalt.

So kämpfte ich mich wieder einmal unerwartet durch die schwarze Nacht und die See. Der Himmel hatte sich bewölkt, Lichter an Land waren keine auszumachen und die Sicht auf die

Leuchtfeuer in diesem Bereich war auch eingeschränkt. Mit einer Durchschnittsgeschwindigkeit zwischen zwei und drei Knoten erreichten wir den Hafen von Kaprije um halb vier am Morgen. Wir legten uns längsseits an den Fährkai. So waren wir sicher, dass wir vom Hafenwächter geweckt würden, denn vor Ankunft der Fähre müssten wir den Platz sicher räumen. Durchgeschüttelt wie wir waren, war auch der Schlaf eher unruhig.

Um 10 Uhr weckte uns der Mann der Hafenaufsicht. Die Fähre würde um 11 Uhr einlaufen. Ich wusste dies und hatte damit gerechnet. Weiters wusste ich aber auch, dass im Laden des Ortes leider kein Brot zu bekommen sein würde, da dies erst mit der Fähre ankam. So gab es zum Frühstück einen schnell aufgebrühten Kaffee mit Kaffeemilch, dazu aber nur ein paar Kekse, die zufällig noch an Bord waren.

Um 10:30 Uhr waren wir wieder unterwegs. Das Meer hatte sich wiederum beruhigt, sodass wir ordentlich Fahrt machten. Kurz vor 12 Uhr liefen wir in der Mirna Vala, der neuen Marina in Vinišće ein. Sie sollte für die nächsten Jahre unser Zuhause sein.

Zunächst ließen wir uns von Dali, so nannten wir die Angestellte der Marina, ein Lokal empfehlen. Unser Hunger nach dem nächtlichen Abenteuer war nämlich gewaltig. Sie meinte, derzeit sei nur die „Mastrinka“ offen.

Schon bei der ersten Kontaktaufnahme habe ich gefragt, wie ihr Name sei. Sie sagte mir, sie möchte Dali genannt werden. Erst auf mein Nachhaken sagte sie verlegen, sie sei auf den Namen Daliborka getauft, dieser Name gefalle ihr aber nicht. Der Name bedeute „die Fernkämpferin“. Auf der Prager Burg gäbe es einen Hungerturm, der so heiße. Nein, wie ein Hungerturm sah unsere Dali nun gewiss nicht aus. In den folgenden Jahren stellte sie sich als die treue Seele des Betriebes heraus und wir denken noch immer gern an sie.

Wir, Andreas und ich, gingen nun in die „Mastrinka“ und konnten mit einer Fischsuppe mit Pleškavica und Brot unserem Hunger und Appetit beikommen. Hauswein gab es keinen, ein Karlovačka Pivo war gegen den Durst allemal besser angebracht als der Stolno Vino „Stari Ribar“.

Nach dem Essen gingen wir zurück zur Marina und konnten endlich deren Eigentümer und Errichter kennenlernen. Er war von Dali schon wegen unseres Problems angesprochen worden, wie wir wieder zu unserem Wagen nach Sukošan kommen sollten. Er würde uns selbstverständlich dorthin bringen. Wenn wir wollten, so könnten wir in einer halben Stunde aufbrechen.

Dies war uns sehr recht, denn so würden wir noch einigermaßen bei Tageslicht daheim ankommen. Die halbe Stunde nützten wir dazu, unsere „Santorin" auf ihrem neuen Platz sicher zu vertäuen und wie üblich die Checks durchzuführen: alle Luken geschlossen, Gashaupthahn geschlossen, Elektrohauptschalter ausgeschaltet, Seeventile geschlossen. Danach konnten wir wieder einmal das Steckschot absperren und an Dali einen unserer Schlüssel abgeben, damit man – falls nötig – an Bord und in die Kajüte gelangen könnte.

Vom 27. bis 29 Juni 2005 beschäftigten wir uns mit der Indienststellung der „Santorin". Zu diesen Arbeiten mussten wir in die Marina Agana im Ort Marina fahren, denn dort gab es einen Travellift. Auch sparten wir viel Geld, da wir unser Unterwasserschiff selbst abschleifen und neu mit dem Antifouling behandeln durften.

Die erste Überraschung für uns in der Mirna Vala war, dass es noch keine Sanitäranlagen gab. Dieser Tatsache nachzuspüren, hatten wir verabsäumt. Doch es fand sich eine Lösung. Herr Anđelič hatte nämlich vor seiner Idee, eine Marina zu bauen, den Bau eines Hotels begonnen. Der Rohbau des Erdgeschosses war mit dem Keller bereits fertiggestellt. Ein Treppenaufgang bot sich an, darunter eine Toilette mit Waschbecken und Dusche zu installieren. Das war nicht viel, doch fürs Erste eine Möglichkeit.

Die Arbeiten sollte ein Maurer aus Mazedonien ausführen, der aus der Zeit vor der Teilung Jugoslawiens hier in Viniśće hängengeblieben war. Er war ein begnadeter Maurer, der auch Fliesen verlegen konnte. Er hatte nur einen Fehler: Wenn er ausbezahlt worden war, war sein Durst auf Bier sehr groß. Solange das Geld reichte, war von ihm nicht zu verlangen, dass er irgendeine Arbeit leistete. Seiner Ähnlichkeit mit Johnny Depp der Rolle als Piratenkapitän geschuldet, hatte er von mir den Spitznamen „Captain Sparrow“ abbekommen. Er sprach zwar nur Kroatisch in mazedonischer Dialektfärbung, mit der Zeit aber brachten wir miteinander doch einige Gespräche zustande.

In dem Fall sah er die Notwendigkeit ein, und schon bald hatten wir die ärgste Not im wahrsten Sinn des Wortes überwunden und konnten uns danach noch warm duschen.

Die Vorderfront des Kellergeschosses war im Wesentlichen fertiggestellt. Darin sollten ein Büro für die Geschäftsführung, daneben ein Frisiersalon und darauffolgend eine Cafébar eingerichtet werden. Dazu kam es aber nicht, weil die etwas unter Straßenniveau und wohl auch noch unter dem Meeresspiegel liegenden Räumlichkeiten bei der Osterspringtide mit dem angestiegenen Grundwasser vollgelaufen waren.

Das auf der anderen Seite der Strandstraße errichtete Häuschen beherbergte auf der dem Meer zugewandten Seite die Rezeption. Auf der Straßenseite wurde soeben ein Souvenirladen eingerichtet. Die Straße entlang hatte unser Captain Sparrow an einer Mauer gearbeitet, deren Abschluss wellenförmig verlief, und die er mit gebrochenen Kalksteinen verkleidete. Außerdem wurde von ihm ein an das Rezeptionshäuschen gelehntes Wasserbecken geschaffen, das mit einem kleinen Springbrunnen und Unterwasserbeleuchtung sehr hübsch anzusehen war. Ein etwas über einen Meter breiter Streifen innerhalb der Außenmauer war mit einer halbmeterhohen Mauer gegen den Uferweg in der Marina begrenzt und diente, mit Erde gefüllt, dem Wachsen verschiedenster Nutz- und Zierpflanzen wie Berberpalme, Olivenbäumchen, Tamarisken und Weinreben in einer Länge von 160 Metern. Das obere Eck der Marina markierte eine kleine Kapelle in Form unserer Kärntner Marterln. Darin sollte einmal der hl. Nikolaus, der Schutzpatron der Seeleute und Reisenden, aufgestellt werden. Zwei Jahre nach unserer Ankunft war er installiert und drehte sich – elektrisch angetrieben – mit seinem Postament, damit man ihn von allen Seiten bewundern konnte.

Bei unserer Ankunft waren zwei Schwimmstege einer sehr modernen Konstruktion ausgelegt. Ein dritter sollte folgen. Die

Stege hingen mit Stahltrossen an Ankersteinen aus Beton, die auf den schlammigen Grund der Bucht aufgesetzt worden waren. Die Verlegung der Stege war einer Wiener Firma übertragen worden, ein smartes Neuunternehmen, wie sich herausstellen sollte.

Zunächst lief für uns die Saison an wie üblich, wenn man davon absieht, dass wir uns in der Bucht von Viniśće und vor allem in der neuen Marina einlebten. Da unsere Gemeinschaft aus nur wenigen Yachten bestand, war die Kontaktaufnahme untereinander etwas intensiver. Zumindest an dem Steg, an dem wir gemeinsam lagen, kannten wir uns untereinander bald näher.

Ganz am Ende lag das Motorboot eines Wieners. Dieses 14 m lange Relikt aus den 30er-Jahren wurde mehr als Hausboot genutzt und bewegte sich kaum vom Liegeplatz. Weil der Stromverbrauch in der Liegeplatzgebühr inkludiert war, war das Kochen an Bord, anstatt wie üblich mit Gas, auf einem Elektroherd über Landstrom entscheidend billiger. Nur, da das Eignerehepaar von spätestens Mitte April bis Mitte September an Bord ihres Schiffes lebte, überstieg der Strompreis die Liegegebühr sehr bald bei weitem. Diese Tatsache begriff selbst Ivica, der im Wirtschaftsrechnen keine Koryphäe war.

Als erstes vom Land her lag ein Grazer Motorboot. Auch ein Ehepaar. Sehr nette und hilfsbereite ältere Leute. Dann kam noch ein Motorboot. Ein Niederösterreicher mit Ehefrau im mittleren Alter. Er war der einzige auf der Adria, von dem ich weiß, dass er einen Fäkalientank bei der Toilette in Gebrauch hatte. Ich fragte ihn, wo er den Tank entleerte, denn immerhin mischt man den Fäkalien eine ganze Menge toxischer Chemie bei. Ab drei Meilen von der Küste ist die Entsorgung erlaubt! Ob das wohl sinnvoll ist? Die verschiedenen Meeresbewohner finden doch in unseren Fäkalien immer noch verwertbare Stoffe! Diese mit den „Segnungen" der Chemieindustrie zu versetzen? Aber darüber habe ich mich ja schon an früherer Stelle ausgelassen.

Die anderen, hauptsächlich in Deutschland beheimateten Eigner von Segelyachten einer Größe, die mit unserer „Santorin" vergleichbar war, lagen auf der gegenüberliegenden Seite des Steges, und dazu noch als erster ein Wiener mit Motorboot.

Es waren nach mir und zwischen dem Wiener noch zwei Segler, deren Besitzer ich nur einmal kurz zu Gesicht bekommen habe.

Da wir von der „Santorin" nach wie vor sehr wenig Zeit in der Marina verbrachten, waren wir nur bei den Crewwechseln dort. In den letzten Jahren hat sich auch hier eine gewisse Routine eingespielt. Ein oder zwei Wochen Michael mit Familie, zwei Wochen Andreas mit Steffi und Freundin oder Freundinnen, ein oder zwei Wochen Wolfi und Heidi sowie dann zwei Wochen Bertl, Gerhild und Elfriede.

Schon im zweiten Jahr, 2006, gab es das erste Debakel mit dem Steg. Da die Ankerblöcke nur auf den Schlamm abgesetzt wurden, begannen sie in einer Sturmnacht bei den stoßartigen Böen der Bora den Halt zu verlieren und wegzurutschen. Ein scharfer Knall weckte mich auf. Die etwa zwei Meter landeinwärts von mir gelegene Verbindungsstelle der Stegteile war an einer Seite gebrochen. Die daran hängenden weiteren zwei Stegteile hingen noch an den restlichen zwei Schrauben auf der zweiten Seite. Danach klaffte ein keilförmiger Spalt in der Brücke, der auf der offenen Seite einen halben Meter maß. Der Wind ließ nachher etwas nach, dadurch passierte vorerst nichts weiter und wir beschlossen deshalb, uns der Sache erst bei Tageslicht anzunehmen.

Verständlich, dass Ivica am Morgen sehr bald den Schaden begutachtete. Mit einer starken Kette und einem Differentialflaschenzug gelang es ihm mit viel Anstrengung, den Spalt zu beseitigen. Uns, die wir die Boote diesem Steg anvertraut hatten, war klar, dass bei einem Sturm im Winter ein noch viel größerer Schaden auftreten könnte.

Das Tröstliche an der Angelegenheit war, dass ein weiters Gleiten nicht mehr so ohne weiteres eintreten konnte, da die verrutschten Blöcke sich doch etwas mehr im Boden verkeilt hatten. Dennoch verbrachte Ivica im Winter von 2006 auf 2007 eine grausame Sturmnacht, bei der er mit seinem Angestellten zu zweit alle Hände voll zu tun hatte, um Schäden an den ihm anvertrauten Yachten zu vermeiden. Nach dieser Nacht war er für zwei Wochen krank.

Natürlich versuchte Ivica die Errichterfirma zur Verantwortung zu ziehen. Diese gab es aber in der Zwischenzeit leider nicht mehr. Und eine Versicherung, die für den Schaden aufkommen würde, schon gar nicht.

Jede Woche einmal war unser leidgeplagter Betreiber der Marina in Zagreb, um die Betriebsbewilligung zu bekommen. Er hatte, wie so viele andere in der Zeit nach der heißen Phase des Krieges, seine Bauvorhaben als Schwarzbauten aufgezogen. Nun, da die Zeit gekommen war, den Wildwuchs an Bauten von Seiten der Behörden in den Griff zu bekommen, wurden solche Unternehmungen, mit denen Geld verdient wurde, in erster Linie aufgegriffen.

Ivica war zumindest uns Dauerliegern und Vertragspartnern gegenüber zuversichtlich, dass er in absehbarer Zeit die Betriebsgenehmigung erhalten werde. In kleinen Schrittlein sickerten Gerüchte zu mir durch. Einer erfuhr dies, der andere erzählte das. Wie weit es der Wahrheit entsprach, konnte niemand genau feststellen.

Um wenigstens etwas weiterzubringen, begann unser lieber Herr Ivica im Keller des Hotels eine Sanitäranlage zu errichten. Wie immer weit großartiger als in allen anderen Marinas. Dafür mussten wir aber in Kauf nehmen, dass der Zugang der Schuttablagerungsstätte einer Baustelle glich, die sich mit der Zeit mit Unkraut verwachsen hatte. Die Anlage selbst aber war, angefangen vom Raumangebot der WC- und der Duschzellen über das Fliesen- und Sanitärmaterial bis zu den Spiegeln mit eingeschliffenem Logo der Marina, das Beste und Teuerste. Nur die Duschkabinen bekamen nie irgendwelche Türen.

Bei uns zu Hause erzählte man sich über den Wörthersee in der Zeit des Aufbaues nach dem Krieg diesen sarkastischen Witz: Eine gute Fee kommt zu einem Wirt, der sich ein Hotel erbaut hat. Sie sagt zu ihm: „Weil du so fleißig bist, hast du einen Wunsch frei! Aber ich warne dich: Alles, was du dir wünschst, bekommt dein Nachbar doppelt!“ Der Wirt denkt nach und sagt schließlich zur Fee: „Ich wünsche mir ein Glasauge!“ Ebensolche Neidgenossenschaft siedelt um die Bucht von Viniśće herum.

An früherer Stelle habe ich schon erwähnt, wie ich einmal die Bucht verlassen habe, weil man dort ohne Gegenleistung für das Ankern in der Bucht kassieren wollte. Man tut das dort auch heute noch. Ivica wurde in seinen Bemühungen, mit einer Marina, einer Charterfirma von Segelyachten und mit Dauerliegeplätzen für Yachteigner, den Tourismus in der Bucht anzukurbeln, nicht nur vom Bürgermeister der Gemeinde intrigiert. Vinišće gehört zur Gemeinde Marina. Wie weit das Gerücht der Wahrheit entspricht, dass er mit seinen Söhnen den Krieg in Deutschland ausgesessen habe, kann ich nicht beurteilen. Sollte dies der Tatsache entsprechen, wäre es wohl ein Hauptgrund gewesen, seine unternehmerischen Ambitionen zu unterbinden.

Gleichzeitig aber muss ich Herrn Ivica einiges an Zielstrebigkeit absprechen, zeigte er mir doch in seinen Vorgehensweisen seinen absurden Sinn für die Wirklichkeit. Da auch er an der freigebigen Kreditvergabe der Hypo Alpe Adria Bank mitnaschen konnte, leaste er sich einen Sportwagen der Sonderklasse von BMW, für den er monatlich 9000 Euro Leasingkosten berappte. Für dieses Geld hätte er sicher die Stege sanieren können. Weiters kam er auf die Idee, die Erdgeschossdecke seiner Hotelruine aufschneiden zu lassen. Die einzelnen Stücke der 20 cm dicken Massivdecke wollte er als zusätzliche Ankersteine zur Sicherung seiner ramponierten Stege verwenden. Jahrelang lagen die Teile der Decke dann am Strand neben der Straße auf einem Haufen. Es war die letzte Tat eines Verzweifelten. Denn letztlich war der desolate Zustand der Stege der Anlass für die Sperre der Marina. Man hatte ihm „Gefahr im Verzug" attestiert. Für alle in der Marina liegenden Yachten mussten die Eigner binnen Wochenfrist einen anderen Liegeplatz finden. Und dies im Juli, mitten in der Hochsaison!

Am dritten Wochenende im Juli 2010 – wir näherten uns unserer Marina von Šolta her – nahm Sissy mit Dali telefonischen Kontakt auf. Dabei erfuhr sie von unserer treuen Seele, dass sie seit Dienstag, dem 20. Juli, gekündigt war und somit nicht mehr in der Marina sei. Drei Herren einer Security-Gesellschaft würden uns in der Marina in Empfang nehmen. Mehr war aus Dali nicht herauszubringen.

Ende August des vorhergehenden Jahres war für unsere Daliborka ein wichtiger Termin. Ich weiß nicht mehr, was ich damals von ihr wollte. Jedenfalls sollte sie am nächsten Tag etwas für mich erledigen. „Das geht nicht!", sagte sie. „Warum nicht?", fragte ich. „Da muss ich zu einer Hochzeit!" „Wer heiratet denn?" „Ja ich!" Nun war die Sache klar. Diesem Grund konnte ich nichts entgegenhalten.

Eine Ehrenpflicht erledigte ich dann zu einem der Revisionstermine im Frühjahr 2010. Außerhalb der Saison fuhr ich nämlich regelmäßig im Abstand von drei Monaten in die Marina, um nach dem Rechten zu sehen. Dabei stellte ich mich mit einem verspäteten Hochzeitsgeschenk ein. Dali hatte ihre Anstellung trotzdem nicht gekündigt. Nun aber hatte das Schicksal hart zugeschlagen. Ihre Arbeitsstelle gab es nicht mehr. Somit war sie in eine vorgezogene Karenzzeit versetzt worden. Dass wir sie dennoch erreichen konnten, war dem Umstand zu verdanken, dass sie uns schon vor Jahren ihre private Mobiltelefonnummer gegeben hatte.

In der Marina wollte man uns nicht anlegen lassen. Meiner Argumentation aber, wir seien von den Umständen überrascht worden, mussten sie nachgeben und erklärten mir, ich hätte so wie die anderen Yachteigner in der Marina eine Woche Zeit, mir einen anderen Liegeplatz zu suchen. Ein Gespräch mit Ivica war auch nicht möglich, da er nicht auffindbar war. Bei ihm daheim erklärte man mir, er sei nicht zu Hause und in nächster Zeit auch nicht zu sprechen. Erst in der übernächsten Saison traf ich ihn wieder. Wir hatten bei einem der Törns die Bucht von Vinišće als Zwischenaufenthalt gewählt. Selbstverständlich legten wir an den noch vorhandenen Resten unseres Steges an. Am späten Nachmittag tauchte dann Ivica auf. Er erzählte mir, dass man ihn vor zwei Jahren, damals im Juli 2010, verhaftet habe. Er sei über ein Jahr in Untersuchungshaft gesessen. Jetzt erst, nachdem seine Unschuld erwiesen worden sei, sei er wieder in die Freiheit entlassen worden. Er hätte nun das Recht, dass ihm der entstandene Schaden gutgemacht werde. Er werde die Marina schon bald wieder aufbauen. Davon ist aber nach sieben Jahren auch jetzt noch immer nichts zu sehen.

26. Kapitel

Marina Frapa und purer Luxus

Nach diesem unglücklichen Ausgang mit der Marina Mirna Vala, der „friedlichen Welle", landeten wir zunächst in der ACI Marina von Split. Der Rest der Saison dauerte nicht mehr lange. Da aber, wie schon gesagt, das Vertragsjahr vom 1. April bis 31. März dauert, kam für 2010 trotzdem nur ein Vertrag für das ganze Jahr in Frage, da die Monatsliegegebühren in Summe noch mehr ausgemacht hätten. Außerdem wurden die Sanitäranlagen gerade umgebaut. Das Geschäft in der Marina war hinsichtlich der Preise eine Enttäuschung. Alle notwendigen Lebensmittel, ja selbst das Brot, waren im Schnitt bis zu 20 % teurer als in den Geschäften in der Stadt. Und die war ziemlich weit weg. Es gab zwar die Möglichkeit, mit einem Fährboot der Marina den Hafen zu überqueren. Aber auch dieses war nicht gerade billig.

Normalerweise bietet jede Marina in Dalmatien dem Mieter einen Badebereich an. Die ACI Split hat einen Badezugang zum Meer an der Mole, wo im Steinwurf eine Plattform betoniert wurde, von der eine rostige Stahlleiter ins Wasser ragte. Zu diesem Felsenbad ist zu sagen, dass der Wellenschlag an die Mole auch bei ruhiger See durch den Verkehr der großen Fähren ein gefährliches Ausmaß annimmt. Dies bekam auch Sissy zu spüren, als sie beim Aufstieg auf die Badeleiter von der Heckwelle einer Fähre auf die Badeplattform geschleudert wurde.

Bald streckte ich daher die Fühler nach einem anderen Liegeplatz aus. Bei einer Überfuhr in die Stadt kam ich auf dem Fährboot der Marina mit einem Herrn ins Gespräch, der für eine Herrencrew als Skipper tätig war. Er erzählte mir, dass er seine eigene Yacht in der Frapa in der Rogoznica liegen hätte. Er sei dort immer sehr zufrieden gewesen und gab mir den Rat, in dieser Marina um einen Liegeplatz nachzufragen.

Ich kannte die Marina Frapa noch aus der Zeit, in der sie im Bau war, hatte mich aber nie nach den Preisen erkundigt. Nach meiner persönlichen Anfrage im Büro des Geschäftsführers stellte ich erfreut fest, dass für uns sehr wohl ein Liegeplatz frei war, und dass der Preis gegenüber der ACI in Split sogar um 400 Euro geringer war.

Daher ging unsere „Santorin" in der Marina Frapa, die in den Jahren 2006 und 2007 mit dem Golden World Award als beste Marina ausgezeichnet wurde, vor Anker und hatte seit der Saison 2012 und auch im Jahr 2019 dort ihren Heimathafen.

Die Lage der Rogoznica ist die beste auf der Adria schlechthin. Das Kap Rogoznica ragt etwas nach Westen den Inseln um Drvenik herum entgegen, bildet eine Landschaft von Buchten, die im Norden Primošten und Šibenik entgegenliegen. Die Rogoznica ist definitiv die Klimascheide zwischen dem mitteleuropäischen und dem mediterranen Klima. Während nach Norden die vielen Inseln im Westen von Šibenik wie Žirje, Kaprije, Zlarin und viele andere liegen, und man von Žirje gleich in den Kornaten oder im Murtermeer ist, erreicht man nach Süden und Westen über Šolta bequem Brač, Hvar, ja sogar Vis, Korčula und Mljet sowie Lastovo. Je nach Wetterlage und Windrichtung gibt es genug Ziele zur Auswahl.

In diesen letzten Jahren mit dem Ausgangshafen Frapa wurde Starigrad auf Hvar ein von uns gern gewähltes Ziel. Schon mehrmals genossen wir die Veranstaltungen um den jährlich stattfindenden internationalen Marathonschwimmbewerb, der über 10 sm, also über 18,52 km ausgetragen wird. Besonders eindrucksvoll waren immer die Feuerwerke, die als Abschluss nach der Siegerehrung abgeschossen wurden.

Die in der Rochuskirche veranstalteten Musikabende waren für meine Crews und mich auch schon öfters ein genussreiches Erlebnis. Das Haus und die Anlage des ersten auf Kroatisch schreibenden Poeten und Philosophen Petar Hektorović darf bei einem Besuch der Stadt im Programm eines Landganges nie fehlen. Hektorović lebte von 1487 bis 1572 und wurde somit 85 Jahre alt. Seine Heimatstadt Starigrad verließ er sein ganzes Leben nicht, mit Ausnahme von drei Tagen, in denen er die Bucht Nečujam auf Šolta besuchte. Seine Bekanntschaft mit einem Fischer veranlassten ihn zu seiner poetischen Beschreibung Ribanjes. Sein von ihm geplantes, burgartiges Haus bietet im Inneren einen großen Fischkalter und einen idyllischen Garten. Die museal zugänglichen Räumlichkeiten im Inneren des Hauses, insbesondere die Küche, sind sehenswert.

In diesem Garten hatte ich einmal ein Erlebnis, das ich erzählen möchte. Es war schon gegen Abend eines heißen Sommertages. Eigentlich wollte der Kustos das Haus schon abschließen, war ich doch der letzte Besucher dieses Tages. Ich saß auf einer Bank und beobachtete ein junges Pferd, welches auf der angrenzenden Wiese, etwa drei Meter vor mir, graste. Da kam ein Kätzchen von der Seite spielerisch auf das Pferd zu und wollte dessen Aufmerksamkeit erheischen. Dazu wurde das Tierchen immer dreister und stieg dem Pferd immer wieder auf die Grasbüschel vor seinem Maul. Das Pferd versuchte es zunächst mit einem gutmütigen Ausblasen der Atemluft auf das vorwitzige Kätzchen, aber dieses Vorgehen verpuffte in seiner Wirkung. Nun nahm das Pferdchen sein Vorderbein zu Hilfe. Geschickt hob es die Katze mit der Hinterseite seines Hufes, wie in einer hohlen Hand, auf und stellte sie sanft auf die Seite. Verblüfft war nicht nur die Katze, wie ich aus ihrem Blick ersehen konnte, denn auch mich rührte diese freundschaftliche Geste des in seiner Nahrungsaufnahme gestörten Tieres, das trotzdem seine Sanftmut bewahrte. Auch der Kustos, der sich uns zugesellt hatte, um mich auf das Ende der Besuchszeit aufmerksam zu machen, konnte dieser Szene nur staunend beiwohnen.

Bei einem Törn im Jahr 2011 mit Michael und Familie erlebten wir einen schrecklichen Waldbrand auf der Westseite der Insel Brač. Wir waren am 14. Juli von Vrboska aus bei ganz schwachem Südost unter Genua und Großsegel in die Uvala Vlaska gelaufen. Diese Bucht liegt an der Nordseite der Insel Hvar, etwas mehr als eine Meile, bevor man ums Eck in die Bucht vor Starigrad

einfahren kann. Wir saßen in der Plicht beim Abendessen, als
auf der gegenüberliegenden Seite auf der Insel Brač in der Nähe
der Küste der Wald zu brennen begann. Zuerst sah es so aus, als
würde das Feuer an der Stelle bleiben. Dann aber setzte es sich
den Hang ansteigend fort bis auf den Kamm des Berges. Oben
angekommen, sprang der Brand über auf den nächsten Rücken
und bewegte sich hangabwärts der Küste zu, während gleichzeitig
oben am Berg das Feuer auf den dritten Rücken übergriff. Auch
hier war die Brandrichtung dann auf beiden Rücken fast gleichzeitig nach unten gerichtet. In weniger als einer halben Stunde
raubten die Flammen alles brennbare Material der Kiefernwälder
im Ausmaß von einigen Quadratkilometern. Wie es oben hinter dem Kamm weiterging, konnten wir nicht sehen. Aber die
Feuerwehren hatten große Mühe, den Ort Podhume zu retten.
Das Feuer war durch Selbstentzündung ausgebrochen. Die letzten Tage vor dem Ausbruch des Feuers waren nämlich extrem
heiß und windstill gewesen. Auch sind die abgebrannten Hänge
der Sonne zugewendet. An der Küste ist dort keine Möglichkeit
anzulanden und auch ein Vordringen zur Küste vom Land her
ist kaum von Interesse. Eine Brandlegung wäre extrem selbstge-
fährdend gewesen. Schon beim Morgengrauen des nächsten Tages flog die Flotte der Wasserbomber mit vier Flugzeugen ihre
Einsätze. Diese Maschinen aus kanadischer Produktion können
im Landeanflug acht Kubikmeter Wasser, das heißt acht Tonnen
Wasser, aufnehmen und über den Brandherden abwerfen. Das
Pilotieren ist nicht ganz einfach. Die Stoßbelastung beim Eintauchen, das Durchstarten und wieder Auf-Höhe-Gehen mit der
schwappenden Last im Bauch will gekonnt sein. Wir waren in
der Zwischenzeit nach der Splitska vrata unterwegs, als die Flug-
zeuge oft keine 50 Meter von uns aufsetzten, um Wasser zu nehmen. Wahrhaft abenteuerlich! Logisch, dass wir diese Szenen des
An- und Abfluges immer wieder auf Bild festhielten.

Am 20. Juli 2016 wurde zum Gedächtnis der Schlacht von
Lissa das 150-Jahre-Jubiläum begangen. Organisiert wurde die
Veranstaltung diesmal von Kroatien, der kroatischen Marine,
der Gemeinde Vis und der Militärkanzlei Wien. Einige Traditi-

onsverbände und auch einige österreichische Segelyachten waren angereist. Freunde hatten für uns am Stadtkai reserviert, so dass wir dankenswerterweise noch einen Platz vorfanden. Bald mussten wir den Aufruf zu einer Zusammenkunft im „Hotel Issa" Folge leisten. Wie bei dem Fest der Wiedererrichtung des Löwen von Lissa erwartete ich mir klare Anweisungen von den Organisatoren. Immerhin war schon vorher ein drei Seiten langer Zeitplan mit genauer Anführung der einzelnen Festakte im Internet für die Teilnehmer zum Ausdrucken ausgegeben worden. Leider kam aber dann alles anders. Im „Hotel Issa", welches sich bekannterweise ganz am anderen Ende außerhalb der Hafenbucht von Vis befindet, angekommen, wurden wir nicht einmal wahrgenommen. Irgendwie erfuhr ich, dass der vorgegebene Zeitplan in keiner Weise eingehalten und stattdessen ein Besuch im Museum vorgezogen wurde, der uns zwang, im Eiltempo den ganzen Weg und noch weiter zurückzulaufen. Die Begründung war, dass das Museum sonst schon geschlossen sein könnte. Es handelte sich angeblich um eine Ausstellung von Briefmarken, ausgegeben zum Gedächtnis an die Seeschlacht. Ich nahm mit meiner Crew an diesem Teil der Veranstaltung nicht teil. Auch den Marsch vom Museum zurück zum Friedhof, der anschließend stattfand, quittierten wir. Dieser Festakt war mehr oder weniger wiederum ein Ad-hoc-Entschluss.

Der Schlaf in dieser Nacht war nicht nur durch das Kabbelwasser im Hafen, sondern auch wegen der immer wieder am Kai vorbeiziehenden Grüppchen von „schön und laut singenden" Festteilnehmern etwas gestört. Diesen Umstand hatten wir aber schon vorher in Betracht gezogen. Denn bei unseren anderen Besuchen in Vis legen wir schon lange nicht mehr am Stadtkai an.

Für die Kranzniederlegung auf See war für den nächsten Tag von der kroatischen Marine ein Minenleger abkommandiert worden. Die teilnehmenden Traditionstruppen wurden wieder auf das Schiff der Marine eingeladen. Ihre Zahl war gegenüber der der Festlichkeiten von der Wiedererrichtung des Löwen von Lissa im Jahre 1998 beträchtlich geschrumpft. Diesmal fuhren auch etliche Crews der Yachten, die den Konvoi bilden sollten, auf dem

Schiff der Marine mit. Somit blieben für einen Konvoi letztlich nur mehr zwei Yachten übrig. Und diese zwei Yachten folgten tapfer in Kiellinie dem Festschiff der Marine. Der Zug hatte bereits die halbe Strecke der drei Meilen auf das Meer hinaus vor dem Hafen, wo die „Re d'Italia" gesunken war, zurückgelegt, da nahm der Minenleger plötzlich Fahrt auf und fuhr den beiden in Kiellinie folgenden Yachten davon. Es sah so ziemlich danach aus, als hätte er an seinem zu langsamen Gefolge seine Geduld verloren. Der einzige und vor mir fahrende weitere Begleiter dieses vom Organisator vorgesehenen Konvois machte eine Geste fragender Enttäuschung zu mir zurück. Ich sandte ihm meinen Salut und zeigte ihm durch meinen ausgestreckten Arm in Richtung Sveti Klement an, dass ich an eventuellen nachfolgenden Ausklängen der Veranstaltung nicht mehr interessiert sei. Zu der Zeit hatte der Minenleger schon wieder Kurs auf den Hafen genommen. Seine Kränze hatte er doch eiligst abgeliefert.

Wir legten eineinhalb Stunden später unseren Anker in der Uvala Taršče und nahmen enttäuscht unsere Flaggengala ab, die wegen des Festes über Topp und Takel geweht hatte.

27. Kapitel

Dalmatien einst und heute

Noch im 19. Jahrhundert war Dalmatien, das nach den Napoleonischen Kriegen der österreichisch-ungarischen Monarchie zugeschlagen wurde, im dazugehörigen Hinterland, aber auch an der Küste zusammen mit Montenegro unvorstellbar arm. Die Regierung in Wien begann durch einige große Projekte mit der Kultivierung des Landes.

Am Beginn stand die Erschließung des Landes, denn Straßen gab es keine. Die Venezianer prägten wohl die oft schon seit der Antike bestehenden Orte mit den Palazzi der Kaufmannsfamilien, wie in Split, Trogir und anderen Städten. Der Verkehr fand aber ausschließlich am Wasser statt. Im Schiffsbau waren die Bewohner der Küste sehr gut. Museen, wie das von Dubrovnik oder Budva, zeigen, dass Schiffstypen wie die Liburna den Trabacolos und Bergonzen der Venezianer überlegen waren.

Das Hinterland hatte eigentlich keine einzige Straße aufzuweisen. Der Transport von Gütern scheint in der von Steinen und Felsbrocken übersäten Landschaft sehr mühsam gewesen zu sein. Daher baute man unter der Herrschaft der Monarchie der Habsburger zunächst der Küste entlang eine Straße. Diese 1600 km lange Strecke war bis in die neueste Zeit Hauptverbindung der wichtigsten Städte des Landes. Erwartungsgemäß für die damalige Zeit durch kleine Verbesserungen in der Trassenführung angepasst und mithilfe moderner Brücken da und dort verkürzt wurde die Küstenstraße natürlich von einem Makadam in den Jahren 1960 bis 1970 zu einem Asphaltband. Das ist der Zeitraum, in der nach der „Wikipedia" die angebliche Erbauung stattfand. Da und dort bestehen noch Reste alter Kehren als Beweis der alten Straße.

Ein Bahnnetz wurde ebenfalls angelegt und zwar ausgehend von der Ghega-Bahn in Laibach. Die Hauptstrecke, die von Laibach über Rijeka nach Karlovac und weiter nach Zagreb führt, hat in Ogulin als Abzweigung die eingleisige Eisenbahnstrecke über Gospić und Knin nach Split. Von Knin führt eine weitere Abzweigung über Benkovac nach Zadar. Damit ist dieses ebenfalls in der Monarchie gebaute dalmatinische Bahnnetz erschöpft.

Das Bahnnetz in Montenegro besteht aus einer Strecke, die von Bar über Podgorica zur Grenze nach Serbien und weiter nach Belgrad führt. Sie entstand aus der Antivari-Bahn, die 1908 als Schmalspurbahn zunächst bis Virpazar reichte.

Wie man aus der Geoplastik in Cetinje ersehen kann, verlief in der Zeit vor dem Ersten Weltkrieg eine Reihe von Bahnstrecken von der Küste aus in das Innere dieses Landes. Eine davon von Ragusa (Dubrovnik) aus nach Trebinje. Die Trassenführung zeigt, dass diese Bahn als Spitzkehrenbahn angelegt war, so wie man dies bei der Andenbahn 1871 von Lima angewendet hatte.

Das Hinterland um Zadar, das noch im 19. Jahrhundert die „Morlachei" genannt wurde, war in dieser Zeit also mehr oder weniger ohne andere Verbindungen als die von den Bewohnern der Gegend durch ihre Benutzung ausgetretenen Trampelpfade. Gütertransporte fanden auf rohgezimmerten Bauernwägen statt. Wie Johann Georg Kohl schreibt, wurden diese Wägen von einem Gespann von acht Ochsen gezogen und hatten viereckige „Räder". Seine Beschreibung eines solchen Transportes fand ich köstlich und will sie dem Leser nicht vorenthalten:

„Auf dem Wege von Benconac nach Zara kamen wir zuerst durch ein kleines Tal, wo ich, da sich sonst nichts darbot, die morlachischen Heuwagen beobachtete, die, von sechs Ochsen geschleppt, uns von Zeit zu Zeit begegneten. Ich habe diese Wagen zwar schon beschrieben, aber man muss die ganze Maschine in Gang sehen, um den rechten Eindruck davon zu bekommen. Die sechs Ochsen schleichen dabei und setzen ihre Füße so langsam voreinander, als wäre ihnen jeder Schritt zuwider und als wüssten sie nicht, ob sie das Bein rückwärts oder vorwärts bringen sollten. Der Wagen seinerseits sieht wie ein in Holz verwandeltes Ochsengerippe aus. Die ungeschmierten Räder quieken und seufzen ganz jämmerlich, als wäre es ihnen größte Pein, dass sie sich bewegen müssten. Zuweilen drehen sie sich eine ganze Zeit lang fort. Dann aber auf einmal kommt ein Rad auf einer seiner besagten vierkantigen Seiten zu liegen, und nun lässt es sich eine Strecke müßig fortschleifen, als wollte es ausruhen von den Drehstrapazen. Plötzlich aber rappelt es sich wieder auf, weil vielleicht ein im Wege liegender Stein den Anstoß dazu gab, und nun hebt es sich auf die Kante und macht einen Satz, als ob es das Versäumte nachholen wollte. Der Wagen erhält dabei einen Schwung auf die entgegengesetzte Seite, dass man fürchtet, er müsse umkippen. Aber es kommt ihm bald ein anderes stelzendes Rad zu Hilfe, das sich seinerseits auf die Kante stellt und ihm einen anders gerichteten Ruck gibt, der ihn wieder zurechtbringt. – Wenn man sich in sie recht hineindenkt, so findet man auch in so einer Maschine ein Stück der Nationalseele, die der Morlache ihr eingehaucht hat und die nun zu den Reisenden daraus hervorspricht.“

An einer anderen Stelle beschreibt der Autor das Verhältnis der Eingeborenen zu den österreichischen Behörden und Beamten. Einerseits schildert er einen nahezu heiligen Respekt der Bauern, die allesamt immerzu und auch bei ihrer täglichen Arbeit bis an die Zähne bewaffnet einhergehen, andererseits eben allen, die von Staats wegen mit Feder und Tinte umzugehen wissen, furchtsam entgegentreten. Diese Beamten aber sind fast ausschließlich Italiener aus der Provinz, die schon von venezianischen Zeiten her mit den Leuten umzugehen wissen.

Auch beschreibt er einen Überfall auf die Postkutsche wegen der mitgeführten Geldkassette in einer Manier, wie wir sie nur aus der Zeit und im Wilden Westen der Vereinigten Staaten von Amerika aus den Filmen kennen. Der Vorfall spielte sich bei dem Dorfe Karin ab und auch der Pope soll als Berater bei der Durchführung seine Hand im Spiel gehabt haben. Er spricht dabei von „echten“ unternehmenden Banden, die sich bei den Bauern einer gewissen Verehrung erfreuten und diese in Dalmatien und auch in Serbien und Montenegro als „Haiduk“ bezeichneten, was so viel wie „gente valorosa e d'onore" bedeutet – also die „geschätzten und ehrenwerten Herren".

Den Hang zum Traditionellen und Althergebrachten charakterisiert Herr Kohl an einem Beispiel aus der Gegend von Knin. Dort wurde eine kleine Kapelle an einer Quelle von einem Popen betreut, da sich an dem Ort immer wieder Pilger einfanden. Damit sich diese Pilger dereinst in ihrem Schatten erquicken könnten, hatte der Pope dort Bäumchen gepflanzt, die ob des reichlichen Wasserzustromes auch prächtig gediehen.

Als diese Bäumchen etwa mannshoch waren, kam ein Hirtenjunge der Gegend mit einer Hacke und hieb sie um. Entsetzt stellte ihn der Pope zur Rede. Der Junge aber gab ihm zur Antwort: „Bei meinem Großvater waren hier keine Bäume, bei meinem Vater auch nicht, also sollen auch bei mir hier keine Bäume sein!"

Fast beklemmend ist es, wie der Autor die Behausungen der Bauern und auch die der Fischer an der Küste beschreibt: ein viereckiger Raum, der aus Mauern aus geschichteten Steinen, sogenannten Trockenmauern, errichtet wurde, über den ein Dach aus Steinplatten desselben Kalkgesteins gehäuft ist. Als Herd in einer Ecke dieses einzigen Raumes dient ein Platz, ebenfalls aus Steinen etwas erhöht, wo in der Glut unter der Peka ein Brotlaib oder die karge Mahlzeit in einer irdenen Schüssel, seltener in einer Pfanne, gart. Als Einrichtung ein paar Stein- oder vielleicht sogar Holzklötze, um sich daraufzusetzen. Ob man die in Ritzen zwischen die Steine gesteckten Holzpflöcke, die zum Aufhängen von Kleidung oder von Ziegenschläuchen zur Aufnahme von Vorräten dienten, zur Einrichtung zählen darf? Die Frage nach einer Schlafstelle jedenfalls brachten sowohl die Eigentümer der Häuser als auch den Autor in Verlegenheit. Ein größeres Anwesen hatte noch vorgezogene Mauern, wobei der Wohnraum in Breite der Rückwand oder in einer Ecke ausgeführt war. Als einziger Zugang war eine Aussparung in der Mauer als Türe gelassen. Beim Wohnhaus ohne Vorhof wurde diese Tür nachts mit einem passenden Bretterverschlag verschlossen. Dieser diente auch dem Versperren des Durchlasses in der Mauer des Vorhofes. War ein solcher Vorhof vorhanden, so diente dem

Wohnraum ein von der Hausfrau gewebtes teppichartiges Stück Stoff als Abschluss. Schafe, Ziegen, Hühner und Esel, aber auch der Haushund bevölkerten den Hof, und wenn der Bauer großzügig war, bastelte er auch für sie ein Dach gegen die im Winter oft heftigen Regenfälle. Gegen Räuber oder Feinde schichtete man bis zu einem Meter in die Höhe abgeschnittene Ranken der in dieser Gegend zuhauf wachsenden Brombeersträucher auf die Mauerkronen des Gehöftes. Diese wuchsen auch bevorzugt außen an den Mauern entlang.

Auf meinen Heimreisen mit meinem Auto bevorzugte ich immer neue Wege durch das Land, wie ich schon erwähnt habe. Teils tat ich dies, um dem „Drehwurm Küstenstraße" zu entgehen, teils auch, um nicht immer die gleiche Route fahren zu müssen. Dabei lag ein Gewinn des Kennenlernens von Land und Leuten im Vordergrund. Und Sie werden es nicht glauben: Selbst am Ende des 20. Jahrhunderts wurde ich auf den Spuren von Johann Georg Kohls Reise von 1850 noch fündig und sah solche von Dornen bekrönten Gehöfte in der Landschaft stehen. Man sollte sie tatsächlich, so wie unsere Bergbauernhöfe in Oberkärnten und in Tirol, unter Denkmalschutz stellen.

Was sowohl in Dalmatiens Hinterland aber auch in Montenegro im 19. Jahrhundert allgegenwärtig war, war die Volkstracht als Bekleidung, die anscheinend Tag und Nacht getragen wurde. In ihrer Differenzierung konnte der kundige Betrachter sofort erkennen, welchem Clan der jeweilige Mensch zugehörte. Ebenso waren die Frauen in sehr aufwendig bestickte und verzierte Kostüme gekleidet. An der Kopfbedeckung war der Stand der Frau eindeutig erkennbar und nicht nur aus dem Alter abschätzbar. Das heiratsfähige Mädchen hatte ein rotes Käppchen, welches sie als Symbol ihrer Jungfernschaft verteidigte. Wehe der, der man den Verlust ihrer Jungfräulichkeit nachwies! Mädchen wie Frauen des Dorfes fielen über sie her und entrissen ihr das Käppchen. Die ehrbar verheiratete Frau trug ein Kopftuch, reich verziert mit Blüten und Blumen. Die Witwe hingegen trug künftig bis zu ihrem Tod nur noch schwarze Kleidung vom Kopftuch bis zu den Strümpfen und Schuhen. Probleme mit der Mode hatte eine Witwe sicher keine mehr. Am Land hat sich diese Sitte der Bekleidung der Witwen noch erhalten.

Ein großes Vorhaben der Monarchie blieb als Opfer der Zeitgeschichte auf der Strecke. Es waren dies die Pläne zu einer gelungenen Aufforstung der schon in der Antike und später von den Venezianern abgeholzten Wälder. Früher wuchsen auf den heute von Wind und Wetter blankgescheuerten Kalkfelsen neben den Aleppokiefern auch jede Menge Eichen, die als Pfähle zur Grundierung der Bauten, aber auch für den Schiffbau Venedigs herhalten mussten. Allein die Rialtobrücke stützt sich auf je 6000 Eichenpfähle auf jeder Seite und trotzt so seit 1591 dem Untergang.

Da auf dem steinigen Boden jede Erdkrume als Basis für das Aufkommen eines Bewuchses sofort wieder weggeblasen worden wäre, kam man im Forstministerium auf die Idee, die Bewohner Trockenmauern zum Schutz von Neupflanzungen errichten zu lassen. Dazu sollten sie pro Meter errichtete Mauer vier Heller bezahlt bekommen. Pro 25 m bekamen sie also einen Gulden. Das war für diese Menschen sehr viel Geld. Wenn man sich die Landschaft der Küste, aber auch weiter dahinter aus der Luft anschaut, was jedem möglich ist, der einen Computer besitzt, kann man ermessen, was dieser Anreiz bewirkt hatte. An vielen Orten sieht man die Mauern nicht, weil man sie durch den entstandenen Wald nicht sehen kann, aber genau dort, wo der verheerende Brand von 2011 wütete, kamen diese Mauern wieder zum Vorschein. Diese Bemühungen wurden wie vieles andere, was zum Wohle der Bevölkerung geschehen hätte sollen, durch die Schüsse von Sarajevo krass unterbrochen. Ganz besonders traf es dabei das Kronprotektorat Bosnien. Bosnien wurde sehr spät von der Herrschaft der Türken befreit. Ein bosnischer Künstler, dessen Zeichnungen ich in Ferlach im Rahmen einer Veranstaltung des Kulturringes ausstellen durfte, brachte diese Tatsache auf den Punkt. Er sagte in seiner Einführung zu seinen Bildern wörtlich: „In den 40 Jahren als Teil der österreichischen Monarchie entwickelte sich Bosnien mehr als unter 400 Jahren türkischer Herrschaft!"

Als ich vor 44 Jahren zum ersten Mal die Küste befuhr und vom Meer aus anschaute, da waren die einzelnen Orte in ihrer Ausdehnung klar erkennbar, und markante, in der Seekarte eingezeichnete Gebäude konnten für die Seitenpeilung leicht aufgefunden werden. In der Zwischenzeit schaut die Situation beträchtlich anders aus. Besonders nach dem Balkankrieg der Jahre 1991 bis 1996 trat ein Bauboom ein, wie er nur mit dem der Jahre von 1950 bis 1965 bei uns vergleichbar ist. Nur damals, wie ich mich erinnern kann, waren Werkzeuge vor allem mechanisierte, nicht so wohlfeil wie heute.

Baumaterial gab es anscheinend genug. Franjo Tuđman hatte ja immerhin seine damals 16-jährige Tochter zur Eigentümerin der kroatischen Zementfabriken gemacht. Ein einfacher kroatischer Staatsbürger hatte seine Kritik an einem im Hafen von Veli Ston abgestellten Container der UNHCR angebracht. Dort stand schwarz gesprüht auf der weißen Containerwand: „Much – too much – Tuđmuch!"

Jetzt ist die Küste mit mehr oder weniger schönen Apartmenthäusern fast ganz zugebaut. Sie sind fast fertig oder befinden sich im Rohbau. Fast alle sind Schwarzbauten, also ohne Baugenehmigung entstanden. Sie werden deshalb nie ganz fertig, weil in Kroatien die Kollaudierung erst mit der endgültigen Fertigstellung erfolgen kann. Auf vielen liegen Kreditlasten. Seit Kroatien in die Europäische Union aufgenommen wurde, kann man sich als EU-Bürger auch als Nichtkroate leichter in Dalmatien ankaufen. Angebot wäre vorhanden, und zwar in allen Ausbaustufen – vom Rohbau bis zu „fast fertig". „Prodaja se!" mit Telefonnummer ist immer wieder auf den Tafeln zu lesen, die an den Objekten angebracht sind.

In der Zeit, die man in Mitteleuropa die „Belle Époque" zu nennen pflegt, schrieb ein unbekannter italienischer Dichter die folgenden Verse. (Vielleicht war es gleichzeitig einer der nicht ganz freiwillig in dem Lande agierenden Beamten der Verwaltung. Die Emotionen gingen jedenfalls mit ihm durch):

«La Dalmazia!

Solitari ricetti, orrende rupi,
tremendi precipizi, aspri dirupi,
Diroccate magion', sozzi tuguri,
Appestate cason', crollati muri,
Tetri alberghi d'orror, deserti oscuri,
Inospite montagne, abissi cupi,
Nascondigli di corvi, antri di lupi,
D'ogni brutto il più rio, ricetti impuri,
Velenosi scorpion', brutti, bissoni,
Fame, guerra, terror, spavento e peste,
Sozzi Morlachi, infami, empj ladroni,
Spettri, larve, fantasmi, ombre funeste,
Grotte, tane, caverne, orchi e demoni
Son di Dalmazia le delizie gueste.»

Der die italienische Sprache beherrscht, mag dieser Klangmalerei sicher etwas abgewinnen. Besonders, wenn er sie sich in einem Atemzug mit zunehmender Ereiferung zu Gemüte führt. Im Deutschen klingt es eher wie ein Rezept zu einem Hexenbrei:

«Dalmatien!

Einsame Verstecke, fürchterliche Felsen,
Schauerliche Abgründe, jähe Schlünde,
Verfallene Baracken, elende Hütten,
Verpestete Häuser, zertrümmertes Gemäuer,
Schmutzige Herbergen voll Grauen, finstere Öden,
Ungastliche Gebirge, abgrundtiefe Höhlen,
Schlupfwinkel der Raben, Behausung der Wölfe,
Von allem Garstigen das Allermiserabelste.
Giftige Skorpione, Molche und Drachen.
Hunger, Krieg, Terror, Schrecken und Pestilenz,
Braune Morlachen, infame gottlose Räuber,
Gespenster, Larven, Ausgeburten der Fantasie, traurige Schatten,
Grotten, Höhlen, Kavernen, Faune und Dämonen
sind von Dalmatien all diese Reize!»

Sollte man nun mit dieser emotionalen Brille das Hinterland betrachten? Ich glaube, man würde den dortigen Bewohnern keine Gerechtigkeit widerfahren lassen. Das Hin- und Hergerissensein zwischen Ehre und Nationalstolz, Gastfreundschaft und Fremdenfeindlichkeit ist sicher stark. Aber seien wir ehrlich: In welchem Land, das vom Fremdenverkehr lebt, ist es anders?

In den Jahren knapp vor und nach dem Krieg ist es uns beim Einkaufen des Öfteren passiert. Irgendein Produkt, an dem Knappheit herrschte, wurde uns verweigert, weil die Verkäufer die Ware für die einheimischen Menschen zurückhalten wollten. Oft verschwand die Verkäuferin in einem Nebenraum und ließ ihren Laden unbeaufsichtigt, nur, um uns nicht eine Absage erteilen zu müssen.

Wenigstens hat sich Dalmatien – und ich kann sagen auch Montenegro – nach dem unseligen Krieg, in dem die Politiker Serbiens die Hegemonie über die Völker in der ehemaligen sozialistischen föderativen Republik Jugoslawien antreten wollten, trotz aller Rückschläge sehr gut entwickelt.

Zum Ende meiner bei weitem nicht erschöpfenden Betrachtungen will ich die wichtigsten Persönlichkeiten des Landes anführen.

Kaiser Diokletian wurde in Solin geboren. Er regierte das Römische Reich von 284 bis 305 n. Chr. Er reformierte das Reich und führte es aus einer Krise. Bekannt ist er aber durch die letzte Verfolgung der Christen. Bei dieser opferte er seine eigene Frau und auch seine 18-jährige Tochter. Im Alter zog er sich, nachdem er freiwillig seine Würde als Kaiser zurückgelegt hatte, nach Split zurück.

Lucius Artorius Castus stammte zwar aus Italien, war aber als Legionskommandant in Britannien und zog sich in seiner Pension nach Solin zurück. Dort wurde er auch begraben. Es handelt sich um König Artus aus der Artussage.

Marco Polo wurde als Spross einer venezianischen Kaufmannsfamilie in Korčula geboren. Die Aufzeichnung seiner Lebensgeschichte brachte den Europäern erstes Wissen der asiatischen und vor allem der chinesischen Kultur.

Thomaš Radovan war Bildhauer und schuf das einmalige spätromanische Trichterportal der Laurentius-Kathedrale in Trogir. Er verwendete als erster Künstler Themen aus dem Leben der Bauern und Handwerker für seine Dekorationen.

Juraj Dalmatinac hatte drei Steinmetzschulen, davon eine in Ancona. Seine Hauptwerke sind der untere Teil der Basilika von Šibenik, die Taufkapelle dieser Kirche, die Galerie der Köpfe an der Außenfassade dort und die Kanzeln in der Kathedrale von Trogir und im Dom von Split sowie viele weitere Kunstwerke. Seine Akanthusblattfriese erinnern in ihrer Fülle an die des Simeonklosters in Syrien. Nur deren Bewegtheit fehlt ihnen.

Nicolo Fiorentinović, der in Florenz studierte und den Weiterbau und die Fertigstellung der Basilika in Šibenik leitete, ist eine weitere nennenswerte Persönlichkeit. Der Einfluss Brunelleschis dabei ist augenfällig. Trotzdem aber ist die Konstruktion des Daches einmalig. In seiner Tauf- und Bischofskapelle im Dom von Trogir löste er sich von seinem ehemaligen Vorbild und setzte mehr auf die römische Antike.

Tripo Kokolja ist 1661 zwar in Perast geboren, starb aber 1713 in Korčula. Er malte in der Art italienischer Barockmaler. Seine 70 Hauptwerke zieren die Kirche der Madonna vom Riff.

In neuerer Zeit darf man Ivan Meštrović nennen. Er wurde zwar in Vrpolje in Slawonien in der Bahnstation geboren, seine Eltern brachten ihn aber sofort nach Otavice bei Drniš, wo sie zu Hause waren. Er lebte von 1883 bis 1962 und studierte in Wien. Seine Werke sind dem Stil der Secession verbunden. Seine Bronzestatuen von Grgur Ninski in Split und Juraj Dalmatinac in Šibenik sind neben dem Mausoleum in Cavtat und dem in Otavice nur ein paar seiner Werke. Er unterrichtete Kunst an der Universität von Zagreb und später an der von South Bend in Indiana. Das Indianerdenkmal in Chicago stammt ebenfalls von ihm.

An Wissenschaftlern ist wohl Ruđer Bošković an vorderster Stelle zu nennen. Er wurde 1711 als eines von zehn Kindern eines Bauern aus der Herzegowina und einer romanischstämmigen Mutter in der Nähe von Dubrovnik geboren. Der Pfarrherr des kleinen Ortes Orahov Do, wo der Hof der Familie war, wurde auf den Knaben aufmerksam. Daher durfte er das Jesuitengymnasium in Dubrovnik als Stipendiat besuchen. Sein Talent für Sprachen und Naturwissenschaften brachte ihm mit 14 Jahren einen Studienplatz in Rom ein. Dort trat er in den Orden ein und war lange Zeit seines Lebens Jesuit. Er gilt als einer der letzten Universalgelehrten Südeuropas und machte sich in den Naturwissenschaften einen Namen. Als Wissenschaftler und Berater war er am Kirchenstaat, am österreichischen Hof sowie in Frankreich und in der Diplomatie tätig. An der Sorbonne richtete er die Sternwarte ein und unterrichtete Astronomie und Geodäsie. Seine Theorien waren seiner Zeit weit voraus. Auch sein Kollege Lagrange konnte ihm nicht folgen und spielte die Studenten gegen ihn aus. Mehrere Wissenschaftshistoriker sehen ihn als den Begründer der modernen Atomphysik und als einen Vorläufer Albert Einsteins. Nebenbei schrieb Bošković noch Gedichte. Von vielen Seiten verkannt, trat er aus dem Orden aus und heiratete später sogar.

Das nächste Genie Kroatiens war Nikola Tesla. Er wurde 1856 im Dorf Smiljan bei Gospić geboren. Sein Vater war der Pope des Ortes. Nach der Grundschule besuchte er das Gymnasium in Karlovac und danach die technische Hochschule in Graz.

Ohne Mittel zog Tesla 1884 nach New York und trat schon zwei Tage später in die Firma von Thomas Alva Edison ein. Mit beruflichen Intrigen kam Tesla nur schwer zurecht. Zeitlebens wurde er um seine Erfolge betrogen. Wir verdanken ihm die heute angewendete Technik der Energieerzeugung durch Wechselstrom, die George Westinghouse gegen Edisons Gleichstromsystem durchkämpfte.

In neuerer Zeit kann Kroatien in vielen Sportarten Erfolge aufweisen: Im Fußball (Zweiter bei der WM in Russland) sowie als Gewinner von Handball- und Wasserball-Weltmeisterschaften liegen die herausragenden Leistungen in den Mannschaftssportarten. Aber auch Einzelkämpfer können mit Höchstleistungen aufwarten.

Im Sport gibt es zwei Basketballspieler, die es bis in die NBA gebracht haben. Es sind dies Dražen Petrović aus Šibenik und Toni

Kukoč aus Split. Am Tennishimmel strahlte Goran Ivanišević aus Split 2001 im Grand Slam.

Die Frauen Sandra Perković im Diskuswerfen, Sandra Kolak im Speerwerfen und Blanka Vlašić im Hochsprung sind in der Sportwelt ebenso bekannt wie die Geschwister Janica und Ivica Kostelić im Schilauf.

Damit will ich den Schlusspunkt zu meinen Betrachtungen über meine Leidenschaft, dem Segeln und den Ländern Dalmatien und Montenegro setzen, in denen ich nun seit dem Jahr 1976 jeden Sommer verbracht habe.

Ich hoffe, dass mir noch einige weitere Sommer vom Leben geschenkt werden mögen, denn das Meer wird nie langweilig, denn es ist immer wieder neu!

Anhang und Danksagung

Alle angeführten Erlebnisse in diesem Buch beruhen auf Tatsachen. Die Geschichten aus der Vergangenheit sind dem Buch „Reise nach Dalmatien und Montenegro" von Johann Georg Kohl entnommen.

Photonachdruck 1987 Leipzig, DDR

ISBN 3-352-00077-8

An anderen Stellen habe ich Aussagen von Zeitzeugen und mir vom Inhalt in Erinnerung gebliebene Artikel von Zeitschriften eingeflochten.

Bedanken muss ich mich bei allen meinen vielen Mitseglern, die mich als Skipper zu ertragen hatten, vor allem bei meiner lieben Frau, bei meinen Kindern Michael, Andreas und Barbara, bei meinen Enkelkindern Lukas, Matthias und Johanna, bei Divia, Devdut und Anand sowie bei Stefanie.

Auch Robert und Gabi seien herzlich bedankt. Ferner auch Wolfgang und Heidi, Bertl, Gerhild und Elfriede.

Ich hoffe, ich konnte allen ein wenig Begeisterung für das schöne Hobby der Fahrtensegelei mitgeben.

Besonders bedanken muss ich mich aber bei meinem Sohn Andreas, der trotz viel eigener Arbeit bei technischen Problemen immer zur Stelle war und ist.

Ferlach, im Mai 2019

Der Autor

Alfred Gruber, 1935 in Bozen geboren, verbrachte fünf Jahre unter Mussolini, dann fünf Jahre unter Hitler und danach zehn Jahre als Staatenloser in Österreich. Nach der Matura am BRG Villach studierte er als Werksstudent an der Montanuniversität Leoben, wo er als wissenschaftliche Hilfskraft und als Assistent tätig war. Durch diese Lehrerfahrung beschloss er seinen Lebensunterhalt als Professor für Maschinenbau und Waffentechnik an der HTL Ferlach, seinem Heimatort, zu verdienen statt in die Schwerindustrie zu gehen.
Alfred Gruber ist verheiratet, Vater von drei Kindern und Großvater von sieben Enkelkindern. Zu seinen Interessen zählten das Planen von Einfamilienhäusern, das Tischlern sowie das Segeln, dem er sein autobiografisches Werk „Fünfundvierzig Jahre Adria und Mittelmeer (Der Lebenstaum eines Seglers)" widmet.